Inhalt:

                                                Seite

1. Einleitung . . . . 1—218
2. Bestiaire und Lesarten . . . . 219—404
3. Wörterbuch und Eigennamen . . . . 405—441

I. Die Ausgaben der altfranzösischen Bestiarien des Philipp von Thaon, Gervaise und Guillaume le Clerc.

Unter den Sprachdenkmälern, welche sowohl für die Philologie als auch für die Geschichte der Naturwissenschaften von Bedeutung sind, nehmen die im Mittelalter sehr beliebten und in zahlreichen Handschriften verbreiteten Bestiarien eine hervorragende Stelle ein. Die lateinischen Uebersetzungen und Bearbeitungen des griechischen Physiologus, dessen erste Spuren bis in das zweite Jahrtausend vor Chr. zurückreichen, und welcher seinerseits auf der biblischen Zoologie basirt, fanden frühzeitig im Abendlande Verbreitung und wurden in die Volkssprachen umgeschrieben. Die älteste poetische Bearbeitung dieser christlich gefärbten Naturgeschichte im Altfranzösischen hat Philipp von Thaon zum Verfasser und ist um 1125 entstanden. Dieselbe ist unkritisch herausgegeben von Thomas Wright in den »Popular Treatises on Science written during the Middle Ages«. London, Historical Society of Science 1841; eine neue, hoffentlich bald erscheinende Ausgabe dieses sprachlich so wichtigen Denkmals hat der Herausgeber des Computus von demselben Dichter, Ed. Mall, in Vorbereitung. Die-

ALTFRANZÖSISCHE
BIBLIOTHEK

VIERZEHNTER BAND

GUILLAUME LE CLERC: LE BESTIAIRE.

LEIPZIG
O. R. REISLAND
1892.

LE BESTIAIRE.

DAS THIERBUCH

DES

NORMANNISCHEN DICHTERS GUILLAUME LE CLERC

ZUM ERSTEN MALE VOLLSTÄNDIG
NACH DEN HANDSCHRIFTEN VON LONDON, PARIS
UND BERLIN

MIT

EINLEITUNG UND GLOSSAR

HERAUSGEGEBEN VON

D<small>R.</small> ROBERT REINSCH (†).

LEIPZIG

O. R. REISLAND.

selbe ist trotz Mann's Abhandlung in Anglia VII und IX noch nicht entbehrlich. Ungefähr ein Jahrhundert später, jedoch ebenfalls in der Normandie abgefasst, ist das Thierbuch oder »li livres des bestes«, welches Gervaise zum Verfasser hat und von Paul Meyer 1872 in der Romania I p. 420 fg. nach der einzigen Londoner Handschrift herausgegeben worden ist. Von weit höherem Werthe als letztere Nachbildung des Physiologus ist der Bestiaire des normannischen Geistlichen Guillaume, dessen ausgezeichnete ebenfalls zu religiöser Erbauung bestimmte Dichtung alle Thierbücher der französischen, deutschen und englischen Literatur stilistisch weit überragt. Guillaume's Werk ist zweimal ungenügend und unvollständig nach schlechten Handschriften des 14. Jahrh. veröffentlicht worden, welche dem im Jahre 1210 (1211) geschriebenen Originale zu fern stehen. Die erste „Ausgabe" ist veranstaltet worden von dem Jesuitenpater Charles Cahier (geb. 1807) in den zusammen mit Arthur Martin herausgegebenen unübersichtlichen und sehr kostspieligen »Mélanges d'Archéologie, d'Histoire et de Littérature«. Paris 1847—1856. Bd. II p. 111—232, III 205—288, IV 60—87 auf Grund des Ms. fr. 902, ehemals 7268^3 A^3, einer Hs., die nach L. Delisle's Urtheil im »Inventaire général et méthodique des mss. fr. de la Bibl. Nationale«. Paris 1876, I p. 10 dem 14. Jahrh. angehört, während sie der Herausgeber des Bestiaire in gänzlicher Verkennung ihres Alters in der ersten Hälfte des 13. Jahrh. geschrieben glaubte. Benutzt hat Cahier noch 3 Pariser Hss. des 14. Jahrh., nämlich: Ms. fr. 25 408, fonds N. D. 273bis, Ms. fr. 20 046, fonds St. Germain 1985; Ms. fr. 1444, ehemals 7534, und gekannt die Hs. des Supplément fr. 632^{25}, jetzt Ms. fr. 19 969 der Pariser Nationalbibliothek. Bei der stückweisen Veröffentlichung des normannischen Bestiaire war es Cahier als Archäologen hauptsächlich darum zu thun, einen guten lateinischen und zuletzt einen griechischen Text des Physiologus herstellen zu können; deshalb bricht er im dritten Bd. p. 67 (vgl. IV 287) der Mélanges mit uncor m'estuet que vus devis = V. 3436 der vorliegenden Ausgabe ab, indem er unter „Etc." die Bemerkung giebt: »Je retranche sept cents vers de pur (!) péroraison ascétique, sans nulle relation avec le bestiaire ancien« mit dem Hinzufügen in der Anmerkung: »La publication du bestiaire rimé, faite récemment par M. Hippeau, m'a encouragé à cette suppression«. *) Ehe nämlich die mit kostbaren Abbildungen gezierten für die Kunstgeschichte wichtigen Mélanges d'Archéologie im Druck fertig erschienen waren, hatte Célestin Hippeau, zuerst im 19. Bande der »Mémoires de la Société des Antiquaires de la Normandie« p. 423—476, dann separat u. d. T.: »Le Bestiaire Divin de Guillaume, clerc de Normandie, trouvère du XIIIe siècle, publié d'après les manuscrits de la Bibliothèque Nationale, avec une introduction sur les bestiaires, volucraires et lapidaires du moyen age, considérés dans leurs rapports avec la symbolique chrétienne. Caen 1852.« p. 189—321 den unvollständigen 3943 Zeilen enthaltenden Text der Hs. des 14. Jahrh. Ms. fr. 25 408, fonds N. D. 273 ^{bis} unkritisch zum Abdruck gebracht. **) In der Einleitung p. 72 kennt dieser zweite

---

*) Es ist überflüssig, alle Versehen Cahier's hier aufzuzählen, so wenn er übersieht, dass V. 32 der vorliegenden Ausgabe in seiner Hs. fehlt, oder wenn er V. 416 druckt: »li notunere qui par vond«, oder wenn er beim Fuchs V. 1309 die Worte »des gelines costains de noes« erklärt: »Cela signifierait-il que les larcins et les fraudes du renard sont constantes et bien connues?« Die wunderliche Interpunktion weist viel falsch verstandene Stellen auf.

**) Eine Probe von Hippeau's Erklärungen sei die unver-

Herausgeber, der später in der Revue de l'art chrétien t. V sich mit dem Gegenstande weiter beschäftigte, noch andere Hss. der Nationalbibliothek, deren inzwischen veränderte neue Nummern hier folgen mögen, nämlich: Ms. fr. 24428, N. D. 193; Ms. fr. 14969, Suppl. fr. 632/25; Ms. fr. 14970, Suppl. fr. 632/23; Ms. fr. 14964, Suppl. fr. 660; Ms. fr. 902, 7268^3 A^3, wofür Hippeau falsch 7268^{88} a citirt; Ms. fr. 1444, ehemals 7534; diesen fügt er, von den 3 bis dahin in England nachgewiesenen Hss. abgesehen, noch die falsche No. 7882 hinzu. Schon 1869 konnte Gaston Paris in der Revue Critique No. 30 p. 54—60 diese von falscher Interpunktion strotzende Publication Hippeau's mit dem Prädicat »introuvable« und »bien peu satisfaisante« bezeichnen. Die zahlreichen Lücken im Text, die Flüchtigkeiten und Fälschungen des Herausgebers werden im Commentar nachgewiesen. Eine neue Ausgabe ist also seit einer Reihe von Jahren ein desideratum und auch deshalb nothwendig, um statt des 17 Jahre später von Guillaume abgefassten Besant de Dieu einen älteren terminus ad quem für die Marie de France zu gewinnen, deren ältestes Werk nach Ed. Mall die Bearbeitung des Purgatoriums des heil. Patricius ist. Mehr zu den Lapidarien gehört der mit einem Plantarius verbundene Bestiaire in französischen Versen des 14. Jahrh., der unvollständig erhalten und nach der Pariser Hs. fr. 12483 herausgegeben ist in der Romania 1885 p. 442—484 von G. Raynaud. Die Eigenschaften der Thiere sind hier am Ende jedes Abschnittes auf die heilige Jungfrau gedeutet.

---

standene Anspielung auf den Roman de Renart; er erklärt »Les gelines costanz de nœs« mit: »Les poules côtoyant les prairies; nœ est resté dans le patois norm.« Die zahlreichen übrigen Versehen werden unten im Commentar besprochen.

II. Literatur zu Guillaume's Bestiaire bis 1888.

Schon lange vor Hippeau und Cahier, nämlich »An VII« war von dem Jesuiten Le Grand d'Aussy († 1800) in den »Notices et Extraits des Manuscrits de la Bibliothèque Nationale« u. d. T.: Poëme moralisé sur les propriétés des choses, tome V p. 275—278 (Notice sur deux ouvrages manuscrits du XIIIe siècle intitulés Bestiaire) auf 4 Guillaume's Werk enthaltende Hss. hingewiesen worden: zuerst nennt er eine Hs. in-8^0 ohne No. aus dem Ancien fonds, angeblich im 13. Jahrh. geschrieben, die er bereits in einem Artikel über die Image du Monde besprochen und als »très-lisible, bien conservé, figures mieux dessinées que dans la plupart des autres« bezeichnet; dieselbe enthält ausser der Image du Monde und dem Bestiaire noch den Lapidaire. Als zweite Hs. führt Le Grand an: N. D. n^0 18 Fol. 54; als dritte: Belg. in-4^0 n^0 225; als vierte: »in-4^0 p.^{0} mar. r. sans n^0, estampillé de la Bibliothèque, et mis par erreur parmi ceux de la Belgique«; dann fügt er hinzu: »Ces deux derniers contiennent aussi le poëme du Lapidaire; et tous quatre ont beaucoup de miniatures, mais fort mauvaises.« Daraus, dass Le Grand aus der erstgenannten Hs. die Zeile: »Guillaumes qui forment se dielt« citirt, aus welcher sich der ehemalige Besitzer der Hs. den Namen Guillaume Forment gebildet hat, geht hervor, dass Ms. fr. 14964, Suppl. fr. 660 gemeint ist. Auf den Inhalt des Bestiaire, den er gleichwie den Bestiaire d'Amour des Richard de Fournival (ed. Hippeau Paris 1860) als »un mauvais traité de physique ou d'histoire naturelle, rédigé d'après les connoissances erronées, ou très-bornées du siècle où ils parurent« so ohne Weiteres aburtheilt, geht Le Grand nur oberflächlich ein. An einer Stelle versteht er den Wortlaut der Hss. gar nicht und fällt ein Urtheil, das jetzt nur historischen Werth hat; denn während der Dichter meint, dass das Einhorn nur gefangen wird mit Hülfe eines Mädchens, das noch Jungfrau ist, und in dessen Schoss es sich niederlässt, nennt Le Grand unter andern Thieren des Bestiaire auch »la licorne qu'on ne peut prendre qu'en faisant marcher vers elle une pucelle qui a la gorge nue«, ein Missverständniss, das die Herausgeber der Histoire littéraire de la France Bd. XVI p. 221 veranlasst, von einer »pucelle attrayante« zu sprechen. Höchst interessant und erwähnenswerth ist das Schlussurtheil des Jesuiten: »Il suit de tout ceci, que notre poëte a fait un ouvrage détestable. Mais si, au lieu de traiter des bêtes, il eût écrit sur les différens d'Innocent III et du roi Jean, je présume, d'après le courage et l'impartialité dont il annonce le germe, qu'il nous eût transmis des choses intéressantes.« Ein so unbesonnenes Urtheil ist von späteren Forschern nicht wieder abgegeben worden. B. de Roquefort, »De l'état de la poésie françoise dans les XIIe et XIIIe siècles«. Paris 1815, p. 254 führt die folgenden 5 Pariser Hss. auf, deren neue Nummern weiter unten folgen werden: Ms. 7989—2; 7534; fonds N. D. 9, 17 und 18; aus dieser letzten schon von La Curne de Sainte Palaye benutzten Hs. giebt Roquefort eine Probe in der Table alphabétique des auteurs seines Glossaire de la langue romane p. 763. Aus eben dieser Hs. 18 des fonds N. D. theilte Jacob Grimm in seiner Abhandlung: „Die Sage von der Turteltaube" in den Altdeutschen Wäldern, III. Bd., Frankfurt 1816, p. 41 neunzehn Zeilen mit. Eine neue Hs. taucht auf bei A. C. M. Robert, »Fables inédites des XIIe, XIIIe et

XIVe siècles et fables de La Fontaine«. Paris 1825, t. I p. LVIII fg., wo aus Ms. fr. O 16 der damaligen Bibliothèque du Roi eine lückenhafte Stelle über Reineke Fuchs (V. 1307 fg.) und Bd. I p. CXXI der Anfang des Best. ausgehoben ist. Da eine solche Bezeichnung auf der Bibl. Nat. nicht existirt, so ist hier nicht zu entscheiden möglich, welche Hs. dieser Bibliothekar der Bibliothèque Ste. Geneviève benutzt hat; vermuthen könnte man Ms. fr. 25406, früher N. D. 192, wo auf dem vorgebundenen Blatte O 17 durchstrichen und »à la bibliothèque de l'église de Paris. Ecriture du 13e à 14e siècle« daruntergeschrieben ist, oder Ms. fr. 24428, N. D. 193; doch stimmt der Wortlaut zu wenig überein.

Der Abbé G. de la Rue in seinen »Essais historiques sur les Bardes, les Jongleurs et les Trouvères«. Caen 1834. Bd. III p. 23 kennt und nennt die 2 Hss. des British Museum in London: Old Royal 16 E VIII und Cotton Vespas. A VII, welchen er die Pariser Hs. 2560 hinzufügt, eine Angabe, die auf einem Irrthum beruht; denn die heutige No. dieser Hs. 19525, fonds St. Germain 1856 enthält zwar andere Werke Guillaume's, aber nicht den Bestiaire. Francisque Michel in den »Rapports à M. le ministre de l'instruction publique sur les anciens monuments de l'histoire et de la littérature de la France, qui se trouvent dans les bibliothèques de l'Angleterre et de l'Écosse«. Paris 1838, p. 23, 94 und 120 fg. erwähnt wieder die beiden genannten Hss. des British Museum, indem er aus dem Cotton Ms. ebenfalls eine Probe mittheilt, nämlich die ersten 16 und die letzten 8 Verse des Best. Ausserdem ist ihm die damals Fr. Douce gehörige aus einer alten Bibliothek in Edwardstone bei Sudbury stammende mit Bildern gezierte Hs. bekannt, die heute der Bodleianischen Bibliothek zu Oxford vermacht ist; aus dieser theilt er die ersten 15 und die letzten 10 Zeilen des Best. mit. Vgl. auch Fr. Michel, »Charlemagne. An Anglo-Norman Poem of the XII. Century«. London. Paris 1836, p. XXII. In de la Rue's Fehler verfällt Michel, wenn er in »Le Roman des Aventures de Fregus«. Edimbourg, Club d'Abbotsford 1841, p. VII auch die Pariser Hs. 2560 als Bestiaire-Hs. namhaft macht. Inzwischen war eine neue Hs. des 14. Jahrh. besprochen worden von Paulin Paris im Bulletin du Bibliophile, No. 7. II. série. Paris 1836, p. 246 und 271; dieselbe gehörte ehemals dem Pariser Buchhändler Techener, wurde dann nach Belgien an Barrois verkauft und figurirte dann als Ms. Barrois XI in der nun an die italienische und englische Regierung verkauften Bibliothek des Lord Ashburnham in Ashburnhamplace; der Bestiaire steht hier Fol. 140—163. In seiner »Biographia Britannica Literaria« I p. 428 fg. theilte 1846 Th. Wright Anfang und Schluss nach dem Royal Ms. mit. Nach Daunou's kurzem, auf Le Grand d'Aussy beruhenden Artikel, der 1824 im 16. Bande der Histoire litt. de la France p. 220—221 erschien, wurde im 19. Bande desselben Werkes p. 660—661 von Victor Le Clerc eine kurze Notiz nebst Probe gegeben, in welcher ohne Weiteres die alten Sprachformen durch moderne ersetzt sind; in der fehlerhaft mitgetheilten Probe von V. 2707 fg. wird *espos* (V. 2714) = *époux* (le pape ou J. C.) gedeutet, wo nur Christus verstanden werden kann; als Titel acceptirt Le Clerc den des Ms. fr. 1444, den Hippeau's Ausgabe trägt. In seiner Ausgabe des Besant de Dieu von Guillaume le Clerc de Normandie. Halle 1869, p. XXII fg. zählt Ernst Martin im Ganzen 12 Hss. des Bestiaire auf, nämlich die 2 Londoner, die eine Oxforder und die folgenden Pariser Hss.: Ms. fr. 14964; 902; 25408; 1444; 24428; 14970; 14969; 20046. Julius Brakelmann in Zacher's Zeitschrift für deutsche Philologie Bd. III p. 219 kennt noch die 3 Hss.: Ms. fr. 2168, früher 7998—2; Ms. fr. 25406, N. D. 192, älter M 17 der Pariser National-bibl., und Ms. 132 der Bodleianischen Bibl. zu Oxford; derselbe weist darauf hin, dass sowohl die Zahl wie die Folge der Rubriken in den verschiedenen Hss. sehr verschieden ist. Bald darauf wurde eine neue Hs. aufgefunden in der Vaticanischen Bibliothek zu Rom, nämlich Ms. Regin. 1862, älter 738 oder 776, durch E. Stengel, der dieselbe in Böhmer's Romanischen Studien III, Strassburg 1873, p. 381, dann in Gröber's Zeitschrift für romanische Philologie Bd. V (1881) p. 381—385, hier mit der No. 1682, älter 738 oder 776 des fonds der Königin Christine unter Verweis auf Böhmer's Studien IV 496 fg. und Seeger's Disser-tation p. 4 fg. ausführlicher beschrieben hat. Im Jahre 1875 theilte M. Sepet im 36. Bande p. 141 der Bibliothèque de l'École des Chartes bei Beschreibung des Ms. fr. 25408 die zwei ersten Zeilen des Best. mit. In demselben Jahre gab Ch. Gidel, »Histoire de la littérature fr. depuis son origine jusqu'à la renais-sance« p. 348 eine Notiz und eine Probe von zwei Zeilen. L. Delisle im »Inventaire général et méthodique des mss. fr. de la Bibl. Nat.« Paris 1876, I p. 9 citirt die 3 Hss.: Ms. fr. 1444; 902; 25408, und in Bd. II, Paris 1878, p. 217—218: Ms. fr. 25406; 20046; 14970; 14969 nach dem geschriebenen Katalog der Bibliothek. Die von Delisle und vorher von E. Martin mitgetheilte Angabe über Ms. fr. 14969, älter Suppl. fr. 632/25: »Ce ms., catalogué par Méon, est en déficit« ist dahin

zu berichtigen, dass diese Hs. am 5. September 1878
mit der Aufschrift an die Nationalbibliothek zurückgeliefert worden ist: »Restitution après décès«. Dem
verstorbenen Léop. Pannier, »Les lapidaires français du
moyen âge«. Paris 1882, Bibliothèque de l'École des
Hautes Études, 52 fasc., p. 232 galt diese Hs. noch
als verschwunden. Auf eine Lyoner Hs. machte 1882
W. Förster, »Lyoner Yzopet«. Altfz. Bibl. V p. I aufmerksam; dieselbe (= T) befindet sich in der Bibliothek
des Palais des Beaux Arts in Lyon und enthält nur
2 Stücke unvollständig. Eine neue Hs. des Bestiaire
weist F. Mann nach in seiner während des Druckes
erschienenen Abhandlung: »Der Bestiaire Divin des
Guillaume le Clerc.« Heilbronn 1888 (Französische
Studien hrsgb. von G. Körting und E. Koschwitz.
VI. Bd. 2. Heft) p. 7—8, nämlich No. 4156 der Sammlung
des Sir Thomas Philipps in Middlehill, jetzt im Thirlestaine House zu Cheltenham im Besitz des Rev. John
E. A. Fenwick. Dieselbe wird unten mit U bezeichnet
werden. Im Ganzen führt F. Mann 15 Hss. auf, also
3 mehr als E. Martin; auffallender Weise hat er in
dem unvollständigen Verzeichniss der Hss. p. 2 fg. die
schon Brakelmann bekannte Pariser Hs. 25406, N. D.
192 (= D) übersehen, ebenso die vaticanische (= Q)
und die Berliner, Hamilton 273 (= S), ferner fehlt die
Pariser Hs. 2168, alt 7989^2 (= C). Bemerkenswerth
ist (p. 100) das ästhetisirende Schlussurtheil dieses
durch seine früheren Forschungen zur Physiologusliteratur bekannten Gelehrten: „Der Bestiaire Divin
ist ein Werk von bleibendem Werthe für die Literaturgeschichte. Freilich athmet er weder den zauberischen
Duft der Minnepoesie, noch nimmt er den heroischen
Flug der Heldengesänge, aber das ehrwürdige Alter

seines Stoffes, der Charakter seiner Sprache und der naive Ausdruck seiner Tendenz, den Menschen zur Betrachtung des Göttlichen anzuhalten, werden ihm eine achtunggebietende Stellung in der Literaturgeschichte sichern für alle Zeit." Diesem nicht gerade überschwenglichen Urtheile eines Kenners des Bestiaire glaubt G. Körting seine Zustimmung versagen zu müssen, ohne jedoch Gründe anzugeben.

III. Die 20 Handschriften des Bestiaire Guillaume's.

Die beste und vollständigste der 20 Hss. des Best., deren mehrere wie das Werk selbst datirt sind, befindet sich im British Museum zu London; es ist:

A = Egerton Ms. 613, die Grundlage der vorliegenden Ausgabe; die Hs. ist in dem geschriebenen Katalog dieser Sammlung signalisirt, und schon Ed. Mätzner & Goldbeck, „Altenglische Sprachproben". Berlin 1867, p. 53—55 drucken daraus nach Th. Wright's Vorgange in den Reliquiae Antiquae I p. 89 und 102 zwei Marienlieder ab, indem sie über das Alter der Hs. bemerken, dass dieselbe „dem 13. Jahrh. angehört und vermuthlich vor der Mitte desselben gefertigt ist". H. Lewin, »Poema morale«. Halle 1881, p. 7 jedoch meint, dass die Hs. im Anfange des 13. Jahrh. im Süden Englands geschrieben ist. Auch E. Martin kennt diese Hs.; vgl. A. Schmidt in Böhmer's Romanischen Studien Heft 16. Bonn 1880, p. 496 und 503, was F. Mann in seiner genannten Abhandlung über Guill.'s Best. ganz übersehen hat, da er p. 3 behauptet, dass er zum ersten Male auf diese Hs. aufmerksam mache. Was den Inhalt dieser Hs. betrifft, so bildet den Anfang Fol. 1

das Fragment eines Calendariums, während Fol. 1ᵇ das als Prosa geschriebene mittelenglische Gedicht »Somer is comen and winter gon« enthält; vgl. Wülcker's Anglia I, 3. Auf Fol. 2 schliessen sich die genannten Marienlieder an, nebst einem anglonormannischen Stück, beginnend: »En une matine me levoye e l'autre er pensif de amorettes« etc. und in Versen endigend. Nach wenigen mittelenglischen Zeilen folgt Fol. 3—6 eine prosaische Anrede an eine »soer«, und nach »Amen sine fine amen« steht dreisprachig vom Schreiber:

> Ki escrit istud carmen
> Hiblessed be he Amen
> E de ly pensez
> And is gode wille remembrez.

Auf Fol. 6ᵇ stehn nach einem lat. Gedicht (Nostri regis filia | Tua de familia etc.) vier agn. Gedichtzeilen:

> Tres duce Katerine,
> Seez nostre mescine.
> De une pucele chanteray,
> Ke tut jur de quer ameray.

Auf Fol. 7—12ᵇ findet sich dasselbe mittelengl. Gedicht »Ic am elder þaenne ic was«, das Fol. 64—70 orthographisch abweichend wiederkehrt, vgl. Lewin, »Poema morale« p. 8.

Nach einem kurzen agn. Prosatractat mit moralischen Vorschriften nach Gregor, Seneca u. a. folgt Fol. 13 eine Prosabearbeitung des »evangelium Nicodemi« u. d. T.: »Ici comence la revelaciun«, dann Fol. 21—25 in Prosa »La venjance de la mort nostre seignur«, Fol. 25—27 und Fol. 27—29ᵇ die zuletzt Romania XV p. 326 besprochene, von W. Meyer und von Suchier in den Provenzalischen Denkmälern behandelte Legende von der Auffindung des heil. Kreuzes durch Helena nebst »l'estorie de l'exaltaciun de la sainte cruiz«; endlich folgen nach der Legende von der heil. Anna und den 3 Marien ebenfalls in agn. Prosa Fol. 31 die 15 Zeichen vor dem Untergange der Welt. Mit Fol. 31—59 beginnt eine bessere Hand mit schönen Schriftzügen den Bestiaire Guillaume's. Zuletzt sind nach dem Gedicht:

> Dame Anne, fille, sorur,
> Saluz vus mand, joie e honur,
> Entendez bien ceste parole
> Cume vroie en bone escole etc.

noch 4 Blätter mit agn. lat. Recepten der Hs. beigebunden. — Der Bestiaire in dieser anglonormannischen Hs. Egerton 613, die mit Sicherheit wenigstens in die Mitte des 13. Jahrh. gesetzt werden darf und höchstens 30 bis 40 Jahre später als das Urexemplar niedergeschrieben ist, enthält keine Ueberschriften zu den Abschnitten der 4136 Zeilen, ist aber mit Abbildungen der einzelnen Thiere geziert. Die Initialen, die wohl hatten bunt gemalt werden sollen, fehlen in Folge Vergesslichkeit des Illuminators bei den einzelnen Abschnitten. Die Schlusswidmung an Raul ist hier vom Schreiber weggelassen, welcher glaubte, dass nach dem doppelten Amen am Schluss das Werk zu Ende sei. In A ist gleichwie *ee*, so auch *aa*, z. B. in *gáàigna* 2082 und *oo* in *póórs* 3358 mit 2 Accenten versehn. Oft ist *t* abgefallen, so in *don* 1712, *fon* 1236, *mon* 3367, *dirron* 1803 u. ö. Nach 2822 steht in A flüchtig zwischen den Text geschrieben:

> Quatuor ex puris vitam ducunt elementis
> Gamalian talpa maris allec aeris salamandra.

Dies Citat*) stammt aus Bartholomäus von Glanvil, den Jean Corbechon in das Französische übersetzt hat; vgl. die ganze Stelle bei Berger de Xivrey, »Traditions tératologiques«. Paris 1836, p. 512, und Cahier's »Mélanges d'archéologie«. Paris 1856, IV p. 78, Anmerkung 3 **). Der ziemlich sorgfältige Schreiber dieser ältesten Bestiaire-Hs., der keinen einzigen Vers durch Flüchtigkeit ausgelassen hat, hat die Schreibweise des Originals noch am treuesten bewahrt. Die Anglonormannismen dieser Hs., deren Varianten alle im Apparat verzeichnet sind, werden im Text mit Hülfe der Reime in Guillaume's Werken und der continentalen Handschriften beseitigt. Auch werden die Verse, welche hier um eine Silbe zu kurz sind, mittelst der nur Achtsilber enthaltenden continentalen Hss. auf die richtige Silbenzahl gebracht. Eine Umstellung von 4 Zeilen war nur V. 979—982 nöthig, dann 2981—2982, 2993—2994, 4039—4040. Die nach dem Reim *voie: joie* als verdächtig zu betrachtenden Verse 1561—1562 sind mit Sternchen versehen; um die das Original ersetzende Hs. nicht zu zerstückeln, sind dieselben unten mitgezählt worden. Bei der noch mangelhaften Kenntniss des Anglonormannischen und der Unbrauchbarkeit der übrigen Hss. durfte von der verständigen, obschon nicht ganz vollkommenen Schreibweise dieser bis auf die Widmung einzig vollständigen Hs. nicht ohne Grund abgewichen werden.

---

*) Auch in Raynaud's Gedicht (Romania 1885) findet sich beim Salamander derselbe von Chiaro benutzte Gedanke in anderem Wortlaut:
Talpe terra cibus, cameleon in aere vivit,
Alec unda fovet, flamme pascunt salamandram.

**) Auf Fol. 40ª steht unten von späterer Hand, wohl aus dem Roman de Renart stammend:
le baucyn fet le dolkere porveire
et le gopil trote apres & les chace arreyre.

B = Ms. fr. 14969, Suppl. fr. 632. 25. Fol. I—LXXIV^b. Diese anglonormannische Hs. des 14. Jahrh., die Abbildungen und Ueberschriften enthält, ist unvollständig, indem 2 Blätter ausgefallen sind, = V. 3333—3384, 3903—3966; die erhaltenen 3669 Zeilen stimmen, ohne eine Copie davon zu sein, meist zu A. Die Schlusswidmung ist hier unvollständig, indem die lückenhafte Hs. mit V. 4157 der vorliegenden Ausgabe abbricht. Die Hs. enthält noch den bekannten Lapidaire: »Evax estait un riche rais«, der auf dem letzten Bl. endigt: »sun pomun errant vomera. Explicit.« Auf dem letzten Bl. in der Mitte steht: »explicit le bestiaire«, am Rande »amen«. Der Titel Fol. 1 vor dem Bilde lautet in rother Schrift: »Ci comence le bestiarie«. Auf Fol. 30 steht vom Paginator in die Ecke geschrieben: Augusto . . . . . Darunter »gorge uescu«, vielleicht der Name des ehemaligen Besitzers. Die Reihenfolge der Abschnitte ist wie in A. Hier erscheinen schon gröbere Anglonormannismen wie 8 *Fraunce*, 145 *graunz* u. a. Durch Flüchtigkeit des Schreibers fehlen auch einzelne Verse, so 454, 1321, 1494, 3484. In B allein fehlen 4039—4040, 3890—3893, während andere Lücken mit den folgenden Hss. gemeinsam sind.

C = Ms. fr. 2168, ehem als 7989^2, Fol. 188^b—209^b. Diese beachtenswerthe Hs. aus der zweiten Hälfte des 13. Jahrh., welche im gedruckten Katalog der Nationalbibl. beschrieben ist, enthält nur drei Viertel des Bestiaire, genau noch nicht 3000 Verse, indem der picardische Schreiber ganze Abschnitte, so den Ibis (1171—1306), den Wildesel (1829—1926), die Fulica (1965—2028) sowie den Schlusspassus 3437—4120 ausgelassen hat; einzelne übersetzte Bibelstellen hat er gekürzt. Die Reihenfolge der 32 Abschnitte ist wie in A.

Der Titel lautet hier Fol. 188ᵇ in rother Schrift: »Chi commenche li drois bestiaires de le devine escripture«. Den Ueberschriften folgen hier keine Bilder. Die Widmung fehlt. Der Schreiber ändert eigenmächtig, so V. 92 u. ö. Vgl. die Varianten.

Auch hier fehlen einzelne Verse ganz in Folge Flüchtigkeit, so 128, 161, 860, 1094, 1150, 1950, 2033, 2253, 2372, 2402, 2482, 2489, 235—236, 253—254; 1037—1038; 2911—2912, von gemeinsamen Lücken abgesehen. Das Ganze endet mit 4136, indem das Fabliau des Eustache d'Amiens: »Du bouchier d'Abevile« ed. Montaiglon, Fabliaux III p. 227—246 folgt, ohne dass der Schluss des Best. noch besonders vermerkt ist. Die Picardismen, wie 98 *cangierent*, 171 *senefianche*, 331 *omechide*, 2191 *douch*, 814 *li essample*, 1552 *glise*, 1640 *dix*, 3212 *memore*, 195 *baillie* als Femin. des Particips können hier nicht alle aufgeführt werden.

D = Ms. fr. 25406, N. D. 192. Fol. 3—33 (30ᵇ). Diese recht nachlässig geschriebene, *s* und *z* nicht unterscheidende Hs., die mehrfach von Würmern zerfressen und fleckig ist, so dass einzelne Buchstaben fehlen, ist am Anfange unvollständig, indem Fol. 1—3 ausgefallen sind, sie beginnt deshalb erst mit V. 118. Von Fol. 1 ist nur die Spur sichtbar, indem oben auf dem Fragment des Blattes roth zu lesen ist »In[cipit]«, während auf Fol. 1 von neuerer Hand als Inhalt der Hs. bemerkt ist: »Bestiaire. Fables d'Esope, à l'église de Paris N. D. 192«. Der aussen geschriebene Titel der Hs. ist: »Bestiaire. Fables d'Esope, Horace, Phedrus, Auenus et autres«. Die neuere Seitenzählung beginnt mit Fol. 1 des Fragments. Den Fabeln der Marie de France, die Fol. 49(42) endigen, geht ein später hinzugefügtes Verzeichniss voran. Oberhalb des letzten

Bl. hat der ehemalige Besitzer der Hs. seinen Namen eingetragen: »Je sui a frere Joham Cholet«. Dieselbe wird in dem geschriebenen Kataloge noch dem Ende des 13. Jahrh. zugewiesen. Zuletzt ist D, auch C und H von Léop. Hervieux, »Les fabulistes latins«. Paris 1883/1884, I p. 632 ohne neue Ergebnisse genannt. Bei den Abschnittüberschriften ist hier Raum zu Abbildungen frei gelassen. Die Anordnung des Ganzen ist hier willkürlich und verkehrt; dieselbe stimmt bis zum zweiten Abschnitt incl. mit der gewöhnlichen überein, aber V. 350—586 fehlen; da mit V. 350 ein neues Blatt beginnen müsste, so scheinen, obschon das folgende Blatt von neuerer Hand mit 3 paginirt ist, mehrere Bl. ausgefallen zu sein, d. h. es fehlen die Abschnitte 3, 4 und 5 ganz und der erste Theil von 6 (Pelikan). Dann lässt D dem Abschnitt 8 (Adler), den Walfisch, das Rebhuhn und das Wiesel (26, 27, 28) folgen und schiebt ohne Zusammenhang die Predigt des Schlusses ein; hieran schliessen sich die Abschnitte (28—36) von der Schlange, dem Strauss, der Turteltaube, dem Hirsch, Salamander, den Tauben und dem Paradixion, dem Elephanten, der Mandragora, dem Diamanten. Dann ist ohne Zusammenhang der Schluss mit der Stelle von den 3 Feinden des Menschen eingeschoben, und es folgen die Abschnitte (9—19 und 22—25) vom Affen, dem ungenannten Vogel, dem Panther, dem Drachen, dem Phönix, dem Wiedehopf, den Ameisen, der Sirene, dem Igel, dem Ibis, dem Fuchs, dem Einhorn, dem Biber, der Hyäne, der Wasserschlange, endlich die Abschnitte (21) vom Wildesel und (20) von dem Ziegenbock nebst dem Gebet 4121—4136. Die Hs. schliesst nach 4136 mit: »Explicit bestiarium. Qui scripsit scribat / Semper cum domino vivat«, dazu ein Kopfbild. Die Schlusswidmung fehlt in dieser continentalen Hs., die die unsinnigsten Lesarten bietet und nur wenige normannische Eigenthümlichkeiten bewahrt hat. Viele Verse fehlen, abgesehen von gemeinsamen Lücken, so 135—136. 139. 285—286. 888. 1027—1028. 1043—1044. 1084. 1097. 1135—1136. 1175—1176. 1183—1184. 1189—1190. 1193—1194. 1205—1206. 1239—1240. 1253—1256. 1262. 1267—1268. 1356—1357. 1383—1384. 1392. 1399—1400. 1447—1448. 1539—1542. 1551. 1579—1582. 1617. 1639. 1669—1670. 1674. 1683. 1690. (In CD fehlen: 1051—1052. 1094. 1118. in BD: 2343—2344). 1703—1704. 1743—1744. 1758. 1760. 1837—1844. 1847—1848. 1875—1878. 1887—1888. 1912. 1930—1931. 1951—1952. 1997—1998. 2032. 2067—2068. 2100. 2103—2110. 2125—2126. 2133—2134. 2181—2182. 2187. 2197. 2203—2206. 2332. 2343—2344. 2358. 2472. 2488. 2530. 2605. 2637—2638. 2721—2722. 2755—2756. 2986. 2989. 3069—3070. 3204. 3439—3440. 3450. 3453—3458. 3521—3522. 3566. 3607—3608. 3611—3612. 3929—3930. 3949—3950. 3979—3980. 3985—3986. 3992. 4015—4016. 4034. 4059—4060. 4063—4064. 4067—4072. 4089—4090. Der äusserst flüchtige, wohl von einer Augenkrankheit geplagte Schreiber aus dem nördlichen Frankreich hat seine Vorlage vielfach gar nicht verstanden und scheint eine aus losen Blättern bestehende Handschrift copirt zu haben. Trotzdem leiten die verstümmelten Wörter öfter auf das Richtige über.

E = Ms. fr. 14964, Suppl. fr. 660. Fol. 118—181. Diese continentale Hs. mit Bildern und Ueberschriften, aus dem Ende des 13. Jahrh. stammend, stimmt meist, auch in den Auslassungen, mit C überein, jedoch ist dieselbe, da eine Anzahl Blätter, ohne dass eine Spur sichtbar ist, herausgerissen ist, unvollständig: es fehlen nämlich dadurch V. 585—628, 735—782, 999—1052, 1113—1158, 1375—1421, 1477—1572, 2587—2632; noch kommt von grösseren Lücken dazu 2111—2182, 2419—2466, 2735—2784. Ausserdem hat E = C den Abschnitt 23 = V. 1965—2028 ausgelassen; es fehlen ferner 335—336, 1770—1771, 1796 (wie in C), 1841—1842, 1879—1880, 3917—3918. E beginnt mit dem rothen Titel: »Ci commence li bestiaires«. Die Zeilenzahl beträgt in dieser sorgfältigen Hs. 3537. Die Schlusswidmung ist hier vorhanden, und erst nach 4174 hat E in rother Schrift: »Ici fenist li bestiaires«. Die Blätter der Hs. sind nicht einzeln, sondern lagenweise zu je 8 Bl. gezählt. Der Best. beginnt auf dem zweiten Bl. der 15. Lage. Die 16. Lage hat nur 6 Bl., ebenso die 17.; die 18. nur 5, die 20. nur 6, die 21. nur 7. Das Ganze endet auf dem 4. Bl. der 24. Lage, wo auf der dritten Seite nach der rothen Ueberschrift »Ci commence li lapidaires« das Steinbuch beginnt: »Cil qui aimment pierres de pris«. Léop. Pannier, »Les lapidaires fr.« p. 234 glaubt, dass diese Hs. in Paris oder der Umgegend geschrieben ist. Nach dem Schluss des Lapidarius steht auf der letzten Seite Jehan Verdier als Besitzer der Hs. mit beigefügtem apartena[it] . . . . 1599. Die Jahreszahl 1265 dieser datirten Hs. stammt aus dem darin ebenfalls enthaltenen und den Anfang bildenden Livre du clergie; vgl. Fr. Fritsche, »Die Quellen der Image du Monde«. Halle 1880, p. 7. Neben dieser Zahl hat ein Ignorant bemerkt »per Guillelmum Forment Normannum, ein Missverständniss des 21. Verses des Best., das sich bereits auf einem dem ersten Pergamentbl. vorangehenden Blatt Papier findet, wo noch hinzugefügt wird: »Ce guillaume est peutetre un moine de Citeaux apellé guillaume de guilleville ou de caro loco (de chaliu l'abbaie), car au moins outre ce Rouman il est sur que guilleville a ecrit [trois ist durchstrichen und des übergeschrieben] des romans des 3 pelerinages, a la fin du traitté des bestiaires guillaume loue vn raoul qui peutetre est Raoul de ferrieres en Normandie qui vivoit en 1250«. Diese als Curiosität treu wiedergegebenen Worte bedürfen keines Commentars weiter. — Auch die Anordnung in E bestätigt die Reihenfolge der Abschnitte in A. Einzelne Zeilen am Schluss von Capiteln sind hier, besonders vor ausgerissenen Blättern, um Raum zu füllen, in die Länge gezogen. Der Schreiber hält Aethiopien V. 2226 für eine Stadt; der Nil gilt ihm V. 1653 als eine Insel; derselbe kennt die Hundspetersilie nicht, sucht deshalb V. 1662 seine Kenntniss des Maikäfers anzubringen.

F = Ms. fr. 1444, älter 7534. Diese kaum noch dem Ende des 13. Jahrh. angehörige, von Cahier mit Z bezeichnete und in die ersten Jahre des 14. Jahrh. gesetzte Hs. endet unvollständig mit V. 3468. Im Katalog der Nationalbibliothek wird bei Beschreibung dieser picardischen Hs. das Ende des Best. falsch angegeben, indem ein anderes Werk mit diesem vermengt wird; nämlich nach der Endzeile »& de nostre segnour blasme« sind Fol. 256 die zwei untersten Zeilen der zweiten Spalte leer gelassen, und es folgt in der dritten Spalte die Ueberschrift roth: »De l'arbre del monde«, darunter roth: »De l'arbre dou monde«. Das kleine Gedicht, das sonst »De l'unicorne et del serpent« betitelt ist, ist von A. Jubinal, »Nouveau Recueil de Contes, Dits, Fabliaux«. Paris 1842, II p. 113—123, auch von

Wollenberg herausgegeben; 12 andere Hss. hat Paul Meyer in der Romania VI, 19—20 zusammengestellt. Der Best. enthält hier nur 3381 Zeilen und keine Widmung. Die rothe Ueberschrift von Fol. 241— Fol. 256: »Dou bestiaire devin« hat Hippeau dazu bestimmt, seinem Abdrucke den unberechtigten und aus den Literaturgeschichten zu streichenden Titel »le bestiaire divin« zu geben, den F. Mann, »Der Bestiaire Divin des Guillaume le Clerc«. Heilbronn 1888, p. 2 beibehalten hat, obschon er nicht vom Dichter selbst herrührt. Die lückenhafte Hs. wird, trotzdem sie nur geringen textkritischen Werth hat, mehrfach herangezogen werden. Die 36 Abschnitte enthalten Abbildungen und entsprechen genau der allein richtigen Anordnung in A.

G = Ms. fr. 14970, Suppl. fr. 632/23. Diese picardische Hs. des 14. Jahrh. mit Ueberschriften und Abbildungen enthält erst den Best., der hier 3991 Zeilen zählt mit der Schlusswidmung, die hier vollständig ist; an zweiter Stelle steht der Lapidaire. Pannier, »Les lapidaires fr.« p. 335 setzt die Hs. in den Anfang des 14. Jahrh.; Delisle rückt sie zu hoch hinauf. Der Titel ist hier Fol. 1 roth: »li biestiaires«. Das Ganze endigt mit 4174. Die 34 Abschnitte dieser unvollständigen Hs., in welcher die Fulica und der Drache (Abschnitt 23 und 25) fehlen, folgen wiederum der Reihenfolge in A. Die Vergröberung der Orthographie ist hier schon schlimmer als in F und weit entfernt von der Gleichmässigkeit in A.

H = Ms. fr. 24428, N. D. 193. Fol. LIV— LXXVIII[b]. Diese Hs. des 14. Jahrh., die mit Abbildungen und Ueberschriften versehen ist, ist unvollständig, indem sie nur 3287 Zeilen enthält, und die Schlusswidmung fehlt. Ein Inhaltsverzeichniss der Hs., in

der die Image du Monde, ein davon losgetrennter Volucraire von Omont, der Lapidaire wie in E und die Fabeln der Marie de France nebst einem Prosatractat über die Sünde stehen, trägt die Signatur GDLR, d. i. G. de la Rue. Die rothe Ueberschrift des Best. stimmt mit E überein. Unter den Abbildungen ist Fol. LXIX der Panther vergessen. Auch diese Hs. hat die Jahreszahl 1265. Nach Léop. Pannier, »Les lapidaires fr.« p. 234 scheint diese Hs. der Champagne anzugehören. Vgl. E. Martin in Böhmer's Roman. Studien IV p. 496. Der Best. endigt hier mit V. 3454:
> de tout ce vous cri ie merci.
> ici fenist li bestiaire
> dont oi aveiz l'essamplaire,

worauf noch in rother Schrift folgt: »Ci fenist li bestiaires«. Die 34 Abschnitte stimmen in der Reihenfolge zu A, doch fehlen wie in G die Fulica und der Drache. Die Thiernamen zeigen schon arge Entstellung in H, so *astalon, la kalendre* neben *caladricus, la choete* neben *nicorace; fremis* (Ameise); *hirecon; l'ybeu, hybeus; gourpil; perdris* neben *pertris* u. a. Diese Hs. steht mit CEFG in engem Connex.

I = Ms. fr. 25408, N. D. 273bis. Der Text dieser von M. Sepet in der Bibl. de l'École des Chartes beschriebenen lückenhaften Hs., die vom Jahre 1260 datirt ist, — Cahier, Mélanges II p. 91 giebt 1267 an und nennt sie X, — ist von Hippeau abgedruckt worden; so fehlt hier die Stelle am Anfang des Best., wo Guillaume Philipp von Frankreich und sich noch einmal nennt: 11—25. Auch der Ameisenlöwe fehlt hier ganz (1009—1052); ferner 31—32, 231—238, 736—737, 1055—1070, 1155—1156, 1241—1244, 1409—1412, 1699—1700, 1825—1830, 1847—1848, 1922—

1924, 2317—2320, 2341—2344, 2432—2435, 2582—2587, 2734—2735, 3172—3173, ebenso die Schlusswidmung. Der Titel des Best. lautet hier: »Ici commence le bestiaire en franceis«. Das Ganze endet unvollständig mit 4136 der vorliegenden Ausgabe. Die 36 Abschnitte beobachten die Reihenfolge von A, und Hippeau zählt 3943 Zeilen.

K = Ms. fr. 902, älter 7268³ A³ (Colbert 3745). Diese im Katalog beschriebene anglonormannische Hs. des 14. Jahrh., die Fol. CXXXVII ohne Titel mit Zeile 2 des Best. beginnt, ist ohne Bilder und ohne Ueberschriften, nur am Rande stehen die Namen der Thiere zu den einzelnen Abschnitten. In den 5 ersten Zeilen sind Rasuren, Fol. CLVI hat 2 Risse und Fol. CLVII ist die Ecke des Blattes unten weggeschnitten. Der mit A sich berührende gröbere Text bildet die Basis zu Cahier's Abdruck, der sie mit V bezeichnet; das Ganze zählt hier 3864 Zeilen. Einige Verse fehlen ganz, so 351, 435, 982—987. Die Schlusswidmung findet sich hier vollständig Fol. CLIXª. Paulin Paris, »Les mss. fr.« VII p. 207 beschreibt diese Hs., die er zu hoch in das 13. Jahrh. (Cahier sogar in die erste Hälfte des 13. Jahrh.) setzt; der Text erscheint ihm als »du françois pour rire«. Die Reihenfolge der 35 Abschnitte ist wie in A; der dritte Abschnitt über die 2 Steine fehlt und folgt bei Cah. erst nach der *serre*, dann *baladrius* (sic) etc. Cahier hat die Reihenfolge der Hs. willkürlich geändert. Wie in CL ist für *chevre* geschrieben *lievre* in Abschnitt 20, wo der Schreiber, am Ende schon müde, ein *amen* setzt. Die wichtigeren Lesarten finden unten Berücksichtigung.

L = Ms. fr. 20046, St. Germain 1985, Coislin 2738. Fol. 1—36. Diese unvollständige Hs. vom Jahre

1338 beginnt wie K mit Zeile 2 und ist voller Fehler, Die Abbildungen sind ziemlich ungeschickt; nach dem ersten Bilde Fol. 1 folgt keine Ueberschrift. Nach dem Schluss folgt hier die Widmung vollständig. Seeger, »Die Sprache des Guillaume« p. 6 bezeichnet die Hs. als francisch; einzelne normannische Eigenheiten haben sich trotz verschlechterter Orthographie erhalten. Die Anordnung der 35 Abschnitte in dieser Hs. ohne besonderen Werth ist wie in A. Der Abschnitt (13) vom Igel fehlt, indem auf *serainne* gleich *ibes* folgt. Cahier bezeichnet diese Hs. mit Y.

M = Old Royal Ms. 16 E VIII. Fol. 2—71^b. Diese anglonormannische Hs. des 13. Jahrh. ist zuletzt von E. Koschwitz, »Karl's d. Gr. Reise nach Jerusalem«: Altfranzös. Bibl. ed. W. Förster II p. 9 und 1883 von D. Ward, »Catalogue of Romances« I p. 176 ff. und 625 ff. besprochen. Es finden sich in derselben Abbildungen ohne Ueberschriften vor den Abschnitten, die Widmung ist hier vorhanden. Das erste Bl. der Hs. ist leer, und Fol. 2 findet sich eine fehlerhafte Ueberschrift von jüngerer Hand mit einem Hinweis auf den „Prolog zu dem Buche von der Natur der Thiere, Fische und Vögel". Diese Hs., in der einzelne und mehrere Verse fehlen, so 450, 736—737, 1050—1051, 1829—1830 u. a. weist agn. Sprachformen des ausgehenden 13. Jahrh. auf, ist also viel jünger als A, dessen Anordnung sie befolgt. Trotz einiger Lücken ist die Hs., die mit V. 4174 endigt, zur Textherstellung von Nutzen; der unvollständige Text zählt noch nicht 3900 Zeilen. Nach G. Paris & A. Bos, »Trois versions rimées de l'Évangile de Nicodème«. Paris 1885, p. XXIV ist diese 1879 noch vorhandene Hs. seit einigen Jahren »en déficit«. Als Textprobe werden im Anhang die ersten 12 Blätter der Hs. ungeändert abgedruckt werden.

N = **Cotton Ms. Vespas. A VII Fol. 2ª—31ª.**
Anglonormannische Hs. des 14. Jahrh., in der Fol. 1 aus einem lat. Codex beigebunden ist. Der Abschnitt (3) V. 345—397 folgt hier erst nach dem von der *serre* (4), worauf *nicticorace* (7) folgt, und nach dem Adler (8) kommt erst der *caladrius* (5), dann der Pelikan (6) und Phönix (9); die folgenden Abschnitte bieten keine Abweichungen, nur zuletzt geht der Schreiber von der Turteltaube (30) gleich zur *Mandragora* (35) über, worauf der Salamander (32) und der Abschnitt von den Tauben (33), dann der Hirsch (31), der Elephant (34), der Diamant (36) folgt. Am Schluss kürzt der Schreiber, dessen Umstellungen willkürlich sind, da der Dichter im Abschnitt vom Elephanten ausdrücklich auf die nachher erst zu erwähnende *Mandragora* Bezug nimmt (3212). Diese lückenhafte, die Schlusswidmung enthaltende Hs. ist für den Text entbehrlich und verdient kaum Berücksichtigung; so fehlt 1037—1052, 1826—1829, 1922—1925, 2342—2343, 2734—2735, 4116—4119.

O = **Ms. Barrois XI Fol. 140—163.** Den Inhalt dieser aus Nordfrankreich stammenden, einst Techener gehörigen Hs. des 14. Jahrh., in der als Jahr der Niederschrift 1329 steht, bilden ausser dem Best. der Roman de la Rose, der Lai du moigne, der Lai de la dame & des 3 chevaliers. Die Schlusswidmung ist hier vorhanden. Eine Beschreibung dieser sehr fehlerhaften Hs., die durch Trübner im Austausch gegen die Manessische Hs. wieder nach Paris gekommen sein dürfte, findet sich in dem gedruckten Katalog der ehemaligen Bibliothek des Lord Ashburnham; vgl. auch Fr. Michel, »Lais inédits des XIIe et XIIIe siècles«. Paris 1836, p. II. Zuletzt ist dieselbe aufgeführt von F. Mann, »Der Bestiaire Divin des Guillaume le Clerc«. Heilbronn 1888, p. 5—6.

P = Bodley Ms. 132 Fol. 63—81. Diese einst Fr. Douce gehörige Hs. enthält u. a. auch die Fabeln der Marie de France. Vgl. den »Catalogue of the Printed Books & Mss. bequeathed by Fr. Douce to the Bodl. Library«. Oxford 1840, und Brakelmann in Zacher's Zeitschrift für deutsche Philologie. Halle 1871, III p. 219. Die mit Abbildungen versehene und in England entstandene Handschrift des 14. Jahrh. bricht unvollständig am Schluss mit V. 3436 der vorliegenden Ausgabe ab. F. Mann, »Der Bestiaire des Guillaume le Clerc«. Heilbronn 1888, p. 5 setzt dieselbe trotz der mitgetheilten fehlerhaften Textproben in das 13. Jahrh. und meint, von den 3 Hss. Douce 132, Egerton 613 und Cotton Vesp. A VII, die zweifellos zu einer Gruppe mit Ms. fr. 25408 gehören, biete die erstgenannte den besten Text. Aber ein Vergleich der Lesarten dieser beachtenswerthen, doch orthographisch ungleichmässigen Hs. weist ihr einen untergeordneteren Rang an.

Q = Ms. Regin. Vatican. 1862 oder 1682. Fol. 4^a—26^c. Das Verhältniss dieser mit Ms. fr. 24429 (La Vall. 41) verwandten Hs., in der als Verfasser des Best. Guillem genannt ist, zu den übrigen Bestiaire-Hs. ist aus Stengel's Beschreibung in Gröber's Zeitschrift (1881) V p. 381 fg. nicht recht ersichtlich; dieselbe scheint dem centralfranzösischen Gebiet anzugehören.

R = O, 16. Nach C. M. Robert, »Fables inédites« I p. LVII gehörte diese Hs. der Bibl. du Roi, müsste also in der Nationalbibliothek sein. Dieselbe muss ursprünglich dem fonds N. D. angehört haben. Die Vergleichung der gedruckten Probe stimmt nicht ganz genau zu Ms. fr. 24428, N. D. 193. In dem ursprünglich dem fonds N. D. angehörigen Ms. fr. 25406 ist die Bezeichnung O 17 auf dem vorgebundenen Blatte durchstrichen. Möglicherweise hat Robert die jetzt verlorenen ersten Blätter von D noch benutzt und die Stelle über den Fuchs H entnommen.

S = Hamilton Ms. 273. Fol. 45^b—73^a. Im kgl. Museum zu Berlin. Diese von 1324 datirte Hs. enthält noch das in 11 Hss. bekannte Gedicht »Genealogie de la Sainte Vierge« mit der Legende vom Kaiser Phanuel (vgl. Suchier in Gröber's Zeitschr. 1884 p. 428 und C. Chabaneau's Ausgabe in der Revue des langues rom. 1885 p. 118 fg.), die Sage von den 3 Marien, Brunetto Latini's Tresor, den Brief des Priesters Johannes nebst dem Elucidarius in Prosa. Die von einem picardischen Schreiber geschriebene Hs. nennt wie I im Eingange den Dichter nicht namentlich. Die Schlusswidmung fehlt hier. Der Best. führt keinen Titel und enthält keine Ueberschriften. Die Abschnitte, die die Reihenfolge von A beobachten, beginnen mit grossen durch Bilder gezierten Initialen. Das Ganze enthält gegen 3850 Zeilen, ist also unvollständig. Mit V. 4136 endet das Werk mit der Notiz: »Chi faut li bestiaires dou sermon«. In S fehlen V. 10—25. 33—136. 231—238. 321—322. 519—520. 737—738. 931—932. 1037—1038. 1051—1052. 1155—1156. 1241—1245. 1559—1562. 1699—1700. 1825—1830. 1847—1848. 1923—1926. 2105—2106. 2111—2158. 2193—2194. 2205—2206. 2341—2344. 2433—2436. 2468. 2470. 2472. 2583—2588. 2648. 2707—2736. 2917—2918. 2936—2937. 2949—2950. 3565—3585. 3646—3650. 3929—3930. 4107—4108. Der Schreiber, der zuweilen ändert, hat aus einer Hs. abgeschrieben, die CE sehr nahe stand; wenigstens zeigen die falschen Lesarten mit diesen 2 Hss. die meiste Uebereinstimmung. Diese Hs. ist von Wattenbach, „Die Hss. der Hamilton-

Sammlung" (N. Archiv d. Ges. f. Aelt. deut. Geschichtsk. VIII. Hannover 1883 S. 327—346) nicht mit beschrieben.

T = Ms. de Lyon 650, jetzt 78. Fol. 36—58. Diese Lyoner Hs. ist zuerst genannt von Delandine, »Manuscrits de la bibliothèque de Lyon«. Paris. Lyon 1812, I p. 409—410; derselbe vermengt die Image del monde (er schreibt Lunage) mit dem Bestiaire und datirt das Gedicht ungefähr vom Jahre 1000. Nach Anführung der für einen bestimmten Dialekt nicht charakteristischen Schlussworte in der Hs. »Cest labor — Por signor Raol son signor« meint er sonderbar: »Ce Raol peut être le gendre de Robert, qui régna sur la France depuis 923 jusqu'en 936. Il avoit épousé la reine Emme, qui contribua à lui faire obtenir la couronne. Le manuscrit paroît dater du temps de Raol; il a été acquis à un assez haut prix par M. Adamoli et a passé de sa Bibliothèque dans celle de la ville«. Einer Widerlegung bedürfen die seltsamen Angaben dieses Bibliothekars nicht. Zuletzt ist diese unvollständige Hs. des 14. Jahrh., in welcher der Anfang des Bestiaire fehlt, während die Schlusswidmung vorhanden ist, kurz besprochen von F. Mann, »Der Bestiaire Divin des Guillaume le Clerc«. Heilbronn 1888, p. 6—7. Da in dieser Hs. nur 30 Abbildungen in Gold vorhanden sind, so fehlen 6 Abschnitte ganz.

U = Ms. 4156 des Sir Thomas Philipps, jetzt im Thirlestaine House zu Cheltenham. Diese Hs. ist zuerst nachgewiesen von F. Mann, »Der Bestiaire Divin des Guill. le Clerc«. Heilbronn 1888, p. 7—8 (sub p) und beschrieben nach dem selbst in den grössten europäischen Bibliotheken nicht vorhandenen Kataloge der Sammlung des Sir Thomas Philipps. Die von einem Anglonormannen geschriebene A nahestehende Hs. gehört noch dem 13. Jahrh. an. Das erste Stück derselben ist von Herman von Valenciennes, das letzte, 12, von Wace; der Bestiaire von »Gillealme« steht an achter Stelle. Leider sind nur V. 1 und 5—14 als Textprobe gedruckt worden.

Verschollene Handschriften des Bestiaire Guillaume's.

V = ? Aus dem Inventaire des Viglius vom Jahre 1577 wird im »Catalogue des manuscrits de la bibliothèque royale des ducs de Bourgogne«, t. I. Bruxelles & Leipzig 1842 unter 1340 aufgeführt: »Cest le livre du bestiaire«, beginnend auf Bl. 2: »Mes par le pechie« (= V. 48 des Bestiaire). Aber No. 1340 in der »Bibliothèque Protypographique, ou Librairies des fils du Roi Jean, Charles V, Jean de Berri, Philippe de Bourgogne et les siens«. Paris 1830 weist auf den Bestiaire d'Amour. Wenn nicht ein Versehen von Barrois vorliegt, waren beide Bestiarien, der des Richard von Fournival und der des Guillaume, in der Hs. enthalten.

W = ? In derselben Bibliothèque Protypogr. p. 196 No. 1341 wird eine Pergament-Hs. mit dem Titel: »C'est le livre du Bestiaire« und dem Anfang: »Qui bien quemenche bien deffine« genannt, die circa 1467 in der Bibliothek zu Brügge war.

X = ? Ebenso sicher ist unter No. 2107 der Bibl. Protypographique p. 299 an dem Titel »Le Bestiaire« und dem mit V. 48 beginnenden zweiten Blatt Guillaume's Dichtung erkennbar, die 1487 in Brüssel vorhanden war. Aus den übrigen Nummern mit dem Titel Bestiaire lässt sich dieselbe nur vermuthen. Vgl. Mann, »Der Bestiaire Divin des Guillaume« p. 8—9.

IV. Verhältniss der Handschriften. Ueberschriften.

Aus der Uebersicht der Hss. ergiebt sich, dass die Schlusswidmung an Raoul in ACDFHIPS fehlt, während sie in BEGKLMNOT vorhanden ist. Dass dieselbe mit zum Best. gehört, geht auch daraus hervor, dass erst nach derselben in E steht: »Ici fenist li bestiaires«. Es fragt sich nun, ob alle Hss. von einander unabhängig sind oder ob die eine der andern beim Abschreiben als Vorlage gedient hat. Behufs Classification der Hss. ist zu untersuchen, ob Lücken oder Zusätze vorhanden sind, und ob sich gemeinsame Fehler oder absichtliche Aenderungen nachweisen lassen, die auf gemeinsamen Ursprung hinführen könnten. CE fehlen gemeinsam 99—100, 1965—2028, 2085—2090, 2111—2182, 2341—2344, 2480, 3351—3352. E allein fehlen 335—336, 1770—1771, 1841—1842. BCEM fehlen 519—520. Es fehlen CD 1051—1052, 1094, 1118; BD 1193—1194, 2343—2344; BCDE 2735—2736; BCDEIMN 1829—1830; BDENS 1923—1926; BCDGH 1559—1562; BCDEMIKLS 2917—2918; BCDEIKLS 2935—2936. BCD haben Zusatz 1158. ABIM stimmen überein 135—136, wo CEGH einen Zusatz haben. BCDEGH haben 948 einen Zusatz, während CEGH 815—820 und BCDIKMN 737—838 fehlen. In Anbetracht der vielen Auslassungen der einzelnen Hss. ist anzunehmen, dass die vollständigste dieses zur weiteren Verbreitung bestimmt gewesenen Werkes die beste ist, und dies ist A; die Widmung ist hier mit Hülfe der übrigen Hss. leicht herzustellen. So stellt sich die Frage des Verhältnisses der Hss., deren Gruppirung durch Vergleichung im Einzelnen kein befriedigendes Resultat ergiebt, zum Original hier recht günstig dar. Die Zunahme des anglonormannischen Charakters der Sprache in den Hss. lässt sich veranschaulichen durch die Reihe AUPMKBN, während die Reihenfolge der continentalen Hss. nach ihrem kritischen Werthe ist ECDHIFGSQO. Je weiter die Hss. dem Originale entfernt stehen, desto mehr nehmen die Ueberschriften zu. Dass dieselben im Urexemplare nicht vorhanden waren, geht aus dem Abschnitt (23) über das Wasserhuhn und den Drachen (25) hervor. Die 4 Hss. BCDE, um nur diese hier anzuführen, haben folgende Ueberschriften zu den einzelnen Abschnitten:

1) B hat vor dem Bilde roth: »Ce est le leon«, dann auf der folgenden Seite noch ein Bild mit der rothen Inschrift: »Nature del leon« und am Rande roth: »Le sarmun del leon«. C hat roth: »Veschi d'un lion«. D hat erst später Ueberschriften am Rande. E roth: »De la nature dou lion« nebst Bild.

2) B hat wieder roth: »Ce est le sarmun de l'aptalops« nebst 2 Bildern mit der Bemerkung am Rande: »Ce est le aptalops«. C hat ohne Bilder wieder roth: »Veschi de l'astalon«. D am Rande bei freiem Raume zu einem Bilde: »Aptalops«. E wieder roth: »De la nature de l'astalon« nebst Bild wie im Folgenden immer.

3) B hat nebst Bild am Rande: »Dous perres ke ardent«. C: »Li vertus de II pierres«. D fehlt hier. E: »De la nature de II pierres qui sont masle & femele se sieent sor une montaigne«.

4) B: »Sarmun de la serre«. C: »Veschi de le serre«. E: »De la nature de la serre«.

5) B: »Ce est le sarmun del kaladre«. C: »Veschi de caladricus«. E: »De la nature de la chandre«.
6) B: »Ce est le kaladre«, darunter: »Ce est le sarmun del pellican«. C: »Veschi del pellican«. E: »De la nature dou pellican«.
7) B: »Ce est le sarmun del nicticorace«. C: »Veschi de l'unicorache«. D: »Nuticorace .i. fresoye«. E fehlt.
8) B: »Le sarmun de l'egle«. C: »Veschi de l'aigle«. D: »L'aygle«. E: »De la nature de l'aigle«.
9) B: »Ce est sermun de fenix«. C: »Veschi del fenis«. D: »Fenis«. In E ist wieder eine Lücke.
10) B: »Ce est le sermun de la hupe«, später ist noch ein Bild, dazu: »Ce est la hupe«. C: »Veschi de la hupe«. D: »La hupe«. E: »De la nature de la huppe«.
11) B: »Le sarmun de la formie«. C: »Veschi de la« ... [der Rest ist, weil verschrieben, ausradirt]. D: »Formiz«. E: »De la nature dou fourmis«.
12) B: »Le sarmun de la sereine«. C: »Veschi de la seraine«. D: »Seraine«. E hat hier keine Ueberschrift, indem an dieser Stelle der Text nach einer Lücke wieder beginnt.
13) B: »Ce est la sereine«; dann »Ce est le sarmun del herecun«. C: »Veschi de l'irechon«. In E Lücke.
14) B: »Le sermun de l'ybex«. In C Lücke. D: »Ybeus«. E: »De la nature dou lybeu«.
15) B: »Le sermun del gopil«. C: »Veschi de renart«. D: »Du renart«, darüber »De goupil«. E: »De la nature dou gourpil«.
16) B: »Le sarmun de l'unicorne«. C: »Veschi de l'unicorne«. D: »Unicorne«. In E Lücke.

17) B: »Le sarmun del bevre«. C: »Veschi de le bievre«. D: »Castor«. In E vor der Lücke: »De la nature de la byevre«.
18) B: »Ce est le sarmun del hyenne«. C: »Veschi de liue«. D: »Hyan«.
19) B: »Ce est le sarmun del cokadrille e de la serpente«. C: »Veschi d'un serpent«. D: »Ydrus«. E: »De la nature dou serpent c'om apele ydrus«.
20) B: »Ce est le sarmun de chevre«. C: »Veschi d'un lievre«. D: »De la chivre«. E: »De la nature de la chievre«.
21) B: »Le sarmun de l'asne«. In C Lücke. D: »Asnes sauvages«. E: »De la nature de l'asne sauvage«.
22) B: »Ce est le sermun de la singe«. C: »Veschi d'un singe«. D: »Singe«. E: »De la nature dou synge«.
23) B: »Ce est le sarmun de l'oysel ke mangue le bon peisson«. CE haben gemeinsame Lücke. D: »Avis innotus«.
24) B: »Ce est la pantere«, dazu 2 Bilder und: »Le sarmun de la pantere«. C: »Veschi d'une pantere«. D: »Pantere« und »pantiere«. E: »De la nature de la panthere«.
25) Beim Drachen fehlen Ueberschriften und Bilder.
26) B: »Ce est le sarmun del cete«. C: »D'un pisson de mer«. D: »Balainne«. E: »De la nature de la balainne«.
27) B: »Ce est le sarmun de la perdriz«. C: »Veschi de la piertris«. D: »Perdrix«. E: »De la nature de la piertrys«.
28) B hat vor dem Bilde: »Ce est la perdriz« und

vor einem neuen Bilde: »Ce est le sarmun de la belette«. C: »Veschi de la belete«. In D Raum zum Bilde. E: »De la nature de la belete«.

29) B giebt sogar der Episode über den Reichthum eine Ueberschrift und hat erst: »Cestui buta sun or enz la mer«, dazu ein Bild, dann: »Ce est le sarmun de l'ostrice« nebst Bild. C: »Veschi de l'ostrisse«. D: »Otruce«. In E Lücke.

30) B: »Ce est le sarmun de la turtre«. C: »Veschi de le tourterele«. D: »Tourete«. E: »De la nature de la tourteruele«.

31) B: »Ce est le sarmun del cerf«. C: »Veschi d'un chierf«. D: »Du cerf«. E: »De la nature [dou cerf]«: was in Klammern steht, ist undeutlich lesbar; darauf folgt Lücke.

32) B hat ein Bild ohne Beischrift. C: »De le salimandre«. D: »Salamandre«. E: »De la nature de la salemandre«.

33) B: »Ce est le sarmun del columb«. C: »Veschi des coulons«. D: »Du coulon«. E: »De la nature dou coulon«.

34) B: »Ce est le sarmun de l'olifant«. C: »Veschi de l'olifant«. D: »Olifant«. E: »De la nature de l'olyphant«.

35) B: »Ce est le sarmun del mandragun«. C: »Veschi de le mandeglore«. D: »Mandragore«. E: »De la nature d'une herbe qui a non mandegloyre«.

36) B hat vor dem Bilde: »Ce est le mandragun«, dann fehlt ein Blatt. C: »D'une pierre qui est en oriant«. D: »Diamans«. E: »De la nature d'une pierre qui a non dyamans«.

Schon aus diesen Ueberschriften der Schreiber zu den einzelnen Artikeln geht hervor, dass Guillaume die Eintheilung in *bestiae, volucres, lapides* wie Philipp von Thaon nicht hat, sondern der Abwechslung wegen sind Thiere, Steine und eine Pflanze in buntem Wechsel wie im Lateinischen abgehandelt. Auch bilden die Typen für Christus, die Kirche, den Teufel und den Menschen kein Eintheilungsprincip, wie sich aus dem Folgenden ergiebt.

V. Reihenfolge der Stücke des Bestiaire und deren Typen.

Die Anordnung der Thiere und der übrigen Stücke in A ist durch die Hss. sicher gestellt. Die Eintheilung in A ergiebt folgende Uebersicht, in welcher 8 Thiere der Sage angehören, während bei den übrigen Wahres und Sagenhaftes gemischt ist. V. 1—136 bilden die Einleitung.

1) V. 137—238 = *Lion* (Typus: Christus) = Löwe.
2) „ 239—350 = *Aptalos* (Menschen) = Aptalos.
3) „ 351—398 = *II perres* (Mann und Frau) = 2 Steine.
4) „ 399—456 = *Serre* (Sünder) = Serra.
5) „ 457—520 = *Caladrius* (Christus) = Caladrius.
6) „ 521—614 = *Pellican* (Gott) = Pelikan.
7) „ 615—656 = *Niticorace* (Juden) = Schleier-Eule.
8) „ 657—738 = *Aigle* (Mensch: Heide, Jude, Christ) = Adler.
9) „ 739—820 = *Fenis* (Christus) = Phönix.
10) „ 821—870 = *Hupe* (Mensch) = Wiedehopf.
11) „ 871—1052 = *Formiz* (Christen, Juden) = Ameise.
12) „ 1053—1112 = *Sereine* (Teufel) = Sirene.

13) V. 1113—1170 = *Heriçon* (Teufel) = Stachel-Igel.
14) „ 1171—1306 = *Ybex* (Sünder) = Ibis.
15) „ 1307—1374 = *Renart* (Teufel) = Fuchs.
16) „ 1375—1476 = *Unicorne* (Christus) = Einhorn.
17) „ 1477—1566 = *Bevre* (der Weise) = Biber.
18) „ 1567—1642 = *Hyaine* (Kinder Israel) = Hyäne.
19) „ 1643—1728 = *Idrus* (Christus) = Wasserschlange, *Cocadrille* (Tod, Hölle) = Krokodil.
20) „ 1729—1830 = *Buc*, *Chevre* (Gott) = Ziegenbock (Steinbock).
21) „ 1831—1926 = *Asne salvage* (Teufel) = Wildesel.
22) „ 1927—1964 = *Singe* (Teufel) = Affe.
23) „ 1965—2028 = *[Fulica]* (Christ) = Wasservogel.
24) „ 2029—2206 = *Panthere* (Christus) = Panther (Luchs).
25) „ 2207—2238 = *Dragon* (schlechter Mensch) = Drache.
26) „ 2239—2344 = *Cetus* (Teufel) = Krake.
27) „ 2345—2418 = *Perdriz* (Teufel) = Rebhuhn.
28) „ 2419—2588 = *Belette* (Abtrünnige) = Wiesel, *Aspis* (die Reichen) = Natter.
29) „ 2589—2648 = *Ostrice* (der Fromme) = Strauss.
30) „ 2649—2736 = *Turtre* (Kirche) = Turteltaube.
31) „ 2737—2822 = *Cerf* (Christus) = Hirsch.
32) „ 2823—2882 = *Salamandre* (der Gläubige) = Salamander.
33) „ 2883—3174 = *Coloms* (Christus nebst seinen Anhängern) = Tauben, *Paradixion* (Gott) = indischer Baum.
34) „ 3175—3296 = *Olifant* (Adam und Eva) = Elephant.
35) „ 3297—3332 = *Mandragoire* = Alraunwurzel.
36) „ 3333—3426 = *Diamant* (Christus) = Diamant.

37) V. 3427—4100 = *Besant, Ovrers.*
38) „ 4101—4120 = *III enemis.*
    V. 4121—4136 = Schlussgebet.

Somit ergiebt sich die Reihenfolge der Abschnitte, die früher bei oberflächlicher Einsicht der lückenhaften Hss. räthselhaft erschien und durch die Hs. D noch verwirrt wurde, bei Vergleichung der Hss. in einfacher, dem Lateinischen des Cod. Reg. 2 C. XII entsprechender Weise. Die Anordnung in der poetischen Nachbildung stimmt also mit diesem der Originalvorlage nahestehenden Prosatext völlig überein.

VI. Das normannische Original und die Sprache des Guillaume le Clerc.

Die Basis des kritischen Textes bildet die dem franconormannischen Urexemplar am nächsten stehende Hs. A, aus welcher die Anglonormannismen nebst den überflüssigen Buchstaben zu beseitigen sind; zur Uniformirung der Schreibweise geben die Reime in den Werken des Dichters, der ohne Zweifel nicht ganz uniform geschrieben und seine Muttersprache nicht völlig dialektfrei gehandhabt hat, einen ziemlich sicheren Anhalt; doch bleiben einige dem Normannischen eigenthümliche Doppelformen bestehen. Durch die Dissertation von H. Seeger, „Ueber die Sprache des Guillaume le Clerc de Normandie und über den Verfasser und die Quellen des Tobias", Halle 1881, sind die wichtigsten sprachlichen Besonderheiten schon erörtert worden; doch ist manches in den Varianten nachzutragen oder zu berichtigen. Zur Construction des Originals ist die erste Person des Plural *-omis* und *-ons* in A beseitigt und die schon aus den Reimen Besant 2991 sich ergebende Endung *om* eingesetzt. Wo *ke* für *ki* steht, wird *qui* für den Nom., *que* für den Accus. durchgeführt. Auslautendes loses *d* in *ad* 141, *menad* 2089 u. ö. (daneben *trova* 483, *quida* 484) kann wegen des Reimes *ça* 180 nicht beibehalten werden. Für *mut, molt, mult* wird letztere Form durchgeführt wegen *multiplier* 3463, *multipliable* 2103. Für lat. ŏ in offener Silbe ist *oe* als die häufigste Form adoptirt worden: *poeples* 646, *poples* 102, *noces* 3953, *noeces* 1034, 1037; vgl. G. Paris, Nuptias en roman: Romania t. X, 3 (1881); Suchier, »Bibliotheca Normannica« I p. XVII; Seeger p. 12. So ist *doelt* 21 : *voelt* u. ö. *voelent* 3345 : *soelent* 3346 als normannisch beizubehalten, ebenso *estoet* 2581 : *poet* 2582, *foer* 3868 : *quoer* 3867. Correct ist *oil* 1593 : *voil* 1594; dagegen *oelz* 2821 : *melz* 2822 ist in *elz* = *oélz* geändert wegen *elz* 857 : *velz* (Hs. A *vielz*) 858 = 663 : 664, wo *veilz* überliefert ist; jedoch das Pron. *els* reimt mit *doels* 554, wofür Seeger p. 13 logisch *eus : deus* einführen möchte, dadurch aber drei Formen = lat. *Deum, dŏlum* und *duos* schaffen würde. Neben *noit* 3374 begegnet *nuit* 3891 : *tuit*, vgl. Mall, »Li Cumpoz Philippe« p. 60. *ei* für *e* steht in A meist richtig, doch 568 *aver*, so mit *aver* 4070 = habsüchtig zusammenfallend, vgl. Suchier im Literaturblatt für roman. & germ. Philol. 1882. III, 1, 15—18. Für lat. ŏ findet sich *liu* 2429 : *fiu; lius* 2810, *leus* 2872, *feu* 2827, *feus* 2830, sogar *fu* 2937. Lat. *e* und *u* begegnet in *deus* 3827, im Verse meist *deu* als Nom., im Reime *par De* 3514 : *gardé*; vgl. Seeger p. 13, Pohl, „Untersuchung der Reime in Maistre Wace's Roman de Rou": Vollmöller, Romanische Forschungen II, 2 p. 321 fg. Das Zahlwort für 2 erscheint als *dous* 283, 1637 u. ö., *deus* 533; ferner *ambedous* 364, 1942; der Reim Magdal. 93 erfordert *deus.* Wie *g* neben *j* hergeht in *manjue* 2740 und *mangue* 1995 u. ö., so *sepulcre* 123 neben *sepulchre* 2139, *becher* 1535 neben *bekker* 549. *g* und *gu* wechseln: *guerre* 2718, *guerreiant* 4072, *gerreiant* 2736; *guaignages* 2912, *gaignart* 4064; für *langue* steht *lange* 1330 = 1595; *longes* 1736, *longement* 1908 u. ö. — *h* ist hinzugefügt in *hele* 665, fehlt *umanite* 1433. *l*, das häufiger als *u* auftritt, ist aufgelöst in *autre* 24, *fous* 1370 u. ö., abgefallen in *mut* 824, *doz* 1271, *docement* 2321. Die Verdoppelung des *r* ist allgemein in den Futuren: *dirrai* 1375 u. ö. Die Metathese in *pernez* 3883, *espernent* 363 ist beibehalten. — *s* für *ss* ist Nachlässigkeit des Schreibers: *asez* 1307, *asembla* 2526 u. ö. Das Futur *auerrad* 2182 ist = *avra* gesetzt, und *yvresce* 1081 ist, da diese Schreibung nur das Lesen von *meresce*, das E. Martin im Besant hat, verhüten sollte, zu *ivresce* geändert. Das weibliche *e* ist öfter vor Vocalen in A vernachlässigt: *un isle* 2263, *un aleine* 2753. *a* für *e* in *assart* 2910 ist agn. Form für *essart* wie im Brandan: *asart*. Mit Suchier wird gegen Th. Müller im Roland und Mall, Cumpoz das *a* in *essample* als correct nicht angetastet. Consequent begegnet *neer* 2548, *preerent* 2779, *preer* 916; dagegen spricht: Joies N. D. 1043 *pri*: *merci*. Auch *deables* 4101, 2307, das nach Suchier, Reimpredigt p. XXVII im Agn. beliebt ist, und *leon* 138: *dion* wird beseitigt. Unorganisches *w* findet sich in *cowe* 1935, 1956, *Nowes* 1309; *jowes* 1310; *alowa* 3759. Die zweite Person Plur. im Futur auf *eiz* wird als durch die Reime gesichert durchgeführt, vgl. Seeger p. 20; ebenda p. 18 über *ceo* und *jeo* im Hiatus. Wie bei Adjectiven Doppelformen erscheinen, z. B. *leel, leal, mortels, mortals, espiritel, espirital,* so auch beim Substantiv *oisel, oisele; tormenz, tormente, cor, corne*. Beim Verbum, wo sonst die erste Conjug. im Imperfect mit sich selbst zu reimen pflegt, erscheint zweimal die zu beseitigende Endung *eit* neben *out*, vgl. Seeger p. 20 und unten V. 2767. Also mathematisch durch Proportion ausgedrückt, müsste man für das Agn. sagen: *torment: tormente = tormentout: tormenteit. Fere* für *faire*, *l'eir* für *l'air*, *eise* für *aise* war zu tilgen. Die Tripleformen *mais*, *meis*, *mes* (lat. *magis*) mussten auf die gleichwerthigen Doppelformen reducirt werden wegen des Differenzirungstriebes der Sprache von *meis* = Monat. Die weichen Consonanten im Auslaut, so in *second, quid* sind natürlich wegen der Aussprache durch die harten ersetzt worden. Alle sonstigen Aenderungen sind im Commentar verzeichnet.

VII. Das Versmass und die Reime Guillaume's.

Ueber das Versmass — der Dichter hat in seinen Werken nur den Achtsilbler zur Anwendung gebracht — ist nur zu bemerken, dass, wo der Vers zu kurz ist, eine durch die Flüchtigkeit anglonormannischer Schreiber ausgefallene Silbe ergänzt werden muss; denn die Gesetze der anglonormannischen Metrik sind auf ein normannisches Werk nicht anwendbar; vgl. Suchier, „Ueber die vie de seint Auban" p. 24 fg., Tobler, „Vom französischen Versbau" p. 8; J. Koch, »Chardry« p. XXXIV; Seeger a. a. O. p. 15—18 und Vising, »Sur la versification anglo-normande«. Upsala 1884. So muss 3880 für *hui* geschrieben werden *jehui*, oder 3427 ist *gent* zu suppliren; öfter steht *com* für *come*, *tel* für *itel*, *ceo* für *iceo* u. a.; meist haben die continentalen Handschriften das Richtige.

Von den Reimen sind die folgenden hervorzuheben.

Vereinzelt steht *esparne* 3915: *superne*, welcher Reim schon aus dem Besant bekannt und Marot noch geläufig ist; im Besant findet sich auch *bastarz* 2375: *colverz*; in den Joies N. D. 985 *plusors: bosoignos* ist von G. Paris zu *pluros* gebessert. Dem Dichter im Best. geläufig, jedoch kein Kriterium des Normannischen ist 447 *perilz: deliz*; 573 *fiz: norriz*; vgl. Mall, Cumpoz p. 105—106; Andresen, Roman de Rou II p. 529. Den Reimen 2691 *reveigne: teigne* steht gegenüber 2055 *tenge: venge*. Bemerkenswerth ist von *esprendre* die Form 2904 *espraignent: s'entreacompaignent*. Dass die Stammauslaute *c, b, f, g* vor flexivischem *s* ausfallen, ist beim Dichter Regel: 831 *becs: ades*; 2937 *coloms: longs*; 459 *neifs: corteis*; 1400 *mercs: convers*. Auslautendes *m* hat sich erhalten in 2241 *verms: divers*. Da *ai* in geschlossener Silbe von offenem *e* nicht verschieden ist, so bieten die Reime 621 *malves: ades* nichts Auffälliges. V. 3193 *sachez: feiz* ist nicht angetastet worden. Ein seltener Reim ist 2571 *Cleopatras: pas*; diese Erscheinung begegnet auch bei Jean de Thuim. Der Reim *doint: sormont* in Joies N. D. 617 erfordert die Beseitigung von *doint* V. 4125. Aus den Reimen, in denen man lat. *aqua* = *ewe* und den Namen Guillaume vergeblich sucht, geht hervor, dass der Dichter wie in seinen übrigen Werken auch im Best. die Declinationsregel verletzt; vgl. 177, 569 u. ö. Grammatische Schwierigkeit bietet der Reim V. 2325 *transglot: glot*, vgl. unten das Wörterbuch.

VIII. Entstehungszeit des Bestiaire und Heimath des Dichters.

Auf die Frage nach der Entstehungszeit des Best. giebt der Dichter V. 10 fg. und 2707—2736 selbst die Antwort: nämlich während des über England verhängten Interdictes unter der Regierung Philipp's von Frankreich, auf dessen Hof Guillaume ebenso schlecht zu sprechen ist wie auf den englischen, doch wagt er seine Meinung nicht zu äussern. Das Jahr der Abfassung ergiebt sich genau aus V. 2710, wo die Handschriften abweichen: ABDFKLMN haben in dem Artikel über die Turteltaube, in welchem der Verfasser des Best. den traurigen Zustand der Kirche in Gross-Britannien beklagt, *II anz*, dagegen CEGHIP *III anz* (S hat hier eine Lücke). Der Umstand, dass 8 Hss., darunter die älteste, gegen 6 sprechen, berechtigt zu der Annahme, dass der Best. i. J. 1210 entstanden ist, also zwei Jahre, nachdem Innocenz III. das Interdict über England verhängt hatte. Somit ist das Werk etwa 85 Jahre nach Philipp's Bestiaire abgefasst, in welcher Zeit der Dichter, wie er selbst V. 3572—3581 sagt, noch nicht in den „Hafen" eingelaufen war. F. Mann, »Der Bestiaire Divin des Guillaume le Clerc«. Heilbronn 1888, p. 13 entscheidet sich wie E. Martin für 1211, weil Hs. Douce 132 *treiz ans* hat. Eine andere zur Vergleichung dienende Zahl begegnet in den andern Hss. im V. 3307, wo A nicht das Richtige hat: nämlich es ist von der Alraunwurzel die Rede, die, wenn sie alt ist, von den Aerzten gesammelt wird; BCDEHN schreiben entsprechend Cod. Reg. 2 C. XII des Brit. Museum (»corpus eorum post triginta annos caute colligitur«): „wenn sie 30 Jahre alt ist". Ein paar andere Schreiberstückchen bieten noch folgende Stellen. V. 2782 bitten Teufel Christum, „dass er sie in eine Herde Schweine schicken solle". A hat für Herde *une fole*, B: *fosse*, C: *IIII fous*, D: *une fosse*, LK: *fole*, I: *les cors*.

Richtig allein ist *un folc*. Der Schreiber von C lässt den Philosophen V. 2526 seine Habe in einen grossen Koffer packen und im Meere versenken. V. 511 ist zu übersetzen: (Christus trug unsere Sünden) am heiligen Kreuzesstamme: B hat für Stamm *fu*, CE: *un saut fist en (dusqu'en) la crois veraie (vraie)*, A hat richtig *fust* (lat. *fustis*). V. 1864 versteht A das *saillir* der Vorlage = beschälen (vom Hengste) nicht und schreibt *assaillir*. V. 3185 hat A *kernelez* reimend mit *mellez* in falscher Construction, da nicht die Holzstämme, sondern Thürme gemeint sind, die mit Schiessscharten versehen sind. V. 2260 hat A: *l'eskerde*, BF: *l'eskede*, C: *li creste*, D: *le teide*, I: *l'escherde*, K: *l'eskerdes*, L: *l'escharde*, EG richtig: *la creste*. Die Schreiber dachten an *l'escharde* = Schuppe (nfz. *écaille*), wovon das Verb *escharder* = abschuppen im Ménagier de Paris ed. Pichon. Nemnich, „Polyglotten-Lexikon der Naturgeschichte". Hamburg und Halle, I p. 1280 *sub Crista* bemerkt jedoch, dass dies Wort auch „häutige Kämme auf dem Kopfe der Schleimfische, Finnaale etc." bedeutet, oder „die Reihe Gräten, welche sich am Rückgrat einiger Fische gegen dem (sic) Kopf zu befindet". —

Seine Heimath, die Normandie, giebt Guillaume V. 34 selbst an; jedoch ist es jetzt noch nicht möglich, die Gegend näher zu bestimmen, aus der er gebürtig ist. Das Meer scheint er nach V. 2239 fg. aus eigener Anschauung kennen gelernt zu haben. Der Umstand, dass er vom französischen und englischen Hofe nicht günstig denkt, könnte eine wohl der Zeit, jedoch nicht dem Orte nach passende Persönlichkeit vermuthen lassen, welche von L. Delisle, »Catalogue des Actes de Philippe Auguste«. Paris

1856, p. 353 No. 1553 also erwähnt wird: »Vers 1215, avril? Note constatant que Gautier de la Ferté et Raoul d'Airaines ont garanti que Guillaume de Caieu ne sera jamais l'adversaire du roi ni du prince Louis«. In England muss er später bei Kenilworth in Warwickshire gewohnt haben, wie aus der Ortsangabe im Tobiasgedicht V. 25 hervorgeht. Diese Angabe Kenilworth en Ardene findet ihre Erklärung in K. Elze's Shakespeare p. 14, wo auf das seltene Buch von J. Hannet, »The Forest of Arden«. London 1863, verwiesen ist. Der Bestiaire jedoch ist, wie sich aus der Bezeichnung des Fuchses V. 1342 ergiebt, noch vor der dauernden Uebersiedelung des Dichters nach England geschrieben.

IX. Die Verbreitung der romanischen, germanischen und orientalischen Bestiarien.

Für die Herstellung des normannischen Textes können die bisher veröffentlichten Thierbücher nur geringe Dienste leisten. Der griechische Physiologus, der auf die Weltliteratur, die Kunst, Kultur- und Sittengeschichte des Orients und Occidents grossen Einfluss geübt hat, ist noch bei Guillaume erkennbar in dem Baume Paradixion, einem Missverständniss von $\pi\alpha\varrho\grave{\alpha}$ $\delta\acute{\epsilon}\xi\iota o\nu$. Selbst die uralten, von Heliodor erwähnten heiligen Bücher der alten Egypter über Thiere, in denen die ersten Anfänge des Physiologus zu suchen sind, haben ihre Spuren im Artikel über den Phönix und Ibis zurückgelassen. Beiläufig erwähnt sei hier ein poetischer griechischer Physiologus, der 49 Thiere behandelt und herausgegeben ist von Ch. Gidel, »Étude sur un poëme grec inédit intitulé ʽΟ Φυσιολογος. Suivie du texte grec par M. E. Legrand« in dem »Annuaire de l'Association pour l'encouragement des études grecques en France«. VII année. Paris 1873, p. 188—286 und 287—296. Leider haben beide Herausgeber Pitra's Publiaction übersehen, dessen Text älter ist; doch sucht Gidel in seinen »Nouvelles Études sur la littérature grecque moderne«. Paris 1878 (Les littératures de l'orient III), am Schluss seiner Abhandlung über den Physiologus p. 401—443 sich damit zu entschuldigen, dass er unbenutzte Handschriften zum Abdruck gebracht. In den gereimten Bestiarien der Nationalsprachen ist die Anzahl der Thiere geringer.

Philipp von Thaon — über ihn handelte zuletzt F. Mann, „Der Physiologus des Philipp von Thaün und seine Quelle": Wülcker's Anglia VII, 420—468, IX, 391—434 — hat, wenn die Reihenfolge in der abgedruckten Hs. richtig ist, in seinem Bestiaire, dem der Lapidaire folgt, 36 Abschnitte, nämlich: 1. *Leun.* 2. *Monosceros.* 3. *Pantere.* 4. *Dorcon* = *chevre.* 5. *Idrus.* 6. *Cocodrille.* 7. *Cers.* 8. *Aptalon.* 9. *Furmie.* 10. *Honocentaurus.* 11. *Castor.* 12. *Hyena.* 13. *Mustelete.* 14. *Asida.* 15. *[Gr]ylio?* 16. *Serena.* 17. *Elefant.* 18. *Mandragora.* 19. *Aspis.* 20. *Serra.* 21. *Herizun.* 22. *Gulpis.* 23. *Onager.* 24. *Singe.* 25. *Cetus.* 26. *Perdix.* 27. *Egle.* 28. *Caladrius.* 29. *Fenix.* 30. *Pellicanus.* 31. *Colums, Dragun.* 32. *Turtre.* 33. *Huppe.* 34. *[I]bex* = *Cigonie.* 35. *[F]ullica.* 36. *[N]icticorax* = *Fresaie.*

Der Normanne Gervaise, der in seinen »livres des bestes« V. 39—40 Johanz Boche d'or als Quelle nennt, stimmt in dieser Berufung auf Johannes Chrysostomus mit dem Göttweiher Text und Cahier's Hs. D überein, aber er weicht von Heider's Text in der Anordnung ab, während die Zahl der Thiere ziemlich dieselbe ist. Die Reihenfolge der 29 Thiere ist nach

Meyer's Ausgabe: 1. *Lion.* 2. *Panthère.* 3. *Unicorne.*
4. *Hydre, Crocodile.* 5. *Sirène.* 6. *Centaure.* 7. *Hyène.*
8. *Singe.* 9. *Eléphant.* 10. *Antula.* 11. *Serpents.*
12. *Corbeau.* 13. *Goupil.* 14. *Castor.* 15. *Hérisson.*
16. *Fourmi.* 17. *Aigle.* 18. *Caradrius.* 19. *Pélican.*
20. *Perdrix.* 21. *Chamoi.* 22. *Huppe.* 23. *Phénix.*
24. *Cerf.* 25. *Tourterelle.* 26. *Serre.* 27. *Belette.*
28. *Aspic.* 29. *Ibis.*

Der von G. Raynaud 1885 in der Romania p. 442 fg. herausgegebene fragmentarische Bestiaire enthält nur 14 Thiere, deren Eigenschaften von dem Plinius, Solinus, Isidor und Bartholomaeus von Glanvil benutzenden unbekannten Dichter am Schluss moralisch gedeutet werden. Es sind dies: 1. *panthère.* 2. *hirondelle.* 3. *cigogne.* 4. *brebis.* 5. *baleine.* 6. *calandre.* 7. *salamandre.* 8. *abeille.* 9. *cygne.* 10. *rossignol.* 11. *pigeon* = *coulon.* 12. *tortue.* 13. *chameau.* 14. *faucon.*

Neben dem 1860 von C. Hippeau herausgegebenen Bestiaire d'Amour des Richard von Fournival, dessen Werk zu profanem Zwecke geschrieben ist, und wo höchstens die Thiernamen zur Vergleichung dienen können, ist die picardische Uebersetzung in Prosa des Pierre beachtenswerth, die aus dem Anfange des 13. Jahrh. stammt. Dieser Uebersetzer, der auch die Chronik des Pseudo-Turpin 1212 in Beauvais in französische Prosa brachte, arbeitete nach seiner eigenen höchst komischen Angabe »selon le latin dou livre que Phisiologes, uns bons clers d'Athenes, traita et Jehans Crisostomus en choisi, en les natures des bestes et des oisiaus«*). P. Paris, »Les mss. fr.«, Paris 1845, VI,

---

*) Die gleiche Verwechslung des Titels eines lateinischen Werkes und des Verfassers dürfte in dem unaufgeklärten »Aucupre« des Roman de Renart vorliegen, zu welcher Verstümmelung wohl

394—396 wies zuerst auf dies Werk hin und theilte die Titel der 36 Kapitel mit. Vollständig gedruckt ist diese Uebersetzung nach Ms. BLF 283 Fol. CCIII fg. des Arsenals in Paris und nach 2 Hss. des 14./15. Jahrh. von Cahier, »Mélanges d'Archéologie« II p. 106 fg. III p. 203 fg. IV p. 55 fg. Hier enthält das Ganze mit den späteren Zusätzen 72 Artikel, also doppelt soviel Abschnitte als Guillaume's Bestiaire. Daraus ergiebt sich, dass Pierre, wenn ihm alles angehört, noch aus abgeleiteten Quellen geschöpft hat.

Godefroy, »Dictionnaire« sub Hupelot citirt einen Bestiaire in Ms. Montp. H. 437, f° 213 r°; es ist der des Pierre.

Von französischen Prosabearbeitungen, in die durch Missverständniss mancherlei hineingeheimnisst ist, ist noch zu nennen eine Kompilation aus Plinius, Isidor, Solinus u. a. in 18 Abschnitten, betitelt: »Proprietez des bestes qui ont magnitude, force et pouoir en leurs brutalitez«. Das Ganze stimmt zu dem neunten Buche des Romans von Alexander und ist herausgegeben von Berger de Xivrey mit kundigen Anmerkungen in seinem Alexander v. Humboldt gewidmeten Buche: »Traditions Tératologiques ou Récits de l'antiquité et du moyen age en occident sur quelques points de la fable du merveilleux et de l'histoire naturelle«. Paris 1836, p. 441—568.

Hierher gehört auch Brunetto Latini's »Livres dou tresor« hrsgb. von P. Chabaille. Paris 1863, I. Buch, V. Cap. CXXXI (von den Fischen) bis zum Ende des ersten Buches Cap. CCII. Der alte Kern der Thiersage erscheint hier schon erweitert, und es werden

---

nicht »Oppian's de aucupio« Anlass gegeben hat. Ein Gegenstück ist „Tullius und Cicero".

Zweifel an älteren Ueberlieferungen laut; so in Cap. CLXXXI vom Wiesel. Einzelne Fabeln, die Brunetto aus der Volksüberlieferung aufnimmt, erzählt er in unnachahmlicher Weise. So weiss er beim Ybes Cap. CLXII unter anderen naiven Dingen zu berichten, dass Ovid »li tres bons poetes«, als ihn der Kaiser ins Gefängniss werfen liess, ein Buch schrieb, in welchem er denselben mit dem Namen dieses Vogels bezeichnete; »car il ne savoit penser plus orde creature«, fügt er hinzu.

P. Rajna, Codici francesi dagli Estensi: Romania 1873, II p. 52/53 verzeichnet sub 37(58) »Libro uno chiamado de la natura de li oceli« in französischer Sprache. Die französischen Bestiarien finden noch im 16. Jahrh. einen matten Nachhall in dem ohne Jahr gedruckten, 1830 neu aufgelegten Buche »Les Dictz des bestes et aussi des oyseaux«, hrsgb. von A. de Montaiglon, »Recueil de poésies fr. des XVe et XVIe siècles«. Paris 1855, I p. 256—264. Erst im 18. Jahrh. wurden die biblischen Thiere und Pflanzen von Samuel Bocharot († 1767), dem Bearbeiter der Geographia sacra, in dem Hierozoicon (ed. Rosenmüller, IV. Leipzig 1793/96) untersucht.

Der Abschnitt »De besties«, der aus dem catalanischen »Libre de Maravelles« des Raimon Lull von Conrad Hofmann in den Abhandlungen der bayrischen Akad. Bd. XII Abth. 3 herausgegeben ist, kommt wegen seiner Verschiedenheit hier nicht in Betracht; vgl. Littré's Untersuchung im 29. Bd. der Histoire littéraire.

Eine altvenezianische Naturkunde findet sich in Ms. Addit. 22557 des Brit. Museum zu London. Eine italienische Redaction des Physiologus, die F. Mann,

»Der Bestiaire Divin«. Heilbronn 1888, p. 18 ohne nähere Angabe nennt, ist in Gaspary's „Geschichte der italienischen Literatur" nicht berücksichtigt. — Ueber Leonardo's da Vinci Physiologus des 15. Jahrh. vgl. Springer, Berichte d. Sächs. Ges. der Wiss. Leipzig 1885, p. 244—271.

Das provenzalische Thierbuch behandelte, durch Bartsch's Chrestomathie p. 331 angeregt, Ad. Kressner in Herrig's Archiv Bd. 57, wo aus dem Elucidari Mittheilungen gemacht sind.

Drei Fragmente eines flämischen Physiologus weist F. Mann, »Der Best. des Guill.« p. 28 in der Brüsseler Hs. 19571 nach.

Die holländischen Bestiarien haben Willem Utenhove, einen Priester von Aardenburch, dessen Werk verloren und Jacob van Maerlant, dessen Naturen Bloeme aus der Mitte des 13. Jahrh. eine Uebersetzung von Thomas Cantipratensis »De naturis rerum« bildet, zu Verfassern. Vgl. Jonckbloet's „Gesch. der niederländischen Lit. übersetzt von Berg". Leipzig 1870, p. 238 fg. Ausgaben existiren von H. Bormans, Brüssel 1857 und E. Verwijs, Groningen 1871.

Das von Grein, der 1854 mit dem ags. Ged. „Der Vogel Phönix" in deutscher Uebersetzung nebst lat. Original auftrat, 1857 in der Angelsächsischen Bibliothek I p. 215—238 abgedruckte Fragment des ältesten englischen Physiologus, das den Phönix, den Panther, den Walfisch und ein Stück über das Rebhuhn enthält und nach Ebert, „Geschichte der lat. Lit. des Mittelalters" III, Leipzig 1887, p. 73—80, den ältesten Physiologus der Nationalliteraturen des Abendlandes darstellt, bespricht ten Brink, „Geschichte der englischen Literatur". Berlin 1877, I p. 63—64;

vgl. auch A. Ebert, Der angelsächs. Physiologus: Anglia VI, 241—247 und Wülcker's „Grundriss zur Geschichte der angels. Literatur". Leipzig 1885, p. 184—186, 201—204; 356. Ebenda ist p. 245—246 das Gedicht »The Bestiary« beurtheilt, das viermal gedruckt ist, zuerst von Th. Wright 1837 in den Altdeutschen Wäldern II, dann 1841 in den »Reliquiae Antiquae« I 208—227, danach in Maetzner's „Altengl. Sprachproben", zuletzt von R. Morris, »An Old English Miscellany«. London, E. E. T. S. 1872, p. 1—25 nach Ms. Arundel 292 mit den Metra des sogen. Thebaldus im Anhange I p. 201—209, die bereits 1854 Migne, »Patrologia« Bd. 171 p. 1218—1224 unter Hildebert's Werken nach einer Pariser Hs. veröffentlicht hatte. Die von dem Dichter behandelten 13 Thiere sind: 1. Löwe. 2. Adler. 3. Schlange. 4. Ameise. 5. Hirsch. 6. Fuchs. 7. Spinne. 8. Walfisch. 9. Sirene. 10. Elephant. 11. Turteltaube. 12. Panther. 13. Tauben. E. Martin im Besant p. XXIII und Brakelmann in Zacher's Zeitschrift III p. 210 nehmen nach de la Rue's Vorgange in dessen »Essais sur les Bardes« III p. 23 eine altengl. Uebersetzung des Best. Guillaume's an, die angeblich unter den Hss. der Bibliothek von Norlk [Norfolk?] vorhanden sein solle. Auch Seeger p. 26 spricht von dem Gespenst dieser Hs. und dem Phantom genannter Uebersetzung; ebenso F. Mann, »Der Bestiaire Divin des Guillaume le Clerc«. Heilbronn 1888, p. 28, wo jedoch die Existenz einer altengl. Uebersetzung Guillaume's bezweifelt und eine neue altengl. Bearbeitung vermuthet wird.

In der irischen Geschichte von Philipp und Alexander von Macedonien: E. Windisch, „Irische Texte". Leipzig 1887, II. Serie, 2. Heft, p. 63 begegnen sagenhafte Geschöpfe, darunter ein Thier Distrianus, das grösser ist als ein Elephant, kleinen schwarzen Kopf hat und durch Feuer geht. Eine irische Bearbeitung des Physiologus ist noch nicht bekannt.

Von altdeutschen Bestiarien ist die Prosaübersetzung des 12. Jahrhunderts zu nennen, die Massmann, „Deutsche Gedichte des 12. Jahrh." Quedlinburg. Leipzig 1837, p. 311—325 veröffentlicht hat; eine Hs. der Wiener Hofbibliothek ist abgedruckt von H. Hoffmann, „Fundgruben" I, p. 17—22, dann von Müllenhoff und Scherer, „Denkmäler deutscher Poesie und Prosa". Berlin 1864. Die altdeutsche poetische Bearbeitung, die mit der prosaischen in Anordnung und Anzahl der Thiere 29 übereinstimmt, ist herausgegeben von Karajan, „Deutsche Sprachdenkmale des 12. Jahrh." Wien 1846, p. 73—106; vgl. Kolloff in Raumer's Historischem Taschenbuche. 4te Folge, VIII. Jahrg. Leipzig 1867, p. 179—269.

Eine eigenartige Stellung in der Bestiarienliteratur nimmt in Bezug auf Inhalt und Versmass der gleich hier zu erwähnende czechische Physiologus ein, indem jedes Thier in je drei Verszeilen abgehandelt ist. Der Name des Thieres bildet jedes Mal das erste Wort. Die Anordnung ist, was nur hier vorkommt, alphabetisch. Quelle und Name des Dichters sind unbekannt. Dies Kleinod der czechischen Literatur ist nach einer Wittingauer Hs. des 14. Jahrh. herausgegeben von Dr. Fr. Palacký u. d. T. Physiologus, in »Časopis Musea«, Prag 1875, Bd. 49 p. 127—133. Die Reihenfolge der Thiere, von denen jedes moralisch gedeutet wird, ist: 1. *Bobr* = Biber (dieser begegnet zwei Mal in Zeile 1—3 und 3—6, ebenso der Esel, Zaunkönig und Wiedehopf). 2. *Bažant* = Fasan. 3. *Bubol*

= Büffel. 4. *Beránek* = Bockslamm. 5. *Dremlík* = Zwergfalke. 6. *Jednorožec* = Einhorn. 7. *Jezovcova* = Dachs. 8. *Jelen* = Hirsch. 9. *Ježek* = Igel. 10. *Hranostáj* = Hermelin. 11. *Had* = Schlange. 12. *Hrdlička* = Turteltaube. 13. *Hus* = Gans. 14. *Jastráb* = Habicht. 15. *Kavky* = Dohle. 16. *Kočka* = Katze. 17. *Kuroptva* = Rebhuhn. 18. *Kopr* = Karpfen. 19. *Kuna* = Marder. 20. *Kalander* = Kalanderlerche *(Caladrius)*. 21. *Krahujec* = Sperber. 22. *Káně* = Stosser. 23. *Koba* = Rabe. 24. *Kozel* = Ziegenbock. 25. *Kóň* = Pferd. 26. *Kokot* = Hahn. 27. *Kačice* = Ente. 28. *Lanit* = Hirschkuh. 29. *Losos* = Lachs. 30. *Liška* = Fuchs. 31. *Labut* = Schwan. 32. *Lev* = Löwe. 33. *Myš* = Maus. 34. *Medvěd* = Bär. 35. *Noh* = Greif. 36. *Okún* = Barsch. 37. *Osel* = Esel. 38. *Opice* = Affe. 39. *Osla* = Esel. 40. *Pstruh* = Forelle. 41. *Papúšek* = Papagei. 42. *Panter* = Panther. 43. *Páv* = Pfau. 44. *Rys* = Luchs. 45. *Rarohu* = Würgfalke. 46. *Rak* = Krebs. 47. *Striežkovi* = Zaunkönig. 48. *Štika* = Hecht. 49. *Slon* = Elephant. 50. *Sokol* = Falke. 51. *Striš* = Zaunkönig. 52. *Straka* = Elster. 53. *Špaček* = Staar. 54. *Srna* = Reh. 55. *Sojku* = Häher. 56. *Svině* = Sau. 57. *Saň* = Drache. 58. *Sup* = Geier. 59. *Slepice* = Henne. 60. *Vdedek* = Wiedehopf. 61. *Úhoř* = Aal. 62. *Velryb* = Walfisch. 63. *Vydra* = Fischotter. 64. *Velblúd* = Kameel. 65. *Vlk* = Wolf. 66. *Vol* = Ochs. 67. *Věžník* = Windhund. 68. *Veveřice* = Eichhorn. 69. *Vdedek* = Wiedehopf. 70. *Zajiec* = Hase. 71. *Zobr* = Auerochs.

Ein von Carus, „Geschichte der Zoologie", München 1872, genannter isländischer Physiologus ist herausgegeben von Th. Möbius, »Analecta norroena«. 2. Ausg.

Leipzig 1877, p. 246—251 und auszugsweise in deutscher Uebersetzung gedruckt von Fritz Hommel, „Die Aethiopische Uebersetzung des Physiologus, nach je einer Londoner, Pariser und Wiener Hs. hrsgb., verdeutscht und mit einer historischen Einleitung versehen". Leipzig 1877*). Hommel, welcher die äthiopische Uebersetzung in den Anfang oder die Mitte des 5. Jahrh. setzt, vermuthet die Existenz eines koptischen Physiologus auf einer europ. Bibliothek.

Der armenische Physiologus ist ins Französische übersetzt von Cahier, »Nouveaux Mélanges« I p. 117 fg.

Der syrische Physiologus mit ca. 80 Kapiteln ist seit 1875 in musterhafter Ausgabe vorhanden in den »Otia Syriaca« (auch »Anecdota Syriaca« t. IV) von N. Land, der eine lateinische Uebersetzung beigefügt hat. Aus einem syrischen Original ist der eine der beiden arabischen Physiologi übersetzt und von N. Land edirt.

Endlich sei bemerkt, dass ausser dem griechischen oben genannten Gedicht, das betitelt ist: »Φυσιολογος«, in der mittelgriechischen Literatur ein Gedicht, »Διήγησις παιδιόφραστος τῶν τετραπόδων ζώων« (Ms. Paris. 2911 und Cod. theol. Vindob. 297), nach W. Wagner, »Medieval Greek Texts.« I. London 1870, p. IX vom Jahre 1365, und ein anderes in demselben Wiener Cod. theol. 297, jetzt 244 Fol. 84—103 mit dem Titel »Πουλολόγος«, ebenfalls Thierfabeln enthaltend — den Anfang druckte 1690 D. de Nessel im »Catalogus cod. graec.«, — sowie ein

---

*) Der äthiopische Physiologus hat 48 Abschnitte und ist aus einem dem griech. Cod. A sehr ähnlichen, nach Hommel fast identischen Original übersetzt.

neugriechischer Prosabest. existirt von 1568; dieser hat den Erzbischof Damascenus Stouditis von Naupaktos zum Verfasser und ist Venedig 1695 gedruckt.

Später wurde der Physiologus vergessen und neu erfundene Naturberichte gingen in die gedruckten Naturbeschreibungen über.

X. Die lateinischen Bestiarien.

Bevor die „Section" des normannischen Bestiaire vorgenommen werden kann, sind die lateinischen Quellen in Betracht zu ziehen. Leider fehlt es noch an einem kritischen lateinischen und altgriechischen Text des Physiologus, den Cahier herzustellen beabsichtigt hatte; aber sein Plan ist 1871 durch die preussischen Bomben und durch die Revolution der Communards in Paris vereitelt worden, wo er nach seiner Rückkehr statt der wohlgeordneten Papiere einen Augiasstall vorfand. In einem längeren Artikel: »Du bestiaire et de plusieurs questions qui s'y rattachent« hat sich Cahier in seinen »Nouveaux Mélanges d'Archéologie, d'Histoire et de Littérature sur le moyen âge«. Paris 1874, p. 106—164, nochmals mit seiner Lieblingsidee beschäftigt und den armenischen 35 Thiere enthaltenden Best. in Uebersetzung mitgetheilt. Zur weiteren Lösung der Quellenfrage hat Paul Meyer in seiner Ausgabe des Gervaise nichts weiter beigetragen; derselbe begnügt sich vielmehr damit, zu erklären, dass die Bestimmung der lateinischen Vorlage des Gervaise nur bei vorausgehender Classification der unzähligen Werke dieser Art möglich sei, welche die französischen und englischen Bibliotheken besitzen. Diese Aufgabe hält er für ein »travail énorme, dont je n'ai pas les éléments et qui ne pourrait être entrepris incidemment«, ehe er sich für die Annahme eines von Cahier's Texten und von Philipp's und Guillaume's Quellen verschiedene Vorlage entscheidet. — Der Physiologus in griechischer Prosa von Epiphanius, der ursprünglich 39 Capitel enthielt und vom Pater Petau, »Epiphanii opp.« II Paris 1622, dann von Migne, »Patrologia« Bd. 41 II, 189, ferner nach einer lückenhaften Hs. von dem Herausgeber der Zeitschrift »Hellenomnemon« $A.\ Μovστοξύδης$ und $Δ.\ Σχίνα\ Βυζάντ.$ in der »$Συλλογὴ\ ἀποσπασμάτων\ ἀνεκδότων\ ἑλληνικῶν\ μετὰ\ σημειώσεων$«. Venedig 1817, p. 7—22, und von Pitra, »Spicilegium Solesmense« III herausgegeben ist, ist zuerst vom Cardinal Guillaume Sirlet, dann 1587 von Ponce de Léon in das Lateinische übersetzt worden, kommt aber hier nicht in Betracht. Von unbenutzten Hss. lateinischer Bestiarien ist zu nennen das unvollständige Ms. Barrois CLXXVIII aus dem 12. Jahrh.; dasselbe gehörte dem Lord Ashburnham an. Die Hss. der Pariser Nationalbibl. Ms. lat. 11 207, 11 280, 14 297, 14 429, 15 256 sind theilweise von Cahier benutzt. In der Bibl. St. Martial de Limoges befand sich im 13. Jahrh. nach Chabaneau in der Revue des langues romanes 1880 p. 112 ein solches Werk. In Oxford, wo Coxe im »Catalogus cod. Oxon.« 9 Bestiarien in lat. Hss. nachweist, enthält Ms. Burney 327, wie zuerst Wright, »Popular Treatises« p. XIII nachwies, einen lat. Bestiarius des 12. Jahrh.; Mann a. a. O. p. 447 citirt 527, vorher 327; derselbe weist p. 445 einen Cod. Tolet. nach. In London ist Addit. Ms. 11 283 des British Museum erwähnenswerth. Ebenda sind im Harley-Ms. 219 aus dem 14. Jahrh. einzelne Thierfabeln, die wohl Odo von Cerington angehören, so die vom Einhorn und dem Menschen, der sich auf einen Baum flüchtet (diese

Episode ist auch von L. Uhland, der aus dem Divan des Dschelaleddin oder aus Kalilag und Dimnag oder dem Roman Barlaam & Josaphat geschöpft haben dürfte, nachgeahmt und stimmt überein mit dem provenzalischen von C. Chabaneau in der Revue des langues romanes 1883 p. 161 mitgetheilten Text und dem altspanischen »Libro de los Gatos« bei P. de Gayangos, »Escritores en prosa anteriores al siglo XV«. Madrid 1860, p. 557), der Beachtung werth. Das bis jetzt von lateinischen Bestiarien im Druck vorhandene Material, das hier berücksichtigt werden muss, beschränkt sich auf das Folgende. Von einer Brüsseler, zwei Berner und zwei Pariser Hss. gab Cahier unter Benutzung des Textes bei Vincentius Bellovacensis, der im »Speculum majus« öfter als Quelle Jorath, »Liber de animalibus« nennt, in den »Mélanges d'Archéologie« Bd. II—IV einen parallelen Abdruck; aber da die Hss. nicht in das 12. Jahrh. hinaufreichen, so ist der Text durch die Schreiber vielfach ganz corrumpirt; noch einigermassen brauchbar sind die Hss. A und D. A hat 36 Abschnitte wie Guillaume, aber nur bis zum Phönix stimmt die Anordnung überein; der Strauss wird hier *Isida* statt *Assida* genannt, der *Onager* begegnet zweimal, beim Igel folgt ein Stück über den Ibis, der indische Baum heisst *Perindex*, zuletzt werden drei Steine *Agaten*, *Adamas* und *Lapis indicus* behandelt, und das Ende bildet der Panther; kurz das Ganze ist hier in Unordnung. In D erscheinen schon 40 Abschnitte, indem der Thierschatz vermehrt ist durch die Artikel *Herodius*, *Locusta*, *Scorpion*, *Culex*, *Camelus*, *Lacerta*, *Pulli hirundinis*, *Milvus*, *Pulli corvorum*, *Aranea* und *VII virtutes columbae;* der letzte Artikel dieses »Liber Joannis Chrisostomi qui Physiologus appellatur XL articulorum« ist von anderer Hand hinzugefügt; vgl. Cahier II p. 95.

Fast gleichzeitig mit Cahier veröffentlichte G. Heider im „Archiv für Kunde österreichischer Geschichts-Quellen" III. Jahrg. Wien 1850, II. Bd. p. 552—582 einen lat. Physiologus nach einer Göttweiher Hs. des 11. Jahrh. Derselbe ist betitelt: »Dicta Joh. Crisostomi de naturis bestiarum« und enthält 27 Thiere, darunter keine Steine. Auch hier ist die Anordnung abweichend, nämlich: 1. *Leo.* 2. *Panthera.* 3. *Unicornis.* 4. *Ydra.* 5. *Syrene.* 6. *Hyena.* 7. *Onager.* 8. *Elephas.* 9. *Autula.* 10. *Serra.* 11. *Vipera.* 12. *Lacerta.* 13. *Cervus.* 14. *Capra.* 15. *Vulpes.* 16. *Castor.* 17. *Formica.* 18. *Ericeus.* 19. *Aquila.* 20. *Pellicanus.* 21. *Nocticorax.* 22. *Fulica.* 23. *Perdrix.* 24. *Assida.* 25. *Upupa.* 26. *Caradrius.* 27. *Phoenix.* Eine äusserlich theilweise von dem Göttweiher Text abweichende spätere Hs. aus dem 12. Jahrh. befindet sich nach Heider in der Hofbibliothek zu Wien No. 1010 (früher 346), nur hat dieselbe am Ende noch den in der Göttweiher Hs. fehlenden Spruch, der in Guillaume's Quelle gestanden hat: »Sic erit ed [lies: de] scriba in regno colorum [lies: celorum] qui profert de thesauro suo nova et vetera«, während ihr wiederum die Verse bei den einzelnen Abschnitten fehlen; der zweiten Wiener sonst gleichlautenden Hs. des 13. Jahrh. Suppl. 502, jetzt 13378, fehlen angeblich die Abbildungen und die Verse, und am Schluss hat *scriba* das Epitheton *doctus.* Der Wiener Cod. 15071, Suppl. 1893 enthält Fol. 54—57 nur eine datirte »glosa super Physiologum«.

Die von Pitra, »Spicilegium Solesm.« III 418—419 edirten Fragmente eines lat. Physiologus, die er vielleicht für das älteste lateinische Werk dieser Art hielt, kommen hier, da die moralisirenden Auslegungen fehlen, und es nur 22 Thiere sind, nicht in Betracht. Aehnliche Bruchstücke hatte Cardinal Mai, »Class. Auct.« bekannt gemacht. Der »Liber de bestiis et aliis rebus« des Hugo von St. Victor wird bei den Quellen des Dichters behandelt werden.

Einen lat. Bestiarius von 1187 mit vielen Malereien besitzt das kgl. Museum zu Berlin unter den Hss. der Hamilton-Sammlung (No. 77 des Auktionskataloges), kommt aber, da der Vogel Greif, der Eber, ein Thier mit Stierkopf, Pferdeschweif und vielfach gewundenen Hörnern, Namens *bonacon**) aufgeführt ist, hier gleichfalls nicht in Betracht.

Der von Förstemann ausser Cod. 351 in Ms. 1305 Fol. 54^b — 63^b der Univers.-Bibliothek nachgewiesene Leipziger Physiologus enthält 37 Abschnitte und endet nach dem Diamanten mit den *vultures*, die hier ohne Männchen gebären.

Die 11 Münchener Physiologus-Handschriften verdienen eine nähere Untersuchung.

Noch sind beachtenswerth zwei Handschriften der Bibliothek zu Wolfenbüttel. Der Mischcodex des 11. Jahrh. No. 131 Gud., der von Schönemann, „Hundert Merkwürdigkeiten der Bibl. zu Wolfenbüttel". Hannover 1849, II p. 15 unter 172 beschrieben ist, enthält sub VIII einen »Liber de animalibus nonnullis anonymi« und ist nach Dr. Ficker's und Waitz's Vermuthung identisch mit No. 148 das Catal. Gud. Auf Fol. 159

---

*) Gemeint ist hiermit der βόνασος, den Aristoteles genau beschreibt, und den Plinius *bison* nennt, d. i. Bison-Ochs, der nach Brehm einst über ganz Europa und einen Theil West-Asiens verbreitet war.

steht als Ueberschrift roth: »Incipit liber bestiarum. De leone rege bestiarum et animalium: & enim Jacob benedicens Judam ait: Catulus leonis Juda«, dann folgen die drei Naturen des Löwen. Es sind zusammen 40 fehlerhafte Abschnitte: 1. *Leo.* 2. *Austulapsa.* 3. *II lapides.* 4. *Serra.* 5. *Caradrio.* 6. *Pelicanus.* 7. *De necticore.* 8. *Aquila.* 9. *Foenix.* 10. *Epopa* (aus *epopus* corrigirt). 11. *Onager.* 12. *Vipera.* 13. *Serpens.* 14. *Formica.* 15. *Sirene.* 16. *Eri[na]tius* (*na* ist durchstrichen). 17. *Vulpis.* 18. *Perindex.* 19. *Elifans.* 20. *De Dorconi sive capriola.* 21. *De Agate.* 22. *De lapide Adamante.* 23. *De Onagro.* 24. *De lapide Sentidico.* 25. *Herodius.* 26. *De leone et panteram (sic).* 27. *De Celon.* 28. *De perdice.* 29. *De vultore.* 30. *De mustella.* 31. *Unicornis.* 32. *Castor.* 33. *Sullus* (corrigirt *hidrus*). 34. *De Cineomone.* 35. *De turtore.* 36. *De hirundine.* 37. *Cervus.* 38. *Hiena* (das Folgende von anderer Hand). 39. *Aettula.* 40. *Lacerta.*

Einen ursprünglich abgesonderten Physiologus weist W. Wattenbach nach in einem Mischcodex der Eisleber Kirchenbibliothek zu St. Andreas aus dem 15. Jahrh. Vgl. „Neues Archiv der Gesellsch. für ältere deutsche Geschichte" VIII. Hannover 1883, p. 289. Die in dem Glockenthurme der Kirche aufbewahrte reichhaltige Hs. 969 enthält Fol. 211—219a nach einer Einleitung den bekannten Physiologus »Tres leo naturas« etc. und schliesst mit dem Panther, der als 13. Thier beschrieben wird.

Diese Hss. müssen nebst den in England vorhandenen und jetzt von F. Mann, »Der Bestiaire Divin«, Heilbronn 1888, p. 21 fg. genannten, abgesehen vom Londoner Cod. 2 C. XII, bei einer künftigen kritischen Ausgabe des Physiologus berücksichtigt werden.

XI. Fischnamen bei Guillaume und im Altfranzösischen.

Namen von Thieren und Vögeln werden ausser in den Thierbüchern in älteren französischen Werken oft genannt. „Die Thiere im altfranzösischen Epos" ist der Titel einer fleissigen, aber einseitigen Abhandlung von Fr. Bangert, Marburg 1885: Stengel's Ausgaben XXXIV p. 1—244. Jüngst erschienen ist: R. Schröder, „Glaube und Aberglaube in der altfranzösischen Dichtung". Erlangen 1886, 175 S.; doch ist das Gebiet der Thierdichtung nur beiläufig berührt. Seltener finden sich Namen von Fischen. Guillaume nennt deren 6: *balaine, cetus, turbot, esturgon, graspeis, porpeis*. Unter *porpeis* ist eine Delphinart *(Delphinus phocaena)* zu verstehen. Du Cange unter *Porpaiz, Porpecia* übersetzt *marsouin*. Pitra, Spicileg. III p. 624 hat *porco-piscis*. Die von Du Cange aus Guillaume nach einer schlechten Hs. unter *Craspicis* mitgetheilte Stelle ist wiederholt in den »Notices et Extraits des Mss.« t. 23 (1872/77) p. 600 sub Pupa, wo ungenau bemerkt wird: »Le vieux français peut nous mettre sur la voie: il désignait par poupois [pupa-piscis?] un poisson de grande dimension«. Dieser Fisch ist der *Porco pesce* der Italiener, der *Porpesse* oder *Porpoise* der Engländer, bei denen er zu Heinrich's VIII. Zeit ein *royal dish* war; eine Abbildung findet sich bei Ch. Knight, »The English Cyclopaedia. Natural History«. London 1854, I p. 906. Albertus Magnus, De anim. XXIV, Opp. t. VI 650 sagt: »Hujus piscis lardum est quod graspois vocatur«.

Mit *graspeis* dagegen, von Du Cange unter *crapois*, *craspiscis* einfach als eine Art Meerfisch bezeichnet, wird der Pottfisch (*cachalot* oder *phoque*) gemeint sein. J. G. Schneider, »P. Artedi Synonymia piscium«. Lipsiae 1789, p. 155 hält Grampus für eine Entstellung aus *piscis crassus;* vgl. Ménagier de Paris II p. 200. Nach dem Gedicht des Guillaume de Villeneuve, »Les crieries de Paris« wurde der *craspois* im 13. Jahrh. in den Strassen von Paris als Waare ausgerufen, was Crapelet, »Proverbes et dictons populaires«, Paris 1831, p. 139 mit *pois gras (fricassés)* übersetzt hat! Vom *cetus* — Brunetto Latini erklärt *cete* mit *vns poissons craspois* — ging die schon der Brandanlegende geläufige, zuerst in den 1001 Nacht vorkommende und noch C. Gesner, »De piscibus et aquatilibus omnibus libelli III novi«, Zürich 1551, p. 119 bekannte Sage, dass die Seefahrer dies Seeungeheuer für eine Insel oder einen Berg halten und auf seinem Rücken Feuer anzünden. In der Image du Monde*), in der nach Fritsche, „Quellen des Walther von Metz" p. 33 die Fische nach der Historia Hierosol. beschrieben sind, gilt diese Sage nach Ms. fr. 1444 Fol. 202 vom Walfisch:

> Li plus grans pissons de le mer,
> Que on seut balaine clamer,
> Si grans et si mervilleus est,
> C'arbre et terre sor li tant crest,
> Que sanle une isle ou. i. grant mont,
> Dont les gens qui par le mer vont,
> Sont aucune fois decëu,
> Qu'il cuident terre avoir vëu,

---

*) Vgl. hierüber die Abhandlung des jungen schwedischen Romanisten C. Fant, »L'image du monde, poème inédit«. Upsala 1886.

> Si font tant que la se sont trait,
> Et quant il ont fait lor atrait
> De fu, de loges et d'autre estre
> Con cil qui terre cuident estre,
> Et quant li beste le fu sent,
> Si s'esmuet si soudainement
> Et se fiert en l'iave parfont,
> Si que tout apres li affont.
> Nef et gent ensi sont peri,
> Qui cuidoient estre wari.
> Petite bouce a cis pissons
> Ne mengnut fors petis pissons.

Einzelne Fischarten sind zuerst von Le Grand d'Aussy, »Histoire de la vie privée des Français«. Paris 1782, I p. 66—67 alphabetisch geordnet ohne Angabe der Hs. und mit Lesefehlern (so *Anons, baleigne, bar, barbue, bertelette, besque, bréme, carramkes, congre, escrafin, gournaux, grisniers, hearans, maqueriaux, port de mer, quarriaux, scellans, soteriaux*), dann von Crapelet, »Proverbes et dictons« p. 115—116 fehlerhaft und unvollständig bekannt gemacht. Die folgenden für die französische Kulturgeschichte des Mittelalters nicht unwichtigen Fischnamen, die Rabelais theilweise im Pantagruel im Capitel über die *Gastrolatres* genannt hat, finden sich in der Pariser Hs. fr. 25 545 Fol. 19(31) unter einander geschrieben mit dem Titel: »Ce sunt les menieres des poissons que on prant en la mer«. Dieselben folgen in der Hs. ohne Nummern.

1) *Baleingne* = Walfisch (Balaena), nfz. *baleine*.
2) *Pourpois .i. porc de mer* = Meerschwein (D. phocaena). Diese Angabe bestätigt Ménagier de Paris II p. 198: »Porc de mer, Marsouin, Pourpois est tout un«. In dem »Livre des métiers

d'Etienne Boileau« éd. Depping p. 268 wird der *pourpeis* als ein auf den Pariser Markt gebrachter Fisch genannt. Belon jedoch, »Nature des poissons« 1555 trennt richtig *porc de mer* vom *marsouin* als besondere Art.

3) *Esturjons* (Hs. esturions) = Stör (Acipenser sturio), nfz. *esturgeon*. Berühmt waren im Mittelalter die *Esturjons de Blaives*, vgl. Ménagier de Paris II p. 199.

4) *Saumons* = Salm (Salmo salar), nfz. *saumon*; bei Rabelais: *saulmons*.

5) *Mules* = Meerbarbe (Mullus), nfz. *mulet*.

6) *Sormules* = gestreifte Meerbarbe (Mullus surmuletus oder surmulus), nfz. *surmulet*.

7) *Briemes. i. besques* = Brasse (Cyprinus brama oder bresma), nfz. *bréme* und *becquet*, *béquet*. Im Ménagier de Paris steht *bresme*.

8) *Gournax .i. lievre de mer* = Knurrhahn, Seehahn (Trigla gurnardus), nfz. *gourneau*, auch im Ménagier de Paris und bei Rabelais *guourneaulx*, vgl. Du Cange, *Gornius*.

9) *Rouges* = Röthling, nfz. *rouget*. Crapelet hat diesen und die folgenden Fische ausgelassen.

10) *Grismers* = Weissling? Im Ménagier de Paris II 197 findet sich *Grimondin*.

11) *Coques* = Nach Le Grand d'Aussy = *salicoque*. An *coque* Muschel = lat. *concha* kann hier nicht gedacht werden.

12) *Morues* = Kabeljau (Gadus morrhua), nfz. *morue*.

13) *Asnons* = Schellfisch, bei den Alten ὄνος oder *asellus* genannt, nfz. *ânon*; nach Crapelet wäre es *âne de mer ou merlus*.

14) *Escrafins* = Schellfisch (Gadus aeglefinus), nfz.

égrefin; im Ménagier de Paris II p. 198 *Aigrefin;* ebenso bei Ste. Palaye.

15) *Maqueriax* = Makrele, nfz. *maquereau;* bei Rabelais *macquereaulx.*

16) *Carrambes* = Seegarnele, nfz. *caramote, carambot.* Crapelet liest falsch und übersetzt das Wort nicht; er dachte wohl an nfz. *la carangue*, vgl. Cuvier, »Le règne animal« 7 p. 133.

17) *Herans* = Häring (Clupea harengus), nfz. *hareng.* A. Scheler, »Olla Patella«. Gand 1879, p. 20 sub Alec liest *herene* statt *herenc.* Vgl. Diez, „Romanische Wortschöpfung" p. 53. Die Häringe von Fécamp waren berühmt.

18) *Seellans* = Pilchard, nfz. *scellan.*

19) *Mellans* = Weissling (Gadus merlangus oder merlanus), im Livre des métiers ebenso, im Ménagier: *merlant*, nfz. *merlan*, nach Guillaume de Villeneuve im 13. Jahrh. in den Strassen von Paris ausgerufen.

20) *Mariniers* (Hs. māniers) = Meerfische (scil. poissons). Crapelet liest *muniers* = nfz. *meunier;* Le Grand liest *Manniers.* In den Verordnungen des 13. Jahrh. werden unterschieden *mercatores piscium marinorum* und *m. aleceium.*

21) *Congres* = Meeraal (Muraena conger), nfz. *congre.* Einst waren die Aale von La Rochelle geschätzt.

22) *Bars* = Barsch, nfz. *bars.* Crapelet übersetzt falsch *barre et barbeau.* Im Ménagier II 187 ist *bar* ein Süsswasser-Fisch. Gautier de Coinsy éd. Poquet p. 710 V. 66 hat die Form *bars.*

23) *Dorees* = Goldfisch, nfz. *perche dorée*, auch im Ménagier, nach Crapelet = *dorade.* Rabelais: *dorades.*

24) *Heirons* = Schwertfisch, nfz. *héron*.
25) *Wivres. kien de mer. louf de mer* = Vipern (nfz. *guivre*), Seehund, Seewolf. Le Grand und Crapelet verstehen unter Wivres die Lamprete, letzterer liest falsch *beuf*. Im Glossar von Tours hgb. von L. Delisle p. 328 ist *lupus marinus* = *luz*. Prov. *merlus* Stockfisch (maris lucius).
26) *Paons. i. escrevisses* = Meerpfau (Labrus pavo), nfz. *paon*, ital. *pesce pavone*. Le Grand hält irrig *escrevisses* für *houmar*.
27) *Oistes* = Auster (Ostrea), nfz. *huître*.
28) *Hanons* = Archenmuschel, nfz. *hannon*. Crapelet übersetzt falsch *âne* ou *merlus*. Pichon im Ménagier de Paris II 204 bemerkt: »Suivant Belon, c'est le nom rouennais du coquillage dit pétoncle«.
29) *Moulles* = Miesmuschel (Mytilus), nfz. *moule*; bei Rabelais: *moules*. Auch im Ménagier folgt *Moules* nach *Hanons*.
30) *Soteriax* = Goger, nfz. *sauterelle?* Nach Crapelet = *saumoneau*.
31) *Sardes* = Sardelle, nach Le Grand und Crapelet = nfz. *sardines*.
32) *Mullus* = Meerbarbe (Mullus), nach Crapelet = *mulet*. Bei Le Grand fehlt dies Wort.
33) *Alloses* = die Alse (Clupea alosa), im Ménagier: *aloze*, bei Rabelais: *aloses*, nfz. *alose*. Berühmt waren die Alsen von Bordeaux.
34) *Flectan* = Flunder, nfz. *flétan*. Du Cange sub Aquaria nennt einen Fisch *Flet* nach einem Document des 13. Jahrh. Crapelet liest *flettan* = *raoulles*.
35) *Raoulles* = Steinbutte, span. *rodaballo*, port. *rodovalho*.

36) *Barbues* = Bartmännchen, nfz. *barbue*.
37) *Rais* = Roche (Raia), nfz. *raie;* im Ménagier und bei Rabelais: *rayes:* Pantagruel IV cap. LX éd. Burgaud des Marets & Rathery.
38) *Plais* = Platteischen (Pleuronectes platessa), bei Etienne Boileau: *pleiz*, bei Rabelais: *plyes*, im Ménagier: *plays*, nfz. *plaise*, engl. *plaice*.
39) *Quarriax* = Glattbutte, nfz. *carreau* oder *carrelet*, bei Rabelais *carreletz*, im Ménagier: *quarrelet*, bei Eustache Deschamps: *carrel, carreaux*.
40) *Flairs* = Flunder, nfz. *flet;* im Ménagier: *Flays*.
41) *Berceletes* = ?*)
42) *Seules* = Meersole (Pl. solea), nfz. *sole*, bei Rabelais: *soles*.
43) *Polletes* = Krabbe, nfz. *poulet;* im Ménagier und bei Rabelais: *poles*.
44) *Seiches* = Sepia, Tintenfisch, nfz. *sèche, saiche*. Im Ménagier II 205 folgt *Seiche* nach den *Escrevices de mer*.
45) *Lumandes* = der Lumpen (Blennius lumpenus), nfz. *lumpène?* Le Grand und Crapelet verstehen hier »limande«. Bei Rabelais findet sich Limandes, ebenso Ménagier II 202. Hiervon zu unterscheiden ist engl. *lump-fish, lump-sucker*.

XII. Die Quellen Guillaume's**).

Die Vorlage Guillaume's, der keine abgeschlossene vollständige Naturgeschichte liefern, sondern, wie er

---

*) Auch dieser Meeresbewohner ist in älteren Specialwerken nicht nachweisbar; derselbe dürfte mit einer der Fischarten zu identificiren sein, die neuerdings der den Zoologen als Ichthyolog bekannte Fürst Albert von Monaco entdeckt hat.

**) In seiner während des Druckes nach mehrjähriger An-

V. 28 selbst erklärt, nur die Eigenthümlichkeiten einiger Thiere auseinandersetzen wollte, war, nach den bisher gedruckten lateinischen Bestiarien zu urtheilen, kein einheitliches Werk; jedoch zeigt das meiste, wiewohl die Anordnung verschieden ist, Uebereinstimmung mit dem »Liber de bestiis et aliis rebus« des Hugo de St. Victore, ungenügend herausgegeben von Migne, »Patrológiae cursus completus«. Paris 1854, Bd. 177 p. 15—84, während einige Einzelnheiten mit dem Werke des Pseudo-Chrysostomus der Pariser oder Göttweiher Hs. übereinstimmen. In dem Artikel über Hugo in der »Histoire littéraire« XII p. 1—72 ist das Thierbuch unter dessen Schriften nicht erwähnt; einzelnes wird Hugo von Fouilloi († um 1173) nach der Hist. littéraire XIII p. 336 fg. zugeschrieben*). Wohl

---

kündigung erschienenen Abhandlung: »Der Bestiaire Divin des Guillaume le Clerc«. Heilbronn 1888 (Französische Studien VI, 2. Heft), p. 73 fg. behauptet F. Mann, dass die Vorlage Guillaume's in Wesen und Wortlaut getreu erhalten sei durch den von ihm p. 37—73 ohne Verbesserungen herausgegebenen Bestiarius der Hs. Reg. 2 C. XII des British Museum. Das Ganze bildet jedoch nur eine Compilation aus dem Physiologus und Isidor's »Etymologiae«, deren Text hier combinirt ist, und ist nicht besser und nicht schlechter als der Bestiarius des Hugo von St. Victor. Dass der Dichter als Vorlage nicht den in der Anordnung vorzüglichen Bestiarius in Cod. Reg. 2 C. XII benutzt hat, obschon derselbe an vielen Stellen wie andere Redactionen Uebereinstimmung zeigt, wird im Folgenden gezeigt werden. Ebenso wird aus Guillaume's Werk selbst nachgewiesen werden, dass dem Dichter keine einheitliche Quelle, wie man angenommen hat, vorgelegen hat. In der nachstehenden Quellenuntersuchung musste der directe und natürlichste Weg eingeschlagen werden, während F. Mann in Ermangelung eines kritischen Textes und, um nicht den altfranzösischen und lateinischen Text neben einander abzudrucken, nicht anders konnte, als sich mit einer Vergleichung der Abweichungen Guillaume's vom Lateinischen oder mit Aufführung der frei behandelten Stellen zu begnügen. Die Ergebnisse seiner Arbeit, die hier mehrfach berichtigt und vervollständigt werden muss, konnten in der folgenden Untersuchung während der Drucklegung grösstentheils noch Berücksichtigung finden.

*) In neuester Zeit hat B. Hauréau, »Les Oeuvres de Hugues

zu beachten ist, dass Guillaume sich im Capitel von den Tauben V. 3114 mit »ceo me dit ma lettre e mon vers«, was bisher übersehen worden ist, auf zwei Quellen beruft. Mit *vers* deutet er entweder auf die Verse hin, welche in der Göttweiher Hs. jedem Abschnitt vorangehen, und welche bei Hugo von St. Victor an einzelnen Stellen innerhalb des Textes stehen, oder auf eine uns unbekannte lateinische Dichtung; in Cahier's latein. Hss. und in F. Mann's Cod. Reg. 2 C. XII fehlen diese Verse. Ausserdem citirt der Dichter folgende, bisher nur unvollständig zusammengestellte Autoritäten, die er natürlich aus zweiter Hand benutzt, also aus dem latein. Bestiarius entnimmt: David 525, 645, 1443, 2010, 2116, 3247, 2200, 2819. Salomon 871, 1627, 2101. Job 1883. Ysaïe 572, 2122, 2866, 3149. Jeremie 1590, 2628. Pol 1207, 2113, 2879. Perre 1889. Weiter nennt er: *l'escrit* 224, 2415, 2522; *li escriz* oder *li livres* 358, 1571, 1833, 1837; *la lettre* 1984, 2087, 2171, 2418, 2747, 2969, 3201, 3443; *la sainte lettre* 3379; *l'estoire escrite* 532; *l'evangile* 480, 719, 1297, 1435, 1464, 1636, 1776, 2022, 2475, 2644, 3088, 3470, 3473, 3655; *le bestiaire* 1113, 1316, 1575, 2570. Unbestimmt nennt er *l'apostre* 1233, 1528, 2795; *li prophetes* 1721, 3365, 2091; *l'em dit* 1596, 1602; *alcuns dient* 3357. V. 9 sagt er: *de bon latin ou il le troeve*; 3817 *e uncore en altre latin*; 3594 *un livre de sermon*; 3816 *Morices*.

Der Dichter war von den Victorinern abhängig, wie sich aus den Joies N. D. ergiebt, wo einzelne Bezeichnungen für die Jungfrau Maria sich in den Gedichten des Adam von St. Victor nachweisen lassen.

---

de St. Victor. Essai critique. Nouvelle édition.« Paris 1886 sich mit dieser Frage beschäftigt.

Dass Guillaume nicht seinen Vorgänger und Landsmann Philipp von Thaon benutzt hat, mit dem er sich in der Polemik gegen die Juden berührt, geht aus der obigen Vergleichung der innerlichen Anordnung und aus den jetzt von F. Mann, »Der Bestiaire Divin des Guillaume le Clerc«. Heilbronn 1888, p. 91—92 zusammengestellten Abweichungen im Einzelnen hervor. Hier nur ein Beispiel. Beide Dichter handeln von der Alraunwurzel, die *Atropa mandragora* in der Naturgeschichte genannt wird. Philipp erzählt: „Wer sie brechen will, muss sanft um sie herum graben, um sie ja nicht zu berühren; dann binde derselbe einen Hund daran fest, der drei Tage gefastet hat und hungrig ist. Diesem zeige man Brot und rufe ihn aus der Ferne her. Der Hund wird so die Wurzel ausreissen; diese wird einen Schrei von sich geben, und der Hund wird todt niederfallen in Folge dieses Schreies, den er hört. Solche Kraft hat dieses Kraut, dass niemand dessen Geschrei hören kann, ohne dass er davon stirbt; von jeder Krankheit kann es heilen ausser vom Tode, für den kein Kraut gewachsen." Anders Guillaume, der berichtet, dass man aus der Wurzel der *Mandragora* mancherlei Arznei bereite. Betrachte man die Wurzel genau, so finde man darin eine menschenähnliche Gestalt, und die Schale, im Wasser gekocht, sei nützlich bei mancher Krankheit. Ist das Kraut 30 Jahre alt, so wird es von den Aerzten abgebrochen, wobei es klagt und schreit, und wer den Schrei hört, würde davon sterben; doch die, welche es pflücken, verfahren dabei so vorsichtig, dass ihnen kein Leid geschieht. Der Stengel ist zu mancherlei nützlich und heilt körperliche Schmerzen; wird er zerrieben und getrunken, so wirkt er einschläfernd.

Es giebt eine doppelte Art, die eine männlich, die andere weiblich; das Blatt beider ist schön; das weibliche Kraut hat dichte Blätter wie Zaunlattich. Diese alte, theilweise schon im 9. Jahrh. im Reichenauer Glossar und im 10./11. Jahrh. angelsächsich vorhandene Sage von dem schwarzen Hunde nebst der Anweisung zur Erlangung der Alraunwurzel theilt Th. Grässe mit nach später erweiterter Fassung in den „Beiträgen zur Literatur und Sage des Mittelalters." Dresden 1850, p. 45—46 Cap. II (vom Galgenmännlein oder *Mandragora*), wo zuletzt hinzugefügt wird: „Diese Wurzel nimmt man, wäscht sie mit rothem Wein sauber ab, windet sie in ein weisses und rothes seidenes Tuch, giebt ihr ein weisses Hemdlein jeden Neumond, badet sie alle Sonnabend und setzt sie in seinen Kasten-Schrank und spricht dabei sein Gebet, dann ist jedermann sein Freund, man hat Geld in Ueberfluss, und ist man unfruchtbar, bekommt man Kinder." Noch Shakespeare in Romeo und Julie IV, 3 und Henry VI, II, 3 kennt diese Sage von der *mandrake*, vgl. Shakespeare-Jahrbuch XX p. 310. Eine Beschreibung der *Mandragora*, die Pythagoras $\dot{\alpha}\nu\vartheta\rho\omega\pi o\mu o\rho\varphi o\varsigma$ genannt hat, mit Abbildungen findet sich in dem in Paris o. J. gedruckten Pflanzenbuche: »Le grant herbier en françois« Bl. LXXXXII. Später hat Celsius in seinem Buche: »Hierobotanicon sive de plantis sacrae scripturae dissertationes breves.« Upsala 1745, p. 3—11 derselben eine werthvolle Untersuchung gewidmet. Bekannt ist das 1504 verfasste Lustspiel Machiavel's und die Erzählung La Fontaine's mit dem Namen dieses Tollkrautes als Titel. Vgl. A. de Montaiglon, »Contes de La Fontaine«. Paris 1883, II p. 83—96.

XIII. Hugo's de St. Victore Liber de bestiis und sein Verhältniss zu Guillaume's Bestiaire.

Hier mag der Nachweis der Quellen Guillaume's im Einzelnen folgen. Die lateinische Vorlage des Dichters auf Grund des normannischen Textes und der verschiedenen lateinischen Bestiarien Wort für Wort zu reconstruiren, dürfte auch ohne F. Mann's Cod. Reg. 2 C. XII keine schwere Aufgabe sein. Da jedoch Guillaume's Werk meist leicht verständlich ist, so werden hier nur einzelne bemerkenswerthe Stellen des Lateinischen ausgehoben, die das Verständniss schwieriger Verse erleichtern und des Dichters Abhängigkeitsverhältniss wie seine Gestaltungsgabe veranschaulichen können; sonst mag nur auf den unnachahmlichen Inhalt der Quellen hingewiesen werden.

Die Einleitung des Bestiaire V. 1—136 ist Zuthat des Dichters; derselbe verspricht ein Buch mit einem guten Anfang und einem guten Schluss zu schreiben und aus dem Lateinischen zu übersetzen, will jedoch über das Interdict in England diesmal nichts weiter sagen und wagt nicht, sich über die Falschheit an beiden Höfen zu äussern. In seinem Buche, das er V. 35 »romanz« nennt, willer die Eigenschaften und Gewohnheiten einiger Thiere unter moralischen Auslegungen kennen lehren. Nicht die Geschichte des Heils von der Schöpfung der Welt bis zur Menschwerdung und das Wachsthum der Kirche, den Tod der Märtyrer wie die Thaten der Apostel wolle er schildern, sondern das Thierbuch beginnen. — Die Anspielung auf das Gleichniss vom verlorenen Schafe V. 114 ist nicht der Bibel entnommen, sondern bildet eine Reminiscenz an des Moritz von Sully Predigt Dominica III. Die Angabe V. 118, dass mehr als 140 000 Kindlein (in Bethlehem) getödtet wurden, ist eine im Mittelalter allgemein verbreitete Sage; gewöhnlich werden 144 000 angegeben.

1) **Der Löwe = V. 137—238 = Hugo de St. Victore, »Liber de bestiis« II Cap. 1.**

In Cahier's lat. Hss. ist wie in der Göttweiher Hs. nur von drei Naturen des Löwen die Rede, bei Hugo p. 56—57 von fünf. Guillaume spricht erst von *treis natures principals*, denen er 225—230 die beiden andern ohne Zahl hinzufügt, gleichwie Philipp von Thaon erst drei typische Naturen nennt, die andern aber hinzufügt. — Die erste Natur des Löwen ist im Lateinischen Hugo's (dessen Text Mann in der Untersuchung über Philipp von Thaon erst zuletzt kennen gelernt hat), dass er auf Bergspitzen haust (per cacumina montium amat ire), den Geruch der Jäger merkt und mit dem Schweif seine Spur verdeckt, damit dieselben ihn nicht ausfindig machen können. Ebenso Guillaume, nur übersetzt er *amat ire* durch *habite* und nennt die Berge gross; auch fügt er hinzu, dass der Löwe vor dem Speere des Jägers grosse Furcht hat, und dass der Jäger seine Höhlen nicht erreichen soll; V. 150 *de mult loing* ist Zusatz. Die zweite Natur, dass er, wenn er schläft, die Augen offen zu haben scheint, giebt der Dichter treu wieder, nur bezeichnet er die Augen durch *epitheta ornantia*. Die dritte Natur, dass die Löwin ihre Jungen todt gebiert und drei Tage bewacht, bis der Löwe dieselben durch seinen Hauch belebt, stimmt beim Dichter überein, nur sagt er, dass das Junge todt zur Erde fällt, und der Löwe es anhaucht und aus Liebe beleckt (donec veniens pater eorum in faciem eorum exhalet, ut vivificentur). V. 168 ist natürlich Zuthat. Den drei Naturen lässt der Dichter die allegorische Auslegung folgen. Das naive Gleichniss vom unverletzten Sonnenstrahl in der Kerbe eines abgehauenen Baumes im Vergleich mit der göttlichen und menschlichen Natur Christi V. 201—216 fehlt im Lateinischen, ist also Zuthat Guillaume's. Zuletzt folgt die vierte Natur, dass der Löwe nur gereizt in Zorn geräth (quod nisi laesus fuerit, non facile irascitur), und dass sein Zorn die *prostrati* schont; endlich die fünfte, dass er arme Wanderer nur aus Hunger tödtet (Captivos homines sibi obvios repedare permittit, et non nisi prae magna fame interimit). Beide verknüpft der Dichter ohne Zahlenangabe mit dem Hinzufügen, dass der Löwe seine Kraft in der Brust hat, und er wiederholt die Bemerkung, dass derselbe sich vor dem Schwert des Jägers fürchtet. Den Zusatz bei Guillaume am Schluss, dass der Löwe den weissen Hahn und das Geklapper von Wagenrädern fürchtet, hat ebenso wie der Cod. Reg. 2 C. XII, Philipp und Pierre auch Hugo: »Rotarum strepitus (scil. leones) timent, sed magis ignem. Et cum ad nullum paveant occursum, feruntur album gallum valde timere«, eine Bemerkung, die sich in Cahier's lat. Hss. und in der Göttweiher Hs. nicht findet*). In V. 225 ist auf den Namen des Königs der Thiere in der Thierfabel, *Noble*, angespielt.

2) ***Aptalos*** = V. 239—345 = Hugo, »Liber de bestiis« II Cap. 2.

Dies Capitel veranschaulicht das Verfahren des Dichters sehr gut; von dem Guss in die dichterische

---

*) Im Alterthum weiss zuerst Plinius 8, 16, 19 zu berichten,

Form abgesehen, rührt das Wenigste von ihm her nur verfährt er V. 291—344 erweiternd. Cahier's Hs. C ist in diesem Abschnitt jämmerlich corrumpirt, während lat. A einen von Guillaume abweichenden, aber zu Vincentius Bellov. Specul. nat. liber XIX theilweise stimmenden Text bietet. Das Thier, mit welchem die Sage die Antilope gemeint hat, heisst in der Göttweiher Hs. *Autula* in Abschnitt IX, wo der Schluss unvollständig ist. Odo de Ceringtonia gebraucht die Form *antilops:* Haupt's Zeitschrift 1879, Bd. 23 p. 288. Hugo de St. Victore p. 57 nennt das Thier *antula,* von dem er nur sagt, dass sich ihm als einem *animal acerrimum* kein Jäger nähern könne, es habe lange Hörner wie die *serra*, mit denen es die grössten Eichen zerschneiden könne. Dürste es, so gehe es zu dem grossen Fluss Euphrat und trinke*). Nach Guillaume, der mit Absicht wegen des Folgenden von zwei Hörnern spricht, die er schneidend wie eine Klinge nennt, kann der *Aptalos* einen grossen ausgewachsenen Baum damit abschneiden. Der Dichter, welcher in der Auslegung nicht unterlässt, das weltliche Treiben der *clercs* zu tadeln, übersetzt in V. 251—344 theilweise ausmalend das Folgende aus dem knapp und präcis geschriebenen lat. Texte: »Sunt autem ibidem virgae vimineae virides et molles. Incipit autem illud animal ludere in virgulis illis, et ludendo obligat semetipsum cornibus, obligatisque cornibus vociferatur in-

---

dass der Löwe ein sich drehendes Rad, einen leeren Wagen, aber noch mehr den Kamm und das Krähen des Hahnes und am allermeisten das Feuer fürchtet.

*) Dies fabelhafte Thier, eine Antilopenart, in dem Physiologus verschieden genannt, bietet den Ursprung des Namens Antilope. Vgl. Lichtenstein, „Ueber die Antilopen des nördl. Afrika", der die Kenntnisse der Alten davon in den Abhandl. d. Berliner Akad. d. Wiss. 1824 S. 195 geprüft hat.

genti rugitu, quia evadere non potest gracilibus virgulis circumseptum, et tunc quilibet venator absconse venans, audiens vocem ejus currit, et inveniens ligatum occidit. Cave ergo, homo Dei, ebrietatem, nec obligeris luxuriae voluptate, ut non interficiaris a diabolo. Vinum enim et mulieres apostatare faciunt homines sapientes (Eccli. XIX). Verum vir sapiens et prudens a vino et a muliere se avertet.« (Hier ist durch Versehen des Schreibers aus dem folgenden Abschnitt über die *lapides igniferi* eine Zeile in den Text gerathen.) »Tu igitur, professor prudentiae, intellige multos periisse propter vinum tanquam virum, et propter feminas, id est voluptates, et cautus esto ut salvus evadas. Ergo hoc animal supra scriptum significat viros habentes cornua bonorum operum, sive scientiam duorum Testamentorum, qui quandiu in his studuerint, non solum modica, sed etiam grandia vitia resecant. Si vero inde reversi, ad illecebras hujus vitae et voluptates attenderint, gulae ac lenocinio servierint, non solum virtutem bonorum operum, sed etiam praemia perdunt habenda.« Diese Probe genügt, um das Abhängigkeitsverhältniss des Dichters von seiner Quelle kennen zu lernen. F. Mann's inzwischen gedruckter Cod. Reg. 2 C. XII macht die ausführliche Aushebung weiterer Stellen des Lateinischen entbehrlich.

3) **Zwei Feuersteine = V. 345—398 = Hugo II Cap. 19.**

Dies Capitel mit Hugo's kräftiger Ausdrucksweise ist vom Dichter möglichst getreu nachgebildet; doch hat er den griechischen Namen für die zwei Steine, den männlichen und weiblichen auf einem (nach seiner Zuthat hohen) Berge des Orients (quos Graeci vocant chirobolos id est manipulos) unbeachtet gelassen. Bei

Philipp heissen dieselben *Turrobolen,* was aus πυρόβολοι verderbt ist. V. 354 giebt *igniferi* wieder. Die Frage 356—358 gehört dem Dichter als Eigenthum an, der weiter treu Hugo's Angabe folgt, dass, wenn diese Steine getrennt sind (ad invicem separantur = sont loing a loing), kein Feuer in ihnen entsteht, wenn sie sich jedoch durch Zufall nahe kommen, in ihnen sogleich ein solches Feuer lodert, dass alles ringsum in Brand geräth. Dass das Feuer so sehr zunimmt, dass es das ganze Gebirge, und was zu beiden Seiten ist, in Brand setzt (V. 365—368), ist bei Hugo nicht gesagt, steht jedoch im Cod. Reg. 2 C. XII. Die allegorische Auslegung, in der Hugo die *homines Dei,* die ein Klosterleben führen, auffordert, sich fern zu halten von Weibern, weil bei der Annäherung sogleich ein schädliches Feuer entstehe, und alles vom Herrn verliehene Gute vernichtet werde, giebt der Dichter treu wieder; doch hat er im Folgenden aus ästhetischen Rücksichten den doppelten Parallelismus des Lateinischen vermieden und die ihm wohl nicht so wie Eva bekannte Susanna V. 388 fg. übergangen: »Sunt enim angeli Satanae, qui semper impugnant viros sanctos, sed et feminas castas. Memores esse debetis bellorum quae peregerunt sancti viri, sicut Samson et Joseph. Ambo siquidem tentati sunt per mulieres, sed alter vicit, alter victus est. Eva quoque et Susanna tantatae sunt, altera victa est, altera vicit.« Die Aufforderung Hugo's, nicht sorglos zu sein, sondern sich mit göttlichen Lehren zu wappnen gegen die trügerische Liebe der Weiber (quarum peccatum ab initio, id est, ab Adam usque nunc in filios inobedientiae debacchatur) und die Werke des Teufels, hat der Dichter zusammengezogen.

4) *Serra* = 399—456 = Hugo II Cap. 22.

Der Abschnitt über dies apokryphe Meerungeheuer, der in Cahier's Hss. AB insofern etwas abweicht, als er mit einem bei Hugo und Guillaume nicht stehenden Bibelspruch endigt, ist vom Dichter ziemlich genau ohne grosse eigene Zuthat mit wenigen durch die Poesie bedingten Erweiterungen reproducirt worden, nur spricht er deutlich aus, dass der Teufel es ist, der unablässig die Guten bekämpft, ohne dass diese Schiffbruch leiden in den Stürmen dieser Welt. Die Angabe des Lateinischen über die *Serra*, dass sie *pennas immanes* habe, drückt der Dichter nicht aus, während Bellua ihm die V. 402—403 eingiebt; das lat. *elevat alas suas* erweitert er zu V. 404. Das Lat. auch des Cod. Reg. 2 C. XII spricht nur von einem Schiff, gegen das die *serra* 30 oder 40 Stadien weit zu laufen sucht; der Dichter fügt zu den Schiffen noch die *dromonz*, lässt aber die Angabe der Entfernung aus. Dass das Thier den Wind in seinen Flügeln auffängt und gegen das Schiff segelt (V. 407—408), ist nur aus dem Lat. zu entnehmen; ebenso steht 409—410 nicht bei Hugo ausgedrückt, sondern ist Zuthat und poetische Ausschmückung. Die Worte: »Cum vero deficit, ponit alas suas, et eas tandem ad se retrahens lassa subsistit, ipsam vero fluctus in profundum maris ad locum suum tunc temporis reportare consuevit« sind in V. 411—420 insofern etwas abweichend wiedergegeben, als der Dichter nur sagt, dass die *serra* so lange segle, bis sie nicht weiter könne, dann niederfalle, die Segel streiche und vom Meere verschlungen werde. Auch dass die Schiffer der *serra*, die oft das Schiff untergehen lässt, als einem grossen *peril de mer* (V. 418)*) ausweichen, ist im Lat. nicht ausgesprochen. Die allegorische Auslegung des Meeres als dieser Welt, der Schiffe als der Gerechten, der *Serra* als der anfänglich Guten, dann aber durch die Laster Besiegten stimmt im Lat. mit Guillaume's Ausführungen überein. Nach Philipp von Thaon hat die *Serra*, die an die *echineis* oder *remora* des Alterthums erinnert, einen Löwenkopf und Fischschwanz.

5) *Caladrius* = 457—520 = Hugo II Cap. 31 = I Cap. 48.

Nur der Anfang zeigt bei Hugo Uebereinstimmung, doch sagt Guillaume nicht, dass der *charadrius* der Bibel zu Folge ein unreiner Vogel sei; auch stimmt er mit Hugo's von ihm anstössig gefundener Angabe: »Physiologus dicit de eo quod est totus albus, nullam partem nigri in se habens, cujus interior fimus oculorum caliginem curet« nur halb überein**). Die etwas gekürzte, von biblischen Reminiscenzen durchzogene Stelle über diesen Vogel, der die Genesung oder den Tod des Kranken anzeigt, wie die beiden Sprüche Johannes 14, 30 und I. Petri 2, 22 finden sich mit der moralischen Auslegung auch beim Dichter, doch hat er den dritten Bibelspruch Hugo's in V. 514—520

---

*) Der Beiname der Abtei Saint-Michel del Peril an der normannisch-breton. Grenze bei Avranches wird im Roman du mont Saint Michel 429 erklärt: — Peril de meir r'est apelez; — Quer molt souvent i sunt trovez — Pelerins passanz perilliez, — Quel gort de mer aveit neiez — Ou a l'aleir ou au venir.

**) F. Mann, »Der Bestiaire Divin des Guillaume«. Heilbronn 1888, p. 74 versteht unter *interior femur* (*curat caliginem oculorum*) das Knochenmark; aber, obschon Pierre wie der Dichter des fragmentarischen Bestiaire »cuisse« übersetzt, muss wohl *interior femus* (= *fimus*) mit A — lat. B hat *interius femus* — gelesen werden.

durch Johannes 3, 14—15 ersetzt; dieser letztere Spruch, der bei Hugo fehlt, steht in Cahier's Hss. ABC und Cod. Reg. 2 C. XII. Ohne die Bibelstellen findet sich derselbe Abschnitt: *De caladrio ave* bei Hugo, Liber I Cap. 48. Weder bei Hugo noch in Cahier's Hss. noch in der Göttweiher Hs. noch im Cod. Reg. 2 C. XII, der hier noch mehr Bibelverse enthält, steht die Bemerkung des Dichters (V. 461—462), dass man den *caladrius* zuweilen finde *el païs de Jerusalem*. — Mit diesem Vogel kann nicht die Kalanderlerche, nfz. *la calandre* (Alauda calandra) gemeint sein, sondern derselbe ist mit dem Eisvogel verwechselt worden; das Etymon χαραδριος bedeutet einen Regenpfeifer. Die Form *kalendres* findet sich in der Chanson de geste »Gaydon« éd. Guessard V. 325; *la calandres* in W. Förster's »De Venus la deesse d'amors«. Vgl. unten das Wörterverzeichniss zum Bestiaire. Sonst steht die Lachtaube, die man gewöhnlich Turteltaube nennt, in dem Rufe, sie ziehe Krankheiten an sich, weshalb man sie im Zimmer hält.

6) **Pelikan = 521—614 = Hugo II Cap. 27.**

Auch in Buch I Cap. 33 hat Hugo einen Abschnitt über die Natur des Pelikans, aber der Dichter hat daraus nur das Citat Psalm 102, 7: »Similis factus sum pelicano solitudinis.« Ausgenommen den Schlusssatz übersetzt der Dichter ohne eigene Zuthaten das 27. Cap. ganz nebst der Allegorie. Das Lateinische zeigt eine von Migne unbeachtet gebliebene Lücke; denn nachdem angegeben, dass der Pelikan ein im Nil wohnender egyptischer Vogel sei, heisst es, es gebe, wie man berichte, 2 Arten Pelikane; doch wird nach *unum scil. genus* später nicht mit der Beschreibung des *alterum genus* fortgefahren. Der Dichter berichtet von den 2 Pelikanarten: die eine Art lebe im Wasser und nähre sich nur von Fischen, die andere, die nicht von Fischen lebe, niste in der Einöde und fresse nur Gewürm, wobei sich Guillaume auf die *estoire escrite* d. i. Hugo's Text beruft, dem natürlich der Spruch des Jesaias I, 2 in V. 572—576, nicht der Bibel direct entlehnt ist. In Cahier's Hss. ABC, in der Göttweiher Hs. und bei Pierre fehlt die Angabe über die 2 Pelikanarten ganz. Nach Cod. Reg. 2 C. XII lebt die zweite Art von giftigen Thieren, nämlich Eidechsen, Schlangen und Krokodilen. In V. 363—368, einer Zuthat, spielt der Dichter auf die Karlssage und die ihm wohl durch Wace's Brut bekannte Artussage und auf die chanson de geste des Raimbert von Paris »Ogier de Danemarche« (éd. Barrois 1842) an. — Die Sage vom Pelikan, dem Symbol der mütterlichen Liebe, der sich die Brust aufreisst, um seine Jungen zu füttern, — auch in der Vita Merlini V. 1365—1368 bei San Marte, „Die Sagen von Merlin." Halle 1853, begegnet sie — enthält insofern nichts Falsches, als der Vogel wirklich den Schnabel weit öffnet, um den Jungen die darin befindlichen Fische zu geben. Nur meldet die Sage weiter, dass die alten Pelikane ihre Jungen, die ihnen ins Gesicht hacken, im Zorn tödten, dass aber der Pelikan am dritten Tage sie mit seinem Blute wieder belebt. In der Wirklichkeit rührt das Blut von den Fischen her, die der Pelikan aus seiner Unterschnabeltasche seinen Jungen zur Atzung reicht, indem er den Sack gegen seine Brust presst.

7) Schleier-Eule = 615—656 = Hugo I Cap. 24.

Der normannische Text ist hier kürzer und stimmt mehr zur Göttweiher Hs. und zu Cahier's Hss. AB, in denen die Bibelstellen Johannes 19, 15 = V. 632 und Psalm 17, 45, sowie Psalm 17, 46 (Filii alieni mentiti sunt mihi, filii alieni inveterati sunt, et claudicaverunt a semitis tuis) — [Heider liest falsch *a sensitis suis*] — wie beim Dichter eingeflochten sind. V. 636 bezieht sich auf Jesaias 9, 2. Den Spruch Psalm 107, 7, der sich bei Hugo und in Cahier's Hss. AB findet, übergeht der Dichter, wohl weil vom Pelikan eben erst fast dasselbe wie vom *nycticorax* ausgesagt war. Die den Juden beigelegten Epitheta sind Zuthat des als Antisemit bekannten Dichters. Hugo hat in diesem Capitel auffallend viel Bibelsprüche. — Mit *niticorace* = *fresaie* des Mittelalters kann nur die *Strix* der Alten und die *Strix flammea* der neueren Naturgeschichte oder das Käuzchen gemeint sein, über die viel Märchen verbreitet sind*). Dieser unsaubere Vogel, der die Nacht und Finsterniss liebt, dessen Abbild die Juden sind, ist vom Dichter mit Absicht dem König der Vögel gegenübergestellt.

8) Adler = 657—738 = Hugo I Cap. 56.

Der Anfang bei Hugo stimmt nur theilweise; derselbe geht von der Etymologie von Aquila aus, dann heisst es, dass der Adler angeblich ein so scharfes Auge habe, dass er über den Meeren fliegend und menschlichen Blicken unsichtbar aus der Höhe herab die kleinen Fische schwimmen sehe »ac turbinis instar

---

*) Wie der *nicticorax* zum Kammerdiener des Königs David wurde, erzählt Bouche, »Essai sur l'histoire de Provence«. Marseille 1785, II p. 367. Als nämlich Ludwig XIV. vor dem Cardinal Forbin Janson, der nur sehr wenig Latein verstand, die Worte des Psalms »sicut nicticorax in domicilio« las und diesen nach der Bedeutung von *nicticorax* fragte, sagte der Cardinal: »Sire, c'était un valet de chambre du roi David.«

descendens raptam praedam pennis ad littus pertrahat«,
was in V. 681—688 wiedergegeben ist. Was der
Dichter vorher erzählt hat, dass der Adler in hohem
Alter sich bei hellem Sonnenschein eine klare Quelle
aufsuche und der hellstrahlenden Sonne zufliege, in
deren Glanz er seine Augen so lange richte, bis er
ganz brenne; dass er dann in die Quelle hinabfliege,
sich tauche und dreimal bade, bis er ganz verjüngt
von seiner Altersschwäche genesen ist, entspricht mehr
Cahier's Hss. AB und der Göttweiher Hs., in denen
wie im Cod. Reg. 2 C. XII das dreimalige Untertauchen
erwähnt ist. Der Zusatz V. 689—697 über eine andere
Adlerart, der auch im Cod. Reg. 2 C. XII fehlt, scheint
auf einem Missverständniss einer orientalischen Fabel
von der Prüfung der Brut zu beruhen; denn während
der Dichter sagt: wenn jemand deren Eier vertauschen
und andere an die Stelle in das Nest legen würde,
ohne dass der Adler es wisse und sehe, so würde
dieser die Jungen, ehe sie gut fliegen, empor in den
Glanz der Sonne tragen, und würde das Junge, das,
ohne zu blinzeln, den Strahl der Sonne ansehen würde,
lieb haben, das jedoch, das nicht die Kraft hätte, in
den Glanz zu blicken, als Bastard verlassen und sich
nicht mehr darum kümmern, — berichtet Hugo nur:
»Nam et contra radium solis fertur obtutum non flectere,
unde et pullos suos ungue suspensos radiis solis objicit,
et quos viderit immobilem tenere aciem, ut dignos
genere conservat, si quos vero perspexerit reflectere
obtutum, quasi degeneres abjicit.« Der übrige Text
bei Hugo ist ausführlicher und weicht ab auch in dem
Citat aus der Bibel, das sich in Cahier's Hss. AB, im
Cod. Reg. 2 C. XII und in der Göttweiher Hs. vorfindet, nämlich Joh. 3, 5 = V. 720—725. Die Stelle

Psalm 102, 5 ist vom Dichter übergangen. Die Göttweiher Hs. beruft sich gegen das Ende auf Augustinus und Hieronymus. — Die Auslegung des Adlers als Sinnbild des Menschen, der den alten Adam erneuern will, der Quelle als der Taufe, der Sonne als Jesu Christi, bietet ausser den Schlusszeilen keine Zuthat des Dichters. — Obige in Tobler's lateinische Beispielsammlung (Gröber's Zeitschrift 1888, XII, p. 57 fg.) aufgenommene Sage von der Verjüngung des Adlers kennt Garnier de Pont St. Maxence, »Vie de saint Thomas le martyr« éd. Hippeau. Paris 1859, p. 27. Dieselbe bezieht sich auf den Fisch- oder Seeadler (Falco haliaëtos) der Naturgeschichte. Die Sage vom hohen Alter des Adlers knüpft sich an die Etymologie des griech. ἀετός (ἀεί und ἔτος). Schon Homer preist den Vogel des Zeus wegen der Schärfe seines Augenlichtes. Nach Aristoteles hat der Adler ein scharfes Gesicht und zwingt seine unbefiederten Jungen, in die Sonne zu schauen; weigern sie sich, so hackt er sie und stösst sie; dann passt er auf, wessen Augen zuerst thränen. Dieses tödtet er, jenes zieht er auf. Vgl. O. Keller, „Thiere des class. Alterthums". Innsbruck 1887, p. 267—268.

9) **Phönix = 739—820 = Hugo I Cap. 49.**

Vom Ursprunge des Namens Phönix, dem der altegyptische im Todtenbuch oft genannte Sonnenvogel *bennu* entspricht, und der zuerst von Herodot (II 73) beschrieben worden ist, — Lenz, „Zoologie der Griechen und Römer" p. 340 vermuthet besonders aus Plinius Beschreibung den männlichen Goldfasan — sowie von der Angabe Arabiens als der Heimath des Vogels weiss Guillaume nichts, wie auch die Auslegung etwas abweicht. Genauer findet Uebereinstimmung mit Cahier's Hss. AB statt, wo der Text in Unordnung ist, indem die moralische Auslegung den Anfang bildet. Die darin genannten Bibelstellen: Johannes 10, 18 = V. 808—810, Matth. 5, 17 = V. 812—814 und Matth. 13, 52: »Sic erit omnis scriba doctus in regno caelorum qui profert de thesauro suo nova et vetera« = V. 815—820 sind vom Dichter wiedergegeben. Die auch zuletzt fehlerhafte Göttweiher Hs., in der nur der erste Bibelspruch steht, schliesst mit dem Phönix als letztem Abschnitt. Der Name der in der Göttweiher Hs. gar nicht genannten Stadt Heliopolis lautet in Cahier's Hss. AB und im Cod. Reg. 2 C. XII Eliopolis wie bei Philipp von Thaon und fehlt ganz bei Hugo, der hier Isidor, »Etymolog.« lib. XII p. 462 ausschreibt, und bei Pierre, während Guillaume's Hss. Neopole, Leopole, Loepole haben. Die zwei althochdeutschen Thierbücher des 12. Jahrh. haben am Schluss den Spruch Matth. 13, 52 in Uebereinstimmung mit den zwei Wiener Hss. der Hofbibliothek No. 1010 und Suppl. 502 übersetzt. Dagegen der Picarde Pierre hat die Stelle ausgelassen, und einzelne Abschreiber des normannischen Bestiaire, der in diesem Abschnitt Schwierigkeiten bot, scheinen die Stelle für eine Interpolation gehalten zu haben, so CEGH, wo dieser auch von Guillaume nicht gerade in engen Zusammenhang mit dem Vorhergehenden gebrachte Passus fehlt.

Während der hier sehr verderbte Physiologus berichtet, dass der Phönix nach 500 Jahren die Gehölze des Libanon betritt, seine beiden Flügel mit Wohlgerüchen erfüllt, was einem Priester der Stadt Eliopolis gemeldet ist, der einen Altar von Reisig errichtet, auf dem der Vogel sich selbst verbrennt; dass der Priester am andern Tage in der Asche einen kleinen von Wohlgeruch duftenden Wurm, am zweiten Tage aber schon einen ausgebildeten Vogel vorfindet, der am dritten Tage davonfliegt nach seinem früheren Aufenthaltsorte, weiss Guillaume, bei dem die arabischen Namen der Monate natürlich nicht stehen, der jedoch schon klarer ist als die lat. Quellen, nur zu melden, dass der Phönix in Indien und zwar immer allein lebt, dass er nach 500 Jahren, wenn er alt zu sein glaubt, mit verschiedenartigen Spezereien aus der Einöde nach Leopolis fliegt, wo seine Ankunft einem Priester der Stadt gemeldet ist; dieser lässt, wenn er weiss, dass der Vogel kommen soll, ein Bündel Reisig sammeln und legt es auf einen Altar; mit den Spezereien versehen kommt der Vogel dorthin und zündet mit seinem Schnabel an dem harten Stein ein loderndes Feuer an, in dem er sich zu Staub und Asche verbrennt. Der Priester kommt jetzt herbei, findet die aufgehäufte Asche, zertheilt sie sanft und findet ein Würmchen, das besser als eine Rose oder andere Blume duftet. Am andern Tage kommt der Priester zurück, um zu sehen, wie der schon fertige Vogel sich befindet. Am dritten Tage, wo der Vogel seine völlige Gestalt hat, verneigt er sich vor dem Priester, wendet sich fröhlich hinweg und kommt nicht vor 500 Jahren zurück. Die Auslegung des Phönix als Sinnbild des Herrn, der am Kreuze geopfert wurde, am dritten Tage aber wieder auferstand, zeigt keine Zuthat des Dichters. Schon Crestien de Troyes, »Cliges« 2725 fg., hgb. von W. Förster kennt die Sage vom Phönix in der Schilderung der Schönheit der *Fenice:*

   Fenice ot la pucele a non
   Et ne fu mie sanz reison.

> Car si con fenix li oisiaus
> Est sor toz autres li plus biaus
> N'estre n'an puet que uns ansanble,
> Ausi Fenice, ce me sanble,
> N'ot de biauté nule paroille.

Auch die Image du Monde handelt vom Phönix vgl. Le Roux de Lincy, »Le livre des légendes«. Paris 1836, p. 221—222. Das »Carmen de Phoenice« von Lactantius (ed. Martini, Lüneburg 1825) ist von einem angelsächsischen Dichter, vielleicht Kynewulf, in ziemlich 700 Versen bearbeitet worden; vgl. Ad. Ebert, „Geschichte der christlichen lat. Literatur". Leipzig 1887, III p. 73—80, Anglia VI 241 fg. und Berichte der Sächs. Gesellschaft der Wissenschaften zu Leipzig. Das ital. Gedicht »La fenice« ist von G. Scandianese (Ganzarini), dem Verf. des Lehrgedichtes »La Caccia«. Auch Odo de Ceringtonia: Haupt's Zeitschrift 1879, Band 23 p. 287 kennt die Sage, die schon S. Grundtvig (Phenix-Fuglen, Kjöbenhavn 1840) und P. Cassel, „Der Phönix und seine Aera. Ein Beitrag zur alten Kunst, Symbolik und Chronologie." Berlin 1879, in einer Monographie behandelt haben. Der Troubadour Richard de Barbezieux kennt die Sage vom Phönix, und Peire Vidal sagt seiner Geliebten, er wolle ihr *fenics* sein. Noch Freiligrath spricht in einem Gedicht (Werke, New-York 1858. Bd. 1, pag. 300) von den 500 Jahren und dem „würz'gen Horst" des Phönix. (Ueber die Thiere im Talmud vgl. L. Lewysohn, „Die Zoologie des Talmud". Selbstverlag des Verf. 1858.)

10) Wiedehopf = 821—870 = Hugo I Cap. 52.

Der Göttweiher Text ist bedeutend gekürzt und enthält auch nicht die Citate aus der Bibel Exod. 20,

12 und Exod. 21, 17 = V. 865—870. Auch V. 841—848 sind dem Lat. nachgebildet, wie Cahier's Hs. B bezeugt, in der *si* statt *sicut*, *nos* statt *vos*, *edocuistis* statt *educavistis*, *nostrum* statt *vestrum*, *impedisti* statt *impendistis* nach dem normannischen Text corrigirt werden kann. Hugo ist ausführlicher, doch nur der Schluss mit der Angabe des Physiologus, dass, wenn der Wiedehopf alt geworden und nicht mehr fliegen kann, seine Jungen kommen, um ihm die alten Federn auszurupfen, ihn wärmen, bis wieder neue Federn wachsen, und füttern, bis er mit wieder gewonnener Kraft ausfliegen kann, ebenso die Vergleichung dieser vernunftlosen Creatur mit dem Menschen, der seine Eltern im Alter nicht ehrt, zeigt bei Guillaume Uebereinstimmung. Auch hier rührt, von der Angabe V. 821—823 abgesehen, dass das Nest aus Koth und Schmutz hergestellt ist, was auf eigene Anschauung deutet, inhaltlich nichts vom Dichter her. Nach Philipp von Thaon, der hier Isidor folgt, kommen zu dem, der sich mit dem Blute eines Wiedehopfs salbt, wenn er schläft, Teufel, die ihn umbringen.

11) **Ameise, Ameisenlöwe = 871—1052 = Hugo II Cap. 29.**

Der Göttweiher Text und besonders Cahier's mit Fehlern gespickte Hss. sind unvollständig, indem die äthiopische Ameise sowie die List der Leute, ihnen das ausgescharrte Gold zu nehmen, und der Abschnitt über den Ameisenlöwen ganz fehlen. Der Dichter schliesst sich hier beinahe wörtlich an Hugo's Text an, der eine recht lehrreiche Vergleichung darbietet, hat jedoch die zuletzt im Lateinischen genannten Ketzernamen, von denen Philipp von Thaon wie Cod. Reg. 2 C. XII den *Fotin, Sabelliun, Donet, Arrianon* aufführt, übergangen. Wie bei Guillaume bildet bei Philipp der Ameisenlöwe keinen besonderen Artikel, indem auch hier keine allegorische Deutung versucht ist, sondern an die Darstellung der Ameise ist die andere Ameisenart und der Ameisenlöwe unmittelbar angeschlossen. Der Dichter beginnt wie Hugo mit Salomo's Spruch über die Ameise: Prov. 6, 6—8 = V. 871—875. Hugo jedoch fährt fort: der Physiologus nenne drei Eigenschaften der Ameise, deren erste sei, dass die Ameisen, wenn sie aus ihrer *spelunca* kommen, geordnet einhergehen und allerlei Samenkörner suchen; wenn sie sie aber gefunden, so ergreifen sie die einzelnen Körner, indem sie sie nach ihrem Bau tragen. Die anderen Ameisen jedoch, die keine Körner im Munde haben, sondern den Beladenen entgegenkommen, sagen nicht zu ihnen: Gebet uns von euerem Getreide, sondern suchen solches, indem sie den Spuren jener folgen, und bringen es dann in den Bau. Was von diesem nicht einmal mit Vernunft begabten Geschöpf gilt, das so weise handelt, gilt noch vielmehr von den 5 thörichten Jungfrauen, die wie die weisen auch Oel in ihren Gefässen hätten haben sollen, ehe der Bräutigam kam. In diese vom Dichter wiedergegebene Stelle werden die Sprüche Matth. 25, 3—4; 8—10 = V. 909—928 aus Hugo eingeflochten; vorher giebt jedoch Guillaume ohne jede Zahl an, was im Lateinischen später folgt, dass die Ameisen am Geruche des Halmes zu unterscheiden wissen, ob das Getreide an der Aehre Gerste, Roggen oder Weizen ist*). Während es im Lateinischen

---

*) F. Mann, »Der Bestiaire Divin des Guillaume le Clerc«. Heilbronn 1888, p. 76 behauptet falsch, dass in der naturgeschichtlichen Schilderung bei Guillaume die dritte Natur der Ameise auffallenderweise fehle, und, da sowohl die von Cahier und Hippeau

weiter heisst, dass die Ameise die Körner in ihrem Baue birgt (recondit), damit sie nicht in Folge von Feuchtigkeit keimen, und sie selbst im Winter Hungers sterbe, sagt der Dichter, dass die Ameise jedes Korn in der Mitte spalte — (Cod. Reg. 2 C. XII: »dividit illa [grana] per medium«) — und es so aufbewahre, dass es nicht verderbe, faule und keime. Die Auslegung V. 941—960, in der dem Christen die dem Buchstaben folgenden Juden gegenübergestellt sind, ist zusammengezogen, indem Hugo ausführlicher ausser dem Spruch II Korinther 3, 6 = V. 948—949 noch Römer 7 und I Korinther 10 citirt und zuletzt die Etymologie von *Formica* aus Isidor beibringt. Die Erzählung von den Ameisen in Aethiopien, die so gross sind wie ein Hund und Goldsand ausscharren

---

benutzten, wie auch die englischen Handschriften (Egert. 613, Douce 132, Cott. Vesp. A VII) sich hierin gleich verhalten, so dürfe man wohl annehmen, dass Guillaume's lat. Vorlage diese dritte Natur gar nicht aufwies. Hiergegen ist zu bemerken, dass der Dichter doch V. 885 fg. und 933 fg. die beiden anderen Naturen ganz deutlich, wie Hugo's Text ohne Zahlangabe, beschreibt, indem dort nach den Worten: »Physiologus dicit tres habere virtutes formicam«. »Prima ejus virtus est« folgt, und bei Beschreibung der zweiten und dritten Natur *secunda* und *tertia* nicht steht, während der Cod. Reg. 2 C. XII die Bezeichnung *secunda* und *tertia natura* hat. Ein aufmerksames Studium des normannischen Textes lässt die einzelnen Naturen der Ameise leicht erkennen. Dass Mann dieselben in den Drucken und in seinen Hss. nicht gefunden, ist auffallend. Also sowohl Guillaume's Text als auch seine lat. Vorlage enthalten die dritte Natur, nur ist im Normannischen die Reihenfolge der zwei letzten Naturen umgekehrt. In Tobler's latein. Beispielsammlung (Gröber's Zeitschrift 1888. XII p. 57—88), wo einige von den Bestiarien abweichende Einzelheiten für die Geschichte des Physiologus von Bedeutung sind, heisst es von der Ameise, dass sie die Gerste verschmähe, wenn sie sie finde (si inuenit ordeum, refutat illum). Sowohl bei Hugo als im Cod. Reg. 2 C. XII findet sich Isidor's Angabe, dass die Ameise (zur Erntezeit) Weizen wählt, Gerste aber nicht anrührt. Nur im Cod. Reg. 2 C. XII wird als Grund, warum dieselbe von der Gerstenähre zur Weizenähre kriecht, angegeben, dass Gerste die Nahrung vernunftloser Thiere ist.

und aufbewahren, die aber diejenigen, die ihn rauben wollen, tödten (ad necem persequuntur) — der Dichter übertreibt und sagt V. 972 „verschlingen" —; ferner die List der Leute, die ihnen dadurch das Gold rauben, dass sie Stuten mit deren Füllen drei Tage hungern lassen, dann die Füllen am Ufer des zwischen ihnen und den Ameisen fliessenden Flusses festbinden, die Stuten gesattelt über das Gewässer treiben, wo diese auf den jenseitigen Feldern frische Kräuter abweiden, und wo die Ameisen die Schreine und die Sättel mit Goldsand beladen, um ihn dort zu bergen, bis die Stuten gegen Abend gesättigt und goldbeladen beim Wiehern ihrer hungrigen Füllen zurückkehren, ist von Guillaume in engem Anschluss an das Lateinische übersetzt; nur sind V. 966, 968, 970, 972, 974—975, 978, 979, 982 (al quart), 990, 994—999, 1002, 1006—1008, von Epithetis abgesehen, als poetische Ausschmückung erkenntlich*). — Der Ameisenlöwe wird im Lateinischen nur klein genannt und als Feind der Ameisen geschildert, die er, wenn sie Getreide bringen, im Staube verborgen überfällt und tödtet. Der Dichter nennt ihn auch den Löwen der Ameisen, fügt jedoch hinzu, dass er der kleinste, kühnste und tapferste von allen ist; Hugo meint nur, er werde Löwe und Ameise genannt, weil, wie der Löwe unter den übrigen Thieren, so er unter den übrigen Ameisen am tapfersten ist. (Seine List ist bekannt und beruht auf Wahrheit.) Zuletzt schärft der Dichter zum dritten Male (seinen

---

*) Die Behauptung F. Mann's, »Der Bestiaire Divin des Guillaume le Clerc«. Heilbronn 1888, p. 77, dass diese Erzählung von den goldgrabenden Ameisen zuerst im Cod. Reg. 2 C. XII auftrete und in sämmtlichen Redactionen, die unter dem Namen Hugo's von St. Victor gehen oder in diese Kategorie gehören, übergangen sei, ist also ganz falsch.

Zuhörern) ein, das Beispiel der weisen Ameise zu beachten und sich zum Winter, d. i. zum jüngsten Tage, zu rüsten, um mit dem Bräutigam zur Hochzeit zu gelangen. V. 871—872 erinnern an das Sprichwort:

Celuy qui est trop endormy
Doit prendre garde à la fourmy,

bei Le Roux de Lincy, »Le livre des Proverbes«. Paris 1842, I p. 113. — Die Sage von den goldgrabenden Ameisen geht auf Herodot 3, 102 zurück, dessen Bericht auf indischen Ursprung hinweist, und Plinius 7, 2, 2 berichtet von den einäugigen Arimaspen, dass sie mit den Greifen, geflügelten Thieren, wegen des Goldes in den Bergwerken immer in Streit leben und es stehlen*).

12) Sirenen = 1053—1112 = Hugo II Cap. 32.

Cahier's 3 Hss. wie der Göttweiher Text weichen hier ab und sprechen von mehreren Sirenen und den *Onocentauri*. Guillaume behandelt erst nur die Sirene, spricht aber dann von mehreren; derselbe citirt hier keine Bibelstelle, auch nicht Jesaias 13, 22. Hugo fügt nach der moralischen Deutung noch hinzu, dass die Sirenen, drei an Zahl und halb Jungfrauen, halb Fisch, in Wirklichkeit aber Buhlerinnen gewesen wären; den *onocentauros*, der auch im Cod. Reg. 2

---

*) Eine Monographie über die Ameisen schrieb Latreille, »Histoire naturelle des fourmis«. Paris 1802. Schon in seiner »Histoire des fourmis de la France« hatte derselbe die äthiopische Ameise beschrieben. Eine Reminiscenz an den Physiologus enthält noch La Fontaine's Angabe, dass sich die Ameise von Strohhalmen nähre. Das 1806 in Schnepfenthal erschienene, noch heute mehrfach aufgelegte „Ameisenbüchlein" von C. G. Salzmann hat nicht naturhistorischen, sondern pädagogischen Inhalt, indem es sich selbst eine „Anweisung zu einer vernünftigen Erziehung der Erzieher" nennt.

C. XII figurirt, beschreibt letzterer Buch II Cap. 3 und 33. Der Dichter schildert die Sirene als das schönste Wesen der Welt, vom Nabel an mit Frauengestalt, die andere Hälfte als Fisch oder Vogel, welches die Schiffer auf dem Meere durch Gesang bezaubere und tödte. Die Auslegung der Sirene als des Teufels, ihres Gesanges als der irdischen Lust, vor der sich manche Schiffer (Menschen) dadurch schützen, dass sie sich die Ohren verstopfen, schliesst sich ebenfalls eng an das Lateinische an. Nach Philipp singen die Sirenen beim Nahen eines Sturmes, bei schönem Wetter weinen und klagen sie. — Die aus Homer's Odyssee Buch XII geflossene Sage von den Sirenen hat eine reiche Literatur entwickelt. Deutsche und holländische Sagen von Nixen und Meerminnen berührt A. Landrin, »Les monstres marins«. Paris 1870, p. 257—291, wo p. 268 V. 1055—1099 des Bestiaire Guillaume's, eines »clerc picard« mitgetheilt sind; Grimm, „Deutsche Mythologie" p. 455 und „Deutsche Sagen" p. 54; A. Maury, »Les fées au moyen âge«. Paris 1843; G. Kastner, »Les Sirènes«. Paris 1858; A. Coelho, »Tradicões relativas as Sereias e mythos similares« in Pitrè's »Archivio per lo studio delle Tradizioni Popolari«. Palermo 1885, vol. IV p. 325. In der Chanson de geste Rainouart au tinel vernimmt der Held auf der Fahrt nach Odierne die melodische Stimme der Sirene, die er naiv anredet und auffordert, mitzugehen*). In den Nibelungen

---

*) Im provenzalischen Elucidari erscheinen die Sirenen als Meerfische mit Frauengestalt und als geflügelte Schlangen Arabiens, während sie im Livre des Vices & Vertus mit Frauenleib, Fischschweif und Adlerkrallen dargestellt werden.

heissen die Meerweiber *Hadeburg* und *Sigelind**).
Die neuerdings als Sehenswürdigkeit in Europa zur
Schau gestellten Sirenen (Seekühe) der Naturkunde,
welche die Mitte zwischen den Seehunden und Walen
einnehmen, haben mit den Sagengebilden des Alterthums und Mittelalters nichts als den Namen gemein.

13) Igel = 1113—1170 = Hugo II Cap. 4.

Heider in Abschnitt XVIII druckt unverständlich,
wenn man nicht an den Vergleich des Igels mit einer
σφαῖρα im äthiopischen Physiologus denkt, nach der
Göttweiher Hs.: »Erinatius habet lactei circuli [lies:
porcelli lactantis] quandam similitudinem.« In derselben Hs. fehlt die Bemerkung über die Art und
Weise, wie sich der Igel gegen Menschen und Thiere
vertheidigt; ebenso in Cahier's Hss. ABC. Hugo's
Text ist bis auf den Schlusssatz fast ganz vom Dichter
treu wiedergegeben. V. 1113—1115 bildet gleichsam
die Einleitung zu diesem Abschnitt. Hugo beruft sich
im Gegensatz zum Dichter auf den Physiologus, nach
welchem der Stachel-Igel wie ein Ferkel aussieht und
ganz stachelig ist; zur Zeit der Weinernte geht er
in den Weinberg, steigt auf den vollen Weinstock
und schüttelt die Beeren zur Erde, dann steigt er
herab und kugelt sich in den Beeren, so dass sie an
seinen Stacheln hängen bleiben; so bringt er seinen
Jungen Nahrung. Ebenso der Dichter V. 1129—1147,
der nur aus eigener Beobachtung hinzufügt, dass der

---

*) Nach Paracelsus (1493—1541), der eine Abhandlung von
den Undinen, Sylphen, Gnomen, Salamandern und den anderen
Elementar-Geistern schrieb, sind die Sirenen *Monstra*, die nichts
gebären, die aber singen können oder mit Röhren pfeifen. Vgl.
Val. Schmidt, „Beiträge zur Geschichte der romant. Poesie".
Berlin 1818, p. 167—168.

Igel in Gehölzen und im Gebüsch hause; vorher jedoch V. 1121—1129 schildert er, was bei Hugo zuletzt steht, dass der Igel, wenn er Leute oder Thiere in der Nähe merkt, sich mit seinem Panzer zusammenkugelt, übersetzt aber et velut plaustrum stridet nicht mit, sondern fügt nur V. 1124 hinzu, ebenso 1126—1128. Während der Dichter 1125 sagt, der Igel könne sich nicht gegen den Menschen vertheidigen, meint Hugo, der Igel schütze sich gegen alle Nachstellungen des Menschen dadurch, dass er sich mit seinen Stacheln umgebe. Die Angabe V. 1148—1150, dass der Igel es mit den Aepfeln, so lange die Jahreszeit dauert, ebenso wie mit den Beeren mache, fehlt wie im Cod. Reg. 2 C. XII auch bei Hugo, der seinerseits allein die Bemerkung hat, dass der Igel als Heilmittel gekocht und gegessen gut sei. Wie Hugo fasst Guillaume den Igel als den Teufel auf, der die Früchte des Geistes vernichtet. Der Dichter hat keinen Bibelspruch, Hugo und Cod. Reg. 2 C. XII einen. — Nach Pichon, »Ménagier de Paris« II p. 261 wurde der bei den Zigeunern wegen seines Fleisches noch heute beliebte Stachel-Igel einst von den Franzosen gebraten und — verspeist wie heute der Schweins-Igel. Die Sage vom Igel, der mit Früchten an seinen Stacheln beladen ist, ist weit verbreitet; so kennt sie auch der dänische Dichter Helt. Nach den Beobachtungen der Naturforscher schafft der Igel, indem er sich auf dem Boden herumwälzt, an seinen Stacheln nicht nur Obst sondern auch Laub u. a. in seine Winterwohnung.

14) Ibis = 1171—1306 = Hugo I Cap. 15.

Dieser Abschnitt über den Ibis fehlt ganz in der Göttweiher Hs. Auch Cahier's Hs. A hat hier eine

Lücke, die durch BH ausgefüllt wird. Hugo, der noch Buch II Cap. 15 *De ibice*, aber abweichend handelt, wird vom Dichter mit geringen Kürzungen treu übersetzt. An dieser Stelle heisst bei Hugo der Vogel *ibis*, der hier als unrein nach dem Gesetz vor allen Vögeln bezeichnet wird; der Dichter jedoch, der den Namen des Nilreihers auf romanisch nicht weiss, sagt, dass derselbe von schlechter Lebensart sei, und kein Vogel schmutziger und schlechter wäre. Nach dem Lateinischen lebt dieser Vogel Tag und Nacht am Ufer des Meeres oder der Flüsse oder der Teiche von todten Fischchen oder Aas; nach dem Dichter lebt er immer am Ufer eines Teiches oder des Meeres von Aas oder verfaulten Fischen. Das lat. »cadaver, quod ab aqua jam putridum vel madidum (Cod. Reg.: marcidum) ejectum fuerit foras« verbessert der Dichter durch präcisere Ausdrücke V. 1182. Dass der Ibis sich fürchtet, in das Wasser zu gehen, weil er nicht schwimmen kann und sich nicht Mühe giebt, es zu lernen (quia mortuis cadaveribus delectatur bleibt absichtlich unübersetzt, da dies schon ausgedrückt ist, wird jedoch mit verändertem Ausdruck durch V. 1189—1190 repräsentirt), dass er deshalb nicht in tiefes Wasser gehen (in altitudinem aquae ingredi) kann, um frische Fischchen als Nahrung zu fangen, wird auch vom Dichter berichtet. Ebenso stimmt die Auslegung, in welcher der Ibis als der Sünder, der nicht die geistlichen Lehren als Speise annimmt, gedeutet wird, nebst den Sprüchen Galater 5, 19—20 = V. 1210—1216 und Galater 5, 22 = V. 1233—1236 im Gedicht überein. Auch der Vergleich der Welt und des Meeres (— die Worte Psalm 103, 25 sunt illic reptilia quorum non est numerus sind in V. 1244 falsch übersetzt, indem der Dichter *mala* gelesen hat —), die mit dem Zeichen des Kreuzes zu überwinden sind, die Sprüche Psalm 4, 7: »Signatum est super nos lumen vultus tui« = V. 1254—1255, die auch von Philipp von Thaon nachgebildete Stelle über die Sonne mit ihren Strahlen, die Vögel mit ihren Flügeln und die Schiffe mit ihren Segeln V. 1275—1281, ebenso die Bemerkung über den Kampf der Kinder Israel gegen Amalek nach II Mos. 17, 11 = V. 1282—1287, endlich der Spruch V. 1299—1300 = Matth. 8, 22 zeigen nur das Uebersetzertalent des Dichters, dem nur die Schlusszeilen V. 1301—1304 angehören. — Die Notiz Hugo's nach dem Physiologus, dass der Ibis Schlangen verscheuche (quod serpentes violente[r] fugat) passt nicht in den Zusammenhang. Philipp von Thaon hält den Ibex und den Storch für denselben Vogel. Dass der Ibis, weil er Schlangen vertilgte oder weil sein Erscheinen das Wachsen des Nils ankündigte, von den alten Aegyptern in Tempeln für heilig gehalten und einbalsamirt wurde, wird im Bestiaire nicht gemeldet*). — Im »Partonopeus de Blois« éd. Crapelet V. 1071—1072 ist *bex* als ein Thier beschrieben, das weisser ist als „frischer Schnee auf dem Zweige"; an Hermelin, an den Hirsch (portug. *veado*), an den Marder (kymr. *bele*) ist nicht zu denken, sondern an *ibex*.

15) Reineke Fuchs = 1307—1374 = Hugo II Cap. 5.

Die Göttweiher Hs. ist am Schlusse dieses Abschnittes unvollständig und uncorrect. Cahier's Hss. ABC weichen ab, insofern sie mit Bibelstellen durch-

---

*) Savigny, der 1805 eine Schrift über den Ibis herausgab, hat die Beobachtungen der Alten über die schwarzen und weissen Ibisse mit den seinigen an Ort und Stelle verglichen.

flochten sind, die alle beim Dichter fehlen. Der Cod. Reg. 2 C. XII enthält hier 5 Bibelsprüche. Aus Hugo's Text, der zuletzt aus 4 auf den Fuchs bezüglichen Bibelstellen besteht, stimmt zum Gedicht V. 1315—1340, wo der Bestiaire als Autorität genannt ist, die Bezeichnung des Fuchses als »animal fraudulentum et ingeniosum«; doch heisst es im Lateinischen: wenn er Durst hat und nichts zu fressen findet, wälzt er sich in rother Erde, um gleichsam blutroth zu erscheinen, streckt sich auf die Erde nieder und hält den Athem an; die Vögel aber, die ihn so nicht athmen sehen, während er die Zunge aus dem Munde heraushängen lässt, halten ihn für todt und fliegen herab, um sich auf ihn zu setzen; er aber raubt sie so und verschlingt sie. Der Dichter dagegen spricht noch anschaulicher (wie die »Ecbasis captivi« ed. E. Voigt 1875) vom Fuchs als einem sehr listigen Thiere, das, wenn es etwas hungrig ist und nicht weiss, wo es wegen des quälenden Hungers Beute finden soll, sich in rother Erde wälzt und besudelt, bis es ganz blutig scheint; dann legt dasselbe sich an einer den Vögeln offenen Stelle nieder, hält den Athem in seinem dicken Wanst an und hängt die Zunge aus der Kehle, schliesst die Augen, fletscht die Zähne und überlistet so die Vögel, die es liegen sehen und für todt halten. Dann fliegen sie herab, um es zu hacken, dieses aber verschlingt sie mit Fleisch und Knochen. In der übereinstimmenden Auslegung — der Fuchs ist der Teufel, der sich gegen die fleischlich gesinnten Menschen todt stellt, um sie zu verschlingen, während der Weise sich nicht wie der Thor fangen lässt — nennt der Dichter abweichend vom Lateinischen zwei Vogelnamen V. 1359, den Holzschreier *(jais)* und die Elster *(pie)*; dieselben fehlen

in den lat. Prosabestiarien, und nur in den Versen
des sog. Thebaldus, Migne, »Patrologia lat.« Bd. 171
p. 1220 wird in dem Abschnitt über den Fuchs
V. 7—8, wo ebenfalls die List desselben beim Vogel-
fange erzählt ist, gesagt, dass die Krähe oder der Rabe
(*cornix aut ater corvus*) sich auf seinem Balg nieder-
lassen, um ihn mit Bissen zu zerfleischen. Im Altspanischen »Libro de los Gatos« p. 558 No. 53 heissen
diese beiden Vögel *Cuervo* und *milano*. Sollte der
Dichter *cornix* und *corvus* falsch übersetzt oder auf
Geais à deux pieds, wie La Fontaine in Fable IX sagt,
angespielt haben? Dieser Abschnitt über den Talley-
rand der Thierwelt, den Raubritter Reineke Fuchs
in Guillaume's Bestiaire ist ein *locus classicus*, da der
Verfasser sich im Eingange, wo vom Raube der Hühner
des *Constant des Noes* durch den Fuchs die Rede ist,
auf den Roman de Renart hgb. von Martin II 30, 49 u. ö.
IX 20 und V 645 bezieht und gleich Jacobus von
Vitry, sowie Gautier von Coinsy ein Zeugniss liefert,
wie beliebt und verbreitet dieses Werk im Anfange
des 13. Jahrh. gewesen ist. Vgl. E. Martin, »Roman
de Renart«. Strassburg 1882, Branche I b. V. 2205
und XIII V. 1125; Méon, »Roman de Renart«,
Branche XX[a]; W. Knorr, „Die XX. Branche des
Roman de Renart und ihre Nachbildungen." Eutin
1866, p. 3—4; »Histoire littéraire de la France«
t. XXII p. 912 fg. Die Episode vom rothgefärbten
Fuchs, der sich todt stellt, um Vögel zu fangen, kommt
schon im Pantschatantra: Benfey I 333 vor und hat
auf ihrer Weltwanderung den Ursprung zur Erzählung
vom gelbgefärbten Fuchs in Branche XXI—XXII des
Roman de Renart abgegeben. Vgl. auch Al. Bieling,
„Göthe's Reineke Fuchs, nach dem ältesten Druck

von 1794 mit Proben der älteren Thierepen hgb."
Berlin 1882; Gottsched's „Reineke Fuchs", Abdruck
der hochd. Prosa-Uebersetzung von 1752. Halle 1886.
Wie beliebt die Fuchssage noch heute ist, zeigt, dass
sie selbst zu Unterrichtszwecken verwendet ist von
C. Engelbrecht, „Reineke Fuchs für Schul- und
Privat-Studium. Neu bearbeitet und erweitert durch
grammatische Bemerkungen und einen Anhang eines
reichen Wörterverzeichnisses nebst Schlüssel der englischen Aussprache und Bedeutungen." Köln 1884.
Aus der jüdischen Literatur des 13. Jahrh. sind die
Fuchsfabeln, »Mischle Schualim« des Berachjah ha-
Nakdan bekannt, die in das Lateinische und zum Theil
in das Deutsche übertragen wurden. Vgl. L. Zunz,
„Zur Geschichte und Literatur". Berlin 1845, p. 127
und D. Cassel, „Lehrbuch der jüdischen Geschichte
und Literatur". Leipzig 1879, p. 371.

16) Einhorn = 1375—1476 = Hugo II Cap. 6.

Hier stimmt die Göttweiher Hs. ziemlich genau
zu Cahier's Hss. AB und hat wie diese, obwohl
fehlerhaft, gleich Cod. Reg. 2 C. XII, die Bibelstelle
Deuteron. 33, 17, welche der normannische Bestiaire
nicht enthält. Letzterer ist fast ganz nach Hugo's
Text gearbeitet, nur der letzte Satz über den Grund
der Aehnlichkeit des Einhorns und des Ziegenbocks
ist vom Dichter übergangen; ebenso lässt er die
griechische Bezeichnung *monoceros*, die Philipp von
Thaon (monsceros) hat, weg, ferner die Angabe Hugo's,
der sich auf den Physiologus beruft, dass das Einhorn
die Eigenschaft habe, dass es ein sehr kleines Thier
(pusillum animal) und dem Ziegenbock ähnlich sei.
Das Lateinische spricht nur von einem *acerrimum in*

capite cornu unum, der Dichter von einem Horne des Thieres in der Mitte der Stirn. Kein Jäger, sagt Hugo, kann ihm mit Gewalt zuvorkommen oder es fangen; sondern genau genommen fängt man es durch folgende Erdichtung und List. Man führt ein schönes jungfräuliches Mädchen (puellam virginemque speciosam), das man allein lässt, an den Ort seines Aufenthalts; sobald das Mädchen das Thier erblickt, öffnet es seinen Busen, bei dessen Anblick das Einhorn seine Wildheit aufgiebt und seinen Kopf in den Schoss (gremium) der Jungfrau legt, und so wird es schlafend von den Verfolgern gefangen (deprehenditur) und in den Palast des Königs gebracht (exhibetur). Der Dichter dagegen nennt das Thier so kampflustig und kühn, das kräftigste aller Thiere der Welt, das den Kampf mit dem Elephanten aufnimmt und so scharfe Krallen an dem festen schneidigen Fusse hat, dass es alles durchbohrt und mit dem wie eine Klinge spitzen Fusse dem Elephanten vollständig den Bauch aufschlitzt. Die es fangen wollen, lauern ihm erst auf; finden sie seinen Aufenthalt und bemerken sie seine Fusstapfen, so gehen sie zu einem Mädchen, von dem sie wissen, dass es noch Jungfrau ist; dieses lassen sie sich setzen und an der Höhle warten, um das Thier zu fangen. Ist das Einhorn zurückgekehrt und hat die Jungfrau erblickt, so geht es gleich zu ihr, lässt sich in ihrem Schosse (devant) nieder, und das Mädchen nimmt es wie den, der sich ihm hingiebt (Geliebten). Mit der Jungfrau spielt es so lange, bis es in ihrem Schosse eingeschlafen ist. Alsbald springen die, welche ihm auflauern, herbei, binden es und führen es mit Gewalt und unter Widerstand (desrei) zum König. Nach dem Lateinischen und nach Guillaume ist das Einhorn Jesus Christus, der in der Jungfrau Wohnung nahm und von den Juden gefangen und gebunden vor Pilatus geführt wurde. In den Treis moz 297 desselben Dichters ist das Einhorn (wie im Roman Barlaam und Josaphat) der Tod; Guillaume ist also nicht consequent in seinen Darstellungen, er schliesst sich eng an seine verschiedenen Quellen. Der Dichter, der unter dem einen Horn des Einhorns die Menschwerdung versteht, führt die Allegorie weiter als Hugo, der dies nur mit dem Spruch Johannes 10, 30 = V. 1436 deutet. Auch die Bibelsprüche Lucas I, 69 = V. 1437—1441, wo das Beiwort des Zacharias und *son bon ami* Zuthat sind, ferner Psalm 92, 11 (bei Hugo steht Psalm CXI, was falsch ist) = V. 1443—1445 sind wiedergegeben. Ein Citat aus Psalm 28 oder vielmehr Psalm 29, 6 über das Einhorn und II Korinther 11 hat der Dichter übergangen. Die Auslegung der Wildheit des Thieres, dass weder die *principatus* noch die *potestates* noch die *throni* noch die *dominationes* Gott wie er ist erkennen können, stimmt überein, nur spricht der Dichter statt von Gott vom Werke der Menschwerdung. Dass der listige Teufel (subtilissimus diabolus) das Geheimniss der Menschwerdung nicht zu erforschen vermochte, giebt der Dichter V. 1458—1460 wieder. Denselben Gedanken drückt Guischart von Beaulieu in einem Vergleich mit dem Aale aus*). Endlich, der Schluss mit

---

*) V. 889 fg.:
    Deus en la char ne se volt demustrer:
    Granz fud le sacrement, por ce le volt celer.
    Semblant fist d'anguille, k'ai veu dubpler,
    U l'um met le vermet al peissun afoler.
    Le peissun prent le verm, k'il quide user,
    Le verm trove duz & trove amer.
    Quant le peissun co sent k'il nel pot guster,
    Volenters le larreit, s'il le poust eschiuver.
    Se diable seust dampne Deu asmer,
    Ja ne fust tant hardiz k'il osast adeser.

den Sprüchen Matth. 11, 29 = V. 1464—1468 und Johannes I, 14 = V. 1469—1476, wo vom Dichter nur hinzugefügt ist, dass die Jungfrauschaft unverletzt blieb, stimmt mit dem Lateinischen mehr überein, als man wünschen möchte oder erwartet. Die Stelle Hiob 39, 9 hat noch nicht in den Bestiarien gestanden. Im Lateinischen wird durch den Spruch Matth. 11, 29 die Kleinheit ausgelegt, die der Dichter jedoch hier wie im Eingange nicht erwähnt hat. — Nach Philipp von Thaon hat das Einhorn die Gestalt eines Ziegenbocks und wird im Walde, wo sein Schlupfwinkel ist, gefangen, indem eine Jungfrau ihre Brust vor ihren Busen hält; diese riecht das Einhorn, das zu der Jungfrau geht, die Brust küsst und in ihrem Schosse einschläft. So findet es den Tod durch den Menschen, der es alsbald, während es schläft, tödtet oder lebendig fängt*). — Fritsche, „Quellen der Image du Monde" p. 27/28, der über die daselbst V. 2255—2372 beschriebenen wunderbaren Thiere nichts Näheres angiebt, führt das Versehen an, dass die *unicornes* griechisch *Rhinocerotes* genannt würden; dasselbe begegnet in dem Cod. Reg. 2 C. XII und in der brauchbaren lat. Hs. A bei Cahier, »Mélanges« p. 221. — Bartsch's hochkomische Erklärung des provenzalischen *e sa fauda* ist in der dritten Auflage seiner Chrestomathie Provençale 334, 14 beseitigt. — Bei Shakespeare, Julius Caesar II, 1 ist die einer Vergleichung in den europäischen Literaturen würdige Sage vom Einhorn, die schon Aldhelm im 7. Jahrh. in seinem Räthselbuche kennt, wohl durch Corruption des Textes anders ge-

---

*) Im »Bestiaire d'amour« des Richard de Fournival weigert sich die Dame im Wechselgespräch mit dem Dichter, einem so gefährlichen Einhorn gegenüber die Rolle als Jungfrau zu übernehmen.

staltet, indem darin von *trees* als Mittel zum Fange die Rede ist. Die Erklärung von Al. Schmidt befriedigt nicht. Auch Rudolf von Ems kennt die Sage, vgl. Doberentz in Zacher's Zeitschrift 1881, XIII p. 179 fg. Das Einhorn, das dem Oryx der Alten, einer Antilopenart vergleichbar ist, soll neuerdings in Tibet aufgefunden sein. Vgl. Carl Ritter, „Erdkunde". Berlin 1834, Theil 4 p. 98 fg. Brehm in seinem „Thierleben" identificirt dasselbe mit dem Nashorn. Eine seltene Monographie existirt von W. v. Müller, „Das Einhorn vom geschichtlichen und naturwissenschaftlichen Standpunkt". Stuttgart 1853, und „Die Sage vom Einhorn" in den Publicat. des Münsterbau-Vereins zu Constanz 1881. Noch sei erwähnt, dass die Legende vom Einhorn sich nebst der vom Biber, Affen u. a. Thieren (vgl. Ebert's Jahrbuch XII, 149 und J. Ulrich in der Romania 1884 p. 39 fg.) in einem italienischen Lehrgedicht L'Acerba des Gegners Dantes, des Cecco d'Ascoli (Francesco de Stabili) findet, — vgl. »Sulla vita e sulle opere di Cecco d'Ascoli.« Appunti di G. Castelli. Ascoli Piceno. 1887 — dessen Hs. vom Jahre 1475 mit colorirten Federzeichnungen die Hamilton-Sammlung in Berlin enthält. Hier ist dasselbe im Bilde dargestellt, wie es sich, von dem mit einem Speer bewaffneten Jäger verfolgt, in dem Schosse einer *donzella* niedergelassen hat. A. Gaspary, „Geschichte der italienischen Literatur" I. Berlin 1885, p. 348 setzt das Gedicht um 1326*).

---

*) Nach Paracelsus ist das Einhorn das keuscheste und reinste Thier, das Jungfrauen und Frauen am Geruch erkennt. Noch Gesner, „Thier-Buch", übersetzt von Forer, Frankfurt a. M. 1669 beschreibt p. 77 mit Berufung auf Albertus und Arlunnus, wie das Einhorn mit Hülfe einer Jungfrau gefangen werde.

17) Biber = 1477—1566 = Hugo II Cap. 9.

Die Göttweiher Hs. und Cahier's Hss. AB stimmen hier fast ganz überein, nur dass erstere etwas gekürzt ist und hier wie in Abschnitt 1—6, 8, 9, 13, 16, 19, 21 nach der Ueberschrift einen oder zwei Verse hat, die sonst wie bei Cahier fehlen. Der Dichter übergeht den Schlusssatz Hugo's über den Namen *Castor* und setzt nur V. 1478 hinzu, dass der Biber, wie er glaube, ein wenig grösser sei als der Hase. Der Zusatz des Lateinischen zu castor vel fiber: »nimis acri ingenio et nimis mansuetum animal« — der Cod. Reg. 2 C. XII hat als Epitheton nur mansuetus nimis — ist vom Dichter V. 1479—1480 falsch verstanden, indem er sagt, dass der Biber sehr sanft, äusserst weise und nicht zahm, sondern wild ist. Dass man aus den Geschlechtstheilen des Bibers Arzneien zu verschiedenen Dingen bereitet, stimmt ziemlich zu Hugo, welcher sagt, dass die *testiculi* in der Medicin zur Heilung verschiedener Krankheiten nützlich sind. Wie Hugo, der den Physiologus nennt, erzählt der Dichter, dass der Biber sich im Angesicht des Jägers, wenn er nicht mehr entkommen kann, die Geschlechtstheile ausbeisst und so sein Leben rettet; der Jäger folgt ihm nun nicht weiter und kehrt zurück. Guillaume setzt hinzu, dass Gott dem Thiere so viel Gnade verliehen hat, dass es weiss, warum man es jagt. Auch das steht in der Vorlage, dass der Biber, wenn er ein zweites Mal vom Jäger (alter venator) verfolgt würde, diesem, wenn er nicht mehr entkommen könne, seine ausgerissenen *virilia* zeigen würde, damit er zurückbleibe. Auch die Auslegung, nach welcher der Biber die vom Teufel verfolgten Weisen (Hugo meint die Keuschen) vorstellt, bietet sammt dem Beiwerk: Römer 13, 7 = V. 1528—1532, Galater 5, 22 (der Spruch fehlt hier bei Hugo) = V. 1555—1558 keine eigene Zuthat des Dichters, der den schon beim *Caladrius* (V. 482) vorkommenden und auch im Cod. Reg. 2 C. XII stehenden Spruch Joh. 14, 30 nicht mit übersetzt hat. Nur die Schlusszeilen V. 1559—1566 gehören ihm wieder an. — Dass die Geschlechtstheile des Bibers zu Arzneien dienen, ist natürlich eine Fabel, die die stark riechende Feuchtigkeit aus zwei Drüsen am After, Bibergeil, gemeint hat. Schon Plinius 8, 30, 47 berichtet diese Sage vom *Castoreum*. Noch im 16. Jahrh. ist Olaus Magnus, Bischof von Upsala, obschon er dem Solinus nicht mehr glaubt, dass sich der Biber selbst castrirt, im 18. Buche der »Historia de gentibus septentr.« (Antwerpen 1558) von der medicinischen Wirkung des Geil's bei Pest, Fieber und allerlei Krankheiten überzeugt, und im 17. Jahrh. schrieb ein Ulmer Arzt, Marius, ein 1685 von Joh. Frank vermehrtes Buch über die Benutzung des Bibers als Heilmittel.

18) Hyäne = 1567—1642 = Hugo II Cap. 10.

Dieser Artikel ist in der Göttweiher Hs. am Schluss in Unordnung, da das Wasserhuhn *(fulica)* zuletzt eingefügt ist; die fehlerhafte Berufung auf Salomo, die in den althochdeutschen Thierbüchern wiederkehrt, findet sich hier auch wie in Cahier's Hss. AB, im Cod. Reg. 2 C. XII und bei Gervaise V. 360. Auch Guillaume spricht diesen wenig Bibelkenntniss verrathenden Fehler nach V. 1627. Hugo (oder Migne) dagegen, der an zwei Stellen Notizen über das nächtliche Herumschweifen der Hyäne und über den Stein im Auge des Thieres aus Solinus entlehnt, citirt die

Bibelstellen richtig, nämlich Jeremias 12, 9: »Facta est mihi hereditas mea quasi spelunca hyaenae«, = V. 1591—1592, ferner Jacobus I, 8 und nicht Salomo, wie in den Bestiarien steht: »Vir duplex animo inconstans est in omnibus viis suis« = V. 1627—1635 und Matth. 6, 24 = V. 1636—1639. V. 1567—1574 ist natürlich Zuthat des Dichters, der nur den griechischen Namen der Hyäne, nicht den französischen (en franceis) kennt. S. Bochart »Hierozoicon«. Lipsiae 1786, II 115 bezeichnet richtig mit *Lynx* den *lupus cervarius* = *loupcervier*. Philipp von Thaon jedoch übersetzt den *Griu num* mit *beste* und erklärt ihn durch *lucervere*. Guillaume bezeichnet V. 2030 mit *lovecervere* (en dreit romanz) den Panther (!). V. 1579—1582 stimmen bei Philipp und Guillaume inhaltlich und in den Reimworten dem Lateinischen entsprechend überein. Dass die Hyäne die Todten frisst und in deren Gräbern wohnt, eine Angabe, die im Cod. Reg. 2 C. XII ganz fehlt, dass ihr Fleisch zu essen nach dem Gesetz verboten ist, stimmt mit der Quelle überein. Auch die Notiz über den Stein in den Augen (in oculis) der Hyäne (lapidem hyaenium), der, unter die Zunge gehalten, die Zukunft prophezeien lassen soll, hat der Dichter V. 1593—1598 aufgenommen, nur spricht er vom Steine im Auge; dieselbe fehlt jedoch in Cahier's Hss. AB und in der Göttweiher Hs. Als die beiden Naturen des Thieres wird V. 1602—1606 dies angeführt, dass man es einmal männlich, ein ander Mal weiblich — wie der Dichter hinzufügt — „mit Zitzen und Brüsten" bei verändertem Aeusseren finde*). Diese Stelle ist von F. Mann, »Der Bestiaire Divin

---

*) Cuvier, »Le règne animal« 1 p. 188 meint, dass der tiefe und drüsige Sack unter dem After der Hyäne die Alten zu dem Glauben verleitet hat, dass diese Thiere Zwitter sind.

des Guillaume le Clerc«. Heilbronn 1888, p. 78 nicht richtig verstanden, wenn er behauptet, dass hier Guillaume ein Missverständniss „unterlaufen", indem er als die eine Natur der Hyäne auffasse, dass sie in Grabstätten sich aufhalte, und als die andere, dass sie männlich und weiblich ist. Aber der V. 1600 (Qui si habite es sepultures) ist nur eine beiläufige Wiederholung des schon V. 1585 ausgedrückten Gedankens, und V. 1603—1604 ist deutlich der lateinische Wortlaut: »aliquando quidem masculus est aliquando vero femina« zur Bezeichnung der beiden Naturen wiedergegeben. Auch die Auslegung der (doppeltgestalteten) Hyäne als der Kinder Israel, die erst an Gott glaubten, dann aber ihn verliessen und Götzen anbeteten, sowie die Vergleichung dieses Thieres mit den Leuten, die in Wort und That Zwitter sind, ist wie sonst in der Quelle nachweisbar. In diesem Abschnitt berühren sich die Vorstellungen von gespenstigen Wehrwölfen *(Lubins)* und den Vampyrn. Von diesem widerwärtigsten aller Thiere, das nach dem Aberglauben sich in Menschen verwandeln kann *(Lycanthropie)*, geht noch heute die Fabel, — Freiligrath nennt es „die Entweiherin der Grüfte" im Gedicht „Löwenritt" — dass es Leichen ausgräbt und auch Kinder raubt. Vgl. zu dieser Sage W. Hertz, „Der Wehrwolf". Stuttgart 1862. Nach Marie de France ist das bretonische *Bisclavret* (75—85) dasselbe, was die Normannen *Garwalf* (lies: *Garulf*) nennen. Diesen Namen, welcher sich in dem pleonastischen nfz. *loup-garou* wiederfindet, kennt der Dichter nicht.

**19) Wasserschlange und Krokodil = V. 1643—1728
= Hugo II Cap. 7—8.**

In der Göttweiher Hs. fehlt wie in Cahier's Hss. eine Beschreibung des Krokodils gänzlich. Ebenso findet sich dort der Zusatz nicht, den man V. 1677—1684 für Eigenthum des Normannen ansehen möchte, dass alte Weiber — Cod. Reg. 2 C. XII hat: »De stercore ejus unguentum fiebat, unde vetule et rugose meretrices faciem suam perunguebant« — sich mit der aus der Schwarte des Krokodils hergestellten Salbe salbten, wodurch sich die Runzeln des Gesichtes und der Stirn glätteten, und dass, wie hinzugefügt wird, viele es noch so machen, aber dass dieselbe, wenn Schweiss darüber komme, nichts helfe *). Hugo jedoch meint, dass der Dünger des Krokodils alten Weibern zur Salbe dient: »Stercus ejus fit unguentum, unde vetulae et rugosae mulieres facies suas perungunt, fiuntque pulchrae donec sudor defluens faciem lavet.« Die französischen Schreiber haben fast alle das Missverständniss, dass diese Salbe aus dem Schweife des Krokodils bereitet wird **). Sonst kürzt der Dichter in diesem Abschnitt theilweise Hugo's Text. Uebereinstimmend wird die Wasserschlange von beiden — der Dichter nennt sie sehr weise — als Feindin des Krokodils geschildert; dasselbe wird nach Hugo im Nil geboren, ist ein vierfüssiges Thier, das auf dem Lande und im Wasser lebt, meist 20 Ellen lang ist, ungeheure Zähne und Krallen hat, und dessen

---

*) Nach Du Cange (Fronssatus) salbten sich alte Buhlerinnen so. Flavius Vopiscus, de Firmo, berichtet, dass sich Kaiser Firmus mit Krokodilfett salbte und dann mitten unter Krokodilen herumschwamm; derselbe lenkte einen Elephanten, ritt auf einem Flusspferd und auf grossen Straussen.

**) F. Mann, »Der Bestiaire Divin des Guillaume«. Heilbronn 1888, p. 78 fasst *coane* nicht richtig auf, wenn er von jenem Toilettenmittel spricht, „welches ältliche Damen aus der Krokodilhaut zur Verschönerung des Teints zu bereiten pflegten." Von den alten Egypterinnen wurde Krokodilfett, Eselshuf, Gazellenkoth u. a. als Salbe verwendet, während das bei den Römerinnen beliebte Schönheitsmittel, die pinguia Poppaeana, aus Eselsmilch und Brotteig bestand.

Haut angeblich so dick ist, dass es, wie sehr es auch auf dem Rücken durch Steinhiebe getroffen wird, gar nicht verletzt wird. Des Nachts ruht es im Wasser, am Tage auf dem Erdboden; wenn es einmal einen Menschen findet, frisst es ihn, wenn es ihn bewältigen kann, und nachher beweint es ihn immer. Einzig aber vor allen Thieren bewegt es, wenn es frisst, die obere Kinnlade, während die untere unbeweglich bleibt. Ebenso der Dichter, der hinzufügt, dass das Krokodil dem Ochsen an Gestalt etwas ähnlich sehe, dass es so dick wie ein Baumstamm ist und starke Schläge mit zackigen Steinen für nichts achtet. Niemals hat man es gesehen, fügt er hinzu. V. 1670 ist poetische Zuthat. V. 1475—1476 übersetzt »solus prae omnibus animalibus«. Die Angabe über die Wasserschlange, dass sie im Wasser lebt und das Krokodil tödtlich hasst, wiederholt der Dichter V. 1685—1687. Eigene Zuthat ist 1688—1690. Hugo berichtet nämlich, dass die Wasserschlange die Natur und Gewohnheit habe, wenn sie das Krokodil am Ufer schlafen sehe, sich im Schlamm zu wälzen, um desto leichter in den Rachen des Krokodils hineinzuschlüpfen. Dieses verschlingt sie lebendig, diese aber zerfleischt ihm alle Eingeweide und gelangt nicht nur lebendig, sondern sogar unverletzt heraus. In V. 1702—1706 schmückt der Dichter das poetische Bild durch synonyme Ausdrücke und fügt den Tod des Krokodils hinzu. Der Auslegung nach ist das Krokodil der Tod und die Hölle, deren Feind Christus die darin Gefangenen herausführte. Der Spruch Hosea 13, 14 = V. 1723 findet sich auch in der Quelle. Mehr Bibelstellen enthält wieder der Cod. Reg. 2 C. XII. Der Schluss V. 1724—1728, in welchem nur V. 1725 der Quelle entspricht, ist Zuthat. — Auch bei Philipp von Thaon bildet das Krokodil keinen besonderen Abschnitt. Von der Sage der Alten, dass ein Vogel (bei Herodot 2, 68 *Trochilos* genannt, ebenso bei Ammianus Marcell. 22, 15) Freundschaft mit dem Krokodil halte und ihm die an das Zahnfleisch kriechenden Schnaken oder die Blutegel im Rachen wegpicke, was in Wirklichkeit ein Regenpfeifer oder ein Strandläufer, der Krokodilwächter der Araber, besorgt, findet sich im Bestiaire nichts; ebenso ist der Heiligkeit des Thieres bei den alten Egyptern nicht gedacht, die es zähmten und mit goldenen Ringen schmückten sowie nach dem Tode einbalsamirten. Die Erzählung vom Krokodil, das Menschen frisst und dann beweint, geht bis auf Em. Geibel's „Lob der edlen Musica" herab. Eine andere Fabel ist die Geschichte von den Krokodilsthränen, dass das Thier nämlich winsele und heule, um seine Schlachtopfer herbeizulocken. Dass der Hydrus der Sage auf das Ichneumon als den Hauptfeind des Krokodils geht, dessen Eiern es nachstellt, verdient kaum noch bemerkt zu werden. Auch Odo de Ceringtonia kennt die Fabel »De ydro et cocodrillo«. Nach dem provenzalischen Elucidari legt das Krokodil Eier, die so gross sind wie Gänseeier, was G. Cuvier, »Le règne animal« V p. 29 bestätigt. Vgl. noch Lenz, „Zoologie der Griechen und Römer". Gotha 1856, p. 122.

20) Ziege, Ziegenbock (Steinbock) = 1729—1830 = Hugo II Cap. 13.

Die lateinischen Quellen stimmen im Allgemeinen überein; doch der Dichter verwebt, indem er zuletzt in den Predigerton verfällt, Einzelnes übergehend, folgende theilweise in den lat. Texten fehlende Bibelsprüche: Matth. 25, 34—36 = V. 1777—1790; Matth. 25, 41—46 = V. 1791—1816. Angedeutet ist in V. 1754—1758 Psalm 137, 6: »Excelsus Dominus, et humilia respicit et alta a longe cognoscit«. Der Cod. Reg. 2 C. XII weist hier wieder mehr Bibelstellen auf, aber gerade aus Matthäus nur 25, 35. Der Abschnitt enthält im Eingange eine neue Anspielung auf den Roman de Renart, indem V. 1731—1732 der Hase *coart* und die Ziege *fole* genannt wird. Dass die Ziegenböcke (Steinböcke) lange herabhängende Bärte, lange scharfe Hörner und zottige Felle haben, gern in den höchsten und steilsten Gebirgen hausen, in den Thälern weiden und ein so scharfes Gesicht haben, dass sie Jäger und Wanderer von fern unterscheiden können, alles schliesst sich ebenso wie die Auslegung des Thieres als Gottes, der alles sieht und die Gedanken der Menschen kennt, eng an das Lateinische an. Der Schluss V. 1817—1830 mit der Ansprache an die *seignors* ist Zuthat. — In der Sage von den Ziegen, wie sie die Thierbücher enthalten, ist die gemeine Ziege *(Capra hircus)* und der Steinbock *(Capra ibex)* der Naturgeschichte vermengt, wenn man nicht den Paseng oder die wilde Bezoarziege, von der die Hausziege abstammt, annehmen will.

21) Wild-Esel = 1831—1926 = Hugo II Cap. 11.

In der Göttweiher Hs. ist der Artikel *De Onagro* am Ende im Einzelnen unvollständig und in Unordnung; der Schreiber hat nämlich den im Verzeichniss fehlenden Abschnitt vom Affen hier angeschlossen und mit dem vom Wild-Esel verbunden, was Heider ganz übersehen hat. In Cahier's Hss. fehlt

die Angabe der Heimath des *Onager*, jedoch hat AB
die Lesart: »Physiologus dicit de onagro quia vigesimo
quinto die mensis faminoth, qui est martius, duodecies
in nocte rugit«, wo Hugo's Text »undecimo die mensis
Famochi« liest, und wo auch die Göttweiher Hs. und
der Cod. Reg. 2 C. XII die Zahl XXV hat, während
die lat. Hs. D den 21. März angiebt. Cahier's Hss.
AB erwähnen beide gleich der Göttweiher Hs. zuerst
die Eifersucht des *Onager* nicht, aber A enthält einen
zweiten Artikel über dasselbe Thier mit diesem Zusatz.
Die Schreiber scheinen die Worte bei Hugo: »Nascentibus masculis masculi zelant, et eorum testiculos
morsibus detruncant, quod caventes matres eos in
secretis occultant« beanstandet und absichtlich ausgelassen zu haben. Der auch bei Albertus Magnus
begegnende Zusatz in Hugo's Text: »Singuli autem
feminarum gregibus praesunt«, den Cahier's Hs. A
nur im zweiten Artikel enthält, und: »Africa habet
hos magnos« ist vom Dichter poetisch ausführlicher
behandelt worden. Die Sprüche Hiob 6, 5 = V. 1883—
1885 und 1 Petri 5, 8 = V. 1889—1894 sind mit
übersetzt. Dass im letzten Spruch vom Teufel als dem
brüllenden Löwen die Rede ist, ist den Compilatoren
der Bestiarien gleichgültig.

Der Dichter beginnt mit einem Lobe seiner Quelle,
deren köstliche Beispiele er dem Sinne nach erkläre.
Die Wild-Esel, sagt er, findet man in den Wüsten
des grossen Afrika ungezähmt; die Gestüte sind in
den Wüsten und, wie hinzugesetzt wird, in Laubwäldern, Thälern und Bergen in grossen Trupps.
Jedes Gestüt hat nur ein Männchen, das die Weibchen
in der Ebene und auf Wiesen beherrscht. Im Gestüt
giebt es nur einen Beschäler (Zuchthengst), was wie

der nächste Zusatz im Lateinischen nicht angegeben ist. Wenn das Weibchen ein Junges hat, weiss es, ob dieses weiblich ist. Wenn aber das Männchen merkt, dass es männlich ist, so beisst es ihm mit den Zähnen aus Eifersucht die Geschlechtstheile ab. Im März jahnt der Wild-Esel in der Ebene oder im Gehölz zwölf Mal am Tage und zwölf Mal des Nachts, dann wissen die Landleute, dass Tag- und Nachtgleiche ist*). In der Ausführung und in der Auslegung des Wild-Esels, der nur vor Hunger jahnt, als des Teufels, der noch am Ende der Welt Kummer haben wird, ist vom Dichter an dem Gedankeninhalt der Quelle nichts Wesentliches geändert. Die Schlusszeilen V. 1923—1926 sind Zuthat. — Von dem säugenden wilden Esel der Alten, der unter dem Namen *lalisio* als Leckerbissen (eine von Maecenas aufgebrachte Mode) berühmt war, weiss die Sage des Mittelalters nichts. Der Onager, den Olaus Mugnus im 16. Jahrh. mit dem Elch verwechselte, ist nach Brehm mit dem Kulan oder Gurkur identisch.

22) **Affe = 1927—1964 = Hugo II Cap. 12.**

Dieser Abschnitt fehlt als besondere Rubrik in der Göttweiher Hs., die unter *Onager* nur Spuren davon enthält. Cahier's unvollständige Hss. AB sprechen nur von einem Affen, D von mehreren. Hugo's Text handelt von den fünf Arten: *Cercopitheci* (Meerkatzen), *Sphinges* (gemeine Paviane oder Schimpansen), *Cynocephali* (Paviane oder hundsköpfige Affen), *Satyri* (Orangs), *Gallitriches* [lies: *Callitriches***), grüne

---

*) Bei Horapollo (ed. Leemans I, 16) ist es der Hundskopfaffe, der die Tag- und Nachtgleiche durch sein Uriniren anzeigt.
**) Buffon theilte die Affen in fünf Arten: *singes, papions,*

Wedel-Affen]. Der Dichter sagt, seine Vorlage kürzend, V. 1955, es gebe mehr als drei Arten Affen; derselbe deutet mit den geschwänzten und mit den hundsköpfigen die *Cynocephali*, mit den einheimischen melancholischen, die nur bei zunehmendem Monde fröhlich, bei abnehmendem traurig sind, keine bestimmte Art an; denn Hugo sagt von diesen *simiae:* »Hae elementorum sagaces in nova luna exsultant, in media tristantur«, worauf er als die Natur der Aeffin angiebt, dass sie, wenn sie Zwillinge geboren, das eine Junge liebe, das andere hasse. Wird sie von Jägern gesucht, so umarmt sie das Aeffchen, das sie liebt, das andere, das sie hasst, trägt sie am Halse. Fällt sie jedoch beim Laufen auf zwei Füssen, so wirft sie unwillig das geliebte Junge hin und behält das, welches sie hasst. Ebenso der Dichter, der nur hinzufügt, dass hochgestellte Leute mit dem Affen Liebhaberei treiben, dessen Hässlichkeit vorn und hinten er besonders hervorhebt; dabei fügt er die Bemerkung hinzu, dass der Affe einen Kopf, aber keinen Schwanz habe*). Ohne Zweifel ist hier der Dichter gegenüber seiner Vorlage in Verlegenheit gewesen, wie er dieselbe in decenterer Weise wiedergeben soll; denn nach Hugo ist der Teufel, den schon Kirchenväter der ersten christlichen Jahrhunderte für einen

---

guenons, sapajous, sagouins. Bei Plinius ist *callithrix* der Name eines bärtigen und geschwänzten äthiopischen Affen. Auch diese Bezeichnung Schönhaar stammt aus dem Griechischen. Nach Brehm dürfte letzterer, in dem man den abessin. Guereza, den schönsten Affen vermuthet, mit dem rothen Affen (Cercopithecus ruber), der von Plinius Cynocephalus, von Juvenal Cercopithecus, von Agatharchides Sphinx genannte mit dem Mantelpavian (Cynocephalus Hamadryas) identisch sein.

*) Das Fehlen des Schweifes bei Thieren galt im Mittelalter als ein Zeichen teuflischen Wesens.

Affen Gottes erklärten, das Abbild des Affen und hat einen Kopf, aber keinen Schwanz, und wenn er auch schon ganz hässlich ist, so ist sein Hintertheil unendlich hässlich und entsetzlich; denn der Teufel hat einen Anfang mit den Engeln im Himmel gehabt, aber weil er innerlich heuchlerisch und hinterlistig war, verlor er den Schwanz (quia totus in fine peribit wird noch hinzugefügt)*). Der Dichter hat die hinkende Allegorie des Lateinischen, die spätere Hss. nicht mehr glauben, der Gleichmässigkeit wegen in der Beschreibung des Affen und des Teufels geändert. Zuletzt beschreibt Guillaume die mehr als drei Affenarten ohne jegliche allegorische Auslegung. Bibelsprüche finden sich hier in dem Abschnitt auch beim Dichter nicht, trotzdem der Affe 1 Könige 10, 22 und 2 Chronika 9, 21 genannt wird. Cod. Reg. 2 C. XII hat eine Bibelstelle. In dem Ganzen ist kein originaler Gedanke zu entdecken, dessen Erfindung Guillaume zugeschrieben werden könnte. F. Mann, der in der Anglia a. a. O. den vorstehenden Abschnitt mit dem Philipps vergleicht, citirt nicht Hugo, sondern Stellen aus Plinius und Solinus, aus denen Philipp nicht geschöpft hat.

23) Wasservogel (Bläss-Huhn) = 1965—2028 = Hugo I Cap. 58.

Cahier's Hs. A ist hier ausführlicher als die Göttweiher, welche übereinstimmend nur den Spruch Psalm 103, 17 erwähnen. Der Dichter, der den Vogel gar nicht nennt, wohl weil er den Namen nicht weiss, kürzt Hugo's

---

*) G. Roskoff, „Geschichte des Teufels". Leipzig 1869, I 317 nimmt mit Caesarius Heisterb. als allgemeine Vorstellung des 13. Jahrh. an, dass der Teufel kein Hintertheil besitze.

Text theilweise. Nach dem Lateinischen ist die *fulica* ein ziemlich einsichtiger und sehr kluger Vogel vor allen Vögeln; dieselbe frisst kein Aas, sondern weilt immer an einer Stelle, wo sie Nahrung hat und ausruht. Der Dichter fügt noch weiter hinzu, was Hugo erst zuletzt hat, dass dieser Vogel immer im Wasser, in Teichen lebt und mitten im Wasser sein Nest baut oder zwischen Steinen im Meere, wo kein Mensch wohnen kann. Im Lateinischen widerspricht der Zusatz: »maritimoque semper delectatur profundo«, den Guillaume unbeachtet lässt, der früheren Angabe, dass die *fulica* immer an einer Stelle bis zuletzt ausharre. Das lateinische: »dum tempestatem praesenserit, fugiens in nido [lies: vado] ludit« erweitert der Dichter, indem er sagt: wenn der Vogel merkt, dass Sturm kommen soll, so badet er sich und belustigt sich und kehrt dann in sein Nest zurück. Die Bemerkung Guillaume's, welche auch Cod. Reg. 2 C. XII enthält, dass das Fleisch des Wasservogels so schmeckt wie das eines Grundhasen, findet sich weder bei Cahier noch bei Heider noch beim Picarden Pierre; der Dichter beruft sich auf die Schrift, d. i. Isidor, »Etymolog.« liber XII ed. Migne p. 466: »Fulica dicta, quod caro ejus (leporiname) leporinam sapiat«; den Schluss hiervon hat Hugo entlehnt. Nach Hugo und Guillaume bezeichnet dieser Vogel den wackeren Mann, der in der Kirche bleibt, dort wacht und betet und vom Worte Gottes lebt. Den in F. Mann's Cod. Reg. 2 C. XII nur angedeuteten, erst beim Panther wörtlich citirten Spruch Psalm 119, 103 = V. 2010—2014 übersetzt der Dichter mit Berufung auf David ganz; in Cahier's Hss. AB und in der Göttweiher Hs. ist diese Bibelstelle, die auch Hugo nur andeutet und erst beim Panther hat, nicht vorhanden. Der Dichter schliesst mit einer Ermahnung, in die er den Spruch Matth. 10, 22 = V. 2022—2023 verwebt. Der Spruch Matth. 4, 4 der Vorlage = V. 1991—1994 ist von Guillaume nur angedeutet, während die Stellen Psalm 104, 17 und Psalm 68, 7 des Cod. Reg. 2 C. XII ganz fehlen. Auch dieser Abschnitt enthält, von einigen Predigerfloskeln abgesehen, nichts Eigenes vom Dichter. — Die Angaben der Bestiarien über den Wasservogel lassen unter *Fulica*, nfz. *foulque* das Wasserhuhn oder die Horbel erkennen, wovon die Naturwissenschaft 13 Arten aufführt; vgl. Nemnich, „Polyglotten-Lexikon der Naturgeschichte" I p. 1678—1681.

24) Panther = 2029—2206 = Hugo II Cap. 23.

Die lateinischen Texte weichen hier wenig von einander ab; die Göttweiher Hs. schreibt an zwei Stellen die Bibelcitate nicht aus, sondern theilweise nur die ersten Buchstaben der letzten Worte. Hugo hat zuletzt einen längeren Passus aus Plinius und Isidor, den der Dichter übergeht. Der Panther *(love-cervere)*, der nicht seines Gleichen hat und weiss, dunkelblau, lichtfarben, gelb, grün, roth, schwärzlich und buntgefärbt ist, liebt nach dem Bestiaire alle Thiere ausser dem Drachen, der ihn hasst. Alle Thiere lieben seine Gesellschaft. Wenn er im Gebirge oder im Thale wohl gesättigt ist, so geht er in seine Höhle und schläft dort bis zum dritten Tage; dann verlässt er dieselbe und lässt bis weit in das Land ringsum ein lautes Gebrüll hören. Durch den lieblichen Geruch aus seinem Munde kommen alle Thiere zusammen zu ihm und folgen ihm; der Drache jedoch zieht sich zurück, sobald er die Stimme hört und den süssen

Geruch merkt; er muss zu Boden fallen und in die Tiefe flüchten, um dort regungslos zu bleiben. Der Panther bedeutet das Thier, das alles nimmt, und bezeichnet Jesum Christum, der am dritten Tage auferstand und die Welt gewann, der in der Hölle den Drachen band; nach seiner Auferstehung wurde die Welt durch die Worte aus seinem Munde erlöst. Der Dichter schliesst zuletzt eine zweimalige Ansprache an die *seignors* an mit der Nutzanwendung und in einem kurzen *sermon*, der auf den folgenden Abschnitt überleitet, die Vergleichung des Drachen mit dem bösen Menschen, der das Wort Gottes nicht hören kann. — Das Wort Panther wird in Cahier's Hs. B wie im Cod. Reg. 2 C. XII durch *omnia capiens*, in der Göttweiher Hs. durch *omne capiens*, in Hugo's Text durch *omnis fera, quasi omne animal odore capiens* erklärt. Der Dichter, der treu übersetzt, hat *chose* oder *beste qui tot prent*. Der normannische Text enthält die zahlreichen Bibelsprüche aus Hugo's Werke, wo wie in allen lateinischen Quellen die Stelle Johannes 12, 32 = V. 2085—2086 fehlt. Verderbt überliefert ist auch im Lateinischen Hosea 5, 14 = V. 2091—2095, wo Cahier's Hs. B, Cod. Reg. 2 C. XII und die Göttweiher Hs. ziemlich richtige Lesart haben. Der Spruch Weisheit Salomonis 7, 22—23 = V. 2101—2112 ist bei Hugo nur angedeutet und lautet in Cahier's Hs. abweichend von der *Vulgata*. Dem Lateinischen entnommen sind noch die Sprüche 1 Korinther 1, 24 = V. 2113—2114; Psalm 45, 3 = V. 2115—2118; Jesaias 62, 11 = V. 2122—2126; Johannes 16, 33 = V. 2160—2161; Johannes 17, 22 (Mann hat Johannes 17, 12) = V. 2163—2166; Johannes 14, 26 (Mann hat Johannes 20, 17) = V. 2176—2180; Psalm 86, 3 = V. 2201—

2202; Psalm 47, 9 = V. 2203—2204; Epheser 4, 8
= V. 2088—2090. Noch mehr Bibelsprüche bietet
der lange Abschnitt vom Panther im Cod. Reg. 2
C. XII. V. 2098—2100 wird erklärt durch das
Lateinische: »Ac per hoc significabatur jam tunc, quia
Ephraim idolis serviebat, quod vocatio gentium, et
plebis Judaeorum debuerat per adventum Christi im-
pleri.« Die Zuthaten des Dichters beschränken sich auf
poetische Beiwörter. — Der Torso des angels. Physiologus behandelt nach Ad. Ebert, „Gesch. der lat. Lit."
III 77, Anglia VI 241, der Reihenfolge im Lateinischen
entsprechend, den Panther, Walfisch und das Rebhuhn. Der im provenzalischen Elucidari erwähnte Stein
Panteron*) entspricht dem nach der Hyäne benannten.

25) Drache = 2207—2238 = Hugo II Cap. 24.

Die Göttweiher Hs. und Cahier's lat. Hss. enthalten diesen Theil über den Drachen überhaupt nicht.
Im Cod. Reg. 2 C. XII ist die Isidor entnommene
Beschreibung des Drachen dem Artikel vom Panther
angeschlossen. Deshalb hält es F. Mann, »Der Bestiaire
Divin des Guillaume le Clerc«. Heilbronn 1888, p. 80
für ungerechtfertigt, wenn Hippeau den Abschnitt
über den Drachen als selbstständigen Artikel auffasst,
der zum Ganzen dieselbe Stellung einnehme wie der
Excurs über das Krokodil zum Hydrus. Gegen diese
Ansicht spricht der Absatz in den Handschriften und,
vom Uebergange abgesehen, der Vergleich des später
nochmals genannten Drachen mit dem bösen Menschen.
Der Dichter übergeht Hugo's Nutzanwendung auf den

---

*) Plinius 37, 11, 73 nennt den Pantherstein *pardalios*, und
27, 2, 2 die giftige Pflanze, an der der Panther erstickt, *pardalianches*.

Teufel als die ungeheuerste Schlange, weil schon beim Panther davon die Rede war, ebenso den griechischen Namen. Hugo nennt den Drachen das grösste aller Geschöpfe (omnium serpentium sive omnium animantium) auf Erden, der Dichter das grösste aller Reptilien. Nach Hugo erhebt sich der Drache oft aus seinen Höhlen in die Luft, die durch ihn in Bewegung versetzt wird und leuchtet; er hat einen Kamm, kleinen Mund und geöffneten Schlund, durch den er athmet und die Zunge herausstreckt; die Kraft hat er nicht in den Zähnen, sondern im Schweif und schadet mehr durch den Schlag als durch den Biss oder aufgesperrten Rachen; denn er ist nicht giftig, aber, um zu tödten, braucht er kein Gift, weil er durch Schlagen tödtet (si quem ligaverit). Sogar der Elephant wird von ihm durch die ungefesselte Grösse seines Körpers vernichtet; denn an Seitenwegen verborgen, wo die Elephanten zu gehen pflegen, umschlingt er deren Schenkel mit seinem knotigen Schweif und tödtet sie durch Ersticken. Als Heimath des Drachen giebt Hugo Aethiopien und Indien an; der Dichter sagt nur, dass der richtige Drache sich im Königreich Aethiopien findet, kleinen Mund und grossen Leib hat, in der Luft wie feines Gold leuchtet, langen Schweif und grossen Kamm hat und dem Elephanten grossen Schaden zufügt; denn mit seinem Schweif schlägt er ihn an den Beinen zu Boden; desselben Gift ist nicht tödtlich, aber er ist gross und stark, und mit seinem Schweif allein, mit dem er alles in seinem Bereich beherrscht, richtet er grossen Schaden an*). — Be-

---

*) Nach Plinius 8, 11, 11 (vgl. 8, 12, 12) leben in Indien ungeheuer grosse Drachen mit den Elephanten in Feindschaft, umschlingen sie und ersticken sie in ihren Windungen. Der Kampf ist beiden tödtlich; denn der Elephant erdrückt beim Sturz den Drachen.

merkungen über frühere Vorstellungen vom Drachen, wie sie die vergleichende Literaturgeschichte bietet, müssen hier unterdrückt werden.

26) Krake und Meerfische = 2239—2344 = Hugo II Cap. 36.

Dieser Abschnitt über den Krake *(Cetus)* fehlt in dem Göttweiher Text ganz. Cahier's Hss. BC führen die Ueberschriften »De Aspedocalone« und »De Ceto Magno Aspidochelunes«. Hugo spricht erst von einem Seeungeheuer, das griechisch *Aspidochelone*, lateinisch aber *aspidotestudo* heisse, um dann wie Cod. Reg. 2 C. XII mit *Cetus* fortzufahren. Die Namen der Fische, von denen im normannischen Text der Walfisch, der Stör, die Steinbutte, das Meerschwein und der Pottfisch erwähnt sind, finden sich, von dem Seeungeheuer *Cetus* abgesehen, nicht in Cahier's Hss., im Cod. Reg. 2 C. XII und bei Hugo; der Dichter wird dieselben als Anwohner des Meeres durch eigene Anschauung kennen gelernt haben; denn der Walfisch ist nachweislich im Mittelalter an den westlichen Küsten Frankreichs vorgekommen. Hugo bezeichnet den *Cetus* als gross, der über seiner Haut gleichsam einen Wall aus Sand hat und oft dicht am Gestade des Meeres lebt; mitten auf dem Meere hebt er seinen Rücken empor über die Wogen des Meeres, so dass er den Schiffern als eine Insel erscheint, besonders wenn sie die ganze Stelle wie am Gestade mit Sand bedeckt sehen. In der Meinung, dass es eine Insel ist, landen sie hier, steigen aus, rammen Pfähle ein und binden das Schiff fest; dann zünden sie, um sich nach der Arbeit Speisen zu kochen, daselbst auf dem Sande gleichwie auf dem

Lande Feuer an. Sobald aber das Thier die Gluth des Feuers merkt, taucht es plötzlich in das Wasser und zieht das Schiff mit sich in die Tiefe des Meeres. Guillaume fügt einer einleitenden Vorbemerkung, in der er hervorhebt, dass man von den Fischen nicht in gleicher Weise wie von den andern Thieren die natürlichen Eigenschaften wissen könne, aus eigener Kenntniss den Stör, Walfisch, die Steinbutte, das Meerschwein und den Pottfisch hinzu, ehe er Hugo's Bericht über den *Cetus* als Insel übersetzt; nur sagt er, dass die Schiffer, durch die Grösse des Thieres getäuscht, auf diesem wegen des Sturmes Zuflucht zu finden glauben und die Anker auswerfen, während er zuletzt hinzufügt, dass das Thier das Schiff mit hinab in die Tiefe tauchen und die ganze Mannschaft umkommen lässt. Die Auslegung — die getäuschten Schiffer sind die Ungläubigen, das Thier der Teufel, der mit ihnen in die Hölle hinabtaucht — stimmt zu dem Lateinischen; nur spricht Hugo in dem Vorhergehenden von der Schlauheit des Thieres, um dann die zweite Natur desselben zu beschreiben. Wenn es nämlich Durst hat (der Dichter sagt: Hunger hat), öffnet es sein Maul und haucht einen lieblichen Geruch aus; sobald diesen die kleinen Fische merken, sammeln sie sich in seinem Maul, das es plötzlich schliesst, um sie zu verschlingen. Ebenso der Dichter, der nur hinzusetzt, dass das Thier die Fische alle mit einem Schluck in seinem Bauch verschlingt, der so breit ist wie etwa ein Thal. Zuletzt wird der *Cetus* auf den Teufel gedeutet, der nach denjenigen, welche schwachen Glauben haben, schnappt und sie verschlingt, während die Guten stark im Glauben an Gott sind. Ausser dem Schluss V. 2341—2344 ist dies noch Zuthat des Dichters, dass er

V. 2313—2336 von einer anfänglich lieblich duftenden Lockspeise spricht, die der Teufel den Schwachgläubigen bereitet; diese duftet anfangs sehr süss, wie es mit einem fleischlichen Genuss ist, eine schöne Frau im Bett zu haben, gut zu trinken oder zu essen oder nach Reichthum gierig zu sein; hat er sie am Köder gefangen, sperrt der Unersättliche den Rachen auf und verschlingt sie. Bibelsprüche enthält dieser Abschnitt keine; nur Hugo hat wie Cod. Reg. 2 C. XII einen aus Prov. 27. — In dem Torso des angels. Physiologus wird der Walfisch *Fastitocalon* genannt, d. i. nach Ad. Ebert, „Gesch. der lat. Lit." III 77 die Meerriesenschildkröte $\dot{\alpha}\sigma\pi\iota\delta o\chi\varepsilon\lambda\omega\nu\eta$. Auf diese folgt wie unten das Rebhuhn. Ueber die Legende von den Kraken, die Pontoppidan (1752) und A. Bergen gesammelt hat, vgl. Fr. Michel, »Les voyages merveilleux de St. Brandan«. Paris 1878 und A. Landrin, »Les monstres marins«. Paris 1870, p. 21—32. Cl. Fleischer, „Die Sage von wunderbaren Wassergeschöpfen und Wassergeistern" in der „Europa" 1883, No. 48—50.

27) Rebhuhn = 2345—2418 = Hugo I Cap. 50.

Cahier's Hss. AB und die Göttweiher Hs. stimmen im Einzelnen nicht mit dem Wortlaute des Normannischen überein; es fehlt nämlich in diesen drei Hss. eine Angabe, die ursprünglich von Isidor ausgeht. Zwar beruft sich Hugo auf eine Stelle aus Rabanus und aus Isidor, dieselbe ist jedoch in dem gedruckten Text Hugo's unvollständig. In der Stelle bei Isidor, »Etymolog.« lib. XII ed. Migne, »Patrologia lat.« t. 82 p. 467 heisst es nämlich vom Rebhuhn, das als listiges und unreines Thier bezeichnet wird, dass das Männchen sich mit dem Männchen paart (insurgit), und die heftige

Begierde das Geschlecht vergessen lässt; so betrügerisch aber ist dasselbe, dass es die Eier raubt und ausbrütet, doch trägt der Betrug keine Frucht; wenn schliesslich die Jungen die Stimme ihrer eigenen wirklichen Mutter hören, verlassen sie in natürlichem Instinct die, welche sie ausgebrütet hat und kehren zu ihrer rechten Mutter zurück. Der Zusatz vom Rebhuhn als Speise V. 2348 — dasselbe war also auch im Mittelalter eine Zierde der Tafel der Feinschmecker — und betreffs der nicht klaren Stimme desselben V. 2366, ebenso V. 2374—2380 ist Eigenthum des Dichters, der sich hier wieder wie in früheren eigenen Zusätzen echt normannischer volksthümlicher Redeweise bedient. Nach der übereinstimmenden Auslegung ist es mit dem Rebhuhn wie mit dem Teufel, der die Kinder Gottes raubt und nährt als die seinigen; diese jedoch verlassen ihn, wenn sie die Stimme ihres Vaters in der Kirche, ihrer rechtmässigen Mutter hören. V. 2381—2382 ist als Zusatz des über das schöne Beispiel erfreuten Dichters erkennbar, der am Schluss V. 2412—2418 die in den Quellen fehlende Bibelstelle Lucas 15, 7 in das Gedicht einfügt, während er die auch im Cod. Reg. 2 C. XII aufgeführte Stelle Jeremias 17, 11 unbeachtet gelassen hat. Die Etymologie von *perdix*, die sich auch in Tobler's latein. Beispielsammlung findet, ist in V. 2385 wie bei Philipp von Thaon nur angedeutet und geht auf Isidor zurück.

28) Wiesel und Natter = 2419—2561 = Hugo II Cap. 18.

Die Göttweiher Hs. enthält das Wiesel nicht und beschreibt in Abschnitt XI »De Vipera« drei Arten schädlicher Vipern. Cahier's Hs. B und Hugo's Text

behandeln das Wiesel und die Natter *(aspis)*, doch ist
erstere lückenhaft, insofern darin nicht erwähnt ist,
dass das Wiesel Schlangen und Mäuse hasst. Der in
Cahier's Hs. B und im Cod. Reg. 2 C. XII am Schluss
dieses Abschnittes stehende vom Dichter wiedergegebene
Spruch Matth. 25, 41 = V. 1791 fg. steht bei Hugo
am Ende des vorigen Abschnittes. Guillaume wählt
aus seiner Vorlage, in der zwei Wieselarten wie im
Cod. Reg. 2 C. XII beschrieben sind, nur Einzelnes
aus. Das Wiesel, führt er aus, gebiert durch das Ohr
und empfängt vom Männchen den Samen durch den
Mund; es trägt oft seine Jungen von Ort zu Ort und
wechselt seinen Aufenthalt; die Schlangen und Mäuse
hasst es und verjagt sie, wo es sie vermuthet. Bei
Hugo dagegen heisst es: Einige sagen, das Wiesel
empfange durch das Ohr und gebäre durch den Mund;
andererseits sagen einige, es empfange den Samen
durch den Mund und gebäre durch das Ohr. Die
Worte: »Haec [scil. mustela] ingenio subdola, in
domo ubi habitat, cum catulos genuerit, de loco ad
locum transfert, mutataque sede locat. Serpentes
etiam, ac mures persequitur« hat der Dichter ganz
übersetzt. Dass er die bei Hugo stehenden und im
Cod. Reg. 2 C. XII wiederholten Worte des Isidor,
der schon Zweifel hegt und es für falsch hält, dass
das Wiesel mit dem Munde empfängt und mit dem
Ohre gebiert, in V. 2433—2436 mit übersetzt, ist auffallend genug. Auch in der Auslegung, nach der
einige Gläubige, die zwar den Samen des göttlichen
Wortes gern empfangen, aber das Gehörte vergessen,
nicht nur mit dem Wiesel, sondern auch mit der
tauben Aspis verglichen werden, die ihre Ohren verstopft, um nicht die Stimme des Zauberers zu hören,

folgt der Dichter genau seinem Vorbilde. Hugo, der bei Beschreibung der Natur der *aspis* den Physiologus nennt, spricht genauer von einer Höhle der Schlange, vor der ein Mensch sie durch allerlei Sprüche so zu bezaubern sucht, dass sie herauskommt. Die Vergleichung der Schlange *(aspis)* mit den Reichen bot dem Dichter Gelegenheit, ausführlicher als in der Vorlage über den Reichthum zu sprechen; deshalb fügt er hier das Beispiel von dem Philosophen V. 2491—2552 ein, der seine ganze Habe ausser Hose und Hemd verkaufte und gegen Gold umtauschte, um dieses an einer Kette von einem Felsen herab ins Meer zu werfen. Schon hier sind die Keime des 17 Jahre später von Guillaume gedichteten »Besant de Dieu« erkennbar, indem dieser Passus hier an V. 865 fg. (vgl. E. Martin's Ausgabe p. 25 fg.) erinnert und sich Anklänge sowie Uebereinstimmungen zeigen: V. 2486—2487 = Besant 959—960. Noch Christine von Pisa verwendet dies Gleichniss von dem Philosophen, das J. Ulrich in der Romania 1884 nach einer Londoner Hs. des 14. Jahrh. in altitalienischer Prosa (Recueil d'exemples 21) mittheilt, in ihrem von R. Püschel veröffentlichten »Livre dou chemin de long estude«. — V. 2454, wo der Dichter in der ersten Person des Singular sagt, dass er die *aspis* nie gesehen, ist natürlich Zuthat. Die Angabe V. 2455—2464, dass die *aspis* aus Furcht vor dem Zauberer ein Ohr gegen die Erde drückt und mit dem Schweif das andere verstopft, um den Zauberer nicht zu hören, beruht auf Psalm 58, 5—6, während Matth. 19, 24 = V. 2476—2480 entspricht. — Dass das Wiesel seine Jungen täglich an einen andern Ort trage und die Schlangen verfolge, erwähnt zuerst Plinius 29, 3, 16 nach Cicero. Die noch heute verbreitete Meinung, dass das Wiesel seine Jungen aus dem Munde gebäre, führt Brehm im „Thierleben" p. 549 darauf zurück, dass man die Mutter oft ihre Jungen von einem Ort zum andern tragen sieht wie die Hauskatze. Ueber die Namen des Wiesels in den europäischen Sprachen vgl. das in neuer Auflage erschienene Buch von V. Hehn, „Kulturpflanzen und Hausthiere in ihrem Uebergange aus Asien nach Griechenland und Italien". Berlin 1870, p. 448.

29) Durstschlange, Prialis, Aspisarten = 2562—2588 = Hugo II Cap. 30.

Dieser Theil über die Schlangenarten fehlt ganz in Cahier's lat. Hss. und in der Göttweiher Hs. Guillaume, der die Durstschlange (*dipsas* von $διψῆν$ dürsten), die *prialis*, die Blutschlange und noch eine andere ohne Namen aufführt, ist hier Hugo's auf Isidor beruhendem Texte, doch weniger eingehend gefolgt. Nach Hugo ist *dipsas* eine Aspisart, die lateinisch *scythale* (Isidor sagt »Etymolog.« lib. XII ed. Migne, »Patrolog.« t. 82 p. 444 wie das provenzalische Elucidari *situla*) genannt werde, weil der, den sie beisst, vor Durst umkomme*). Ebenso der Dichter, der nur den griechischen Namen beibehält und den lateinischen übergeht. Die zweite Aspisart heisst nach Hugo *hypnale*, weil sie im Schlaf tödtet; durch diese habe sich Cleopatra *quasi somno* getödtet. Beim Dichter heisst diese Art *prialis*, die im Schlaf tödte, wie der Bestiaire sage; die Königin Cleopatra, die den Tod

---

*) Das Neufranzösische bezeichnet wie das Lateinische mit *scytale* (Cuvier, »Le règne animal« 5 p. 110) die Walzenschlange, mit *situle* die egyptische Wassernatter.

fürchtete, habe sich durch eine Natter wie im Schlaf
getödtet. (Nach Plinius 29, 4, 18 hat die Aspis das
tödtlichste Gift; der von ihr Gebissene verfällt in Ge-
fühllosigkeit und Schlaf.) Die dritte Art wird bei
Hugo *hemorrhois**) genannt, weil der von ihr Gebissene Blut schwitze, so dass aus den zerstörten
Adern alle Lebenskraft durch das Blut ausströme, womit er auf die griechische Etymologie (αἷμα, ῥέω)
hinweist. Der Dichter spricht nur von einer andern
gefährlichen Art, deren Farbe wie Blut sei, und die
so heftig steche und drücke, dass jede Ader platze
und der Gestochene am Blutverlust sterben müsse.
Weiter erwähnt Hugo die *praester*, die immer mit
offenstehendem und zischendem Munde krieche, wobei
er eine Stelle aus Lucan's »Pharsalia« citirt; der von
ihr Gestochene schwelle an und sterbe an ungeheuerer
Dickleibigkeit, denn der Anschwellung folge Fäulniss.
Der Dichter spricht nur von einer Giftschlange; der
Körper des von ihr Gestochenen faule unheilbar und
werde zu Staub und Asche. Die Aspisart *seps*, deren
Name nach G. Cuvier, »Le règne animal« V p. 88
aus dem Griechischen (von σήπω) stammt und Fäulniss bewirkend bedeutet, hat Guillaume ganz über-
gangen**). Philipp von Thaon nennt keine Schlangen-
namen, sondern spricht unbestimmt nur von mehreren
guiveres mit verschiedenen Naturen und verschiedenem
Stich, indem er dem Inhalt zu Folge die *praester* und

---

*) Im Alterthum wird diese Schlange zuerst von Celsus de
med. 5, 27 nebst der Hornviper und Dipsas erwähnt.
**) Die *Seps chalcidica* (Erzschleiche) der Naturgeschichte wird
von den Leuten für giftig gehalten, ist aber in Wirklichkeit un-
schädlich. Die Behauptung Kressner's in Herrig's Archiv Bd. 55
p. 285, dass Guillaume die vier Arten *Diphas*, *Hypnalis*, *Haemorrhois*
und *Praester* anführe, ist, wie aus dem Text hervorgeht, ganz falsch.

Durstschlange andeutet, während er von Cleopatra zu berichten weiss, dass diese dieselben an ihre Brüste (traianz) legte und sich das Blut aussaugen liess, bis sie todt war. In Wirklichkeit hat sich Cleopatra nicht mit der *Aspis*, wie Vellejus Paterc. 2, 87 und Sueton. de Octaviano 17 melden, sondern mit der egyptischen Schlange *Coluber haje* getödtet, derselben, mit der Moses die Zauberer des Pharao zu Schanden machte. Ihren Tod hat Plutarch im Leben des Antonius ausführlich beschrieben. — Bei Brunetto Latini heissen obige Schlangen *aspide, prialis, emorois, preste*. (In dem phantastischen Ritterroman von Alexander d. Gr., — eine Hs. des 14. Jahrh. besitzt das königl. Museum zu Berlin in der Hamilton-Sammlung — der die Schlangen besiegte, werden keine Namen genannt.) Eine allegorische Auslegung ist in diesem Capitel ohne Bibelsprüche vom Dichter nicht versucht worden*). Ueber die hierher gehörigen Sagen vgl. den Aufsatz: Die Schlange im Gewande der Mythe und Sage in der „Europa" 1880 No. 50; dazu E. Rolland, »Les charmeurs de serpents« in »Mélusine« III 23.

30) Strauss = 2589—2648 = Hugo I Cap. 37.

Hugo's hier wenig übereinstimmender Text ist viel ausführlicher, indem mehrere Vögel mit zahlreichen Bibelcitaten beschrieben werden. Mehr Uebereinstimmung zeigen Cahier's Hss. AB und die Göttweiher Hs. in Abschnitt XXIV »*De Assida*«, welche unter Berufung auf den Physiologus angiebt, dass der

---

*) Im Cod. Reg. 2 C. XII führt der Excurs über die Schlangen die Ueberschrift: »De aspide, et quare sic vocatur«. Trotzdem hat F. Mann diesen Abschnitt nicht von dem zusammengehörigen Capitel über Wiesel und Natter getrennt.

Strauss ein Vogel sei, der nicht fliege und Füsse habe wie ein Kameel, und verkehrt hinzufügt: »ideoque Greci strucionem vocant Latini camelum«. Der Dichter erzählt nach dem Lateinischen, dass dieser wunderbare Vogel, den die Hebräer *Assida*, die Griechen *camelon* nennen, vergesslich ist, dass er Füsse hat wie ein Kameel und, trotzdem er Federn und grosse Flügel habe, doch nie fliegt; wenn er Eier legt, verbirgt er sie im Sande und vergisst sie; er legt nur zur Sommerszeit etwa im Juni, wenn er am Himmel das Vigiliengestirn aufgehen sieht. Aber durch Gottes Hülfe gedeihen die Eier im Sande und bringen Junge hervor, was, so wird hinzugefügt, eins der Weltwunder ist. Bei Hugo wird das Gestirn nicht genannt, in Cahier's Hs. A heisst es *Virgiliaca*, in B und Cod. Reg. 2 C. XII *Virgilia*, in D: *Virgiliae*; bei Pierre: *Virgile*, bei Philipp: *Vigilia*. Dieser Vogel bedeutet nach der übereinstimmenden Auslegung den Menschen, der die irdischen Dinge verlässt und sich an die himmlischen hält. Aus dem Lateinischen entnimmt der Dichter die Stellen Jeremias 8, 7 = V. 2628—2633 und Matth. 10, 37 = V. 2645—2647. In Cahier's Hss. AB, im Cod. Reg. 2 C. XII und in der Göttweiher Hs. wird auch die im normannischen Text nicht übersetzte Stelle Hiob 9, 9 genannt, wo die Vulgata abweicht und wo Luther „Pfau" übersetzt. Im Cod. Reg. 2 C. XII bietet Isidor's Text noch mehr unbenutzte Bibelstellen. — Anlass zu der Sage, dass der Strauss nicht selbst brüte, sondern dies Geschäft der Sonne überlasse, hat der Umstand gegeben, dass er in den heissen Gegenden oft lange sein Nest verlässt und seine Eier so lange im Sande verscharrt. Vgl. Wood, »The Bible Animals«. London 1869, p. 450.

31) Turteltaube = 2649—2736 = Hugo I Cap. 25.

Mehr als Hugo's Text stimmt hier der Cahier's überein. Aus der Stelle der lat. Hss. AB, in der es heisst, der Physiologus sage, dass die Turteltaube das Männchen sehr lieb hat und keusch mit ihm lebt und ihm allein Treue bewahrt, geht hervor, dass der agn. Schreiber des A-Textes in V. 2654 eine Reminiscenz an das Rebhuhn im Widerspruch mit den andern Hss. einsetzte; auch ist von der Essbarkeit der Turteltaube in keiner lateinischen Quelle die Rede. Nach dem Ménagier de Paris II p. 261 allerdings und zur Zeit Rabelais's wie im 17. Jahrh. waren Turteltauben in Frankreich eine beliebte Speise. Dem Lateinischen gemäss berichtet der Dichter von der Turteltaube, dass sie sich meist im Gehölz aufhält, immer mit dem Männchen gepaart ist und, wenn sie ihren Gefährten verliert, sich aus Gram nie auf Grün setzen, sondern immer aus Treue ihren Genossen erwarten wird. Anders die Männer und Frauen, die das Gelübde der Keuschheit brechen. Hat ein Gatte die Gattin eben erst beerdigt, so will er, ehe er zwei Mahlzeiten gehalten hat, eine andere in seinen Armen haben. Die Turteltaube bezeichnet die Kirche, die sich nur an ihren rechtmässigen Gatten, Jesum Christum, hält. Nur die poetische Ausschmückung, nicht der Gedankeninhalt gehört dem Dichter an. Auch der Schluss des Abschnittes V. 2707—2736, in welchem der traurige Zustand der Kirche in England in Folge des Interdictes geschildert wird, dürfte nur der Ausführung nach Eigenthum Guillaume's sein; denn aus dem »Memoriale Fratris Walteri de Coventria« wird von Seeger p. 4 eine ähnliche Klage zum Jahre 1210 angeführt: »Dura erat hiis diebus ecclesiae sanctae conditio.« Im Gegensatz zu Cahier's Hss., zum Cod. Reg. 2 C. XII und zu Hugo's Text findet sich im Bestiaire kein Bibelcitat. — Ein lateinisches Gedicht über die Turteltaube findet sich in den Werken des Hildebert von Tours éd. Beaugendre, Paris 1708. Die Turteltaube, in den Bestiarien das Sinnbild der Keuschheit, im Alterthum das der Wollust am Wagen der Venus, erscheint als Singvogel im Godefroi de Bouillon 363 éd. Hippeau, Paris 1877. Erwähnt sei noch die Stelle aus Maurice de Sully nach ms. fr. 13314 (Ms. lat. 17509 Fol. 138/139): »L'on trueve que la turturelle, quant il avient que ele pert son premier per, que ele ne s'ajostera jamais a autre, et la bone femme, quant ses sires est ales en pelerinage, ele se tient et garde d'autre homme, quar ele n'a cure d'autre que de son segnor«. Im Provenzalischen ist mehrfach von der Turteltaube die Rede, so im Gedicht von den sieben Freuden der Jungfrau Maria.

32) Hirsch = 2737—2821 = Hugo II Cap. 14.

Die Göttweiher Hs. spricht von zwei Arten von Hirschen und hat nur eine Bibelstelle: Psalm 41, 2. Cahier's Hss. BC enthalten nicht die Bemerkungen Hugo's, nämlich dass die Hirsche sich über den Klang der Rohrpfeifen (sibilum fistularum) wundern, dass sie mit gespitzten Ohren scharf hören, mit gesenkten nichts, und dass sie beim Durchschwimmen grosser Flüsse oder Meere die Köpfe auf die Hinterkeulen der vorderen legen und dadurch ihre Schwere nicht fühlen*). Cahier's Hs. B jedoch stimmt darin überein,

---

*) Tobler in Gröber's Zeitschrift 1888, XII p. 84 weist die Art, wie die Hirsche über das Wasser setzen, nur bei Plinius,

dass in derselben die bei Hugo und in der Göttweiher Hs. fehlende längere Stelle Matth. 8, 29 = Lucas 8, 27—39 steht*); sie hat fünf und Cod. Reg. 2 C. XII vier Bibelcitate, Hugo nur eins, Psalm 120, 1, das der Dichter zuletzt verwerthet hat. Im normannischen Text bildet dieser Abschnitt zwei Theile: der erste handelt nach dem Lateinischen vom Hirsch, der, wenn er alt ist, die Natter frisst, indem er die Höhle aufsucht, in der sie schläft; am Eingange derselben spritzt er das Wasser, mit dem sein Mund gefüllt ist, aus, und die Natter kommt in Folge des Athems aus seinen Nüstern und dem Munde mit aufgesperrtem Rachen heraus, und der Hirsch tödtet sie. Ebenso Jesus Christus, der die Pforten der Hölle zerbrach und den Teufel vernichtete. Hieran schliesst sich V. 2765—2790 die Austreibung der Teufel nach Lucas 8, 27—39 = Marcus 5, 1—20 und V. 2795—2800 = Hebräer 2, 14.

Im zweiten Theile V. 2801—2822 heisst es, dass der Hirsch sich über den Klang der Flöte wundert, dass er mit gespitzten Ohren deutlich hört, dass aber das Gehör aufhört, wenn er sie senkt, und dass er im Nothfall einen grossen Fluss oder Meeresarm passiren kann. Hier hat der Dichter das Lateinische etwas geändert oder nicht ganz richtig verstanden. Zuletzt fügt er hinzu, dass der Hirsch gern in Gebirgen weilt. Dieser Zusatz fehlt im Cod. Reg. 2 C. XII ganz.

Aelian und Brunetto Latini nach; doch ist auch ausser in den Metra Thebaldi im Cod. Reg. 2 C. XII nach Isidor davon die Rede.

*) Die Antwort des Teufels: »Legio, quia intraverunt daemonia multa in eum« weicht beim Dichter von der Vulgata ab. F. Mann's Angabe in seiner Abhandlung, »Der Bestiaire Divin des Guillaume«. Heilbronn 1888, p. 82, dass zwischen dem afz. und lat. Texte durchaus Uebereinstimmung herrsche und besonders die in allen übrigen Texten fehlende Benutzung von Matth. 8, 29 fg. beiden gemein sei, ist also uncorrect.

Die Berge sind die Propheten und Apostel; der Hirsch bedeutet die, welche sich Gott ergeben wollen. Der Abschnitt endet, ebenfalls der Quelle folgend, mit Psalm 120, 1 = V. 2820—2822. — In Bezug auf obige Sage ist zu bemerken, dass der Hirsch in Wirklichkeit Musik ungemein liebt und dem Klange einer Schalmei, einer Flöte oder eines Waldhorns aufmerksam horchend nachfolgt. Von den Hirschthränen als wundersamem Balsam weiss der Bestiaire nichts. Dass der Hirsch Schlangen vertilge, sie in ihrer Höhle aufsuche und durch Einathmen der Luft herausziehe, glaubte schon das Alterthum. Lenz jedoch (Zoologie der Griechen und Römer p. 222) erklärt dies für Fabel. Trotzdem behaupteten Naturforscher des 18. Jahrh. noch, der Hirsch suche in bestimmten Krankheiten Kröten und Schlangen auf. Nicht 100 Jahr, wie das Alterthum annahm, sondern nach neueren Beobachtungen wird er höchstens 40 Jahre alt.

33) Salamander = 2822—2882 = Hugo II Cap. 16.

Dieser Abschnitt fehlt in der Göttweiher Hs.; denn No. XII »De lacerta i. e. saura« stimmt nicht überein. Cahier's Hss. ABC sind nicht vollständig, da in denselben nicht davon die Rede ist, dass der Salamander durch sein Gift Menschen und die Aepfel auf einem Baume, sowie das Wasser in einem Brunnen vergiften könne. Guillaume, der auch in seinem Fabliau »Treis moz« 8—9 vom Salamander als einem Feuer und Wärme liebenden Geschöpfe spricht, übersetzt aus Hugo wieder nur Einiges. Philipp von Thaon hat für „Molch" noch eine andere, jedoch in der Hs. Nero A.V des British Museum fehlerhaft überlieferte Form *(grylio)* als die gewöhnliche, die er anwendet; ohne Zweifel hat er das lateinische *stellio* übersetzt, das Hugo neben *salamandra* für dies Reptil citirt. Während Guillaume sagt, dass der Salamander am Schweif, Kopf und Leib der Eidechse ähnlich sehe, sehr verschiedenfarbig sei und Feuer nicht fürchte, meint Hugo nur, der wie Cod. Reg. 2 C. XII einen Spruch aus den Prov. Salomonis 30 erwähnt, er sei einer sehr kleinen Eidechse *(lacertulae pusillae)* von verschiedener Farbe ähnlich. Im Lateinischen heisst es dann nach dem Physiologus, dass durch den Salamander, wenn er zufällig in einen brennenden Ofen oder in ein Feuer falle, dieses sogleich gelöscht werde; ferner dass er, wenn er auf einen Baum kriecht, alle Aepfel vergiftet und die davon essen, dadurch tödtet; endlich wenn er in einen Brunnen fällt, so tödtet die Kraft des Giftes die, welche aus demselben trinken. Ebenso der Dichter, bei welchem auch die Auslegung — die Gerechten, wie Ananias, Misael, Azarias, löschen um sich die Gluth der Laster aus — mit dem Lateinischen übereinstimmt. Nicht ganz vollständig hat Hugo den V. 2866—2868 entsprechenden Spruch aus dem Briefe Pauli an die Hebräer 11, 33—34; bemerkenswerth ist hier der Fehler Guillaume's, der sich in diesem V. 2866 auf Jesaias statt auf Paulus beruft, ein Versehen, das von Cahier und Hippeau nicht beachtet ist. Der Cod. Reg. 2 C. XII citirt erst Paulus (Hebräer 11, 33) und dann Jesaias (Jes. 43, 2). Weder in Cahier's Hss. noch bei Hugo noch im Cod. Reg. 2 C. XII ist die V. 2869—2872 entsprechende Stelle aus Matth. 17, 20 genannt. Richtig citirt ist Paulus in V. 2879—2882, wo der Dichter die in den lat. Bestiarien fehlende Stelle 1 Korinther 13, 2 übersetzt und damit den Abschnitt schliesst. — Nach der mittelalterlichen Auffassung galt der Salamander auch als Vogel, während Philipp von Thaon und Guillaume denselben auf den Baum „steigen" lassen. Im »Partonopeus de Blois« jedoch bei Crapelet V. 10699—10702 heisst es bei Beschreibung der Frauentoilette, dass die Feder vom Salamander herrühre, der das Feuer und die Flamme mit dem Athem aus den Nüstern zu löschen pflegt; fangen könne man ihn mit grosser Mühe. In dem provenzalischen Briefe des Priesters Johannes: Suchier, „Denkmäler provenzalischer Literatur und Sprache". Halle 1883, p. 352 ist der Salamander ein Wurm, der „vom" Feuer lebt. Der Ursprung der Sage vom Feuersalamander, der das Feuer auslöscht, geht auf Aristot. 5, 17, 13 zurück. Die erst aus Bovilli's Prov. bekannte sprichwörtliche Redensart: »Plus froid que la salamandre« findet ihre Erklärung im Physiologus. Zu dem Capitel ist zu vergleichen die Abhandlung von Lichterfeld, „Der Salamander": Westermann's „Monatshefte" No. 220.

34) Tauben, *Paradixion* = 2883—3174 = Pseudo-Hugo III Cap. 39, I Cap. 1—11.

Dieser Theil fehlt in der Göttweiher Hs. Cahier's Hs. A allein bietet für dies Capitel einen brauchbaren, wenn auch uncorrecten und im Einzelnen abweichenden Text. Schon besser ist Cod. Reg. 2 C. XII. In Hugo's Ausgabe ist der Abschnitt über die Tauben zu breit gehalten und trägt zu sehr den Charakter der Compilation, während das Capitel über den indischen Baum, dort *Pendens* genannt, ziemliche Uebereinstimmung zeigt.

Von Naturgeschichtlichem zunächst erzählt der Dichter Folgendes. Die Tauben, die ohne Galle und Bitterkeit sind haben die Gewohnheit, dass sie sich gegenseitig küssend begleiten und unter Küssen in Liebe entbrennen. Sind sie im Taubenschlag, so bewegen sie sich, wenn sich die eine kluge bewegt, alle; diese führt dieselben überallhin ins Gebirge und nach den Gereuten. Findet sie die wilde Taube, so zieht sie sie in ihren Taubenschlag und lässt sie die Wildheit vergessen. Ebenso Jesus Christus, der oft aus Sarazenen und Heiden gute Christen gemacht hat. Gott ist die geistliche Taube mit so grossen Flügeln, dass sie die ganze Welt bedecken. In Indien ist ein Baum mit grossem Schatten, auf griechisch *Paradixion* genannt, was „zur Rechten" bedeutet; unter demselben wohnen Tauben, die von der Frucht gesättigt und vom Schatten erquickt werden. Ihr Feind ist ein Drache, der sie verschlingt, wenn sie nicht unter dem Baume bleiben. Wirft der Baum seinen Schatten nach rechts, so ist der Drache links und umgekehrt. Der Baum ist Gott, die Frucht Jesus, der Schatten der heilige Geist und der Drache der Teufel. Zuletzt wird unter den Tauben die verschiedenfarbige auf die 12 Propheten*), die aschfarbene auf Jonas, die luftfarbene (bei Philipp: bräunliche) auf Elias, — im Cod. Reg. 2 C. XII ist von *aerius color* die Rede — die weisse auf Johannes, die rothe auf die Passion und die grünliche *(stephanin)*, im Cod. Reg. 2 C. XII *stephanitus* genannte auf den heiligen Stephan gedeutet. Auch diese Auslegung fand der Dichter, wie Cahier's Hs. A bezeugt, in seiner Vorlage. Zu beachten ist jedoch, dass Guillaume sich V. 3114 auf seine „Schrift und

---

*) Im Cod. Reg. 2 C. XII heisst es: »Deinde struninus (vorher sturminus) color significat diversitatem prophetarum duodecim«; ebenda wird *aurosus color* auf die drei Männer im Feuerofen Dan. 3, 18 gedeutet und *meleneus color* auf Heliseus. Der Text zeigt hier grosse Ausführlichkeit.

seinen Vers", also zwei Vorlagen, bei Beschreibung der verschiedenfarbigen Tauben beruft. Indem der Dichter sich V. 2969 auf „die Schrift" bezieht, bezeichnet er den Schatten des indischen Baumes als „gross", ein Epitheton, das in den bekannten lat. Quellen fehlt; ebenso findet sich dort nicht V. 3092—3104, erinnert jedoch stark an Moritz von Sully. Bibelsprüche sind folgende übersetzt: Matth. 10, 16 = V. 3090—3991. Lucas 1, 35 = V. 3045—3048. Jesaias 1, 16 = V. 3151—3154. Die Angabe über das neue Feuer, V. 2895—2900, das eine weisse Taube jedes Jahr am Abend vor Ostern nach Jerusalem zu bringen pflegte, wovon viele alte Schriftsteller berichten, fehlt in Cahier's Hs. A und im Cod. Reg. 2 C. XII, wo wieder viel Bibelsprüche stehen. Der Dichter, der dies einen Abschnitt bildende und von F. Mann im Cod. Reg. 2 C. XII in zwei Theile getheilte Capitel von den Tauben V. 3168 lang nennt, verfällt hier aus dem Princip der Deutlichkeit in beredte Breite. — Ueber den jetzigen Unfug mit dem heiligen Feuer in der Grabeskirche zu Jerusalem vgl. Voss. Zeitung, Sonntag d. 28. Mai 1882. Die Taube ohne Galle und Bitterkeit V. 2901 war nach Le Roux de Lincy, »Proverbes« I p. 110 noch im 15. Jahrh sprichwörtlich.

35) Elephant = 3175—3296 = Hugo II Cap. 25—26.

In der Göttweiher Hs. stimmt Cap. VIII ziemlich wörtlich mit Hugo überein. Cahier's Hss. AC weichen im Einzelnen ab und enthalten wie die Göttweiher Hs. die Notiz nicht, dass die Indier und Perser die Elephanten im Kampfe verwenden, und dass das Weibchen zwei Jahre trächtig ist; ebenso fehlt dort die Angabe der Heimath und des Aufenthalts der Elephanten.

Aus Hugo's Cap. 26 hat der Dichter nur wenig entnommen und im Ganzen treu übersetzt unter geringen poetischen Beigaben. Nach Hugo bezeichnet der Physiologus den Elephanten als ein sehr verständiges Thier, das jedoch angeblich keineswegs wollüstig sei. Der Dichter nennt ihn das grösste Thier, das die schwersten Lasten trägt und sehr verständig wie in der Schlacht nützlich ist. Letzteres erwähnt Hugo ebenfalls, aber erst zuletzt, und fügt hinzu, dass die Indier und Perser von hölzernen auf ihm errichteten Thürmen gleichwie von einer Mauer herab mit Wurfspiessen kämpfen. Der Dichter nennt die Thürme gross, aus abgehobeltem Holz bestehend und mit Schiessscharten wohl versehen; auf diese, fährt er aus eigener Kenntniss des Kriegswesens erweiternd fort, steigen in der Schlacht die Bogenschützen, die Knappen und die Ritter, um auf die Feinde zu schiessen. Dass das Weibchen zwei Jahre trächtig ist und nur einmal ein Junges wirft, stimmt in beiden Werken überein; ebenso, dass es aus Furcht vor einem Drachen, um das Junge vor diesem zu schützen, im Wasser gebiert, während das Männchen ausserhalb zu ihrem Schutz wartet; nur sagt Hugo, dass das Weibchen bis ans Euter in einen grossen See geht und über dem Wasser ein Kalb wirft. Das Alter der Elephanten giebt Hugo wie Cod. Reg. 2 C. XII und Tobler's lat. Beispielsammlung auf 300 Jahre an, Guillaume auf gut 200*). Dass sie früher in Afrika und Indien allein geboren wurden, jetzt nur in

---

*) Die Angabe, dass Elephanten 200—300 Jahr alt werden, ist nach Brehm durch Beispiele auf Ceylon erwiesen; in der Gefangenschaft sollen einzelne ein Alter von mehr als 140 Jahren erreicht und so die normale Lebensdauer um die Hälfte der Jahre überschritten haben.

Indien, zeigt Uebereinstimmung. Will der Elephant Junge zeugen, so geht er mit seinem Weibchen nach Osten bis zu einem dem Paradiese am nächsten liegenden Punkte, wo die Alraunwurzel *(herba mandragora)* wächst, — im Cod. Reg. 2 C. XII wird die *Mandragora* Baum genannt — von deren Frucht erst das Weibchen kostet und dann das Männchen überredet, davon zu fressen. Nachdem beide gefressen, begatten sie sich, und das Weibchen empfängt sogleich. Ebenso berichtet der Dichter, nur dass er von einem Berge nahe dem Paradiese spricht, wo die *Mandragora* wächst, und dass nach seiner Angabe das Männchen vom Weibchen getäuscht wird*). Auch die allegorische Deutung auf Adam und Eva, die vom verbotenen Baume kostete, ist im Bestiaire treu wiedergegeben; dazu die Bibelsprüche Psalm 69, 2 = V. 3249—3252; Psalm 40, 2—3 = V. 3255—3258 nebst den Anspielungen Matth. 6, 9 = V. 3275—3278 und 1 Kor. 10, 4 = V. 3270. Den auch im Cod. Reg. 2 C. XII genannten Spruch 1 Thessal. 5, 23 hat der Dichter nicht verwerthet, sondern zuletzt nach Hugo ausführlicher die Bemerkungen angeknüpft, dass die Haut des Elephanten gut ist, und dass der Geruch seiner im Feuer verbrannten Knochen giftige Schlangen vertreibt; ferner dass man aus den Knochen Elfenbein

---

*) Cuvier, »Le règne animal« 1 p. 281 bemerkt, dass man seit undenklichen Zeiten die Elephanten zur Dressur und als Zug- und Lastthiere brauche; aber, fügt er hinzu, man habe sie noch nicht in der Gefangenschaft züchten können, obgleich es unbegründet sei, was man von ihrer vermeintlichen Schamhaftigkeit und ihrer Abneigung, sich vor Augenzeugen zu paaren, gesagt habe. Brehm bestätigt die Beobachtung, dass gefangene Elephanten sich vor einer Menge Zuschauer begatteten. Derselbe bemerkt, dass das Weibchen drei Monate nach der Paarung trächtig wird und nach einer Tragzeit von mehr als 20 Monaten ein Kalb wirft.

herstellt, und dass der Elephant mittelst des Rüssels, um nicht niederknieen zu müssen, auf grasreicher Wiese weidet. Diese zwei letzteren Angaben fehlen im Cod. Reg. 2 C. XII, sind jedoch angedeutet. Nach Hugo ist der Rüssel der Klaue ähnlich. Im Cod. Reg. 2 C. XII wird die Eigenschaft der Haut und der Knochen des Elephanten besonders ausgelegt. — Nach Richard de Barbezieux kann der Elephant, wenn er hinfällt, nicht wieder aufstehen, während er nach dem Elucidari, wo die Krankheit Elephantiasis erwähnt wird, sich vor dem Grunzen des Schweines fürchtet. Philipp von Thaon, der den Elephanten ein verständiges nicht oft trächtiges Thier nennt, das, wenn es gefallen, nicht wieder aufstehen kann, und um zu schlafen, sich gegen einen Baum lehnt, beruft sich auf die Beschreibung Isidor's, der zu Folge die Elephanten unermesslich gross sind, die Gestalt von Böcken (lies: Ochsen, bei Isidor: *boves*) haben und Zähne ganz aus Elfenbein. Erst 1255 kam der erste Elephant nach England als Geschenk Ludwig d. H. an Heinrich III. Mit dem Abschnitt vom Elephanten schliesst der eigentliche Bestiaire, indem der Abwechslung wegen das Fragment eines Herbarius und eines Lapidarius folgt.

36) Alraunwurzel = 3297—3332 = Hugo II Cap. 26.

Die Beschreibung der schon beim Elephanten kurz erwähnten Alraunwurzel, der *Atropa mandragora* der Botanik, findet sich nicht in Cahier's Hss. und in der Göttweiher Hs. Hugo, der sich auf Isidor beruft, hat einen nur theilweise übereinstimmenden Text; nach ihm hat die *Mandragora* lieblich duftende Früchte in der Grösse von Haselnüssen, weshalb sie im Lateinischen auch Erdapfel *(malum terrae)* heisse, und die Dichter bezeichneten sie als menschenähnlich *(anthropomorphon)*, weil sie eine menschlicher Gestalt nachgebildete Wurzel habe, deren Schale in Wein gemischt. bei Sectionen als Schlaftrunk diene, damit man den Schmerz nicht fühle; es gebe zwei Arten, eine weibliche mit lattichähnlichen Blättern und pflaumengrossen Aepfeln, und eine männliche mit mangoldähnlichen Blättern. Nach Guillaume bereitet man aus der Wurzel dieses Krautes mancherlei Arzneien; betrachtet man die Wurzel, so findet man eine menschenähnliche Gestalt. Die Schale, in Wasser gekocht, hilft gegen manche Krankheit. Ist das Kraut 30 Jahr alt, so pflücken es die Aerzte, wobei es, wie man sagt, klagt und schreit. Wer den Schrei hört, stirbt davon; deshalb verfahren die, welche es pflücken, um nicht Schaden zu nehmen, vorsichtig. Aus der Erde herausgenommen, ist es gut gegen körperliche Schmerzen. Bei Uebelbefinden nimmt man dies Kraut, zerreibt es und trinkt es, dann wird man ohne Schmerz gut schlafen. Es giebt eine doppelte Art, eine männliche und weibliche; das Blatt beider ist schön, das weibliche Kraut hat Blätter wie wilder Lattich. So hat der Dichter die Sage von der Alraunwurzel in etwas freierer, jedoch ungenauer Weise nach der Tradition dargestellt, und zwar in einem besonderen Abschnitt ohne allegorische Deutung. Bei Philipp von Thaon — F. Mann hat keine Quelle zu der Art der Erlangung der Mandragorawurzel entdecken können in der Untersuchung über Philipp — gehört die *Mandragora* wie im Cod. Reg. 2 C. XII zum Artikel vom Elephanten. Bei Guillaume bildet die *Mandragora*, trotzdem ihre Eigenschaften wie im Lateinischen nicht typisch ausgelegt werden, einen selbstständigen Artikel; denn der Dichter sagt beim Elephanten V. 3212, dass er nachher derselben Erwähnung thun werde; er fasst dieselbe also als etwas Selbstständiges auf wie die Hss. des Bestiaire. F. Mann folgt seinem Cod. Reg. 2 C. XII, wo die Schilderung der *Mandragora* aus Isidor entlehnt ist und den Schluss des Abschnittes vom Elephanten bildet*). — Die Sage lässt sich vom Mittelalter zurück bis in das graueste Alterthum verfolgen; denn schon bei Homer reisst Hermes dem Odysseus ein zauberkräftiges Kraut aus der Erde, das in der Göttersprache $μῶλυ$ heisst. Vgl. Plinius ed. Lemaire VII p. 663 fg.; J. Grimm, „Deutsche Mythologie", II. Ausgabe. Göttingen 1844, II p. 1153—1154; „Deutsche Sagen". Berlin 1865, I p. 117—118, wo auch auf G. Roth, »Dissertatio de imagunculis Germanorum magicis quas Alraunas vocant«. Helmst. 1797 verwiesen ist; C. Meyer, „Der Aberglaube des Mittelalters". Basel 1884, p. 62 über Galgenmännlein. Grimm muthmasste, dass, da das frz. *mandagloire* für *mandragore* stehe, die *fée Maglore* aus *mandagloire* entsprungen sei. Ob die Dudaim (Liebesäpfel) der Bibel, 1 Moses 30, 14, die Ruben seiner Mutter Lea vom Felde brachte, identisch sind mit der Alraunwurzel, ist fraglich. Letztere dient heute noch im Orient als Liebestrank.

37) Diamant = 3333—3426 = Hugo II Cap. 34.

Im Cod. Reg. 2 C. XII geht dem sehr ausführlichen und sehr viel Bibelsprüche enthaltenden Passus über den Diamanten ein durch ein Bibelcitat des

---

*) In G. Raynaud's »Poème moralisé« (Romania 1885) ist die *Mandegloire* zweimal sub VII und XXXII verschieden behandelt: erst heisst es hier, dass sie den Täubchen Schutz vor dem Drachen bietet, dann folgt die Beschreibung des Krautes. Raynaud hat nicht erkannt, dass hier die *Mandragora* mit dem indischen Baume (*Paradexion*) verwechselt ist.

Physiologus veranlasster Abschnitt über den Propheten Amos voraus, dem der Schluss über die Perle *Margarita* folgt. In der Göttweiher Hs. und in Cahier's Hss. BCDE fehlt die Beschreibung des hier mit dem Magneten in eine Sage zusammenfliessenden Diamanten, während desselben Hss. AM lückenhaft sind und nicht übereinstimmen, insofern die Bemerkung fehlt, dass der Diamant mit einem in frisches warmes Bocksblut getauchten Hammer zertrümmert werden kann, dass die Stücke zum Steinschneiden benutzt werden, und dass er gegen eitle Furcht und Gift gebraucht wird. Der aus Isidor, »Etymolog.« lib. XVI Cap. 13 ed. Migne, »Patrolog.« Bd. 82 p. 557 ausgeschriebene Text Hugo's stimmt grösstentheils überein. Nach dem Physiologus wird hier berichtet, dass der Diamant auf einem Berge des Orients gefunden und, weil er leuchtet, nur des Nachts gesucht wird; am Tage leuchte er nicht, weil die Sonne ihm seine Leuchtkraft entziehe. Eisen, Feuer, Steine vermögen nichts gegen die Härte dieses eisenrostfarbenen krystallhellen Steines. Auch dass er mit frischem und warmen Bocksblut mürbe gemacht und so durch viele Schläge mit einem eisernen Instrument zerbrochen wird, dass die Stücke von Steinschneidern zur Bearbeitung von Edelsteinen (pro gemmis insigniendis perforandisque) gebraucht werden, und dass er gleich Bernstein, wie man sage, Gift und eitle Furcht vertreibt, sowie bösen Künsten widersteht, wird hier im Bestiaire kürzer nacherzählt. Nach der Auslegung bezeichnet der Diamant Christum, der Berg, wo er gefunden wird, Gott, und dass man den Stein des Nachts findet, bedeutet, dass der Herr, als er Mensch wurde, sich der himmlischen Gemeinschaft verbarg. Von Bibelsprüchen, die in den Bestiarius eingestreut sind, übersetzt der Dichter in V. 3367—3370, sich auf den

Propheten berufend, Amos 7, 7, wo die *Vulgata* abweicht. Auch Philipp von Thaon hat diese Stelle dem Physiologus entnommen, nur sagt er deutlich, dass der *barun*, der auf dem Magnetberg — im Cod. Reg. 2 C. XII steht super murum adamantinum — sass, den Diamanten in seiner Hand hielt und inmitten eines Volkes stand, Jesus Christus war. Ausserdem sind noch zwei Sprüche in den Text verwebt, die im Cod. Reg. 2 C. XII ganz fehlen: Johannes 10, 30 = V. 3382—3383 und zuletzt Psalm 23, 8 und 10 = V. 3417—3426. Mit dieser letzten Stelle, die sich bei Philipp von Thaon wie in F. Mann's Cod. Reg. 2 C. XII im Capitel vom Löwen, also dem Anfange des Werkes findet, endigt der Abschnitt des Steinbuchfragmentes über den Diamanten und damit das eigentliche Thierbuch. F. Mann, »Der Bestiaire Divin des Guillaume le Clerc«. Heilbronn 1888, p. 84 hält die Vorlage des Dichters gegen das Ende hin, da im Cod. Reg. 2 C. XII der im Bestiaire fehlende Artikel von der Perle *Margarita* hinzugefügt sei, für verstümmelt, also für nicht ganz vollständig. Im Gegentheil ist eher anzunehmen, dass Guillaume eine interpolirte Erweiterung der Stelle »simile est regnum coelorum« im Artikel des Cod. Reg. von der Perle nach Moritz von Sully vorgelegen hat.

XIV. Der Schluss des Bestiaire, sein Verhältniss zu Maurice de Sully, und die Allegorie von den drei Feinden des Menschen.

In dem auf das Capitel vom Diamanten folgenden Schlusse V. 3427—4120 kommt kurz nachstehender Inhalt zur Darstellung.

V. 3427—3602. Der Dichter bittet seine Zuhörer (seignors, dames, gent nobire), nachdem er bis hierher die Beispiele des Thierbuches mühsam nach der Schrift erzählt hat, wegen etwaiger Aeusserungen, in denen er sich selbst vergessen, um Verzeihung; wolle ein Gelehrterer und Besserer das in der Abhandlung Berichtete besser erzählen, so hege der Dichter keinen Neid gegen ihn. Er habe am Anfange des Buches einen guten Schluss versprochen; diesen möge, fährt er fort, Gott gewähren. Gott gebietet uns, dass wir die uns anvertrauten Pfunde vermehren. Wie im Evangelium [Matthäus 25, 14—30] geschrieben steht, sprach der Herr ein Gleichniss von einem Menschen, der eine Pilgerreise unternahm. Die Auslegung ist diese: der Mensch ist der Herr, die beiden Knechte sind die, die seinen Namen erhöhen; diejenigen jedoch, die den Schatz in der Erde vergraben, werden nicht in den Himmel gelangen. Noch vertraut der Herr jedem seine Pfunde an: dem einen giebt er Tapferkeit, dem andern Macht, dem einen Talent, dem andern Wissen, Vernunft oder Beredsamkeit. Dem Dichter ist die Gabe schöner Rede und Beredsamkeit verliehen, darum darf er nicht zögern, das anvertraute Pfund zu mehren. Wissen, das nicht mitgetheilt wird, ist verloren. Gesunder Menschenverstand ist ein reicher Besitz, wie ein Predigtbuch sagt.

V. 3603—3802. Erinnert euch der schönen Beispiele des Thierbuches! fährt der Dichter fort; seht die Schlechtigkeit der Welt! Niemand unterlasse, Gott zu dienen! In seinem Weinberge lässt sich gut arbeiten. Der Herr sagte einst seinen Jüngern ein Gleichniss vom Hausvater, der Arbeiter miethete für seinen Weinberg [Matthäus 20, 1—16]. Dieser Hausvater ist der

Herr, der zuerst Abraham miethete, dann um die dritte Stunde zurückkehrte, um Moses zu miethen, und um Mittag David, um die neunte Stunde Daniel, Jeremias, Joel und die andern Propheten. Gegen Abend stieg der Herr hinab auf den Markt der Stadt, nahm Wohnung in der reinen Königin und predigte den Weg zum ewigen Leben. Da fand der Herr Ungläubige und lehrte sie das Gesetz; jetzt berief er Petrus, Paulus, Johannes, Andreas als seine Arbeiter und gab ihnen den goldenen Denar.

V. 3803—3864. Das Ende der Welt bedeutet das Ende des Tages. Wie der Tag bis zur Abendstunde länger gedauert gegenüber der Zukunft, so hatte die Welt, als Gott herabkam, länger bestanden im Vergleich zu der späteren Zeit. So lernte es der Dichter vom Bischof Moritz von Paris und ausserdem in anderer Rede. Gott miethet Arbeiter am Morgen, d. h. Menschen in der Kindheit; um die dritte Stunde miethet er die meisten, d. h. Leute im Alter von etwa 30 Jahren; der Mittag bedeutet die, welche die Gnade des heiligen Geistes um das 40. Jahr heimsucht; um die neunte Stunde miethet Gott solche in reifem Alter und gegen Abend solche im Greisenalter.

V. 3865—4080. Gottes Hülfe ist sehr nahe; niemand zögere in seinem Weinberge zu arbeiten und warte nicht bis nach der Jugendzeit, denn keiner kennt sein Ende. Wappnen wir uns rechtzeitig gegen den Teufel wie die Ritter in der Herberge, die einen nächtlichen Ueberfall fürchten. Rüsten wir uns, ehe es Abend wird; denn bald kommt der Tod. Wie thöricht sind wir, so lange zu warten. Wehe dem Baume, der keine Frucht trägt! Wie lange sollen wir im Dienste des Stadtbürgers hungern und dürsten?

Gott dagegen wird uns, wenn wir umkehren, ein grosses Gastmahl bereiten; aber wir gehen gerade den verkehrten Weg. Betet und wachet, ehe der himmlische Bräutigam kommt! Rüsten wir uns zur Hochzeit! Haltet euch an die Beispiele des Thierbuches als ein Samenkorn auf fruchtbarem Lande, damit ihr die ewige Freude erlanget! Wir leben in der schlechtesten Zeit seit der Geburt Jesu; die christlichen Tugenden herrschen auf tausend Menschen nur in einem.

V. 4081—4120. Wer durch diese treulose Welt wandert, hat einen harten Kampf zu bestehen gegen drei Feinde: den Teufel, die Welt und das Fleisch; wer jedoch mit Glaube, Liebe und Hoffnung gewappnet ist, besiegt sie.

V. 4121—4136 bilden das Schlussgebet.

Die Predigten des Moritz von Sully († 1196), die auch für die von der Early English Text Society herausgegebenen »Kentish Sermons« die Quelle bilden, liegen leider noch nicht in einer kritischen Ausgabe vor. Die zahlreichen Hss. sind zusammengestellt von Paul Meyer in der Revue des missions scientifiques, 2. série, V p. 247 und Romania V p. 466—487. Die poitevinische Umschrift bei Boucherie, »Le dialecte poitevin au XIIIe siècle«, Paris, Montpellier 1873 und die französischen Ausgaben der Predigten, deren *Daunou* in der »Histoire littéraire« XV p. 158 zwei nennt, ohne sie eingesehen zu haben, kommen hier als Vorlage nicht in Betracht. Nach dem Druck aus dem 15. Jahrh. zu urtheilen, den G. Brunet, »La France littéraire au XVe siècle«. Paris 1865, p. 74 beschreibt, und von dem Exemplare in Paris und London vorhanden sind, ist hier der Dichter vom Bischof von Paris, den er V. 3816 nennt, und dessen Predigtbuch er nach V. 3817 nebst einem andern Werke benutzte, sehr abhängig. Der Inhalt des letzteren weist auf die Gemma animae des Honorius Augustodunensis in Migne's »Patrologia« Bd. 172 p. 616 fg. Die pessimistische Weltanschauung in V. 3605—3642 erinnert an Guischart de Beauliu und an Innocenz III. Schrift »De miseria conditionis humanae«, hrsgb. von Achterfeld, Bonn 1855 und Migne, »Patrologia« Bd. 217 p. 701—746. — Die beliebte Allegorie von den drei Feinden findet sich in Hugo's »Liber de bestiis« I Cap. 23. Bekannt ist Marbod's »De tribus inimicis hominis liber elegiacus«, beginnend: »Plurima cum soleant sacros avertere mores« und hrsgb. von Jac. Hommey, »Suppl. Patr.« p. 547. Ein anderes Werk ist das Gedicht: »Mundus, caro, daemonia Diversa movent proelia« etc. In der Arsenal-Hs. 5201 ist ein jetzt von P. Meyer in Romania XVI, 1, bekannt gemachter »Roman des trois ennemis« in französischen Versen von Simon. Auch in Suchier's Reimpredigt p. 106 und in Pierre's von Peckham »Lumiere as Lais« werden die drei Feinde erwähnt. Im Besant de Dieu V. 405 fg. ist die Reihenfolge abweichend: Welt, Fleisch, Teufel, im Bestiaire Teufel, Welt, Fleisch, in den Treis Moz heissen sie Rauch, Regen und böses Weib. Also hat der Dichter denselben Stoff gleichwie die Sage vom Einhorn später in einer andern Quelle kennen gelernt und bearbeitet. Vgl. Tobler in Gröber's Zeitschrift 1887 p. 430.

XV. Der Bestiaire und Guillaume's Besant de Dieu.

Das Verhältniss des Bestiaire zu dem von Martin herausgegebenen Besant de Dieu ist von J. Brakelmann in Zacher's Zeitschrift III p. 220 berührt worden. Derselbe sagt vorsichtig, dass die Uebereinstimmung beider Werke durch Interpolation ihre richtige Erklärung zu finden scheine und fügt hinzu, dass die betreffenden Stücke des Besant sich in den Hss. des Bestiaire nicht allein an ganz verschiedenen Stellen fänden, sondern auch so äusserlich in den Zusammenhang eingeflickt seien, dass eine Interpolation unschwer ersichtlich. Zu dieser Ansicht hat ihn die Hs. D mit ihrer verworrenen Anordnung verleitet. Auch Seeger, „Sprache des Guillaume" p. 5 hält den Besant für interpolirt in den Bestiaire-Hss. Eine nähere Vergleichung ergiebt Folgendes:

Bestiaire 3475—3560 = Besant 2683—2768.
„ 3561—3564 = „ 2779—2782.
„ 3647—3666 = „ 2913—2932.
„ 3669—3707 = „ 2933—2970.
„ 3707—3744 = „ 2973—3010.
„ 3747—3758 = „ 3011—3022.
„ 3759—3762 = „ 3025—3028.
„ 3765—3766 = „ 3029—3030.
„ 3775—3778 = „ 3035—3038.
„ 3783—3828 = „ 3041—3086.
„ 3831—3904 = „ 3087—3158.
„ 3909—3922 = „ 3161—3174.

Dagegen fehlen 3667—3668, 3745—3746, 3763—3764, 3773—3774, 3829—3830, 3897—3898 des Bestiaire im Besant. Umgekehrt fehlen 2971—2972 des Besant im Bestiaire; ebenso 3023—3024 des Besant. 3767—3770 des Bestiaire sind im Besant in zwei Verse 3031—3032 und 3779—3782 des Bestiaire in 3039—3040 des Besant zusammengezogen. 3771 des Bestiaire ist = Besant 3033, doch weicht 3772 ab gegen 3034 des Besant. Mit 3905—3908, die den V. 3159—3160 des

Besant entsprechen, aber abweichen, ist der Bestiaire wieder ausführlicher. Nach 3922 des Bestiaire = 3174 des Besant gehen diese beiden Werke ganz auseinander. Aus diesen Uebereinstimmungen und Abweichungen ergiebt sich, dass die Keime der Besantdichtung schon im Bestiaire zu erkennen sind. Der im Jahre 1210 noch in der Entwicklung begriffene Dichter, dessen Productivität noch gering war, denn zum Bestiaire hat er, von Einleitung und Schluss abgesehen, recht wenig hinzugethan, wiederholte sich in seinen andern Werken nicht nur in einzelnen Gedanken, sondern führte auch frühere Lieblingsideen nach neuen ihm bekannt gewordenen Quellen weiter aus; so in dem späteren Besant und den Treis Moz, wobei ihm sein Compositionstalent zu Statten kam. Die Einheit des aus einzelnen Abschnitten, nicht einer vollständigen Naturgeschichte zusammengesetzten Bestiaire ist durch den Schlusstheil nicht gestört; denn den Mittelpunkt des Ganzen bildet die Predigt und die Besserung der Leute durch Beispiele, indem der Dichter mitten im Thierbuch V. 2207 von *cest sermon* spricht. Auch erklärt der Dichter V. 3441, dass er sich sehr bemüht habe, die Beispiele des Thierbuches zu erzählen; dagegen bezieht sich der Ausdruck *traité* V. 3455 auf den naturgeschichtlichen Theil vor der allegorischen Auslegung. Wollte man nach V. 3426 den Schluss des aus einem Bestiaire, Volucraire und Lapidaire zusammengefügten Ganzen annehmen, so würde Einleitung, Ausführung und Schluss in keinem Verhältniss stehen, und das lange Werk würde zu schroff ohne ein übliches Gebet oder Nennung des Namens des Verfassers abbrechen. Ein ebenso bunter Inhalt mit verschiedenen Theilen ist in den Joies N. D. des

Dichters zusammengeschweisst, für den seine Kunst die milchende Kuh war, die ihm und den Seinigen den Unterhalt gewährte. Läge dem Werke eine eigene originale Conception des Dichters und nicht der Gedankenkreis des Physiologus zu Grunde, so würde der Bestiaire, ästhetisch betrachtet, eine moderner Geschmacksrichtung mehr entsprechende Form erhalten haben. Endlich betont der Dichter die Einheit seines Gedichtes selbst V. 347. Kurz, an eine Interpolation aus dem nur in einer Hs. vorhandenen Besant in die zahlreichen älteren Hss. des Bestiaire, dem der Verfasser von vornherein einen guten Schluss hat geben wollen, kann mit E. Martin nicht gedacht werden, zumal die Anrede an die Zuhörer zuletzt — erst seignors, dann seignors e dames gent nobire — nichts beweist. F. Mann, »Der Bestiaire Divin des Guillaume le Clerc.« Heilbronn 1888, p. 13 stimmt E. Martin's Gründen bei und hält es für höchst wahrscheinlich, dass ein Abschreiber die ihn besonders ansprechenden Stellen des Besant dem Bestiaire anhängte.

XVI. Der Dichter im Verhältniss zu Marie de France, Benoît und die Schlusswidmung an Raoul.

Guillaume's Bestiaire beginnt mit dem Verse, mit welchem der »Lai de l'Espine« der Marie de France endigt: »Qui bien commenche et biel define«, wie Roquefort, »Poésies de Marie de France«. Paris 1820 druckt. Derselbe sucht p. 40 de la Rue's Bemerkung in dessen »Ouvrages des Bardes armoricains« p. 16 zu widerlegen, dass der Lai de l'Espine dem Guillaume le Normand angehöre; schon der Stoff, nicht die Reime sprechen dagegen. Jedoch hat Guillaume die Lais seiner Landsmännin gekannt; denn der Prolog der Marie de France 1—4 (ed. Warnke, »Bibl. Normannica« III) stimmt zum Bestiaire 3562—3571 und 3589—3592. Auch der Anfang des Lais Guigemar erinnert, von Wendungen im Bisclavret abgesehen, an Bestiaire 5—6. An Benoît von Ste-More, »Roman de Troies« éd. A. Joly. Paris 1870, V. 19 fg. erinnern die V. 3591—3592, ohne dass eine direkte Herübernahme dieses bei Dichtern beliebten Gedankens — auch der arbalestrier Gautier von Belleperche führt ihn aus — sich nachweisen lässt. Noch Göthe sagt: Sich mitzutheilen ist Gewinn; Mitgetheiltes aufzunehmen Bildung.

Wie Philipp von Thaon seinen Bestiaire der Königin Alice von England gewidmet hat, so Guillaume den seinigen einem sire Raul, der den Dichter für seine Arbeit reich belohnte. Eine bestimmte Persönlichkeit lässt sich unter den zahlreichen Männern dieses Namens nicht leicht ermitteln; vielleicht ist, da der Dichter den Namen in der Schlusswidmung mit *ratio* in Verbindung bringt, an Radulphus de Ratos (Ms. lat. 14859 Fol. 173 in Paris) zu denken, der bei Wadding II 624 Radulphus Radiatorius heisst. Die etymologische Spielerei des Dichters mit diesem Namen, den er nach einer unbekannten Vorlage in lateinischen Versen auf *ratio, dulcedo, fultus* zurückführt, wahrscheinlich durch Isidor's Etymologien verführt, ist aus der dankbaren Gesinnung gegen seinen Gönner, dessen Dienstes er sich rühmt, hervorgegangen. De Laborde, der an Raoul de Coucy gedacht und Guillaume le Clerc mit andern Trägern dieses Namens verwechselt hat, theilt in seinen »Essais sur la musique ancienne et moderne«. Paris 1780, II p. 198 die sechs ersten Zeilen der

Schlusswidmung mit, ohne die benutzte Hs. zu nennen; zu vermuthen ist R. Die Widmung ist nach den vorhandenen Hss. leicht herzustellen.

Möge die vorliegende Einleitung über die von Afrika bis nach Island und Russland gedrungenen Bestiarien im Abend- und Morgenlande einen Beitrag zur Geschichte der Naturwissenschaften im Mittelalter und zu einem abschliessenden Verständniss des Normannen Guillaume le Clerc bilden, sowie Anregung zu einer weiteren Untersuchung des Thierschatzes in den einzelnen romanischen Literaturen geben; möge ferner die vorliegende zum ersten Male als Ganzes erscheinende Ausgabe des besten romanischen Bestiaire, nachdem die Textschwierigkeiten alle glücklich gehoben sind, als Vorstufe zu einer Gesammtausgabe den übrigen nunmehr vollständig im Druck vorliegenden Werken des Dichters sich anschliessen.

Nachträge.

A. Die rumänische Bearbeitung des Physiologus, ihre slavische Quelle, ihre Heimath und Entstehungszeit.

Der rumänische Physiologus, dessen Existenz kaum zu bezweifeln war, liegt erst seit kurzem in einer trefflichen Ausgabe vor. Dieselbe ist i. J. 1887 u. d. T. »Il Physiologus Rumeno, edito e illustrato« in Ascoli's Archivio Glottologico Italiano. Vol. X p. 273—304 von M. Gaster nach der einzigen späten Hs. vom Jahre 1777 veranstaltet und von dem jüngst verunglückten

Pietro Merlo*) mit italienischer Uebersetzung versehen worden. Der rumänische Prosatext ist leider nicht ganz vollständig und weist vielfach verderbte Stellen auf, wo der Copist die alterthümlichen Wortformen seiner Vorlage oder Vorlagen nicht richtig gelesen hat. Mit Sicherheit lassen sich zwei Vorlagen, obschon das erste Capitel im dritten geändert wiederkehrt, nicht annehmen, da im poetischen czechischen und im prosaischen serbischen Physiologus ebenfalls Thiere doppelt erscheinen. Ausser dem Phönix ist der Elephant *(Pil)* in den zwei zusammengehörigen Capiteln 4 und 5 behandelt. Weiterhin erscheint der Geier *(Vip)* zwei Mal. Der Herausgeber, welcher die Hs. treu wiedergiebt und nur die auffallendsten Versehen berichtigt, hat bei einigen Capiteln ältere rumänische Quellen entdeckt und in den Varianten aufgeführt. Diese Zeugnisse älterer Zeit sind von Wichtigkeit, da sie auf die engere Heimath des rumänischen Physiologus hinzuführen scheinen. Das eine dieser Werke wird dem walachischen Salomo, dem Woiwoden Neagoe, zugeschrieben, der 1517 zur Ehre Gottes und der heiligen Jungfrau die Kirche von Arges, eines der schönsten Baudenkmäler Rumäniens, wiederaufbauen liess. Da jedoch seine Autorschaft nicht weiter bezeugt ist, so wird der Verfasser des durch seine Anregung entstandenen Werkes in einem Geistlichen des anstossenden Klosters, das heute im Verfall begriffen ist, gesucht werden müssen. Der rumänische Physiologus, der

---

*) Merlo, der als Professor der vergleichenden Sprachkunde in Pavia thätig war und zuletzt in den Rendiconti del R. Instituto Lombardo Bd. 21 über die Wurzeln und grammatischen Bildungen des Arischen schrieb, hat im Oktober 1888 in einer Felsschlucht der lombardischen Alpen einen frühen Tod gefunden.

gleichsam die Brücke zwischen den abendländischen und morgenländischen Bearbeitungen bildet, ist von grösster Wichtigkeit, da er auf einer unbekannten, verschollenen slavischen Quelle beruht, die auf ein griechisch-byzantinisches Original zurückführt. Die slavischen Namen einzelner Thiere und der vom Hauche des Orients durchwehte Inhalt verleihen dem ganzen Werke eine eigenartige Stellung in der Physiologusliteratur.

Der Herausgeber des rumänischen Physiologus hat, da ein Einfluss des Abendlandes auf das Morgenland hier ausgeschlossen ist, zur Vergleichung nur die orientalischen Redactionen, nämlich Epiphanius hrsgb. von Migne, F. Hommel's „Aethiopische Uebersetzung", N. Land's »Anecdota Syriaca«, Pitra's »Spicilegium Solesmense« und eine von St. Novaković 1877 mitgetheilte Probe des serbischen Physiologus zu Rathe gezogen. Nicht benutzt ist u. a. die seit 1879 vollständig im Druck vorliegende serbische Bearbeitung, die oben in der Einleitung zu Guillaume's Bestiaire nicht mit aufgeführt ist und weiter unten besprochen werden wird. Im Vergleich zu den meisten abendländischen Bearbeitungen ist der rumänische Physiologus, weil unvollständig, kürzer, indem er nur 25 Capitel enthält, in denen drei Thiere doppelt vorkommen; hierzu treten noch die Capitel 26—29, welche der Herausgeber aus andern Quellen hinzugefügt hat. Zur Vergleichung des Rumänischen mit den abendländischen Bearbeitungen des Physiologus möge hier eine kurze Inhaltsübersicht nebst Quellenangabe folgen.

1. **Phönix und Adler.** Der Phönix ist grösser als der Pfau; er hat, wie man sagt, kein Weibchen und lebt 500 Jahre; dann fliegt er gen Osten und, da

er weiss, dass er nach 500 Jahren sterben wird, bringt er Zimmt und Gewürznelken vom Berge Libanon (Hs. Savanului) mit, fliegt nach Osten auf einen hohen Punkt und breitet seine Flügel aus. Dann entzünden ihn die Strahlen der Sonne und verbrennen ihn zu Asche; aus dieser entsteht ein Wurm, der sich wieder zum Vogel Phönix gestaltet und nach Arabien fliegt. — Die Auslegung fehlt hier, so dass der Text lückenhaft erscheint. Das Rumänische weicht hier von allen übrigen Versionen wesentlich ab. — Der Adler lebt 100 Jahr; dann wird er blind, und das Fliegen wird ihm schwer. Jetzt badet er sich in einer Quelle und fliegt in die Höhe, bis er von den Strahlen der Sonne entzündet ist. Sobald er die reine Quelle erblickt, wendet er sich um, taucht von neuem drei Mal unter und wird wieder jung. — Vor der Auslegung steht als Bibelspruch Psalm 102, 5. Wie der Phönix im 3. Capitel wiederkehrt, so der Adler im 7. Am meisten entspricht dem Rumänischen Pitra's griechische und Land's syrische Redaction, wie Gaster a. a. O. p. 290—291 nachweist.

2. *Pajar.* Der Vogel *Pajar* liebt seine Jungen sehr und füttert sie gut; diese aber schlagen ihn mit den Flügeln ins Gesicht. Aus Zorn darüber tödtet er sie, nachher aber schmerzt es ihn, und er klagt drei Tage. Dann öffnet er seine Seite und belebt mit seinem Blute die Jungen wieder. In der Auslegung auf die Juden und Christus findet sich der Spruch 1 Joh. 6, 55. — Die vorliegende Sage vom *Pajar* (ital. *pigargo?*) entspricht der vom Pelikan und kehrt im 14. Capitel etwas geändert beim Specht wieder. Dieselbe erinnert an Uran, Uranbad bei d'Herbelot, »Bibliothèque Orientale« p. 915[b].

3. Phönix. Der Phönix ist der schönste aller

Vögel, schöner als der Pfau, der wie Gold und Silber aussieht, aber der Phönix glänzt wie ein Kaiser von kostbaren Steinen mit einer Krone auf dem Haupt und mit einer Fussbekleidung. Er nistet nahe der Stadt Eleopul (Heliopolis). Neun Jahre sitzt er ohne Nahrung auf den Cedern des Libanon und wird vom heiligen Geist ernährt. Nachdem er seine Flügel mit Wohlgerüchen erfüllt, kommt er mit dem Priester von Eleopul in die Kirche und verbrennt sich auf dem Altar zu Asche. Am andern Tage findet der Priester einen jungen Phönix, der am dritten Tage wieder wie früher ist. Dann küsst ihn der Priester, und er kehrt an seinen Aufenthaltsort zurück. Die Auslegung wendet sich wie der Anfang des rumänischen Physiologus wieder an die, welche nicht an die Auferstehung Christi glauben. — Der ausführlichere Inhalt dieses Capitels weicht vom ersten ab; die meiste Uebereinstimmung zeigt die griechische Redaction. Die Zahl 9 beruht, wie Gaster p. 292 bemerkt, auf Verwechslung von φ' und ϑ' durch den Schreiber.

4. **Elephant** *(Pil)*. Wenn der im Gebirge geborene Elephant die *Mandragora* (*manguruane**)) findet, so frisst er davon, wird brünstig und begattet sich. Das Kalb wirft er im Wasser, wo es bleibt, bis es auf den Füssen stehen kann. Da der Elephant ohne Gelenke in den Knieen ist, so geht er in das Gebirge, um sich an krumme Bäume zu lehnen und auszuruhen. Aber der Jäger, der seinen Ruheplatz kennt, sägt, um den Elephanten lebendig zu fangen, den Baum so an, dass

---

*) Nicht Meiran (lat. *majorana*, ital. *maggiorana*) ist zu übersetzen, womit der Physiologus fortgesetzt würde, da sonst nirgends davon die Rede ist, sondern *manguruane* ist aus *mandragora* verderbt.

er mit dem sich daranlehnenden Thiere umstürzt. Die Auslegung fehlt hier, indem das folgende Capitel mit dem vierten unmittelbar zusammengehört.

5. *Pil.* Wenn der grosse Elephant hinfällt, so schreit er laut, bis ein andrer kommt, um ihn aufzuheben; dieser kann aber nicht, ebensowenig die andern zwölf. Der grosse Elephant bezeichnet Adam, der kleinere Moses, die zwölf übrigen die Apostel, die nicht wie Christus den Adam aus der Hölle befreien konnten. — Dass ein kleiner Elephant den grossen aufhebt, ist in der Erzählung nicht gesagt, geht jedoch aus dem Zusammenhang und aus Tobler's lat. Beispielsammlung hervor. Die Angaben des Physiologus, dass der Elephant Beine ohne Gelenke hat, sich an Bäume lehnt, um auszuruhen und vom Jäger dadurch gefangen wird, dass dieser die Bäume ansägt, zeigen grosse Uebereinstimmung mit Caesar's von Brehm ungenau übersetzten Berichten über die Elche im hercynischen Walde: Bellum Gallicum VI 27. Am meisten stimmt mit dem Inhalt des rumänischen Textes der serbische (Cap. 3) überein, wo beim Elephanten *(slon)* die Pflanze *mandogar* (Gaster schreibt falsch *mandorar*) erwähnt wird. Die Form *Pil* ist nach d'Herbelot's »Bibliothèque Orientale« altpersisch, entsprechend arabisch *Fil*.

6. Hirsch. Der Hirsch lebt 50 Jahre; dann sucht er Schlangen auf, beschnüffelt sie drei Mal und verschluckt sie; nachdem er Wasser getrunken, lebt er wieder 50 Jahre. — Eigenthümlich ist hier in dem nicht ganz klaren Text die Deutung der Erneuerung auf die Taufe, Beichte und Busse; die Lebensquelle ist die Lehre der heil. Schrift; das Wasser ist das Wasser des Lebens, das Abendmahl. Als Bibelspruch findet sich Psalm 41, 2. Ziemlich nahe steht Epiphanius

Cap. V. Mehr Uebereinstimmung zeigt der serbische Physiologus Cap. 13.

7. **Adler.** Der Adler lebt 100 Jahre; dann wächst ihm der Schnabel so, dass er nicht mehr jagen und fressen kann, und er erblindet. Nachdem er in die Höhe geflogen, stürzt er sich von einem Felsen, an dem sein Schnabel zerbricht. Jetzt badet er sich in einem reinen See und fliegt zur Sonne, von deren Gluth ihm die Federn ausfallen; so wird er wieder jung. Die Deutung auf den Sünder enthält den Spruch Hiob 9, 30. Die Darstellung weicht hier im Einzelnen vom Cap. 1 ab. Auch das Griechische und Serbische Cap. 4 zeigt nur theilweise Uebereinstimmung.

8. *Aspida.* Das Männchen der Natter lebt im Osten, das Weibchen im Westen. Zur Paarungszeit kommen beide zusammen, um sich zu begatten. Das Weibchen frisst den Kopf des Männchens, wird trächtig und wirft zwei Junge, die, kaum geboren, ihre Mutter auffressen. Sobald sie gross geworden sind, leben sie ebenfalls getrennt im Osten und Westen. Diese Erzählung ist ziemlich übereinstimmend nur im serbischen Physiologus Cap. 14 nachweisbar. In einer griechischen Redaction des Physiologus muss, wie aus dem folgenden Abschnitt erhellt, von *Aspidogorgon*, der stärksten der sich auffressenden *Aspides*, einer Sage egyptischen Ursprungs die Rede gewesen sein.

9. *Gorgonia.* Die *Gorgonia* ist ein entsetzlicher mörderischer Vogel, der aussieht wie eine üppige Frau; sein Schopf ist wie beim Drachen, sein Blick ist tödtlich. In den Meeresstrudeln im Westen lebend singt sie und spricht mit Menschen und Thieren, deren Sprache sie versteht, und die sie wie eine Fee verzaubert. Wer sie sieht und hört, stirbt. Auch die

Sternkunde versteht sie. Ihre Brunstzeit dauert einen Tag. Der Jäger jagt sie, indem er ein Loch gräbt, in welchem er sich verbirgt, um nicht durch ihren Blick getödtet zu werden. Mit ihr sprechend schlägt er ihr, ohne sie anzublicken, den Kopf ab. Menschen oder Thiere werden durch dessen Anblick versteinert.

Die antike Legende von der Medusa *(Gorgo)* und dem Medusenhaupt ist hier verschmolzen mit der Sage von den Sirenen. Die Verzauberung der Thiere ist eine Reminiscenz an die Circe, die die Gefährten des Odysseus verwandelte. In dem Aufsatz von O. Mailand über mythische Wesen im rumänischen Volksglauben: „Ausland" 1887 No. 52 p. 1021—1023 fehlt die *Gorgo*. Berger de Xivrey, »Traditions tératologiques« p. 135 führt im Liber de monstris et belluis eine Stelle aus Athenaeus an, wonach die Nomaden in Libyen ein Thier *gorgone* nannten, das einem wilden Schafe oder Kalbe gleiche, durch seinen giftigen Athem tödte und eine von der Stirn über die Augen herabhängende Art Mähne habe, die es schwer schütteln und bewegen könne; wer es ansehe, den tödte es sofort. Nach G. Paris in der »Histoire littéraire de la France« Bd. 30 p. 140 erscheint die Medusensage in Stricker's Gedicht Daniel und in einer Prosafortsetzung des Roman von Merlin. Vgl. »Gesta Romanorum«, hrsgb. von Oesterley. Berlin 1872, p. 626. Gaster, der in den Varianten die Legende vom Basilisken beigefügt hat, weist als dem Rumänischen allein entsprechend von den orientalischen Versionen Pitra p. 369 Cap. LIII nach: $\pi\varepsilon\varrho\grave{\iota}\ \tau\tilde{\eta}\varsigma\ \Gamma o\varrho\gamma\acute{o}\nu\eta\varsigma$.

10. **Bison** *(Zambru)*. Der Bison ist das mächtigste aller Thiere; seine Stirn ist stärker als die der übrigen Thiere, von denen keines ihn überwältigen kann. Bleibt

er an einem Baum hängen, so schüttelt er mit den Hörnern. Wenn er auch am Wasser steht, so erträgt er den Durst, und er schnüffelt immer an der Erde. Trinkt er dann vom Wasser, so berauscht er sich und wird lustig und bückt sich zur Erde wie ein Ochs. Stösst er auf ästige Baumstämme, wenn er lustig ist, so verwickelt er sich mit Kopf und Hörnern in den Zweigen. Dann kommt der Jäger und tödtet ihn. Dies Thier, mit dem die Sage den Ur (Auerochs) meint, wird auf den Menschen gedeutet; die Hörner sind das Kreuz und Gesetz, der Jäger ist der Teufel. Aus der Bibel findet sich hier der Spruch Psalm 43, 6. Der naturhistorische Theil stimmt hier zum Serbischen, wo in Cap. 2 das Thier *Zoubar* heisst. Vincentius Bellov. »Specul. hist.« XIX Cap. 125 *(De Zubrone)* beruft sich auf den Liber de nat. rerum. Dem Ur (οὖρος) bei Epiphanius entspricht bei Pitra ὕδρωψ, der im Rumänischen im folgenden Abschnitt behandelt ist. Auch die Sage vom Antholops *(Aptalos)* stimmt theilweise mit der vorstehenden überein.

11. *Edrop*. Der *Edrop* im Meere gleicht halb einem Pferd, halb einem Fisch; wie ein Halbgott durchschwimmt er das Meer. Jedes Jahr zieht er mit allen übrigen Fischen zu einem Goldfisch, der immer an einer Stelle weilt, um ihm wie einem Kaiser zu huldigen. Von dort kehren alle Fische einzeln zurück. Den Männchen folgen die Weibchen, die nach deren Rogen schnappen, um ihn zu verschlingen; so vermehren sie sich. Der *Endrop* bedeutet die Kirchenlehrer, die Fische sind die Menschen, der Goldfisch ist das christliche Gesetz. Aus der Bibel ist der Spruch Lukas 12, 4 eingefügt. Im Griechischen fehlt dieser Abschnitt ganz; nur im serbischen Physiologus Cap. 9 findet sich diese

Sage vom *Edrop* wieder, der dort *Endrop* heisst, eine Form, die Miklosich im Lexicon palaeoslovenico-graeco-latinum p. 259 auf ὕδρωψ zurückführt. Im armenischen Physiologus hat Cap. II die Ueberschrift: *De hydrippo.*

12. *Vip.* Der *Vip* (Geier) ist sehr listig, und wenn er nichts zu fressen findet, so fastet er 40 Tage; findet er jedoch Nahrung, so frisst er so viel als er in 40 Tagen gefastet. Die Deutung auf den gefrässigen Menschen enthält keinen Spruch. Dem Griechischen γύψ bei Epiphanius und Pitra Cap. 20 φύσις II entsprechend kann mit dem rumänischen *vip* nur der Geier gemeint sein. Nach Gaster fehlt diese Erzählung in allen übrigen Versionen; dieselbe findet sich jedoch wieder im serbischen Physiologus Cap. 11 (*soup* und *vip*).

13. *Vip.* Der *Vip* steht auf einem Felsen unbeweglich und blickt gegen Mittag. Bemerkt er irgendwo Aas und werden die Krallen vom Blute warm (Pitra Cap. 20: βάπτεται ἥνυξ ὁ τοῦ ποδὸς δεξιοῦ), so schnellt er in die Höhe, weshalb er *Vip* heisst. Am Kopf hat er eine Feder, die ihn zum Aas leitet. Die Deutung auf den Menschen enthält keinen Spruch. Diese Erzählung, der nach Gaster bei Pitra Cap. XLIII (δόρκων) nur theilweise nahesteht, der jedoch Cap. XX φύσις III besser entspricht, ist nur im serbischen Physiologus Cap. 11 in ziemlich gleicher Fassung nachweisbar.

14. Specht *(Ghionoiea).* Das Weibchen des Spechts liebt die Jungen so sehr, dass es dieselben aus grosser Liebe tödtet; aber der Specht belebt sie wieder durch sein Blut. (Der Text enthält hier eine Lücke.) Der Specht fliegt von einem Baum zum andern, höhlt das Holz aus und horcht. Findet er das Holz hart und

gesund, fliegt er fort; findet er es morsch und hohl, höhlt er es ganz aus, baut sein Nest hinein und brütet. In gleicher Weise nimmt der Teufel in den Schwachen Wohnung. Die keine Auslegung enthaltende Erzählung von der zu grossen Liebe des Spechts zu den Jungen bezieht sich auf die Sage vom Pelikan (*Pajar* in Cap. II). Nach dem Griechischen bei Epiphanius wird das Nest von beiden Spechten abwechselnd bewacht. Im Allgemeinen stimmt dieser Abschnitt zu Epiphanius Cap. 24 ($\delta\varepsilon\nu\delta\rho o\kappa\delta\lambda\omega\psi$), zu Pitra Cap. 48 ($\varDelta\varepsilon\nu\delta\rho o\kappa\delta\lambda\alpha\varphi o\varsigma$) und zum serbischen Physiologus Cap. 6. Die Darstellung des Pierre, der sich auf den Physiologus beruft: Cahier, »Mélanges« II 160, weicht hier ab.

15. **Taube.** Die Taube, der sanfteste aller Vögel, — eine Angabe, die nochmals wiederholt wird — fliegt immer in Schwärmen, um dem Falken zu entgehen. Dieselbe kann nicht an einem unreinen Orte leben. Das Körnchen, das sie fressen will, verschlingt sie nicht gleich, sondern sieht erst, ob der Habicht sich nicht auf sie stürzen will. Letztere Bemerkung fehlt in den Quellen, während der Anfang mit dem Griechischen bei Pitra Cap. 41 und mit dem Serbischen Cap. 8 Uebereinstimmung zeigt. Die Deutung auf den Menschen, der sich vor dem Teufel hütet und auf den, der Reinheit liebt, enthält keine Bibelsprüche.

16. **Pfau.** Der Pfau glänzt wie Gold und Silber und ist stolz auf seine Schönheit. Will er ein Rad schlagen, so bückt er sich und blickt zu Boden. Der Deutung auf den Menschen, der nicht auf seinen Reichthum stolz sein, sondern sich erinnern soll, dass er von Erde ist und zur Erde zurückkehren wird, folgt eine Lücke. Die andere Angabe, dass der Pfau sich seiner Schönheit freut, wenn er aber auf seine Füsse

blickt, sich wundert, dass sie nicht wie sein übriger Körper sind, bietet in der Deutung auf den Menschen den nicht ganz übereinstimmenden Spruch Psalm 135, 23 oder Colosser 3, 12. Beiden Theilen entspricht bei Pitra Cap. 51 und im Serbischen Cap. 24. Bei Cahier, »Mélanges« II 161 ist die Darstellung abweichend; Pierre beruft sich u. a. auf den Physiologus, indem er sagt, dass der Pfau, wenn er Nachts schläft, plötzlich aufwacht und schreit, weil er glaubt, dass er seine Schönheit verloren. Letztere Bemerkung stimmt zu Vincentius Bellovacensis, »Specul.« lib. 16 Cap. 122, wo als Quelle der Liber de nat. rerum citirt wird. Bartholomaeus Anglicus in seinem Liber de proprietatibus rerum sagt treffend nach dem Ausspruch eines *quidam,* der Pfau habe »vocem daemonis, caput serpentis, passum latronis«.

17. Storch. Der Storch liebt seine Brut und seine Eltern sehr; seine Jungen lässt er nie im Nest allein, sondern, wenn er fortfliegt, bleibt die Störchin zurück und wärmt dieselben. Die Deutung auf Christus enthält keinen Spruch. Diese Erzählung ist nach Gaster nicht nachweisbar, indem bei N. Land nur die zweite Hälfte des Abschnittes über *cornix* Aehnlichkeit zeigt. Der bei Basilius genannte Vogel *ossifraga* (Fischadler), der die vom Adler verlassenen Jungen annimmt, heisst bei Ambrosius »Hexaëm.« lib. V Cap. 18 ed. Migne, »Patrolog.« XIV col. 232 $\varphi\eta\nu\acute{\eta} = fulica$. Obige Angaben über die Liebe zu den Jungen und die Abwechslung zwischen Männchen und Weibchen im Nest finden sich bei Pitra p. 368 Cap. 50 ($\pi\varepsilon\lambda\iota\alpha\varrho\gamma\acute{o}\varsigma$). Im Serbischen bietet auch das nächste Capitel nichts Entsprechendes.

18. Storch. Wenn die Störche alt werden, fallen

ihnen die Federn aus, so dass sie nicht mehr fliegen und Nahrung suchen können. Ihre Jungen jedoch schützen sie mit ihren Flügeln, wärmen und füttern sie, bis die Federn wieder wachsen. Ebenso soll der Mensch seine Eltern ehren. Diese Erzählung wird in andern Versionen vom Wiedehopf, nicht vom Storch berichtet, so bei Pitra Cap. 10 (ἔποψ), bei Guillaume V. 821—870 und im Serbischen Cap. 7.

19. Kranich. Die Kraniche haben eine laute Stimme. Abends, wenn sie sich versammeln, stellt sich einer als Wachtposten auf; derselbe nimmt einen Stein und hält ihn mit einem Fuss, während er auf einem Bein steht, um nicht einzuschlafen. Schlummert er nun ein, so fällt der Stein aus der Kralle, und sein Geschrei weckt die andern Kraniche auf, damit sie sich vor dem Jäger hüten. Ebenso soll der Mensch den Ruf der Kirche, die Glocke hören und vom Schlafe des Todes erwachen. Ausser bei N. Land finden sich ziemlich gleiche Angaben bei Cahier, »Mélanges« II 142; Bochart, »Hierozoïcon« II, 1, 2 und II 620—626; Bartholomaeus Anglicus, »De propriet. rer.« lib. XII Cap. 15; Vincentius Bellovacensis, »Specul.« lib. XVI Cap. 91—92, und im serbischen Physiologus Cap. 21.

20. Seeigel. Der Seeigel ist ein grosser Fisch, der nur Stacheln hat wie ein Stachelschwein; stets ruht er an einem und demselben Ort. Bei Wellenbewegung im Meere bedeckt er sich mit Steinen, um nicht vom Wasser auf das Trockene geworfen zu werden. Ebenso sollen dem Menschen im Unglück seine Freunde mit Gottes Hülfe beistehen. Dem Abschnitt bei N. Land Cap. 79 *(echinus)* entspricht Ambrosius, »Hexaëm.« V Cap. 9 p. 216, auf den sich die Gesta Romanorum ed. Oesterley p. 666 berufen. Vgl. Cahier, »Mélanges« IV

74 *(essinus)*. Im serbischen Physiologus ist mit *hinen* in Cap. 19 *echinus* gemeint, doch weicht der Inhalt ab.

21. Schlange. Die Schlange ist das grausamste giftige Thier und Feindin des Menschen. Die Auslegung hierzu fehlt. Will die Schlange Wasser trinken, so speit sie ihr Gift gegen einen Felsen, um nicht Jemand zu vergiften. Sobald sie Wasser getrunken, saugt sie ihr Gift wieder ein. Ebenso soll der Mensch gegen Mitmenschen Neid und Groll ablegen, bevor er in die Kirche geht, um nicht den heiligen Geist zu erzürnen. Die Schlange flieht vor dem Menschen, der sie vertilgt; sie schützt alsdann ihren Kopf, so dass nur ihr Leib vernichtet wird, weil, wenn der Kopf allein unversehrt bleibt, der Körper wieder heilt. Ebenso verliert der Mensch die reine Seele nicht, wenn der ganze Körper wund ist. Zu den von Gaster nachgewiesenen Quellen, von denen bei Pitra p. 348 Cap. 13 (Ὄφις) am meisten stimmt, tritt Cap. 22 des serbischen Physiologus. Vgl. die Physiologusfragmente aus Ansileubus bei Pitra, »Spicileg.« III p. 419.

22. Ochs. Der Ochs ist ein dem Menschen nützliches Thier. Sieht derselbe auf der Erde das Blut eines andern Ochsen, so beschnuppert er es, seufzt tief und lobt Gott, dass er ihn wird wieder zur Erde zurückkehren lassen. Ebenso soll der Mensch den todten Freund, wenn nicht laut, so still im Herzen beklagen. Der schon im vorhergehenden Abschnitt erörterte Gedanke in der Auslegung, nicht neidisch zu sein gegen Freunde, um nicht die Seele zu verlieren, kehrt auch im serbischen Physiologus Cap. 23 wieder, der mehr Uebereinstimmung bietet als die von Gaster genannte syrische Version.

23. Nashorn. Das Nashorn *(Inorod)* ist ein

*mächtiges grosses Thier, das ein Horn über der Schnauze hat und mit der Zunge das Gras abweidet. Andere Thiere durchbohrt es mit dem Horne, kleinere schleudert es mit diesem empor und tödtet sie. Sein Fett bildet seine Nahrung. Wie dies Thier sich nicht um Futter kümmert und doch lebt, indem es täglich drei Mal nach Osten blickt und Gott dankt für die Nahrung, so soll der Mensch Gott für alles Gute danken und sich demüthigen. Diese Erzählung vom Rhinoceros weist auf eine unbekannte orientalische Quelle.

24. **Greif.** Der Greif ist der grösste der Vögel; er lebt im Lande Avial im Flusse Achean (Ocean). Geht die Sonne aus dem Meere auf und verbreitet sie ihre Strahlen, so breitet der Greif seine Flügel aus, um dieselben damit aufzunehmen. Dann kommt ein anderer Greif, und beide rufen den Spender des Lichtes an, und der Erzengel Michael wie die Mutter Gottes bitten Gott um Frieden für die Christen. So soll der Mensch erkennen, von wem ihm das Leben gegeben und Gott allezeit danken. Die vorstehende Erzählung schliesst sich sehr eng an das Griechische bei Pitra Cap. 42 an, nur ist dort als Aufenthaltsort des Greifen angegeben: *ἐν ἑῴᾳ γῇ εἰς τὸν λιμένα τοῦ ὠκεανοῦ ποταμοῦ.* Einen Beleg aus dem 18. Jahrh. weist Gaster aus einem Bukarester Mischcodex in einem Dialog nach, den er mit dem rumänischen Lucidarius behandeln will. Nach Pierre's Beschreibung bei Cahier, »Mélanges« II 226 sind die Greifen Vögel in den Wüsten Indiens, welche mit einem lebendigen Ochsen bis zu ihren Jungen fliegen können. Bei Bartholomaeus Anglicus erscheinen die Greifen ein Mal als Vögel, dann als Vierfüssler, die die Berge bewachen, wo sich die kostbaren Steine Smaragd und Jaspis befinden. Vgl. Vin-

centius Bellovacensis, »Specul. hist.« IV 37, Berger de Xivrey, »Traditions tératologiques« p. 485—490 und Hugo von St. Victor ed. Migne Bd. 177 p. 84.

25. Frösche. Der Wasserfrosch sucht, wenn das Wasser vertrocknet, einen grösseren Weiher auf; der Landfrosch dagegen bleibt, wenn Trockenheit herrscht, an seinem Aufenthaltsorte und bittet Gott um Regen. So soll der Gottesmann, wenn im Kloster Speisen und Getränke fehlen, nicht nach einem andern Kloster fliehen, um seinen Bauch, die Speise der Würmer, zu füllen, sondern Kummer und Noth ertragen und Gott um das Nöthige bitten. Diese Erzählung, die Pitra Cap. 38 ($Bάτραχος$) entspricht, ist in engster Uebereinstimmung im Serbischen Cap. 27 nachweisbar. Vgl. den Artikel Rana bei Bartholomaeus Anglicus, »De proprietatibus rerum« lib. XVIII Cap. 89.

Die hier noch folgenden Capitel hat Gaster aus einem slavisch-rumänischen Wörterbuch in einer Bukarester Hs. von 1673 und älteren rumänischen Bearbeitungen des Physiologus entnommen.

26. Krokodil. Das Krokodil, das dem Kameel gleicht, lebt im Wasser, und wenn es einen Menschen überwältigt, frisst es ihn ganz und betrauert ihn drei Tage. Gregorius vergleicht diese Thiere mit den jähzornigen Menschen, die über ihre That Reue empfinden. Gaster hat keine Belegstelle für diese Erzählung gefunden, welche in die Volkssage gedrungen ist. Vgl. Guillaume's Bestiaire V. 1643—1728. Dem liber experimentatoris zu Folge, einem naturhistorischen Werke aus dem Anfange des 13. Jahrh., von dem noch keine Hs. bekannt ist, trauert das Krokodil um den Menschen, den es frisst. Die Sage ist zum Gegenstand einer besondern Abhandlung von Nicol. Brand, »Croco-

dilus lacrymans« geworden, welche erschienen ist in Jena 1733.

27. Luchs. Der Luchs *(Lăvan)* hat ein so scharfes Gesicht, dass er durch die Wände sehen kann.

Vincentius Bellov. XV Cap. 91 und XIX Cap. 78 *(lynx)* beruft sich bei der Angabe, dass der Luchs mit seinem Blick feste Körper durchschaue, auf einen Alexander und fügt die besondere Bemerkung bei, dass der Luchs mit seinem scharfen Blick angeblich durch neun Wände sehen könne. Nach dem Elucidari kann das Glasauge, ein kleiner Vogel, durch die Wand sehen.

28. Salamander. Der Salamander ist der Eidechse sehr ähnlich und so kalt, dass er Feuer frisst und die Flammen auslöscht.

Ueber die von einander abweichenden Ansichten orientalischer Schriftsteller vom Salamander als Vogel, als marderähnliches Thier oder als Reptil vgl. d'Herbelot, »Bibliothèque orientale«. Paris 1697, p. 750.

29. Strauss *(Gripsor)*. Der Strauss *(Stratocamil)* ist ein grosser Vogel, der klüger ist als alle andern Vögel. Wenn er seine Eier ausbrüten will, setzt er sich nicht wie die andern Vögel darauf, sondern legt sie in das Wasser, bewacht sie scharf und sieht immer danach Tag und Nacht, bis sie offen sind. Wendet er sein Auge weg, so sieht er die *aspida*, die wie eine Schlange aussieht; merkt diese, dass der Strauss seine Eier bewacht, so wartet sie, bis er den Blick wegwendet, dann haucht sie über die Eier und vernichtet sie ganz. Die Form *gripsor* ist entstellt aus dem hebräischen *tsippor*, und gemeint ist der sagenhafte Vogel, der Eisen, Nagel und glühende Kohlen verschlingt und alles in seinem Magen verdaut; derselbe heisst στρουϑοκάμηλος

bei Pitra Cap. 49. Nach Bochart, »Hierozoïcon« II 723 führt Festus als Volksnamen des *passer marinus* an *struthiocamelus*. Vincentius Bellov. XVI 138 berichtet, dass der Strauss Eisen frisst und seine Eier im Sande durch den Blick ausbrütet; den *struthiocamelus* bezeichnet er als eine Straussenart. Nach Pierre bei Cahier, »Mélanges« IV 85/86 ist es ein namenloser indischer Vogel von grosser Schönheit, der seine Eier im Meere *(mer darenoise)* legt. Dem Rumänischen entspricht am genauesten das Cap. 12 des serbischen Physiologus, wo der Vogel *Strkokamil* heisst. Auch in einem altrussischen Physiologusfragment zu St. Petersburg begegnet derselbe. Vgl. im armenischen Physiologus Cap. 33 *(De ave Zerahav)*.

30. Turteltaube. Stirbt das Männchen der Turteltaube, so weint sie bitterlich, setzt sich nicht mehr auf einen grünen Baum, und wenn sie Wasser trinken will, trübt sie es erst mit den Füssen; denn ihr Herz ist nicht mehr froh.

Diese Sage von der Turteltaube, die Gaster auch in der rumänischen Volkspoesie nachweist, entspricht in vorstehender Fassung weniger dem griechischen Physiologus bei Pitra Cap. 30 ($Τρυγών$), wo die Zurückgezogenheit der Turteltaube vom Schwarme der Männchen und ihre treue bis ans Lebensende dauernde Liebe ($μονογαμία$) gepriesen wird, als vielmehr dem Cap. 5 des serbischen.

Obschon der rumänische Physiologus mehr nach einem slavischen als nach einem griechischen Vorbild in Prosa gearbeitet zu sein scheint, so ist doch die Möglichkeit nicht ausgeschlossen, dass eine dem czechischen Physiologus ähnliche Dichtung, in der ebenfalls einzelne Thiere doppelt behandelt waren, vorgelegen hat. Jedenfalls bleibt den Orientalisten die angenehme Aufgabe übrig, diese und zahlreiche andere Fragen über die Schicksale des Physiologus im Orient zu erörtern und weitere Nachforschungen nach älteren Handschriften anzustellen.

B. Der serbische Physiologus.

Jünger als die czechische oben genannte Physiologusdichtung, die 71 Thiere in alphabetischer Reihenfolge behandelt, ist die serbische Prosabearbeitung des das Gepräge eines biblischen Buches tragenden Physiologus. Nachdem zuerst V. Jagić Mittheilungen über dieselbe gemacht hatte, welche von St. Novaković in seinen »Primeri književnosti i jezika staroga i srpsko-slovenskoga«. Belgrad 1877 wiederholt wurden, liegt seit 1879 in Bd. XI der »Starine« p. 181—203 eine Ausgabe des ganzen Werkes nach der Agramer Hs. vor; zu derselben hat der Herausgeber, St. Novaković, eine Einleitung über die gesammte Physiologusliteratur und zum Text Anmerkungen hinzugefügt. Besonders benutzt ist die von dem Russen Kotlarevski kritisirte Abhandlung von Kressner in Herrig's Archiv Bd. 55; nur genannt ist ein von Matthaei in Moskau 1811 erschienenes griechisches Werk über 53 Thiere, das schon Pitra, »Spicilegium Solesmense«. Paris 1855, III p. LII erwähnt, während N. Land's »Otia Syriaca« u. a. fehlen.

Die andere serbisch-bulgarische Hs. weist Miklosich, welchem H. Barb daraus Mittheilungen machte, im »Lexicon palaeo-slovenico-graeco-latinum«. Wien 1865/68, p. XV dem 16. Jahrh. zu. Dieselbe gehört jetzt der Universitätsbibliothek in Wien (Ms. I, 120);

der Physiologus steht Fol. 13—28; die 20 rothen Ueberschriften sind theilweise verwischt; der *Zoubar* folgt hier nach dem Elephanten. Bei *Slon* sind zwei Ueberschriften, dann folgt nach dem nächsten Capitel das Einhorn, weiter *Endrop*, Adler, *Soup* und *Vip*, *Strkokamil*, Hirsch, Wolf, Fuchs, *Aspida*, Kranich, Specht, Pfau, Frosch, Schwalbe, Biene. In der Ueberschrift zu der „Rede über die gehenden und fliegenden Thiere" wird den „Brüdern" gemeldet, dass der Erzengel Uril*) dem Theologen Johannes das Folgende geweissagt habe. Das Ganze enthält 28 Thiere mit Ueberschriften ohne Capiteleintheilung. Eine gedrängte Inhaltsübersicht möge hier zur Vergleichung folgen.

1. Löwe. Der Löwe, der König der Thiere, gebiert sein Junges todt, das er durch seinen Hauch wieder belebt. Wenn er schläft, blickt er nach sieben Seiten, um nicht vom Jäger gefangen zu werden. Wenn der Löwe einen Menschen sieht, frisst er den Kopf nicht, sondern begräbt ihn. Die Auslegung der drei Naturen des Löwen bietet nichts von andern Bearbeitungen des Physiologus wesentlich Abweichendes.

2. *Zoubar*. Der Auerochs verwickelt sich, wenn er Wasser getrunken und sich berauscht hat, mit seinen Hörnern in den Zweigen und wird vom Jäger gefangen. Vgl. den übereinstimmenden Abschnitt des rumänischen Physiologus.

3. Elephant. Der Elephant *(slon)* lehnt sich, um auszuruhen, an krumme Bäume; da er nicht wieder aufstehen kann, so fängt ihn der Jäger, wenn er mit dem angesägten Baume umfällt. Frisst der Elephant und die Elephantin von der Alraunwurzel *(mandogar)*,

---

*) Hiermit ist gemeint Urihel (Οὐριήλ) = Ariel.

so werden sie brünstig und paaren sich; ebenso Adam und Eva. Ist ein Elephant umgefallen, und kann ihm ein anderer nicht aufhelfen, so kommt einer nach dem andern herbei, bis vier, dann zwölf kommen. Diese bedeuten Adam, Moses, die vier Evangelisten, die zwölf Apostel und Christus. Wenn die Elephantin ein Junges werfen will, so geht sie in das Wasser; dieses misst sie ab und hebt das Junge mit dem Rüssel empor.

4. Adler. Der Adler, der König der Vögel, lebt 100 Jahre; wenn er dann alt und blind ist, fliegt er in die Höhe, badet sich im Schlamm (?), stürzt sich gegen einen Stein, wo er acht Tage sitzen bleibt; dann verliert er die Blindheit, badet sich drei Mal und wird, gegen die Sonne fliegend, wieder gesund. Das Alter sind die Sünden des Menschen, der Stein ist die Kirche, die Sonne das Kirchengebet, die Höhe das Fasten, und der Schlamm bedeutet die Gebote des geistlichen Vaters.

5. Turteltaube. Die Turteltaube liebt das Männchen und dessen Gemeinschaft sehr; stirbt das Männchen, so trinkt das Weibchen nur unreines Wasser, singt nicht und setzt sich auf keinen grünen Baum, und umgekehrt. So soll ein Mann, wenn ihm die Gattin stirbt, zu Gott beten.

6. Specht. Wenn der Specht einen hohlen Baum findet, so baut er in diesen sein Nest; findet er einen Baum mit hartem Holz, so fliegt er davon. Ebenso flieht der Teufel den Gläubigen.

7. Wiedehopf. Wenn die Wiedehopfe alt werden, bringen ihnen ihre Jungen Futter in das Nest. So soll der Mensch seinen Eltern Gutes erweisen.

8. Taube. Die Taube ist ein sehr empfindsames

Thier; im Schwarm sucht sie sich vor dem Geier zu schützen, indem sie an ihn denkt. So soll der Mensch bei seinen Handlungen an den Teufel denken.

9. *Endrop.* Der *Endrop* ist der Führer aller Fische und schwimmt im Wasser am Boden; oben wie ein Fisch gestaltet, hat er eine Mähne wie ein Pferd. An einer Stelle im Meere ist ein kleiner Fisch, der Kaiser der Fische; diesem huldigt der *Endrop* zwei Mal im Jahre, wobei ihm alle grossen und kleinen Fische in aller Ehrfurcht folgen. So soll der Mensch an Gott denken.

10. Einhorn. Das Einhorn ist ein starkes Thier und hat ein Horn an der Stirn; frisst es, so streckt es die Zunge seitwärts; greift es ein Thier an, so spiesst es dieses mit dem Horn auf; drei Mal täglich huldigt es Gott. Der Mensch soll sehen, wie dies Thier ist, an Gott denken und die Armen nicht vergessen. — Der Text ist hier ziemlich dunkel. Im syrischen Physiologus bei Land p. 147 heisst es vom Einhorn, dass dasselbe von den Jägern gefangen wird, indem sie eine keusche und reine Jungfrau holen; sowie das Thier diese erblickt, geht es zu ihr und stürzt sich auf sie; dann reicht das Mädchen ihm die Brust, und das Thier beginnt daran zu saugen und sich vertraulich zu zeigen. Darauf streckt das Mädchen die Hand aus, um das Horn inmitten des Kopfes zu ergreifen.

11. *Soup* (Geier) und *Vip.* Der *soup* und *vip* — der Herausgeber theilt nicht richtig ab *drougovip* — haben dasselbe Gesetz. Wenn das Weibchen Eier legen will, kann es nicht eher legen, als bis das Männchen einen Stein herbeibringt. Hat er nichts zu fressen, so fastet er 40 Tage; dann frisst er aber

so viel, als er in 40 Tagen hätte fressen können. Derselbe hat eine Feder auf dem Kopfe, welche in der Nacht leuchtet; zeigt sich Blut an den Krallen, so leitet dieses zum Aas. Vgl. das Rumänische Cap. 12 und 13; Epiphanius Cap. VII ed. Migne p. 524. Bei Pitra, »Spicilegium Solesmense« III p. 352 wird ausführlicher über den γύψ ἔγκυος und den λίθος εὐτόκιος berichtet.

12. *Strkokamil.* Wenn der *Strkokamil* ein Ei im Wasser legt, sitzt er dabei, indem er fortwährend auf dasselbe blickt; wendet er aber das Auge ab, so verdirbt das Junge im Ei. Im Schlaf hat er immer ein Auge offen. Ein 50 Ellen langes Thier lauert, bis der *Strkokamil* das Auge abwendet; dann haucht es das Ei an. Ebenso macht der Teufel die guten Thaten des Menschen zu nichte.

13. Hirsch. Der Hirsch wird 50 Jahre alt; dann sucht er eine Schlange auf und frisst sie; nun geht er zum Wasser, sonnt sich und wird wieder jung. Ebenso wird der Mensch jung durch die Gnade Gottes.

14. *Aspida.* Das Weibchen *(Aspis)* liegt im Westen, das Männchen im Osten. Wollen sich beide paaren, so geht das Männchen vom Osten zum Weibchen und umgekehrt, und das eine lässt Schaum auf das Nest des andern fliessen; in dem Schaum werden die Jungen geboren. Diese lieben das alte Männchen und zerkratzen ihm den Kopf, der anschwillt; so stirbt es. Der Jäger, der die *Aspis* fangen will, verbirgt sich im grünen Grase, das er mit Essig begiesst, nimmt seinen langen Stab und ruft laut. Die *Aspis* aber sprüht Feuer aus dem Munde und verstopft die Ohren, um nichts zu hören. Aber der Jäger öffnet mit dem Stabe ihr Ohr und schreit: *Aspis,* stirb vom Schrei!

und fängt sie zu seinem Gebrauch. Wie die *Aspis* von ihren Jungen getödtet wird, nicht so soll der Mensch seine Eltern behandeln.

15. Storch. Der Storch baut sein Nest und klappert, dass ihn alle Leute ringsum sehen. So soll der Mensch Liebe zu seinem Nächsten haben.

16. Nachtigall. Das Männchen schläft bis Mitternacht, während das Weibchen wacht und Gott lobt; von Mitternacht an wacht das Männchen. Vgl. Hugo von St. Victor ed. Migne Bd. 177 p. 96.

17. Schwalbe. Die Schwalbe fliegt, um Futter zu holen, nach Jerusalem, kehrt jedoch ihrer Jungen wegen zurück und baut ihr Nest bei den Menschen. Einst hatte sie einen Streit mit der Schlange. Als sie in der Arche Noah's war, schickte die Schlange die Hornisse aus, um zu sehen, welches Blut am süssesten ist. Die Schwalbe, die dies alles hörte, erwartete die Hornisse, und als sie von ihr erfuhr, dass es sich um das Menschenblut handle, so riss sie der Hornisse den Kopf ab. Die Schlange beklagte sich über die Schwalbe, dass sie sie kein Nest bauen lasse. Die Schwalbe erklärte schliesslich, dass sie bei den Menschen ihr Nest bauen wolle, bei denen zu sein für die Schlange nicht gut sei. Deshalb lieben die Menschen die Schwalbe. Diese Fabel von der Schwalbe und Schlange ist dem serbischen Physiologus eigenthümlich.

18. Rebhuhn. Das Rebhuhn stiehlt fremde Eier, brütet sie aus und freut sich der fremden Brut. Sobald die Jungen gross sind und die Stimme ihrer rechten Mutter hören, laufen sie ihr nach, worüber das Rebhuhn grossen Kummer empfindet. So freuen sich die Menschen über das Fremde.

19. *Hinen.* Der *hinen* ist bewegungslos im Meere; ausser einem Rüssel hat er nichts zu seiner Wehr. Hört er den Südwind, so rollt er sich zusammen, dass der Wind ihn nicht auf das Trockene wirft. So soll der Mensch stark werden durch Fasten und Gebet, damit ihn der Teufel nicht betrügt. — Vgl. den syrischen Physiologus Cap. 79 *(echinus)*.

20. Wolf. Wenn der Wolf hungrig ist, geht er auf ein freies Feld, blickt gen Himmel und sagt: Gott, Du hast mich erschaffen und mir nicht geboten, Gras zu fressen oder Holz zu nagen, sondern von Lebendigem zu leben. Als andre Thiere dies hörten, riefen sie gleichfalls Gott an, und Gott schickte ihnen Nahrung. Ebenso soll der Mensch Gott anrufen.

21. Kranich. Wenn die Kraniche schlafen, steht einer von ihnen Wache auf einem Bein, indem er am andern mit den Krallen einen Stein hält. Schläft er nun ein, so fällt der Stein zur Erde; dann schreit er, und ein anderer übernimmt die Wache. So soll der Mensch, wenn er die Stimme der Kirche hört, Wache wegen des Teufels halten.

22. Schlange. Die Schlange speit, bevor sie in das Wasser geht, ihre Galle am Ufer aus. So soll der Mensch, wenn er in die Kirche gehen will, vorher die Bitterkeit ablegen. Wenn die Schlange den Menschen sieht, flieht sie; erreicht er sie, so wickelt sie sich zusammen und verbirgt mit dem Körper den Kopf; denn wenn sie ihren Kopf rettet, rettet sie den ganzen Körper. So soll der Mensch seine Seele schützen.

23. Ochs. Der Ochs ist gut gesinnt; wenn er Ochsenblut sieht, so betet er zu Gott, dass er ihn wieder möge zu Erde werden lassen. Andere Ochsen kommen herbei und thun ein Gleiches. So wird der

Mensch, der neidisch ist gegen den Nächsten, wieder zur Erde zurückkehren.

24. Pfau. Wenn der Pfau seine hässlichen Füsse betrachtet, sagt er zu Gott: Warum hast Du mir nicht auch schöne Füsse gegeben? So will der Mensch, der seinen Verstand nicht zu schätzen weiss und Gold und Silber an sich sieht, sich des Armen nicht erinnern.

25. Fuchs. Wenn der Fuchs nichts zu fressen findet, stellt er sich todt. Die Vögel, die ihn liegen sehen, fliegen herab; der Fuchs aber springt auf und fängt sie. Ebenso macht es der Teufel mit den Menschen. Vgl. Epiphanius ed. Migne, »Patrologia graeca« Bd. 43 p. 530 Cap. 19; Hugo von St. Victor ed. Migne Bd. 177 p. 59.

26. Schwalbe. Die Schwalbe bleibt ein halbes Jahr bei ihren Jungen in der Wüste und schützt sie dort, indem sie, wenn sie blind werden, eine Pflanze aus der Wüste holt, durch die sie ihr Augenlicht wieder erlangen. Ebenso soll der Mensch, wenn seine Sünden gross sind, zum Lehrer gehen. Vgl. den griech. Physiologus bei Pitra III p. 358 Cap. 31 $\varphi\acute{v}\sigma\iota\varsigma$ II.

27. Frosch. Der Landfrosch erträgt viel Durst und Kälte; der Wasserfrosch dagegen sucht die Tiefe auf und kommt nur an die Oberfläche, um sich an der Sonne zu erwärmen. Die *hermeneia* bezieht sich auf die Mönche.

28. Biene. Die Biene, welche ihre Mühe vor Augen hat (!), ist eine Leuchte der christlichen Seele. Ihre Frucht ist wunderbar. Der Mensch soll sich des Todes erinnern und aufhören, Böses zu thun. — Der Text, in den der Spruch Pred. Salomonis 11 verwebt scheint, ist hier ohne die andere Hs. nicht ganz klar;

vgl. das Armenische bei Pitra, »Spicilegium Solesmense« III p. 390 Cap. 34; Epiphanius Cap. 21 und Hugo von St. Victor ed. Migne Bd. 177 p. 97—99*).

C. Die russische Bearbeitung des Physiologus.

Spuren des Physiologus, die bei dem Wechselverkehr zwischen Byzanz und Russland byzantinischen Ursprungs sind, lassen sich in der älteren russischen hagiographischen Literatur und in der Volkspoesie nachweisen. Schon Novaković hat in der Einleitung zum serbischen Physiologus Starine XI p. 189 einzelne dieser Legenden berührt. V. Jagić im „Archiv für slavische Philologie", IV. Bd. Berlin 1880, p. 648 sub XVIII hat zuerst in einem Berichte über die literarische Thätigkeit der Gesellschaft der Freunde des alten Schriftthums in St. Petersburg während der Jahre 1878—79 einen mittelalterlichen russischen Physiologus nachgewiesen mit dem Titel: „Die natürlichen Eigenschaften der Thiere". Dies Werk aus dem 16./17. Jahrh. ist in dieser Publication facsimilirt herausgegeben vom Fürsten Vjazemski p. 101—118. Derselbe hat in dem zum Text gehörigen Bande p. 47—83 eine ausführliche literarhistorische Abhandlung über den Physiologus, dessen Ursprung und Verbreitung mit Berücksichtigung der Hexaëmeronliteratur gegeben; nicht mit aufgeführt unter den Textproben sind die russischen Physiologusfragmente der kaiserlichen Bibliothek zu

---

*) Herr Professor V. Jagić hatte die grosse Gefälligkeit, über den schwierigen Text Auskunft zu geben und mehrere dunkle Stellen aufzuhellen, während Herrn N. Jakševac aus Serbien, welcher die slavischen Bearbeitungen des Physiologus zum Gegenstand einer eingehenden Untersuchung machen wird, für Mitwirkung bei der Uebertragung des Originals ebenfalls der verbindlichste Dank noch an dieser Stelle ausgesprochen sein möge.

St. Petersburg. Der russische Text behandelt folgende 21 Thiere: Löwe, Elephant, Einhorn, Panther, Bär, Pferd, Ochs, Kameel, Maulesel, Wildesel, Hirsch, Elennthier, Biber, Vielfrass, Wolf, Fuchs, Zobelthier, Hermelin, Hase, Ziegenbock, Widder. Wie, wann und wo dies Werk, das wohl auf einer polnischen Quelle beruht, entstanden, ist bisher noch nicht untersucht worden. Einzelne Thiersagen dürften bis zu den Bewohnern der sarmatischen Steppen gedrungen sein. Schliesslich sei hier noch auf die falsche Angabe eines andern russischen Physiologus in No. XVII des obigen Werkes hingewiesen.

D. Bartholomaeus Anglicus, »De proprietatibus rerum«; Thomas Cantimpratanus, »De naturis rerum« und Joannes a S. Geminiano, »Summa de exemplis et rerum similitudinibus«.

Einen Beitrag zur Geschichte der Naturwissenschaften und des Physiologus im 13./14. Jahrh. hat im 30. Bande der Histoire littéraire de la France p. 334—388 L. Delisle u. d. T. »Traités divers sur les propriétés des choses« gegeben; diese Abhandlung berührt einen Theil der Literaturgeschichte, der von den früheren Herausgebern der Histoire littéraire sehr stiefmütterlich behandelt worden war. Aber gerade diese apokryphe Naturgeschichte hat im Mittelalter zahlreiche theilweise noch unbekannte Bearbeiter gefunden. Von den grösseren Compilationen mit naturhistorischem Inhalt bespricht Delisle die Proprietates rerum moralizatae aus dem Ende des 13. Jahrh., die in sieben Büchern vorhanden sind und von einem unbekannten Verfasser herrühren; darin sind die Vögel und die andern Thiere in alphabetischer Reihenfolge aufgeführt. Wie von Vincentius Bellovacensis, so wird hier u. a. öfter Jorath, »de animalibus« als Quelle genannt. Die mitgetheilte Probe vom Adler und dessen 26 Eigenthümlichkeiten nebst symbolischen Bezeichnungen zeigt die schwülstige Darstellungsweise in diesem Werke der späteren Zeit. Wichtiger noch wegen seiner ausserordentlichen Beliebtheit im 13.—16. Jahrh. ist das aus der Mitte des 13. Jahrh. stammende encyklopädische 19 (20) Bücher enthaltende Werk des Frater Bartholomaeus Anglicus (fälschlich de Glanvilla genannt), »De proprietatibus rerum«, das in zahlreichen Handschriften — nach Delisle besitzt die Nationalbibliothek in Paris allein 18 — und Drucken vorhanden und 1372 von Jean Corbichon (oder Corbechon) für den König Karl V. in das Französische übersetzt worden ist; als benutzte Autoren werden hier u. a. die „Philosophen" Cicero, später Tullius, ferner Fisologus, dann Jorat Caldeus u. a. genannt. Buch XII enthält in dem Druck von 1505 folgende „Vögel": 1. *aquila*. 2. *accipiter*. 3. *alietus*. 4. *apes*. 5. *bubo*. 6. *columba*. 7. *coturnices*. 8. *ciconia* (mit dem Ibis identificirt). 9. *cornix*. 10. *corvus*. 11. *cygnus*. 12. *culex*. 13. *cicada*. 14. *fenix*. 15. *grus*. 16. *gallus*. 17. *gallus gallinacius* (ein kastrirter Hahn, der die Geschäfte der Henne verrichtet). 18. *gallina*. 19. *griphes*. 20. *herodius*. 21. *irundo*. 22. *kaladrius*. 23. *larus*. 24. *locusta*. 25. *mergulus*. 26. *milvus*. 27. *nycticorax*. 28. *onocrocalus* (*onocracalus*). 29. *pelicanus*. 30. *perdix*. 31. *pavo*. 32. *passeres*. 33. *strutio*. 34. *turtur*. 35. *vultur*. 36. *ulula* (= *bubo, noctua, onocrocalus*). 37. *upupa*. 38. *vespertilio*. — Buch XIII handelt von den Fischen, Buch XVI von den Steinen, Buch XVIII von folgenden „Thieren", zu denen *bu-*

bulcus u. a. gerechnet wird, in 115 Capiteln, deren erstes überschrieben ist: *de animalibus in speciali.* 2. *aries.* 3. *agnus.* 4. *agnus agniculus.* 5. *agna.* 6. *aper.* 7. *asinus.* 8. *anguis.* 9. *aspis.* 10. *aranea.* 11. *apis.* 12. *bos.* 13. *(bubulcus).* 14. *bubalus.* 15. *basiliscus.* 16. *botrax = bufo.* 17. *bombix.* 18. *cameli.* 19. *camelopardus.* 20. *cameleon.* 21. *caprea.* 22. *capreolus.* 23. *capra.* 24. *canis.* 25. *caniculus (canicula).* 26. *canes (de catulis).* 27. *(de catulis).* 28. *castor.* 29. *cervus.* 30. *cerastes.* 31. *(cornu).* 32. *cocodrillus.* 33. *coluber.* 34. *damula.* 35. *dromedarius.* 36. *dipsas.* 37. *draco.* 38. *equus.* 39. *equa.* 40. *poledrus.* 41. *elephas.* 42. *(de naso elephantis).* 43. *elephantes.* 44. *edus.* 45. *eruca.* 46. *fauni, satyri.* 47. *(feminae).* 48. *(de fetante).* 49. *(de fetu).* 50. *ficarius* (Feigensammler, Waldmensch). 51. *formica.* 52. *formicaleo.* 53. *fucus.* 54. *griphes.* 55. *glis.* 56. *grillus.* 57. *hinnulus.* 58. *hircus.* 59. *hiena.* 60. *hericius.* 61. *herinacius (cirogrillus).* 62. *iuvenca.* 63. *leo.* 64. *leena.* 65. *leopardus.* 66. *lepus.* 67. *lynx.* 68. *limax.* 69. *lupus.* 70. *mulus.* 71. *mus.* 72. *mustela.* 73. *migale.* 74. *murilegus = musio, cattus.* 75. *noctiluca.* 76. *onager.* 77. *onocentaurus.* 78. *orix.* 79. *ovis.* 80. *panthera.* 81. *pardus.* 82. *pilosi* (menschenähnliche Ungeheuer, Waldmenschen). 83. *pigargus = tragelaphus.* 84. *pigmei.* 85. *porcus.* 86. *pediculus.* 87. *pulex.* 88. *rhinoceros (= unicornus).* 89. *rana.* 90. *salamandra.* 91. *sanguisuga,* 92. *stellio.* 93. *serpens.* 94. *simia.* 95. *syrena.* 96. *scorpio.* 97. *sus.* 98. *taurus.* 99. *tragelaphus = hircocervus.* 100. *talpa.* 101. *taxus.* 102. *tigris.* 103. *tinea.* 104. *teredo.* 105. *testudo.* 106. *tortuca.* 107. *vacca.* 108. *vacca agrestis.* 109. *vitulus.* 110. *ursus.* 111. *ursa.* 112. *vulpes.* 113. *vermis.* 114. *vermiculus.* 115. *vipera.* Diese Thiere hat Bartholomaeus mit Hingebung aus den verschiedensten Quellen zusammengetragen, wobei er seinen Vorlagen gegenüber zuweilen in Verlegenheit gerathen ist; so wenn er den Greif *(griphes)* als Vogel, später aber als *quadrupes* beschreibt, der den Kopf und die Flügel wie ein Adler habe, sonst aber wie ein Löwe aussehe und in den hyperboreischen Bergen oder Gegenden wohne; derselbe sei den Pferden und Menschen feindlich, selbst ein Pferd mit gewappnetem Reiter könne er davontragen, wie Huguitio sage, und lege in sein Nest den Stein Smaragd gegen giftige Thiere des Gebirges. Vom *bubalus* heisst es hier, dass er den Koth mit dem Horne emporschleudere, und dass der Jäger, hinter einem Baum versteckt, ihn, wenn er sich mit den Hörnern verwickelt, tödte; der Physiologus nenne dieses Thier *aptaleonem;* eine andre Art nenne Aristoteles *borikur.* Den *pigargus* beschreibt Bartholomaeus erst als ein dem Hirschbock ähnliches Thier mit Hörnern und Bart, dann fügt er Huguitio's Bemerkung bei, dass derselbe ein kleiner Vogel sei; zuletzt setzt er eine orthographische Notiz hinzu: »Nec aspiratur ibi prima syllaba, unde cum h non debet scribi: quidam scribunt philargum, sed male, ut patet in libris correctis.« Das Rhinoceros beschreibt er nach Plinius, Gregor und Isidor; dann sagt er, es gebe viele Arten: *rhinoceron, monoceron, egloceron;* während *monoceron* einen pferdeähnlichen Bauch, einen dem Hirsch ähnlichen Kopf, Füsse wie ein Elephant und einen Schweif wie ein Eber, ein zwei Ellen langes Horn an der Stirn habe, laut brülle und lebendig nicht gefangen werden könne, wäre *egloceron* angeblich eine Art Einhorn, das lateinisch *capricornus* von *egla* d. i. *capra* und *ceros* d. i. *cornu* heisse; dasselbe sei ein dem Ziegenbock ähnliches kleines Thier etc. Das Ganze enthält eine Fülle eigenthümlicher, nur hier vorkommender Einzelnheiten.

Das nächste grössere von Delisle besprochene Werk ist der zwischen 1228—1244 verfasste »Liber de natura rerum secundum diversos philosophos« des Thomas von Cantimpré, welcher ebenfalls den Physiologus u. a. als Autor nennt; Techel ist derselbe, den Pitra, »Spicilegium Solesmense« III p. 335—337 als Cethel aufführt; ebenso kennt schon Pitra II p. 507, 510, 511 den von Delisle aus Thomas erwähnten Experimentator, dessen naturhistorisches von Maerlant benutztes Werk aus dem Anfange des 13. Jahrh. noch nicht aufgefunden ist. Zu beachten bleibt auch der von Thomas citirte Liber rerum.

Von den 19 Büchern des Liber de natura rerum behandelt Thomas im IV. die Thiere (*quadrupedes*), im V. die Vögel, im VI. die Meerungeheuer, im VII. die Fische, im VIII. die Schlangen, im IX. die Würmer. In seinem anderen vom Staate der Bienen handelnden Werke, »Bonum universale« ed. G. Colvenerius, Douai 1597 berichtet Thomas bei den Marienwundern*) auch vom Einhorn in der Wüste, indem er sich auf liber de natura rerum, sein eigenes Werk beruft und fügt zu der geläufigen Sage ein Wunder der Jungfrau, das sie an einem sieben Fuss langen Horn in der Kirche zu Brügge in Flandern gethan. Die von Delisle a. a. O. p. 373 ausgehobene Erzählung von der ehelichen Treue der Störchin findet sich in den Gesta Romanorum wieder. Auch die kleineren handschriftlich vorhandenen und nach Thomas und Bartholomaeus gearbeiteten Werke,

---

*) Vgl. A. Mussafia, „Studien zu den mittelalterlichen Marienlegenden" II. Wien 1888, p. 60.

die Delisle genannt hat, verdienen Beachtung, so Ms. fr. 455 des fonds lat. der Bibl. Nationale in Paris (alphabetisch), No. 188 des fonds Libri in Florenz, ebenda 1068 und 1323. Schon dem Kreise der französischen Mystiker angehörig ist die »Summa de exemplis et rerum similitudinibus« des Joannes a S. Geminiano, die von Aeg. Grauatius in Venedig 1576 im Druck erschienen und in zehn Büchern in der ersten Hälfte des 14. Jahrh. abgefasst ist. Buch IV De natatilibus et volatilibus und V De animalibus terrestribus (Fol. 182—218) gehört speciell hierher. Das Ganze enthält mehr als 110 Thiere mit einer Fülle eigenthümlicher Bemerkungen; so wird das Einhorn mit Hülfe einer nackten an einen Baum gebundenen Jungfrau, deren Brüste es beleckt, von den Jägern gefangen. Vom Hirsch heisst es hier fast ebenso wie bei Bartholomaeus Anglicus, dass er mehr als 100 Jahr lebt; dies habe sich an den Hirschen bestätigt, die 100 Jahr nach Alexanders Tode noch mit den an ihren Nasenlöchern angebrachten goldenen Ringen gefangen worden wären. Das vom naturhistorischen wie vom theologischen und literarhistorischen Standpunkt interessante Werk verdient zum Gegenstand einer Specialuntersuchung gemacht zu werden.

E. Der spanische Physiologus.

Obschon sich zahlreiche Spuren des Physiologus in der altspanischen Literatur nachweisen lassen, so ist doch die spanische Bearbeitung eines lateinischen Bestiarius den bisherigen Nachforschungen entgangen. Ob die bei J. Gallardo, »Ensayo de una biblioteca española«. Madrid 1863/66, II p. 75 verzeichnete Hs.

L, 192 der Biblioteca Nacional in dem »Tratado de aves, peces y cuadrúpedos, dibuyados, con sus explicaciones« den Physiologus oder ein rein naturhistorisches Werk enthält, kann nur durch einen Einblick in den 1826 von Antonio Gonzalez begonnenen Katalog dieser Bibliothek entschieden werden. Schliesslich sei hier bemerkt, dass die mit dem Schluss von Guillaume's Bestiaire sich berührende Schrift Innocenz III., »De contemptu mundi«*), die Grundlage des Besant de Dieu, in der Madrider Hs. (M, 69) des 15. Jahrh. in castilianischen Versen bearbeitet worden ist.

F. Brunetto Latini's Tresor und der Physiologus des Leonardo da Vinci.

Der Tresor des Brunetto Latini, der aus den verschiedensten Quellen zusammengearbeitet ist und als ein Werk der zweiten Hälfte des 13. Jahrh. der Anordnung der Thiere im Physiologus nicht mehr folgt, enthält im V. Theile nach den Fischen (Cap. CXXXII—CCII) mehr als 72 Thiere; von diesen ist das erste das Krokodil, das letzte der Bär. Einzelne bemerkenswerthe Züge in der Darstellung sind Brunetto eigenthümlich. So berichtet er vom Krokodil, dass diesem kleine sehr kühne Menschen Widerstand leisten, während es die, welche vor ihm fliehen, verjagt und die, welche sich vertheidigen, fürchtet; wird es gefangen, so vergisst es alle Wildheit und wird so zahm, dass sein Herr auf ihm reitet und es nach seinem Willen lenkt; im Fluss sieht es nicht gut, aber am

---

*) Eine deutsche Uebersetzung dieses Werkes erschien von F. Rudolf 1887 in Arnsberg u. d. T.: „Ueber das Elend des menschlichen Lebens".

Lande sieht es wunderbar, und im ganzen Winter frisst es nicht, sondern hungert während der ganzen vier Wintermonate. Vom Basilisken*) heisst es in Cap. 141, dass er, der König der Schlangen, mit seinem Geruch die Vögel und mit seinem Blick die Menschen tödtet, dass er sechs Fuss gross ist und vom Wiesel getödtet wird; Alexander befreite sein Heer dadurch von den Basilisken, dass er grosse Glasflaschen *(ampoles)* anfertigen liess, in welche Menschen hineingingen; während diese hindurch sehen konnten, waren sie für die Basilisken unsichtbar, welche getödtet wurden. Im Cap. 176 wird berichtet, dass der Skorpionstich dem Löwen schädlich ist; doch heilt ihn der Schierling *(siguë)* von seiner Krankheit. Die Löwin wirft erst fünf Junge, dann vier, drei, zwei, eins. Das Chamäleon, das nach Cap. 187 nur von der Luft lebt, wird vom Vogel *Coraz* getödtet; dieser stirbt, wenn ihn nicht Lorbeerblatt vom Tode rettet. Der Luchs *(loup cervier)***) ist eine Wolfsart, die nach Cap. 193 *cerviers* oder *lubernes (lupernes)* genannt wird; er ist schwarzgefleckt wie der Panther, aber sonst dem Wolf

---

*) Der Basilisk in Wien, der zwischen 1212—1250 von einem Hahn „entsprungen" sein soll, ist von P. Lambecius in seinen Commentarii über die Hofbibliothek Bd. VI p. 454 zum Gegenstand einer Abhandlung gemacht und abgebildet worden. Die Abbildung in Nessel's Katalog (Wien 1689) zeigt Verschiedenheit von dem eulenartigen Ungethüm an der alten Berliner Gerichtslaube, das „Kaak" hiess.

**) Richard de Fournival rechnet im Bestiaire d'Amour den Luchs *(lynx)* zu den fünf Thieren, die die vollkommensten Sinne haben und bezeichnet ihn als einen kleinen weissen Wurm, der durch die Wände sieht; der Maulwurf dagegen zeichne sich durch scharfes Gehör, der Geier durch den Geruch, der Affe durch den Geschmack und die Spinne durch das Gefühl aus. Ausserdem ist der Maulwurf, wie hinzugefügt wird, eines der Thiere, das von Erde lebt wie der Salamander, ein weisser Vogel, vom Feuer, der Häring vom Wasser und der Regenpfeifer *(pluvier)* von der Luft.

ähnlich und hat ein so scharfes Gesicht, dass seine Augen Mauern und Berge durchdringen; er hat nur ein Junges und ist das vergesslichste Thier der Welt, aus dessen Urin der Stein *liguires* entsteht. Der Bär, der nach Cap. 202 den Honig liebt, frisst, wenn er krank ist, das Kraut *flonius* (Zwiebellauch); von den Aepfeln der Alraunwurzel jedoch muss er sterben, wenn er nicht als Gegenmittel Ameisen *(formies)* frisst. Von phantastischen Geschöpfen nennt Brunetto die *Crocote (Cocote)*, *Lucrote*, *Manticore* und *Parande*, ein Thier, das, wie angeblich die Aethiopier sagen, gleich den Polypen im Meer und den Chamäleons auf der Erde seine Farbe nach den ihm zunächst befindlichen Dingen wechselt. Dass Brunetto's Werk, dessen Thierschatz hier nicht vollständig aufgeführt zu werden braucht, von Leonardo da Vinci, dem bedeutendsten Bearbeiter des Physiologus, nicht benutzt worden ist, wie man vermuthet hat, sondern dass sich die Uebereinstimmungen beider Autoren aus der Benutzung gemeinsamer Quellen ergeben, geht aus der Verschiedenheit der Angaben über das Einhorn und die Schlangen wie aus der Nichtbenutzung einzelner als Symbole verwendbarer Thiere hervor. Der der Renaissance angehörige Physiologus des Leonardo da Vinci — trotz mangelhafter Ueberarbeitung eines der besten Werke dieser Literaturgattung — ist mit fehlerhafter Interpunktion und theilweise ganz falscher englischer Uebersetzung von Jean Paul Richter unter den Humorous Writings herausgegeben worden in den »Scritti Letterari di Leonardo da Vinci cavati dagli Autografi e pubblicati«. Londra 1883, auch u. d. T.: »The Literary Works« etc. In seiner Abhandlung über Leonardo's Physiologus, die in den Berichten der Sächs. Gesellschaft der Wissenschaften 1884 p. 244—271 in Leipzig erschienen ist, gelangt A. Springer zu dem Resultat, dass Leonardo's Schrift als die Bearbeitung eines alten unbekannten Physiologus aufgefasst werden muss, und dass wörtliche Uebereinstimmung mit einem Bestiarius nicht stattfindet; wohl aus Brunetto oder einem ganz verwandten Schriftsteller sei ein grosser Theil der Thierbeschreibungen, wenig aus Plinius entlehnt. Dass letzterer und Albertus Magnus benutzt ist, geht aus einem von Richter sub 1469 mitgetheilten Bücherverzeichnisse des Leonardo hervor. Da dieser die Thiere (ca. 100) der verlorenen Vorlage selbstständig angeordnet und deren Eigenschaften symbolisch als Tugenden und Laster auszulegen versucht hat, so muss hier, nachdem von Springer einzelne Erzählungen besprochen sind und eine einheitliche Quelle nicht nachgewiesen ist, nebst den Symbolen die vollständige Reihenfolge des naturhistorischen Theiles kurz mitgetheilt werden, wie sie in der Ausgabe sub 1220—1264 abgedruckt ist. Am ausführlichsten und eigenartigsten ist der Elephant beschrieben.

1. *Callendrino* — Liebe zur Tugend. Richter ändert dies Wort in *cardellino* und übersetzt falsch: *gold-finch;* aber aus dem Inhalt dieses Abschnittes geht hervor, dass, wie schon Springer nachgewiesen hat, Leonardo mit diesem Vogel nicht den Stieglitz, sondern den *Caladrius* meint, der einen Kranken, wenn dieser sterben soll, nicht ansieht, ihn jedoch, wenn er wieder gesund werden soll, nicht aus den Augen lässt. Wie sich aus dem hier und weiterhin in der ersten Hälfte des Physiologus begegnenden *si dice* und aus *si legge* ergiebt, hat Leonardo mündliche Quellen neben schriftlicher Vorlage benutzt.

2. *Nibbio* — Neid. Die Weihe hackt ihre Jungen, sobald diese im Nest zu gross werden, aus Neid in die Seite und lässt sie ohne Nahrung.

3. *Gallo* — Freude. Der Hahn freut sich über jede Kleinigkeit und kräht unter verschiedenen lebhaften Bewegungen. Vgl. 99.

4. *Corbo* — Traurigkeit. Der Rabe verlässt seine Jungen mit Klagen, wenn er sie weiss zur Welt gekommen sieht; erst wenn er einige schwarze Federn an ihnen erblickt, füttert er sie. Vgl. 97.

5. *Castoro* — Friede. Wenn der Biber seiner heilkräftigen Hoden wegen verfolgt wird und nicht entkommen kann, macht er Halt und beisst sich dieselben ab, um mit seinen Feinden Frieden zu haben.

6. *Orso* — Zorn. Wenn der Bär Honig rauben will, so stechen ihn die Bienen; da er sich an diesen nicht rächen kann, verkehrt sich sein Zorn in Wuth, und er wirft sich zu Boden, indem er sich mit Tatzen und Füssen vergeblich gegen seine Feinde wehrt.

7. *Upupa* — Dankbarkeit. Wenn die Wiedehopfe, die die von den Eltern empfangenen Wohlthaten kennen, sehen, dass dieselben alt werden, bauen sie ihnen ein Nest und füttern sie; mit dem Schnabel ziehen sie ihnen die alten Federn aus und mit gewissen Kräutern stellen sie deren Sehkraft wieder her *).

8. *Rospo* — Habsucht. Die Kröte lebt von Erde und bleibt immer mager, weil sie sich nicht satt frisst aus Furcht, dass ihr Erde fehle.

9. *Colonbi* — Undankbarkeit. Wenn die Tauben alt genug sind, dass sie nicht mehr gefüttert zu werden

---

*) Ziemlich dasselbe wird in Kazwini's arabischer Kosmographie vom Vogel *Funûn* erzählt.

brauchen, fangen sie an mit ihrem Vater zu kämpfen, vertreiben ihn und nehmen ihm das Weibchen.

10. *Basilisco* — Grausamkeit. Der Basilisk ist so grausam, dass, wenn er die Thiere mit seinem giftigen Blick nicht tödten kann, er die Kräuter und Pflanzen mit seinem Blick ausdorrt. Vgl. 50 und 78.

11. *Aquila* — Freigebigkeit. Der Adler ist nie so hungrig, dass er nicht einen Theil seiner Beute den Vögeln ringsum überlässt, die sich eigene Nahrung nicht verschaffen können und so von ihm nothwendig abhängig werden. Vgl. 36.

12. *Lupo* — Strafe. Wenn der Wolf behutsam einen Viehstall umkreist und seinen Fuss zufällig in eine Falle setzt, so dass er Geräusch verursacht, beisst er sich in den Fuss, um sich für seine Thorheit zu strafen.

13. *Sirena* — Lockung. Die Sirene singt so lieblich, dass sie die Seeleute einschläfert; dann klettert sie auf die Schiffe und tödtet die Seeleute.

14. *Formica* — Klugheit. Die Ameise sorgt aus natürlichem Verstand im Sommer für den Winter, indem sie die gesammelten Samenkörner beschneidet, damit sie nicht keimen; von diesen lebt sie dann.

15. *Bo salvatico* — Narrheit. Da der wilde Ochs die rothe Farbe hasst, so bekleiden die Jäger einen Baumstamm roth; gegen diesen richtet er mit grosser Wuth seine Hörner und wird von den Jägern getödtet.

16. *Rè delle api* — Gerechtigkeit. Der König der Bienen ordnet alles mit Vernunft an: einige Bienen müssen sich zu den Blumen, andere zur Arbeit, andere zum Kampf mit den Wespen begeben, andere den Unrath entfernen oder den König begleiten; wenn

dieser alt ist und keine Flügel mehr hat, wird er getragen. Wenn eine Biene ihre Pflicht verabsäumt, wird sie unnachsichtig bestraft.

17. *Pernici* — Wahrheit. Obgleich die Rebhühner sich gegenseitig die Eier stehlen, kehren doch die ausgebrüteten Jungen immer zu ihrer rechten Mutter zurück. Vgl. 47.

18. *Gru* — Treue (Rechtschaffenheit). Die Kraniche sind ihrem Könige so treu und ergeben, dass einige Nachts, wenn er schläft, in der Ferne um die Wiese herum Wache halten; andere bleiben in der Nähe, indem sie einen Stein in der Kralle halten, der, wenn sie Schlaf überfällt, zu Boden fällt, wobei das Geräusch sie aufweckt. Andere schlafen zusammen um den König herum, in jeder Nacht abwechselnd, damit sie ihm nicht fehlen. (Springer a. a. O. p. 252 bemerkt unrichtig, dass der König der Kraniche nur hier erwähnt werde; aber schon Bartholomaeus Anglicus, der sich auf Ambrosius beruft, hat diese Angabe.)

19. *Volpe* — Falschheit. Wenn der Fuchs einen Schwarm Häher *(sgarze)* oder Elstern oder ähnliche Vögel sieht, wirft er sich sogleich wie todt mit aufgesperrtem Rachen zu Boden, um ihnen, wenn sie seine Zunge hacken wollen, den Kopf abzubeissen.

20. *Talpa* — Lüge. Der Maulwurf, der sehr kleine Augen hat und immer unter der Erde ist, lebt nur, solange er im Finstern ist; am Tageslicht stirbt er, gleichwie die Lüge an den Tag kommt.

21. *Lione* — Stärke. Der Löwe fürchtet sich nie, sondern kämpft kühn gegen eine Menge Jäger, indem er immer den angreift, der ihm zuerst etwas zu Leide gethan. Vgl. 59, 68, 72, 73.

22. *Lepre* — Furcht (Feigheit). Der Hase

fürchtet sich immer, und er flieht meist vor den Blättern, die im Herbst von den Bäumen fallen.

23. *Falcone* — Grossmuth. Der Falke macht nur auf grosse Vögel Jagd, und lieber will er zu Grunde gehen als von kleinen leben oder stinkendes Fleisch fressen. Vgl. 30, 101.

24. *Pavone* — Eitelkeit. Der Pfau ist eitler als andere Thiere, weil er immer die Schönheit seines Schweifes betrachtet, den er wie ein Rad ausbreitet und durch sein Geschrei die Blicke der umstehenden Thiere auf sich lenkt.

25. *Fenice* — Beständigkeit. Diese ist das Symbol des Phönix, der von Natur seine Erneuerung kennt und beständig die brennenden Flammen aushält, die ihn verzehren, bis er von neuem entsteht.

26. *Rondone* — Unbeständigkeit. Die Schwalbe, die immer in Bewegung ist, kann nicht das geringste Ungemach ertragen. Vgl. 48, 91.

27. *Camello* — Mässigkeit. Das Kameel ist das wollüstigste Thier, das es giebt; es würde dem Weibchen 1000 Meilen nachlaufen. Aber wollte man es beständig mit der Mutter oder Schwester zusammenhalten, so würde es sie, da es sich zu mässigen weiss, nicht berühren. Vgl. 75.

28. *Liocorno (unicorno)* — Unmässigkeit. Das Einhorn legt in Folge seiner Unmässigkeit und seiner zügellosen Liebe zu schönen Mädchen seine Wildheit und Sprödigkeit ab; ohne Furcht geht es zu einer sitzenden Jungfrau, in deren Schoss es einschläft; so fangen es die Jäger.

29. *Agnello* — Demuth. Das Lamm, das schlagendste Beispiel der Demuth, unterwirft sich jedem Thiere, selbst dem eingesperrten Löwen, wenn

es diesem zur Nahrung gegeben wird, gleichwie der eigenen Mutter, so dass man oft gesehen hat, wie dieser es nicht tödten wollte.

30. *Falcone* — Hochmuth. Durch seinen Stolz und Hochmuth will der Falke über alle Raubvögel herrschen und immer allein sein; sehr oft greift er den Adler, den König der Vögel an.

31. *Salvatico asino* — Enthaltsamkeit. Wenn der Wildesel das Wasser in der Quelle getrübt findet, enthält er sich des Trinkens und wartet, bis dasselbe sich wieder klärt.

32. *Vulture* — Gefrässigkeit. Der Geier ist so gefrässig, dass er 1000 Meilen zurücklegt, um Aas zu fressen; deshalb folgt er den Heeren.

33. *Tortora* — Keuschheit. Die Turteltaube ist nie dem Männchen untreu; stirbt dieses, so bewahrt sie beständige Keuschheit, setzt sich nicht mehr auf einen grünen Zweig und trinkt kein klares Wasser mehr.

34. *Pipistrello* — Unkeuschheit. Die Fledermaus befolgt wegen ihrer zügellosen Unkeuschheit bei der Paarung keine allgemeine Regel, sondern Männchen paart sich mit Männchen, Weibchen mit Weibchen, wie sie sich gerade zusammenfinden. Vgl. 46.

35. *Ermellino* — Mässigkeit. Das Hermelin frisst aus Mässigkeit nur ein Mal des Tages; dasselbe lässt sich lieber von den Jägern fangen als dass es sich in das kothige Loch flüchtet, um seine Reinheit nicht zu beflecken. Vgl. 98.

36. *Aquila*. Wenn der Adler alt ist, so fliegt er so hoch, dass er sich die Federn verbrennt, und die Natur gestattet ihm, dass er wieder jung wird, indem er sich in das reine Wasser herablässt. (Der

Herausgeber bemerkt zu dem sinnlosen »nella poca acqua«, dass der Sinn dunkel ist; nach Springer hat Leonardo einen Satz ausgelassen, und die Stelle werde erst durch Vergleichung mit dem Physiologus verständlich. Zu lesen ist natürlich pura für poca, das in der Hs. verblichen scheint.) Wenn die Jungen den Blick in die Sonne nicht aushalten können, füttert sie kein Vogel, der ihren Tod nicht wünschte. (Statt di ist zu lesen: »non li pascie nessuno uccello« etc. Der Herausgeber übersetzt falsch: »it does not feed them with any bird, that does not wish to die«.) Seinem Neste nähern sich die Thiere nicht, die ihn sehr fürchten, obschon er ihnen nichts zu Leide thut; immer lässt er etwas von seiner Beute übrig.

37. *Lumerpa* — Ruf. Diese *(lumerpa?)* stammt aus Asia Maggiore und glänzt so hell, dass sie ihren eigenen Schatten absorbirt; wenn sie stirbt, verliert sie diesen Glanz nicht, und die Federn fallen ihr nicht aus; die Feder, die man ausreisst, leuchtet nicht mehr. — (Der Herausgeber setzt ein Fragezeichen unter den Text. Gemeint scheint Leonardo den Vogel *Lucidius* zu haben, den Jacob van Maerlant in »Naturen Bloeme« unter Berufung auf Solinus und Plinius erwähnt.)

38. *Pelicano*. Der Pelikan hat grosse Liebe zu seinen Jungen; findet er diese im Nest von der Schlange getödtet, so hackt er sich in die Brust und belebt sie wieder mit seinem Blute. (Der Zusammenhang ergiebt als Symbol die Liebe.)

39. *Salamandra*. Der Salamander hat keine Verdauungsorgane; er lebt nur vom Feuer, in welchem er seine Haut erneuert. (Mit »per la virtù« ist das Symbol angedeutet.)

40. *Cameleo*. Das Chamäleon lebt von der Luft; hier ist es allen Vögeln preisgegeben, und um gesicherter zu sein, fliegt es über die Wolken, wo es eine so dünne Luft findet, dass ein Vogel ihm nicht folgen kann. In die Höhe, wo das Chamäleon hinfliegt, gelangt nur der, dem dies vom Himmel zu Theil wird. Vgl. 96.

41. *Alepo*. Der Häring lebt nicht ausserhalb des Wassers.

42. *Struzzo*. Der Strauss verdaut Eisen; seine Eier brütet er mit dem Blick. (Der Herausgeber setzt hier »per l'arme de' capitani«, was in der Hs. an den Rand geschrieben ist, sinnlos in den Text.)

43. *Cigno*. Der Schwan ist weiss ohne Fleck; er singt lieblich, wenn er stirbt; dieser Gesang beschliesst sein Leben.

44. *Cicognia*. Der Storch heilt sich dadurch, dass er Salzwasser trinkt; findet er das Weibchen untreu, verlässt er es, und wenn er alt ist, füttern ihn seine Jungen, bis er stirbt.

45. *Cicala*. Die Baumgrille bringt mit ihrem Gesange den Kuckuck zum Schweigen; im Oel stirbt sie, im Essig lebt sie wieder auf; sie zirpt bei glühender Hitze. (Dasselbe berichtet Bartholomaeus, »Liber de propriet. rer.« XII Cap. 13 unter Berufung auf Ambrosius.)

46. *Pipistrello*. Die Fledermaus wird um so mehr geblendet, je mehr Licht da ist; je mehr sie nach der Sonne blickt, desto mehr erblindet sie. Sie ist Symbol des Lasters, das vor der Tugend nicht bestehen kann.

47. *Pernice*. Das Rebhuhn verwandelt sich aus einem Weibchen in ein Männchen, indem es sein

früheres Geschlecht vergisst; aus Neid raubt es andern die Eier und brütet sie aus, aber die Jungen folgen der rechten Mutter.

48. *Rondine.* Die Schwalbe macht ihre blindgeborenen Jungen mit Schwalbenwurz wieder sehend.

49. *Ostriga* (— Verrath). Die Auster öffnet sich bei Vollmond ganz; wenn der Krebs sie sieht, wirft er ein Felsstück oder einen Splitter hinein, so dass sie sich nicht wieder schliessen kann; dadurch wird sie eine Speise des Krebses. So geschieht dem, der den Mund öffnet, um sein Geheimniss zu erzählen: er wird eine Beute des plauderhaften Zuhörers.

50. *Basilisco* (— Grausamkeit). Den Basilisken fliehen alle Schlangen; das Wiesel bekämpft ihn mit Raute und tödtet ihn.

51. *Aspido.* Die Natter tödtet mit den Zähnen augenblicklich, und um die Zaubersprüche nicht zu hören, verstopft sie sich die Ohren mit dem Schweif. (Unter *incanto* ist nicht Zauberer zu verstehen, wie Richter meint, sondern afz. *enchant.*)

52. *Drago.* Der Drache umstrickt die Beine des Elephanten; dieser fällt auf ihn, und so sterben beide; indem er stirbt, rächt er sich. Vgl. 63.

53. *Vipera.* Die Viper öffnet bei der Paarung den Mund; zuletzt drückt sie die Zähne zusammen und tödtet das Männchen. Die Jungen durchbrechen dann den Bauch, in dem sie herangewachsen sind und tödten ihre Mutter.

54. *Scorpione.* Der nüchtern ausgespieene Speichel tödtet den Skorpion. Dies symbolisirt die Enthaltung von Gefrässigkeit, aus der Krankheiten entstehen; diese entfernt und heilt sie und bahnt der Tugend den Weg.

55. *Coccodrillo* (— Heuchelei). Das Krokodil tödtet den Menschen sogleich, den es fängt; dann, wenn es ihn gebissen, beweint es ihn mit jammernder Stimme und vielen Thränen; ist es mit Winseln fertig, so verschlingt es ihn grausam. Ebenso der Heuchler, der wegen jeder Kleinigkeit sein Gesicht mit Thränen netzt, indem er ein Tigerherz zur Schau trägt und sich im Herzen mit klagevollem Angesicht über das Weh anderer freut. Vgl. 85.

56. *Botta.* Die Kröte flieht das Licht der Sonne; wird sie hierbei mit Gewalt festgehalten, so bläht sie sich auf, damit sie den Kopf unten verbirgt und sich vor den Strahlen schützt. Ebenso der Feind hellstrahlender Tugend, der nur gezwungener Weise mit aufgeblasener Gesinnung vor ihr bestehen kann.

57. *Bruco* (— Tugend im Allgemeinen). Die Raupe webt sich mit wunderbarer Kunstfertigkeit und feiner Arbeit einen neuen Aufenthaltsort, von wo sie dann mit bunten und schönen Fittigen *(ali)* sich gen Himmel erhebt.

58. *Ragnio.* Die Spinne bringt ein kunstvolles und meisterhaftes Gewebe hervor, das ihr als Entgelt Beute liefert.

59. *Lione.* Der Löwe weckt mit seinem Donnergebrüll seine Jungen am dritten Tage nach ihrer Geburt auf, indem er ihre schlummernden Sinne öffnet, und alle Thiere im Walde fliehen. Dies symbolisirt die Kinder der Tugend, die durch den Klang der Lobreden aufwachen und in ehrenvollen Bestrebungen aufwachsen; alle Schlechten fliehen vor diesem Ruf, indem sie sich vor den Tugendhaften zurückziehen. Ausserdem verdeckt der Löwe seine Fussspuren vor seinen Feinden. So ist es für den Feldherrn gut, die

Geheimnisse seines Innern zu bewahren, damit seine Absichten vom Feinde nicht erkannt werden. (Der Herausgeber übersetzt »aprendo a quelli tutti li adormentati sensi« falsch durch »teaching them the use of« etc. Zu lesen ist apriendo.)

60. *Taranta.* Der Biss der Tarantel hält den Menschen bei seinem Vorsatz, dem nämlich, an den er beim Biss denkt.

61. *Dugo* und *civetta.* Die Ohreule und das Käuzchen strafen ihre Verächter dadurch, dass sie sie des Augenlichts berauben; denn die Natur hat es so eingerichtet, dass sie so sich nähren.

62. *Leofante.* Der grosse Elephant hat die bei Menschen sich selten findenden Eigenschaften: Rechtschaffenheit, Klugheit, Gerechtigkeit und Religion. Wenn Neumond ist, gehen die Elephanten an die Flüsse, um sich dort feierlich zu reinigen und zu baden; nachdem sie den Planeten begrüsst haben, kehren sie in die Wälder zurück. Wenn sie krank sind, werfen sie, auf dem Rücken liegend, das Kraut gen Himmel, gleichsam als ob sie opfern wollten. Die Zähne, die ihnen durch Alter ausfallen, vergraben sie. Von beiden Zähnen brauchen sie den einen, um Wurzeln zur Nahrung auszugraben; vom andern bewahren sie die Spitze, um damit zu kämpfen. Wenn sie von Jägern überwältigt und mit den Stosszähnen erschöpft sind, graben sie die alten wieder aus, mit denen sie sich retten. Sie sind sanftmüthig und wittern Gefahr. Findet ein Elephant einen Menschen allein und verirrt, so geleitet er ihn gefällig auf den Weg. Findet er menschliche Fussspuren, so fürchtet er Verrath, bleibt stehen und pustet; auf dies Zeichen hin bilden die übrigen Elephanten einen Trupp und

gehen vorsichtig. Immer in Trupps wandernd schreitet
der älteste Elephant voran, der zweitälteste bildet den
Schluss. Aus Schamgefühl paaren sie sich nur Nachts
im Verborgenen; erst nach der Paarung, wenn sie
sich im Fluss gebadet haben, gehen sie wieder zur
Heerde. Die Weibchen kämpfen nicht wie die übrigen
Thiere. Der Elephant ist so gütig, dass er wider
seinen Willen minder Starken nicht schadet, und wenn
er auf seinem Wege eine Heerde Schafe trifft, stellt
er sie mit dem Rüssel zur Seite, um sie nicht zu zer-
treten; nie schadet er, ausser wenn er gereizt wird.
Wenn einer in eine Grube gefallen ist, so wird diese
von den andern mit Zweigen, Erde und Steinen ausgefüllt, um den Grund zu erhöhen, so dass jener
leicht herausgelangt. Die Elephanten fürchten sich
sehr vor dem Gequiek der Schweine, vor welchem
sie fliehen; sie richten dann mit ihren Füssen nicht
weniger Schaden an den Ihrigen an als an den
Feinden. An den Flüssen ergötzen sie sich und
wandern immer in deren Nähe herum; wegen ihrer
grossen Schwere können sie nicht schwimmen. Sie
verschlingen Steine und Baumstämme (tronchi delli
alberi); diese bilden ihre liebste Nahrung; die Ratten
hassen sie. Die Fliegen laben sich am Geruch des
Elephanten, auf dessen Rücken sie sich setzen, und
wenn dieser sich kratzt und die Falten in der Haut
glättet, tödtet er dieselben. Wenn die Elephanten
Flüsse passiren, schicken sie ihre Jungen stromauf-
wärts, und abwärts brechen sie den reissenden Lauf
des Wassers, so dass die Strömung sie nicht fortreisst.
Der Drache wirft sich dem Elephanten unter den
Bauch, umschlingt mit dem Schweif dessen Füsse,
klammert sich mit den Flügeln und Armen an seine

Rippen und durchschneidet ihm mit den Zähnen die Kehle: der Elephant fällt auf ihn, so dass der Drache platzt. So rächt er sich durch seinen Tod an seinem Feinde*).

63. *Dragone.* Die Drachen begleiten sich gegenseitig: sie umschlingen sich wie Wurzeln und passiren mit erhobenem Kopf die Sümpfe, indem sie dahin schwimmen, wo sie bessere Nahrung finden. Würden sie sich nicht so vereinigen, so würden sie ertrinken. So wirkt die Vereinigung.

64. *Serpente.* Wenn die Schlange, ein sehr grosses Thier, Vögel in der Luft sieht, zieht sie den Athem so stark an sich, dass sie diese in den Rachen zieht. M. Regulus, Consul des röm. Heeres, wurde von einem ähnlichen Thiere angegriffen und fast aufgerieben; dieses wurde durch einen Mauerbrecher getödtet und mass 123 Fuss, d. i. $64^{1}/_{2}$ Elle, indem es mit dem Kopfe alle Bäume eines Waldes überragte. Vgl. 94. (Im Liber monstrorum ed. M. Haupt ist nur von einer Schlangenhaut von 120 Fuss Länge die Rede; es ist also nicht, wie Springer meint, dasselbe wie hier berichtet.)

65. *Boie.* Die Riesenschlange ist eine grosse Schlange, die sich um die Beine der Kuh knötet, so dass diese sich nicht bewegen kann; dann saugt sie dieselbe aus und trocknet sie gleichsam aus. Von

---

*) Bartholomaeus Anglicus XVIII Cap. 43 berichtet zuletzt noch aus dem Physiologus, dass man die Elephanten bei den Aethiopiern folgendermassen jagt. Zwei ganz nackte Jungfrauen mit aufgelöstem Haar, die in Einöden wohnen und eine Wanne und ein Schwert tragen, beginnen laut zu singen; dies hört der Elephant, der zu ihnen geht und ihre Brüste beleckt; durch den lieblichen Gesang schläft er ein, und die eine Jungfrau durchbohrt ihm mit dem Schwerte die Kehle oder die Seite, die andere fängt das Blut auf, mit dem der Purpurstoff gefärbt wird.

dieser Art wurde eine zur Zeit des Kaisers Claudius auf dem vaticanischen Berge getödtet, die im Leibe ein unversehrtes Kind hatte, das von ihr verschlungen worden war*).

66. *Macli.* Der Elch stammt von der Insel Skandinavien; er hat die Gestalt eines grossen Pferdes, ausser dass die grosse Länge des Halses und der Ohren Verschiedenheit zeigen; er frisst rückwärts gehend Gras, weil er eine so lange Oberlippe hat, dass er im Vorwärtsgehen weidend das Gras verdecken würde. Er hat Beine aus einem Stück; deshalb lehnt er sich beim Schlafen an einen Baumstamm, den die Jäger, nachdem sie diese Schlafstelle ausfindig gemacht haben, fast ganz durchsägen, so dass er im Schlaf hinfällt und von den Jägern gefangen wird. Jede andere Fangart ist vergeblich, weil er unglaublich schnell im Laufen ist.

67. *Bonaso.* Der Auerochs, der (wie die Ueberschrift besagt) auf der Flucht schadet, stammt aus Päonien; er hat, ähnlich wie das Pferd, einen Hals mit einer Mähne; sonst ist er dem Stier ähnlich, nur dass seine Hörner nach innen gekrümmt sind; deshalb hat er keinen andern Ausweg als die Flucht, auf der er seinen wie Feuer brennenden Koth 400 Ellen weit schleudert.

68—71. *Leoni, Pardi, Pantere, Tigri.* Löwen, Parder, Panther und Tiger halten ihre Klauen in der Haut und bringen sie nicht zum Vorschein,

---

*) Diese Angabe erinnert an die „Klage", den Anhang zum Nibelungenlied und an die Vilkinasage, nach der Sintram von Krîchenland in seiner Jugend von einem Drachen verschluckt, aber von Dietrich befreit wurde.

ausser wenn sie auf ihrer Beute oder auf dem Rücken ihres Feindes sitzen.

72. *Leonessa.* Wenn die Löwin ihre Jungen vertheidigt, so richtet sie, um nicht vor den Speeren des Jägers zu erschrecken, ihre Augen zu Boden; durch ihre Flucht will sie die Jungen nicht gefangen werden lassen.

73. *Leone.* Dies so schreckliche Thier fürchtet nichts mehr als das Gerassel leerer Wagen und das Krähen der Hähne. Beim Anblick des Hahnes fürchtet der Löwe sich sehr, und mit furchtsamen Gesicht betrachtet er dessen Kamm; wenn er finsteres *(coperto)* Gesicht hat, wird er sehr verzagt.

74. *Pantere* in Afrika. Der Panther ist wie eine Löwin gestaltet, aber höher, schmächtiger und länger; er ist ganz weiss und schwarz gefleckt wie Rosetten, und an seinem Anblick ergötzen sich alle Thiere. Diese würden immer um ihn herumstehen, wenn nicht sein schreckliches Gesicht wäre; da er dies weiss, verbirgt er sein Gesicht, die Thiere werden dreist und kommen in die Nähe, um solche Schönheit besser zu geniessen, bis er plötzlich das nächste packt und verschlingt. Vgl. 68, 95.

75. *Camelli.* Die baktrianischen Kameele haben zwei Höcker, die arabischen nur einen; sie sind schnell in der Schlacht und sehr nützlich zum Tragen von Lasten. Dies Thier achtet im höchsten Grad auf Ordnung und Mass, weil es sich nicht rührt, wenn es mehr Ladung hat als gewöhnlich, ebenso wenn es einen weiteren Weg zurücklegt; dann macht es plötzlich Halt, so dass die Kaufleute einkehren müssen.

76. *Tigro.* Der Tiger stammt aus Hyrcanien und ist dem Panther wegen der Flecke auf seinem

Fell etwas ähnlich; er ist ein Thier von fürchterlicher Schnelligkeit. Wenn der Jäger die Jungen findet, nimmt er sie weg, indem er Spiegel*) an diesem Orte aufstellt und sogleich auf schnellem Pferd entflieht. Der Panther findet bei der Rückkehr die Spiegel fest in der Erde und glaubt in diesen seine Jungen zu erblicken; während er mit den Tatzen die Erde aufscharrt, entdeckt er den Betrug und folgt der Witterung der Jungen. Sobald der Jäger die Tigerin erblickt, lässt er ein Junges los; sie nimmt es und trägt es in ihr Lager. Dann kehrt sie zum Jäger zurück und thut dasselbe, bis dieser in seine Barke steigt. (Dasselbe berichtet Bartholomaeus Anglicus nach Plinius.)

77. *Catoplea***). Dies Thier stammt aus der Nähe der Quelle Nigricapo in Aethiopien. Es ist nicht zu gross und träge und hat einem Kopf von solcher Grösse, dass es ihn mühsam immer zur Erde geneigt trägt; sonst würde es höchst verderblich werden, weil der Mensch, den dessen Augen erblicken, sogleich stirbt.

78. *Basilisco*. Der Basilisk stammt aus der Provinz Cirenaica und ist nicht grösser als zwölf Zoll. Am Kopf hat er einen weissen Fleck wie ein Diadem; durch Zischen verjagt er alle Schlangen. Derselbe ähnelt der Schlange, bewegt sich aber nicht in Krümmungen, sondern von der Mitte nach rechts vorwärts. Man sagt, dass, als ein solcher von einem

---

*) Nach Jacobus de Vitriaco in der »Historia Hierosolymitana« werfen die Jäger Schilde aus Glas hin, in denen sich die Tiger wie im Spiegel sehen.

**) Das Wort kommt von $\kappa\acute{\alpha}\tau\omega$ $\beta\lambda\acute{\epsilon}\pi o \nu$ = hinabblickend. Nach Tolhausen bezeichnet span. *catoblepas* den äthiopischen Hirsch. Nigricapo ist entstellt aus *Nigri caput*.

Reiter mit einem Speer getödtet wurde, Ross und Reiter durch das auf den Speer träufelnde Gift umkam; er verwüstet die Gewächse, die er berührt und die, wo er athmet; das Gras macht er dürr, Steine zermalmt er.

79. *Donnola* (= *bellula*). Wenn das Wiesel die Höhle des Basilisken findet, tödtet es ihn durch den Geruch des Urins, der oft das Wiesel selbst tödtet. Vgl. 92.

80. *Ceraste*. Die Hornvipern, die vier kleine bewegliche Hörner haben, verbergen, wenn sie fressen wollen, den ganzen Körper unter den Blättern, und nur die Hörnchen bewegen sie, die den Vögeln wie spielende Würmchen erscheinen. Um diese zu hacken, lassen sich die Vögel herab, bis plötzlich die Hornviper sie umringelt und verschlingt.

81. *Amphesibene*. Diese hat noch einen andern Kopf am Schweif, als ob eine Stelle allein nicht genüge, um das Gift beizubringen.

82. *Jaculo*. Die Pfeilnatter befindet sich auf Gewächsen und schleudert sich wie ein Wurfpfeil; die wilden Thiere durchbohrt und tödtet sie.

83. *Aspido*. Der Biss der Aspis ist unheilbar, wenn nicht die gebissenen Stellen sogleich ausgeschnitten werden. Diese so verderblichen Thiere lieben ihres Gleichen so sehr, dass sie immer in Gemeinschaft sind; ist eine durch Missgeschick getödtet, so folgt die andere mit unglaublicher Schnelligkeit dem Mörder, und sie ist so rachgierig, dass sie jede Schwierigkeit überwindet. Jedes Heer übergehend sucht sie nur ihren Feind anzugreifen, jede Entfernung muss sie zurücklegen ausser an einem Gewässer und bei schleunigster Flucht; da sie nach innen gerichtete

Augen und grosse Ohren hat, so hört sie besser als sie sieht.

84. *Icneumone.* Das Ichneumon ist ein Todfeind der Aspis und stammt aus Egypten. Erblickt es nahe bei seinem Lager eine Aspis, so läuft es sogleich nach Kiessand oder Nilschlamm, mit dem es sich wiederholt besudelt und abwechselnd an der Sonne trocknet, bis es wie mit einem drei- oder vierfachen Panzer bekleidet ist. Dann greift es die Aspis an und kämpft mit ihr, so dass es im rechten Augenblick ihr in den Rachen schlüpft und sie vernichtet. (Der Herausgeber, der diesen Abschnitt, eine Variante der Sage vom Hydrus, nicht verstanden hat, übersetzt »litta« mit »bed« und »se li caccia in gola« mit »catches him in the throat«!)

85. *Crocodillo.* Das Krokodil wird im Nil geboren, hat vier Füsse und lebt zu Lande und zu Wasser; es giebt kein anderes Landthier wie dieses ohne Zunge. Nur wenn es die obere Kinnlade bewegt, beisst es; dasselbe wird bis 40 Fuss lang und ist mit Krallen und hiebfestem Lederpanzer versehen. Am Tage ist es am Lande, Nachts im Wasser; es lebt von Fischen, schläft am Ufer des Nil mit aufgesperrtem Rachen, in dem der sehr kleine Fliegenvogel *(trochilo)* die Speisereste von den Zähnen wegpickt, so dass es behaglich den ganzen Rachen zu öffnen ermuntert wird. Wenn das Ichneumon dasselbe so schlafen sieht, schlüpft es ihm in den Rachen, durchbohrt ihm Magen und Eingeweide und tödtet es.

86. *Delfini.* Die Natur hat den Thieren solche Kenntniss verliehen, dass sie ausser ihrem eigenen Vortheil den Nachtheil des Feindes kennen. Daher weiss der Delphin, wie werthvoll die Flossfedern auf

seinem Rücken sind. Beim Kampfe mit dem Krokodil zerschneidet er diesem von unten den Bauch und tödtet es. Das Krokodil ist schrecklich für den, der flieht und sehr feig gegen den, der es jagt*).

87. *Ippopotamo.* Wenn das Nilpferd Beschwerden fühlt, sucht es Dornen oder Ueberbleibsel von abgeschnittenem Schilfrohr auf; hier reibt es sich eine Ader auf, und nachdem Blut herausgeflossen, beschmutzt es sich im Sand und springt wieder an das Ufer. Das Nilpferd hat die Gestalt eines Pferdes, gespaltene Krallen, gewundenen Schweif, Hauer wie ein Eber und einen Hals mit Mähne; seine Haut kann man nicht durchbohren, ausser wenn es sich badet; von Pflanzen lebend betritt es die Felder von rückwärts, so dass es scheint, als ob es sie verlassen habe. (Der Herausgeber, der an »piaga« dachte, übersetzt »s'infanga colla litta e risalta alla piaggia« ganz falsch durch: »he plasters himself with mud and heals the wound«!)

88. *Ibis.* Der Ibis ähnelt dem Storch; fühlt er sich krank, so füllt er den Kropf mit Wasser und klystirt sich mit dem Schnabel.

89. *Ciervi.* Wenn der Hirsch sich von der Spinne, die Weberknecht *(falangio)* genannt wird, gebissen fühlt, frisst er Krebse und befreit sich so vom Gift.

90. *Lucerte.* Wenn die Eidechse mit Schlangen kämpft, frisst sie Saudistel.

91. *Rondine.* Die Schwalbe giebt den blinden

---

*) In der arabischen Kosmographie des Kazwini (übersetzt von H. Ethé, Leipzig 1868) berührt sich die Sage vom Delphin mit der von der *Serra*, während die vom Krokodil genauere Uebereinstimmung mit dem Physiologus zeigt.

Jungen das Augenlicht wieder mit dem Saft der Schwalbenwurz.

92. *Bellula*. Wenn das Wiesel Ratten jagt, frisst es erst Raute*).

93. *Cinghiale*. Der Eber heilt seine Krankheiten dadurch, dass er Epheu frisst.

94. *Serpe*. Wenn die Schlange sich erneuern will, legt sie ihre alte Haut ab, indem sie mit dem Kopf beginnt; sie verändert sich in einem Tage und einer Nacht.

95. *Partera*. Wenn schon die Eingeweide herausgefallen sind, kämpft der Panther *(pantera)* noch mit Hunden und Jägern.

96. *Cameleonte*. Das Chamäleon nimmt immer die Farbe des Dinges an, auf dem es sitzt. Daher wird es oft mit den Blättern, auf die es sich setzt, von den Elephanten verschluckt.

97. *Corbo*. Wenn der Rabe das Chamäleon getödtet hat, reinigt er sich mit Lorbeer.

98. *Ermelino*. Das Hermelin will lieber sterben als sich beschmutzen.

99. *Gallo* — Voraussehung. Der Hahn kräht nicht eher als bis er drei Mal die Flügel zusammengeschlagen.

100. *Papagalo*. Der Papagei setzt beim Herumflattern in den Aesten die Füsse erst dann an die Stelle, wenn er sie mit dem Schnabel berührt hat.

101. *Falcone* — Grossmuth. Der Falke fängt nur grosse Vögel und will lieber umkommen als schlecht riechendes Fleisch fressen. —

---

*) Vgl. die Sage bei Marie de France im Lai d'Eliduc.

G. Die isländischen Physiologusfragmente.

Nachdem von V. Carus, „Geschichte der Zoologie". München 1872, p. 115 eine Veröffentlichung des isländischen Physiologus als äusserst wünschenswerth bezeichnet worden war, hat Th. Möbius, »Analecta norroena. Auswahl aus der isländischen und norwegischen Literatur des Mittelalters. II. Ausgabe.« Leipzig 1877, p. 246—251 die beiden Fragmente nach der einzigen Hs. aus dem Anfange des 13. Jahrh. zum Abdruck gebracht. Das erste Stück der der arnamagnäanischen Sammlung angehörenden Hs. 673 A Seite 1—2 — vgl. Kålund's »Katalog over den Arnamagnaeanske Håndskriftsamling«. Kopenhagen 1888 — ist nach Möbius ca. 1200, das zweite Stück S. 45—56 ca. 1220—1230 geschrieben; O. Brenner, „Altnordisches Handbuch". Leipzig 1882, p. 13 giebt als Zeit der Niederschrift kurz nach 1200 an. Beide Fragmente, die ihr Herausgeber in Hommel's „Aethiopischem Physiologus". Leipzig 1877, p. 99—104 in's Deutsche übersetzt hat, sind nicht nur für die Geschichte des Physiologus und als Sprachdenkmäler von grossem Werth, sondern auch wegen ihres Verhältnisses zu den lateinischen Quellen; aber trotz ihrer Wichtigkeit sind beide von Ph. Schweitzer, „Geschichte der altskandinavischen Litteratur". Leipzig (1885), p. 199 ganz übersehen worden. Dass hier zwei isländische Physiologi vorliegen, geht aus der Hs. selbst, aus der doppelten Erwähnung des *Honocentaurus* und aus der Vergleichung mit den Bearbeitungen in andern Sprachen hervor. Das erste Fragment, das trotz lateinischer Thiernamen auf eine orientalische, dieser

Anordnung nach unbekannte Quelle hinweist, enthält folgende Thiere in kurzer mit *hermeneia* versehener Darstellung:

1. *Fenix*. 2. Vögel (ihr Name wird nicht genannt; in der Auslegung bezeichnen sie Menschen, die durch Arbeit nützen wollen) rupfen den Ihrigen die Federn aus, die sie verbrennen, um mit der Asche ihr Gesicht zu schärfen. Gemeint ist hier der Wiedehopf, der im äthiopischen Physiologus auf den Phönix folgt und vor dem Capitel vom wilden Esel steht.

3. *Sirena*. 4. Rossfliegen *(cleggi)*. G. Vigfusson, »An Icelandic Dictionary«. Oxford 1874 übersetzt dies Wort durch engl. und schott. *cleg = a horse-fly*. Diese in andern Quellen nicht vorkommenden Bremsen im Acker zu Babylon, welche das Samenkorn fressen, werden auf die Irrgläubigen gedeutet.

5. *Honocentaurus* = isländ. *finngalkan*. Nach Vigfusson ist hiermit *centaur* übersetzt, ein Wort, das an dieser Stelle nicht steht. Der übrige Text fehlt.

Das zweite Fragment, das nur theilweise von den gewöhnlichen Sagen abweicht, behandelt die folgenden Thiere:

1. *Aspedo*. Gemeint ist hier mit dem Wal, den die Schiffer auf der See für eine Insel halten, und dessen Maule ein süsser Geruch entströmt, der die kleinen Fische anlockt, der *cetus*; das Wort ist eine Abkürzung von *aspidochelone*.

2. *Perdix*.

3. *Honocentaurus*. In diesem Abschnitt, der auch in der Schreibung des Thiernamens vom ersten Fragment abweicht, wird aus der Bibel Timoth. 3, 5 und Psalm 48, 13 (21) citirt.

4. **Wilde Katze** *(hrysecauttr).* Die Sage meint hier das Wiesel.

5. *Aspides.* Eigenthümlich ist hier der Gebrauch dieses Wortes als Singular und Plural, und dass Marsus die Schlange aus der Höhle herausruft, was schon im Physiologus gestanden hat.

6. *Turturi.* Der Isländer beruft sich hier wie noch öfter statt auf den Physiologus auf Salamon, welcher sage, dass die Turteltaube das Männchen sehr treu liebt und nach dessen Tode kein anderes haben will.

7. *Ceruus.* Der Hirsch, der die Schlange mit getrunken, speit sie aus und zertritt sie mit den Läufen. Citirt wird der Spruch Psalm 41, 2.

8. *Salamandra (stellio).* Ausser Annanias, Azarias, Misael nach Daniel wird Salamon genannt = Prov. 30, 28 und der Spruch II Kor. 4, 8—9 übersetzt.

9. **Falke** *(gleþa).* Die Heimath des Falken (der Weihe) ist das Hebräerland; seine Beute ergreift er heftig und zerreisst sie. Angedeutet ist Matth. 11, 12.

10. **Eber** *(goltr).* Hier heisst es, manche wollen unter Eber den Vespasianus oder Titus verstehen, doch die meisten nehmen den Teufel an. Auch diese Bemerkung ist auf Rechnung des island. Verfassers zu setzen. Aus der Bibel findet sich ein Spruch Psalm 79, 17.

11. *Nicticorax.* Bei diesem Vogel, der am Tage schwarz, in der Nacht noch schwärzer ist, wird Psalm 101, 7 citirt.

12. *Elefans*, isländ. *fill*. In diesem Abschnitt, in dem auf 1 Macc. 6, 30—37 Bezug genommen wird, ist eine Lücke, in der vom Elephanten gesagt sein muss, dass sein Rücken beladen ist mit allen Waffen etc. Das Wort *fill,* altschwedisch und dänisch *fil,* das

noch in Island gebraucht wird, ist nach Vigfusson, der es in der Poesie des 10. Jahrh. nachweist, aus dem Persischen *(fil)* entlehnt, indem es frühzeitig nach Skandinavien auf dem Handelswege über Russland und Constantinopel gekommen sei. Carus jedoch, „Geschichte der Zoologie". München 1872, p. 123 meint, dass diese Bezeichnung des Elephanten mit dem persischen Namen *(Phil)* wohl sicher mit der Verbreitung der Alexandersage nach Norden gelangt ist. Da jedoch *fil* arabisch ist, so wird der Name mit den Märchen aus 1001 Nacht über Finnland bis zur Ultima Thule gedrungen sein.

13. *Hidris.* Von diesem Vogel am Nil sagt Salamon, dass er das Krokodil tödtet, indem er mit Lehm besudelt in dessen Rachen schlüpft, wenn es schläft, und durch den Bauch wieder herauskommt. Gemeint ist hier der *hydrus* und gedacht ist an den Vogel *trochilos*.

14. *Dorcas* (griech.), lat. *capra*. Der Steinbock wird nach der geläufigen Sage beschrieben.

15. *Onager.* Salamon sagt, dass der Wildesel am 25. März zwölf Mal des Nachts und ebenso am Tage jahnt; dann ist Tag- und Nachtgleiche. Mit der Bemerkung, dass der Wildesel nur jahnt, wenn er Hunger hat, ist angedeutet Hiob 6, 5. Auch hier findet sich der Spruch 1 Petri 5, 8. Die Zahl 25 stimmt zu Guillaume's Vorlage.

16. *Simia.* Der Teufel hat wie der Affe einen Kopf, aber keinen Schwanz. Das Isländische zeigt hier deutlich den Wortlaut und die Satzconstructionen des Lateinischen. Die Schlusszeilen sind nicht zu übersetzen: „und so wird es ohne Ende bleiben",

sondern es sind hier die lat. Worte erkennbar: »quia totus sine fine peribit« (scil. diabolus).

17. *Erodius*. Der Reiher ist ein sehr grosser Vogel, der den Adler bewältigt und verzehrt; sein Nest baut er nicht wie andere Vögel, sondern wo ihn die Finsterniss überfällt, schläft er. Dieser Vogel bezeichnet einen Mönch mit seiner Zelle, in der er bleibt. Wie der Reiher den Adler, so besiegt jener den Teufel.

18. *Fulica*. Das Wasserhuhn ist von allen Vögeln am klügsten; es nährt sich nicht von Aas, sondern bleibt fortwährend an einer und derselben Stelle. So gleicht es dem rechtgläubigen Menschen, der immer in einfältigem Glauben lebt.

19. *Pantera*. Salamon sagt, dass der Drache ein Feind des Panthers ist. Ist er gesättigt, so schläft er drei Tage, wacht dann auf und lässt beim Gebrüll seinem Munde süssen Geruch entströmen. Diesem folgen die andern Thiere; der Drache jedoch schleicht in Erdhöhlen, wo er wie todt liegen bleibt. Der wahre Panther ist Christus.

Hier bricht das Werk ab. Carus, „Geschichte der Zoologie". München 1872, p. 115 und 138 bemerkt, der isländische Physiologus sei fast vollständig erhalten, er schliesse sich zwar in vielen allgemeinen Beziehungen dem lat. und ahd. an, stehe aber in Einzelnheiten ziemlich selbstständig da und enthalte in der Auswahl der Thiere einige, die sonst nirgends vorkommen, wie den Eber, die Bremsen u. a., andererseits entferne sich die Erzählung zuweilen völlig von allen übrigen, so sei die Schilderung des Elephanten bis jetzt nirgendwo anders zu finden. Letztere begegnet jedoch in den meisten lateinischen Quellen, nur hat der isländische Verfasser aus eigener Bibelkenntniss sich einen Zusatz erlaubt. Dass der zweite isländische Physiologus ganz unvollständig erhalten, und die Anordnung nicht die ursprüngliche ist, zeigt eine Vergleichung mit den lateinischen Quellen und mit dem Normannischen des Guillaume, wo Abschnitt 26 und 27 dem ersten und zweiten des Isländischen *(Aspedo* und *Perdix)* der Reihenfolge nach entsprechen. Den *Honocentaurus*, Abschnitt 3 des Isländischen, hat Guillaume ausgelassen, indem er gleich den Abschnitt 28 (Wiesel und *Aspis*) folgen lässt, dem im Isländischen die Abschnitte 4 und 5 entsprechen. Cap. 29 (Strauss) des Normannischen fehlt im Isländischen, wo entsprechend den Cap. 30, 31, 32 die Cap. 6, 7, 8 folgen. Die Abschnitte 9 und 10 des Isländischen fehlen bei Guillaume, wo Cap. 7 dem Cap. 11 des Isländischen entspricht; Cap. 34 des Normannischen und Cap. 12 des Isländischen handeln vom Elephanten, während Cap. 13, 14, 15, 16, 18, 19 die Reihenfolge der Cap. bei Guillaume 19, 20, 21, 22, 23, 24 innehält, nur hat der Dichter den Reiher im 17. Abschnitt des isländ. Physiologus übergangen. Alle übrigen Quellen, soweit sie bisher bekannt sind, weichen von der obigen Reihenfolge der Thiere viel mehr ab, so dass also der Isländer eine der lateinischen Vorlage des Guillaume nahe verwandte Redaction des Physiologus, die ohne Zweifel durch Normannen nach dem Norden gebracht wurde, benutzt haben muss. Schliesslich sei bemerkt, dass in dem kosmographischen Werke Rymbegla Anklänge an den Physiologus enthalten sind, die jedoch bei beschränktem Raum hier nicht berücksichtigt werden können. Noch ist zu den hierher gehörigen Volkssagen zu vergleichen Mohr, »Forsög til en Islandsk Naturhistorie«. Kopenhagen 1786 und K. Maurer, „Isländische Volkssagen der Gegenwart". Leipzig 1860, p. 168—177.

Nachwort.

Beim Abschluss des in den Jahren 1888—1889 wiederholt unterbrochenen Druckes sei noch hiermit Herrn Professor E. Monaci und Herrn Dr. Cesare de Lollis in Rom, durch deren Gefälligkeit die unvollständige vatikanische Hs. (Q) des Bestiaire benutzt werden konnte, sowie Herrn Hofrath Mussafia in Wien, welcher die Güte hatte, den Text einer Durchsicht zu unterziehen und schwierige Stellen zu bessern, ferner den Beamten an den Bibliotheken in London, Paris, Göttingen, Wolfenbüttel, Berlin, Leipzig, Dresden, Belgrad, Wien der aufrichtigste Dank abgestattet.

Qui ben comence e ben define,
Ceo est verite seine e fine,
En totes ovraignes en deit
Estre loëz qui que il seit.
5 Livre de bone començaille, 5
Qui avra bone definaille,
E bon dit e bone matire
Voelt Guillame en romanz escrire
De bon latin, ou il le troeve.
10 Ceste ovraigne fu fete noeve 10

Lesarten und Bemerkungen. Die Lesarten von A werden alle vollständig und zwar an erster Stelle mitgetheilt werden; von den übrigen Handschriften können nur die Sinnvarianten und die orthographischen Abweichungen der ältesten Hss., soweit der Raum reicht, vollständig aufgenommen werden. Bei der Wiedergabe werden u, v, i und j unterschieden. Auch Cahier's und Hippeau's Text ist vollständig verglichen worden, und die Lesarten von V = 7268³ A³ d. i. K der vorliegenden Ausgabe, X = fonds N. D. 273 bis, d. i. J, ferner Y = St. Germ. 1985, d. i. L, und Z = 7534, d. i. F sollen hier möglichste Berücksichtigung finden. Die zu ausserordentlichem Umfange angeschwollenen Varianten der Hss. des 14. Jahrh. werden eventuell später ergänzt werden, soweit sie nicht unten schon aufgeführt sind. 1 A: Ki bien. Fast alle Hss. schreiben Qui und bien, doch wird ben, wie A ziemlich consequent schreibt, durch die Reime gestützt; ausgesprochen wurde es wie in der heutigen Pariser Volkssprache. 2 co. Die Lesart seue (für saine) in BKLPN zeigt die Zusammengehörigkeit dieser Hss. 3 oueraignes. 4 ki ke. 5 Hier beginnt Q: Liures. 6 ke auera. 7/8 velt Gillame en romanz escrire, translater e le veir dire. BCEFGIKLMNPS: & bon dit (C: & bons dis. FGS: boin. I: boen) & bone matire (E: bonne. G: boinne. I: boene. K: bon. S: boine mathire. MP: matyre). B: velt Guillame en romanz escrire. I: un clerc. Q: veult Guillem. S: uns clers (statt des Namens). Cah. dire = FKLMN. 10 cest oueraigne.

El tens que Phelipe tint France,
El tens de la grant mesestance,
Qu'Engleterre fu entredite,
Si qu'il n'i aveit messe dite
15 Ne cors mis en terre sacree.   5
De l'entredit ne lui agree,
Que a ceste feiz plus en die,
Por ceo que dreiture mendie
E lealte est povre e basse.
20 Tote ceste chose trespasse   10
Guillame qui forment s'en doelt,
Que n'ose dire ceo qu'il voelt
De la tricherie qui cort
E en l'une e en l'altre cort.
25 Mais a plus halt dire se prent: 15
Car en cest livre nos aprent
Natures de bestes e mors
Non de totes, mes de plusors,
Ou mult avra moralite
30 E bon pas de divinite,   20
Ou l'em porra essample prendre
De ben faire e de ben aprendre.
Rimez ert par consonancie.

---

11 ke. 12 grant fehlt. 13 ke. 17 e statt ke. feiz fehlt. 18 purquei. CE: por ce que droiture. 21 ke. B: dolt. CH: se dieut. E: se dielt. F: se deut. G: se diolt. K: se doelt. L: s'enduet. M: s'endelt. N: s'endeut etc. 22 ki. coe k'il. 23 ke curt. BFKN: cort. 24 l'autre curt. In den agn. Hss. AMKN fehlt das erste „und", in den continentalen ist der Vers achtsilbig. N: el lune. el. (Aus dieser Hs. stammt de la Rue's Probe, vgl. Seeger p. 14—15.) Q: Et. et. 25 dit. BCE: haut dire. FKN: a plus dire. Q: au. 26 kar. nus. 1 ändert 25/26: En icest livre nos aprent | Qui parfondement i entent. 28 ne mie. BM: non. C: nient d'une mais. EG: si vous en dirons de pluisers (G: plusiers). H: penre i porrons mult tres granz preus. 29 mut auera de. 32 feire. a ben; fehlt Cahier. Q: Bone.

Li clers fu nez de Normandie,
35 Qui auctor est de cest romanz.
Or oëz que dit li Normanz.

Quant Deu primes le monde fist
E homes e bestes i mist, 5
A trestotes ses creatures
40 Emposa diverses natures,
E de totes, c'en est la some,
Dona la seignorie a home.
A home dona tel franchise, 10
Qu'il sout conoistre la divise,
45 Qui esteit entre ben e mal,
Entre tricheor e leal,
Entre paraïs e enfer.
Mes par le pecche Lucifer, 15
Qui fu angele e puis malfez,
50 Fu home honiz e gabez
E chacez en fu el desert,
Dont nul qui damne Deu ne sert,
N'istra jamais por tot le monde, 20
Ainz chet en abisme parfonde,
55 Dont nul ne retornera ja.
De dire com Adam peccha
E coment il fu eissillez

---

35 ki auctur. I: fu. Man beachte: „Der clerc war gebürtig aus der Normandie". 37 In A fehlt der Initial. mund. 40 enposa diverse. 41 Cahier: ceo est. 42 seignurie. 44 k'il. 45 ki. bien. CE: qu'est entre (C: le) bien & le. 46 CE: & paradis & infernal. 47 CE: camque (E: & tout ce qui) estoit en terre & en mer (E: estoit en mer). 48 peche. 49 ki. B: angles. C: angeles. M: angle. N: angele. 51 e dechacez en d. BM: e schaciez (M: chaceiz) en fu. CE: & cachies (E: chacies) en. C: feu en desers. 52 dunt. ki. 53 jameis pur. 54 ACE: chiet. B: chet. A: abime. BE: abysme. CM: abisme. 55 dunt. 56 coment. Die Periode reicht bis V. 133, der eine Satz umfasst also 77 Verse.

E del seint paraïs chacez
E coment sa lignee crut
60 E qui nasqui e qui morut
E coment de ses eirs avint
E coment le deluge vint, 5
Coment l'arche fu compassee
E quel gent out dedenz salvee,
65 Comben Noë apres vesqui
E coment Abraham nasqui
E Ysaac e Ysmaël, 10
Com d'Ysaac vint Israël
E son jumel frere Esäu
70 E coment Joseph fu vendu
E com il servi Pharaon,
Quant il fu hors de la prison, 15
Com Israël fu en servage
En Egypte mult lonc eage,
75 Coment Moÿses l'enjeta,
Qui tant sovent a Deu parla,
Qui fist l'arche e le tabernacle 20
E por qui Deu fist tant miracle
E a qui il dona la lei,
80 Quant li Jueu de male fei,
Qui son mult mescreant uncor,

58 parays. B: chaciez. C: cachies. E: chacies. 59 la. 60 ki. ki. 61 BM: heirs. CE: oirs. 62 deluvie. B: deluives. C: delouves. E: delugues. M: delunies. Die richtige Form ergiebt sich aus dem Reim 3752. 63 e coment. 64 quels genz. CEI: quel gent. B fehlt. Vgl. die fehlenden Verse in der Einleitung. 66 I: Isaac. 67 F: Samuel. M: Ismael. 68 e come de. C: d'Isac. 69 gimel. BF: jumel. CG: jumiaus. E: jumiax. H: jumeax. M: jovenel. 70 puis v. 71 come. 72 C: fors. E: issi hors de p. 73 come. 74 e en. lung. I: Longuement en terre sauvage. 76 Cahier: od. 76 ke = 77. 78 pur ki. CE: cui. 79 ki. I: cui. 80 Gyu. B: Giu. C: Juif. E: Juis. M: Jueu. F: iiii. 81 ki sunt. A fehlt mult. CE: molt. BCEM: encor. I: si.

Aorerent un veel d'or,
Coment apres Moÿses vint
Josuë, qui lor lei meintint,
85 E coment Gedeon le fist,
Qui la gent Madian occist,
Com li juge vindrent apres,
Qui jugerent le poeple engres
Jusqu'a Säul, le premer rei,
90 Coment il fu de grant desrei
Vers Davi, qui prodhome fu,
Coment Golie fu vencu,
Com Salomon le temple fist,
Qui pres de quarante anz i mist,
95 Com apres lui vint Roboam
E come danz Jeroboam
Fu donc des dis lignees reis,
Coment donc changerent les leis,
Coment fu le temple Baal,
100 Coment donc comença le mal,
Qui al tens de tanz reis dura,
Coment li poeples meserra,

---

82 de. BCEIM: le v. 83 I: et comment donques apres vint. 84 lur gent. I: les genz. CE: loi M: lei. C: Yosue. E: Josuel. 86 ki. ocist. BCEI: quant. C: Medean. E: Madyan. 87 coment. Gyu. BM: Gieu. C: Juif E: Juis. H: Giu. I: juge. Cahier: le greu, wozu er sonderbar bemerkt: Serait-ce le graff des Allemands (grau)? Der nächste Vers hätte ihn auf das Richtige leiten müssen. 88 ki. pople. 89 jusk'a. B: juske. C: jusque. E: dusqu'a. M: jusqu'a. 90 CE: qui fu de si tres grant desroi. 91 David ki prodome. CM: Davi. C: si fu prodom. E: si preudom fu. M: prosdome. 92 Golye. BM: Golie. E: Goulyas. FG: Goulias. HI: Golias. C ändert: a cui il ot noise & tenchon | comment Goulias fu vencus | quant de la fonde fu ferus. 94 ke. 95 come. AM: Roboan. BE: Roboam. C: Robouans. 96 Jeroboan. BM: Jeroboam. E: Geroboam. C: & mecheans Gerodouans. 97 de. A fehlt donc. B: lingnages. EFH: lignies. I: donc des. 99—100 fehlen CE, vgl. Einleitung. 100 donc fehlt. 101 ke as. tant. B: taunz. CE: tant roi. M: tanz. I: cent. L: trois. 102 poples.

```
             Com il fu en chaitiveison
             En Babiloine, la prison,
      105    Coment Jerusalem fu fraite,
             Com ele fu apres refaite,
             Coment li bon Macabe vindrent,           5
             Qui la garderent e meintindrent,
             Coment ele fu puis malmise,
      110    Com el fu a Rome sozmise,
             E coment Deu li dolz, li pis
             Out puis pite de ses amis,              10
             Coment il vint donques en terre,
             Por sa centisme oeille querre,
      115    Coment il nasqui de Marie,
             Coment e par quel tricherie
             Furent occis li innocent                15
             Plus de quarante mile e cent,
             Coment Jesu Crist preecha,
      120    Qui la novele lei dona,
             Com il fu puis en croiz penez
             E des espines coronez,                  20
             Com il fu el sepulcre mis,
```

---

103 come. cheitiveison. C: chaitivoison. 104 Babiloigne en la p. (= I). Wie 666 fonteigne falsch ist, so Babiloigne. B: Babilloine la. C: Babiloine. E: Babyloine. M: Babiloyne en. 105 comen. BFK: faite. 106 come. puis. 107 B: Machabeu. CF: Macable. 108 ki. 109 Cahier sinnlos: après mainmise. 110 come ele. puis. 111 doz. M: pius. C: puis. E: diex. piex. 112 CE: de ces (E: ses) amis piteus fu puis (E: fu piex pitiex). 113 donkes. KL: dunt. Cahier: de ciel en t. = I. 114 pur. seintisme oaille. CEFG: saintisme ouelle. (E: oeille. F: oele. G: oelle). N: seinte oiaille. Auch M hat diese Anspielung auf das Gleichniss vom guten Hirten, das auch Joies. N. D. 210 erwähnt ist, nicht verstanden. Cahier vermuthete das Richtige, setzte aber seintisme in den Text. Hippeau druckt sinnlos: Por s'ancienne ouelle q. und erklärt: son ancienne. Lat. ovicula kann nur oeille ergeben. 117 ocis. B: occis. C: ochis. 118 Hier beginnt D: quarente mille. 119 e coment. precha. BCDE: preecha. 120 ki. C: quant. 121 come = 123 CDE: sepucre.

Com il pramist a ses amis,
125 Qu'al terz jor levereit de mort,
Coment la nef vint donc a port,
Qui tant out este en torment,
De dire vos trestot, coment
Seinte eglise crut e flori,
130 Coment seint Pol se converti,
Coment li apostle le firent
E li martir, qui tant soffrirent, —
Ceo me serreit fort a retraire.
Mes vos orreiz del bestiaire,
135 Si com vos ai en covenant,
Si comencerai meintenant.

Dreiz est que primes vos diom
De la nature del lion.
Lions est une beste fere
140 E hardie de grant manere.
Treis natures a principals

---

124 come. DM: coment. 125 ke. BM: relevereit. CF: leveroit. D: relevra. In D einzelne Buchstaben verwischt. E: resordroit. Hippeau: soffereit mort. 126 dunc. Natürlich ist das Schiff der Kirche gemeint mit Petrus als Steuermann. 127 ke. C ändert: je vous dirai trestout comment. 128 Cah. Ce. C fehlt, vgl. Einleitung; also muss C aus E abgeschrieben haben. E = C 127. 131 umgestellt in A. 132 ki. KL fehlen. B umgestellt. CEH: qui tant dolerex fais soustinrent (E: dolereus). F: qui por dieu pener se laissirent. 133 coe. serroit. 134 vus orrez. B: orez. CE: orres. G: ores. H: orreiz. 135 cume vus. D fehlen 135—136, vgl. Einleitung. Hip. je vos ai covenant. 135—136 sind in CEGH erweitert: essample (G: exemple. H: essamples) por le preu (G: preut) a l'arme (EH: l'ame) | or prions (EG: proies. H: poez) dieu & nostre dame | qu'ele nous puisse si movoir (EGH: puist ci si. G: nos. mouvoir) | li maufes n'ait sor vos pooir (EGH: que. E: maufez. G: maufes. H: marfeiz n'aist. EH: sor nous. G: nos). I fehlt. 137 Ueber die Capitelüberschriften vgl. die Einleitung. ke. vus. Hip. Oez q. S: Oes. BM: dium. CDE: dion. 138 al leon. B: al liun. CDEM: del (D: au. E: dou) lion. S: dou lyon. 139 leuns. 141 ad.

Li lions, qui si est vassals.
Chescune vos serra ben dite.
La premere est que il habite
145 En granz montaignes par nature.
Quant ceo avent par aventure,
Que chacez est de veneor,
De son espei a grant poor.
Se tant est que a lui ataigne,
150 De mult loing sent en la montaigne
L'odor del veneor, quil chace.
Donc coevre od sa cue sa trace,
Qu'il ne sache esmer ne ateindre
Le convers, ou il voelt remeindre.
155 De l'altre nature est merveille:
Car quant il se dort, sis oil veille.
En dormant a les elz overz
E clers e luisanz e aperz.
La terce nature ensement
160 Est merveillose estrangement
E merveillose essample donc:
Car quant la femele foone,

---

142 leons ke. 143 chescone (= K). B: chescune. D: chacune. C: cascune. EH: chascune. C: vous saurai a dire. EH: en saurai dire. 144 k'il. 145 es (= I). CDE: en. 146 co. 147 ke. del. 148 espe ad. pour. BM: espeie. CH: espiel. D: apie. EK: espie. S: espir. 149 ke. 150 mut. 151 M: qui le. C: qui cache. 152 dunc covre. C: keue. trache. 153 k'il. aceindre. CE: qu'il nel puist sivre (E: sievir) ne baillier. I: trover n'ataindre. 154 les overz. BDM: le convers. CE: el (E: ou) lieu ou il se doit logier. I: deit. 156 kar. il dort si oil. B: & si oil. C: & li iex. DMS: & li oil. E: & li iels. I: li oil li. K: e si oil. Uebersetze: „denn wenn er einschläft, so wacht sein Auge: beim Schlafen hat er die Augen offen" etc. 157 ad. oilz (= M). C: ex. D: yauz. E: iels. F: ix. S: iols. 158 lusanz. 159 est ensement. 160 merveiluse = 161. 162 kar. feone. B: foune. CES: faonne. D: foone.

Li foons' chet sor terre mort.
De vie n'avra ja confort,
165 Jusque li peres al terz jor
Le soefle e lecche par amor.
En tel manere le respire 5
Ne porreit aveir altre mire.
En tel guise revent a vie.
170 Or entendez que signefie.

Signefiance i a mult clere:
Quant Deu nostre soverain pere, 10
Qui est esperital lion,
Vint por nostre salvation
175 Ici en terre par sa grace,
Si sagement covri sa trace,
Que onc ne sout le veneor, 15
Que ceo fust nostre salveor,
E nature s'esmerveilla,
180 Coment il vint entre nos ça.
Del veneor devez entendre
Celui qui fet home mesprendre 20
E qui l'enchalce, por occire:
C'est li malfez, qui mal desire.
185 Quant cist lions fu en croiz mis

---

163 founs. C: foons. ES: faons. M: feons. I: a t. 164 jamais. I: vivre. 165 jeske le. B: juske. C: desque. D: jusques. E: dusque. 166 D: les crie & leche. 168 porroit aver. 169 tele. vent. I: itel. vient. E: revient. 170 ore. ke. CDES: senefie. 171 Initial. ad mut. 173 ki. leon. C: esperiteus. E: esperitels. M: espirital. I ändert: esperiteus el mont | Vint por nos sauver en cest mont. 174 pur. salvacion. 175 ci. tere. C: issi. I: cajus. S: chajus. 177 ke unc nel. 178 ke coe. Cah: fu. C: qu'il fust nostre soverains peres. E: li nostres saveres. 179 se. 180 nus. 183 ki l'enchace pur ocire. E: l'enchauce. Cah. l'enchace. Hip. le chace. C: ochirre. E: ocirre. 184 ki. 185 leons.

Par les Jueus, ses enemis,
Qui le jugerent a grant tort,
L'umanite i soffri mort.
Quant l'esperit del cors rendi,
190 En la seinte croiz s'endormi,
Si que la la deïte veilla.
Altrement ne l'entendez ja,
Si vos volez resordre a vie:
Car la deïte ne pout mie
195 Estre baillee ne sentue
Ne escopie ne batue.
L'umanite pout hom blescer,
Sanz la deïte empeirer,
Sil vos mustrerai par semblance,
200 Que n'en devez aveir dotance.
Trenchez un arbre halt e grant,
Quant le soleil serra raiant,
En l'osche del premer cospel
Verreiz le rai del soleil bel,
205 E com plus creissez l'osche avant
E le soleil partot s'espant,
Vos ne porreiz le rai ferir,
Blescer ne prendre ne tenir.
Trestot l'arbre poëz trencher,

---

186 Gyueus. 187 ki. 188 CE: l'umanites si. 191 ke. 193 vus. resurdre. 194 kar. poeit. DEI: puet. 195 I stellt die Reimworte um. 197 B: hum. C: il. ES: on. M: l'em. I: en. CE: baillier. M: blesceir. 199 vus. Cah. Sil (cil?). B: mustra. C: mosterai. D: mostera. EI: mosterrai. S: mousterrai. 200 ke. aver dutance. 202 li. rayant. CEG: luisans. CEG: solaus. 203 e (st. en). B: l'esche. CEG: el trence (EG: ou trenchis, G: trancis) del (EG: dou) premier colpel (E: coipel, G: copel). Cah. l'oschée. I: oche. 204 verrez. C: lo solel cler & b. D: raier le solail. 205 cume. croisez. B: cressiez le. CE: ferres de hace (E: hache) grant. G: croisteres. 206 li. partut. E: tant plus li solaus si espant. 207 poez. 209 trestut.

210 Sanz le soleil point empeirer.
Altresi fu de Jesu Crist.
L'umanite, qu'il por nos prist,
Que por l'amor de nos vesti,
Peine e travail e mort senti; 5
215 La deïte ne senti ren.
Issi creez, si fereiz ben.
Quant Deu fu mis el monument,
Treis jors i fu tant sulement,
E al terz jor le respira 10
220 Li peres, quil resuscita,
Altresi come le lion
Respire son petit foon.

Or vos avom del lion dit
La verite selonc l'escrit. 15
225 Li lions fet mult grant noblesce:
Car nul chaitif home ne blesce,
Si il l'encontre enmi sa veie,
Ne ja, si grant feim ne l'aspreie,
A nul home mal ne fera, 20
230 Si devant coroce ne l'a.
Li lions, qui si est hardiz,
Porte tote sa force el piz.
Quant ateint est de veneor,

---

212 k'il pur nus. 213 ke pur. nus. 214 I: travail por nos. 216 ferez. 218 jorz. solement. B: sulement. CES: seulement. D: soulement. 220 ki le. Cah. qu'il. E: li espirs. I: qui le suscita. 221 li. leon. E: lions: faons. 222 foun. 223 [O]re. de leon. 224 solunc. I: nature. BM: solum. CE: selonc. D: selon. 225 leons. 226 kar. cheitif. 227 se. BCDEM: voie. I: le trove. 228 BM: l'esproie. CE: l'asproie. Cah. l'espreie (echt anglonorm. Form). D: famine enoye. 230 corece. B: coruce. C: correchie. D: corrouce. E: courecie. M: coroce. 231 leons ke si est. Cah. est si. 233 del.

De son espei a grant poor.
235 Escroissement de roës creint,
Si m'esmerveil dont ceo li vent,
Que de blanc coc grant poor a,
Ja qu'il puist, ne l'ateindra. 5

Or vos dirrai d'une altre beste,
240 Qui a deus cornes en la teste
Si trenchantes com alemele.
Iceste beste est si ignele,
Que nul veneor ne l'ateint, 10
Si cele d'aler ne se feint,
245 E si vos puis ben aficher,
Que od ses cornes poet trencher
Un arbre gros e parcrëu;
C'est esprove e ben sëu. 15
Aptalos ceste beste a non,
250 Si habite en la region,
Ou cort le fluive d'Eufrates.

---

234 ad. CDEK: espie. BM: espeie. 235 BEF: crient. D ändert: et s'enfuit quant ce li avint. M: escrossement. roies. K: escrousemenz. 236 coe. B: ce vient. M: co aveint. 237 ke del. cok. pour. C: paour. DE: paor. M: peor. 238 k'il peusse. l'atendra. C: puisse nel verra. E: puist ne l'enconterra. M: l'atendera. Cah. poisse. l'attendra. 239 [O]re. d'un. I: diron. 240 ki ad dous. 241 cum. CES: trenchans. D: trenchanz. F: trencandes. I: trenchanz come une. M = A. Da Participien des Präsens mit Feminin—e schon in viel früherer Zeit auftreten und bei alemele der unbestimmte Artikel zu fehlen pflegt, so ist trenchantes beizubehalten. Vgl. Seeger p. 17. 242 B: ingnele. CEI: isnele = Cahier. D: ignelle. M: ingnelle. 243 ke. 244 de. Cah. sagt, dass er diesen Vers nicht versteht. Uebersetze: „Dies Thier ist so schnell, dass kein Jäger es erreicht, wenn dies nicht lässig ist im Laufen" (Hip. „müde wird"). 245 si i pus. B: vus pus. CE: vous os. I: os. M: vos pois. 246 ke. pot. CE: de. 247 CEI: grant. 248 coe. Cah. Ceo. e seu = BM. 249 aptalops. ad nun. CE: astalon. MQ: aptalos. N: antalops. BD = A. 250 abite. 251 curt. fluvie de. BM: fluvie. CE: flueves. D: flum. F: fluns.

Quant sei la prent, si cort ades
A cel fluive e de l'ewe beit.
Quant bëu a, si vet tot dreit
255 Iloec pres a un boissonei
Si espes com un roncerei.
La sont les ramez si menuz,
Si espes, si bels e si druz,
Ou la beste se vet frotant.
260 Iloec s'enveise e jue tant
Des cornes aval e amont,
Que tot envolupees i sont.
Quant ses cornes sont atachees
Es vergettes, qui sont delgees,
265 E ele est prise el roncerei
Com un peisson en une rei,
Donc tire e sache a grant poeir.
Quant ses cornes ne poet aveir,
Mult s'esforce, mes ren ne valt.
270 Donc se coroce e crie halt,
Que l'em la poet de loing oïr.
Donc vent li veneres d'aïr,
Qui la troeve iloec enserree,

---

252 seif. curt. C: soit. DES: soif. M: seif. I: sei li. E: keurt. 253 fluvie. D: flum. M: flume. 254 ad. 255 B: boissonet. C: bois dales. E: bos deles. Cah. boissenei. 256 come. roncei. B: runcenet. M: rouconei. CE: molt espes & esronchines (E: enroincines). S: roncherai. 257 sunt. B: rames. C: li rain. EI: li rainsel. 258 beals. CE: si bel si espes. dru. 260 BCDEM: s'envoise. I: s'enveise. 261 od ses. amunt. Cah. corns. D: o ses qui sunt igal. 262 ke totes. sunt. CE: que envolepees. 263 sunt. 264 ke sunt deugees. M: vergelettes. 265 ronconei. A fehlt e. BK: runcerei. C: ronsoi. D: ronceroiz. E: roincenoi. M: roncerei. S: roncherai. 266 come. B: oysel. CE: roi. D: roiz. G: roit. BKM: rei. L: ou maroi. 267 B: sake. FM: sace. Cah. sache et t. 268 e q. 269 ne li vaut. 270 BCDEIM: en h. 271 ke. pot. loinz. B: hom. CES: on. D: l'on. M: l'em. Cah. u. Hip. loinz gegen den Reim. 272 CE: muet. M: veint. 273 ki. trove.

Si la fert de lance ou d'espee
275 Ou d'altre glaive, si l'occit:
Car el ne poet grant ne petit
D'iloec fuir ne sei defendre;
La li covent la vie rendre. 5

Seignors, ceste beste par fei
280 Done grant essample de sei.
Iceste beste signefie
Plusors homes, qui sont en vie,
Qui ont deus cornes finement, 10
C'est l'un e l'altre testament,
285 Qu'il ont apris e recorde
E l'un a l'altre concorde,
Si qu'il en sevent toz les pas;
Mes por ceo ne lessent il pas, 15
Qu'il n'algent el boisson juer
290 E les cornes envoluper.
E quel boisson porreit ceo estre
Fors cest malvais monde terrestre,
Qui si est fals e decevant, 20
Ou tant se juent li alquant,
295 Qu'il i sont pris e acrochez?

---

274 CE: de hace (E: hache). M: fent da lance. 275 arme. l'ocit. CE: glaive. 276 kar ele. pot. 277 soi. 278 M: coveint la mort atendre. 279 [S]eignors. 282 plosor gent. sunt. BKL: genz. D: plusors de ciauz. 283 ki. dous. C: vraiement. M: sulement. 284 co. l'autre. 285 k'il unt. Cah. qui l'ont. 286 l'autre. B: de. CE: &. E: encorde. 287 k'il. C: ensegne. E: ensaingne. M: seivent. 288 pur coe. Dieser Vers fehlt ganz bei Cahier, der dies übersehen hat. 289 k'il. CE: n'aille (E: n'aillent) au buisson hurter (E: joer). 290 CEI: lor. 291 coe. C: es quex. E: & quels. 292 malveis mund. 293 ke. faus. B: decevanz. DE: decevans. 294 B: esquanz. CE: auquant. D: aquanz. M: se veint les asquanz. S: la gant. Hip. se deduient la gent. 295 ke il sunt. C: atouchies. E: atachie. Cah. Que i.

Li veneres, ben le sachez,
Est cil qui le fol home chace,
Tant qu'il l'ateint en cele place
Soz le boisson e la l'occit
300 Sanz defense e sanz contredit:
Car Deus l'en soeffre la baillie.
Por ceo fet cil mult grant folie,
Qui tant se delite e solace
El monde, que trop s'i enlace,
305 Qu'il ne poet ses cornes retraire,
Si me vent a mult grant contraire
Des clers, qui les deus cornes ont,
Que tot a costume le font.
Al boisson juent tote jor
310 E ben veient le veneor,
Qui les enchalce por occire.
Mes tot ades a sei les tire
La veine gloire e le delit
De cest monde, qui les occit
315 E qui les plus sages encombre.
Tant fet bel estre desoz l'ombre
Del boisson, ou tant se delitent,
Que trop volenters i habitent.
La les tenent les bels mangers,

---

296 Hip. sinnlos: Par les vices de lor pechiez | Et cil etc.
B: sachiez. CDE: sachies. 297 ki. 298 k'il. D: le tient. 299
l'ocit. 300 Cah. defen. 301 kar. soefre. B: soffre. M: soeffre.
I: done. 302 pur co. 303 ki. 304 mond ke. Cah. et qui tant.
305 k'il. EI: n'en. B: retreire. 306 A fehlt mult. E: molt a.
307 ki. dous. unt. I: deus. 308 ke tut. funt. D: par costume.
309 tot en jor. B: tut en jur. CE: toute jor. D: s'en vont nuit & j.
M: tot eu jur. Cah. venent. 310 veneur. B: vient. M: veint.
311 ki. enchace pur ocire. C: encauche. M: enchante. 312 tut.
soi. C: de vaine glore & de d. M: seif. 314 mund ki. ocist.
315 ki. encumbre. 316 l'umbre. 318 ke. 319 beals.

320 Les bons beivres, sues e chers,
　　Les beles femmes, les bels dras,
　　Les palefreiz amblanz e gras,
　　L'or e l'argent e la pecune,
　　Qui tant fet mal a qui l'aune. 5
325 Tant demorent soz cel boisson,
　　Que li veneres a larron
　　Vent sor els e la les acore,
　　Od son glaive plus ne demore.
　　Ha, por Deu, home, garde tei, 10
330 Qui en Deu as creance e fei,
　　Fui homicide, fui luxure,
　　Renie orgoil, guerpis usure,
　　Laisse avortire, fui ivresce
　　E envie, qui l'alme blesce! 15
335 Si tes cors ne poez desaerdre,
　　La vie t'en covendra perdre
　　Non pas del cors tant sulement,
　　Mes cele de l'alme ensement.
　　Ne semble pas la beste mue, 20

---

320 suefs. B: clers. D: clerz. EH: soef couchier. Man könnte also sues cochers vermuthen, aber die andern Substantiva erscheinen mit dem bestimmten Artikel. sues ist zweisilbig, wie V. 2125 zeigt. 321 beals. 322 CE: cras. C: souef. Hip. soes et cras. 323 la grant pecuine. BCDES: pecune. IKM: pecunie. 324 ke. ki. 325 suz. CE: demeurent sous le. 326 ke. CL: au. D: com. I: li. K: al. 327 sur eus. CE: & si les. 328 gleive. DF: son (F: sa) glave. M: sa. CE: demaintenant que (C: ke) n'i demore (dagegen schreiben CE im V. 325 demeurent). 329 a. a. pur (so Hs.). BDEM: Ha. C: ahi. L: pourpense toi. 330 ki. 332 reni. CE: renoie. M: reine (i oft verstellt). I: reneie. 333 leisse. yvresce. CE: ivrement. Cah. Leissez avoistre. Hip. druckt: jurece!! 334 ki. CE: sousprent. 335 cornes. C: pues glacier. D: aerdre. M: desardre (vielleicht Form des Dichters). Cah. corns. pos. Hip. Tes cornes t'estuet desaerdre | Ou la vie te covient p. 336 en. B: l'ame. C: laissier. 337 nun tant del cors solement. B: nun pas. I: le. 338 I: Mes le cors et l'ame. 339 semblez.

340 Qui del boisson ne se remue,
　　　Devant qu'ele i est entreprise!
　　　Si ceste essample as ben aprise,
　　　E selonc ceo volez ovrer,
　　　Grant ben en porras recovrer. 5

345 Nostre matire est mult estrange:
　　　Car sovent se diverse e change
　　　E neporquant si est tote une:
　　　Car les essamples, qu'ele äune,
　　　Sont totes por l'amendement 10
350 D'ome qui eire folement.

　　　En Orient la sus amont
　　　A deus perres sor un halt mont,
　　　Qui mult sont d'estrange nature:
　　　Car el portent feu e ardure, 15
355 Si sont come madle e femele.
　　　En oïstes onques novele
　　　Plus merveillose ne plus veire?
　　　Car li livres nos fet acreire:
　　　Quant ces perres sont loing a loing, 20
360 Feu n'en istreit por nul besoing.

---

　　340 ke. 341 k'ele soit. BCDEMS: est. 343 solunc coe.
D: voillez. CF: voles. E: se. voloies. Hip. Et tu la veuz bien
retenir | Moult t'en porra bien avenir. 344 i en. C: porres. E:
porroies. CEM: trover. 345 [N]ostre. 346 kar. B: deverse.
CE: devise. 347 nepurquant. CE: Neporquant s'est ele t. 348
kar. k'ele. 349 pur. 350 de home ki. C: d'ome. E: d'omme.
CE: oirre. G: oire. P: eire. Mann: erre (= S). 351 amunt.
Cah. druckt die II perres erst nach der Serre. 352 ad dous peres.
munt. 353 ke. sunt. E: de fiere. 354 kar il. fu. C: eles. ES:
queles. M: en. 355 sunt cume. CE: masle. F: marle. M:
maille. 356 unques. CE: & n'o. Hip. Et n'oistes imes. Q: Onc
n'oistes mes. Mann: E n'oistes. 358 ke. nus. CE: car. Cah.
Que. 359 peres sunt. B: loin e loin. P: sont loign. 360 bosoing.
CE: besoing.

Mes quant par aventure avent,
Que l'une pres de l'altre vent,
Si espernent e feus en ist,
Qui andeus les perres bruist,
365 E tant crest li feus e engraigne,
Qu'il esprent tote la montaigne,
E quanqu'a de chescune part
De la montaigne esprent e art.

Ici deivent essample prendre
370 Cil qui a Deu se voelent rendre
E qui maignent en bone vie:
Fuir deivent la compaignie
Des femmes ententivement
E lor charnel apresmement,
375 Que cele flambe e cele ardor,
Qui vent de la charnel amor,
N'arde les bens, qui en els sont,
Que Deu, qui est sires del mont,
A en els par sa grace mis:
380 Car en poi d'ore sont malmis
Les bens, ou cele flambe cort,
Qui de chalde femele sort.

---

361 CEI: Et. 362 ke. l'autre. 363 espnent. feu. CS: esprenent. EI: esprennent. 364 ki ambedous. peres. B: ambedeus. CE: andeus. 365 feu. CE: croist. I: creist. Mann: en graigne. 366 k'il espent. montaingne. 367 quantke ad. 369 [I]ci. 370 k'a. volent. 371 ki meinent. BC: mainent. IM: maignent. Cah. mangeient! 373 de. Hip. enterieguement; das Richtige setzt er in die Anmerkung. 374 lur. BM: aprisement. C: aproicement. E: approchement. Cah. aprestement. P: aprismement. 375 ke. ne cel ardur. CE: flame. M: fabbe. I: Quer. flambe. 376 ke. amur. A fehlt la. 377 ne. k'en. sunt. I: Ardent. 378 ke. ki. mund. 379 ad. 380 kar. sunt. B: d'ure. CE: d'eure. 381 curt. M: fable. 382 ke de choses femeles surt. M: des. CEGH: chaude (CG: caude). sourt. I: chose. Cah. choses = MP.

Por verite saveir devom,
Que toz jors a l'angle felon
385 Son agait por faire peccher
Le chaste hom, le dreiturer
E la chaste femme ensement.   5
Eve des le comencement
Peccha par inobedience.
390 De cel pecche remest semence,
Qui toz jors crest e multiplie:
Car diables pas ne s'oblie.   10
Par la flambe de cest pecche
A meint hom este engigne.
395 Joseph fu temptez e Samson:
L'un fu vencu e l'altre non,
L'un fu vencu, l'altre venqui,   15
Onc la flambe nel corrompi.

Une beste est, qui a non serre
400 E qui n'abite mie en terre,
Mes en cele grant mer abite;
Ceste beste n'est pas petite,   20
Ainz est durement corporue:
Granz eles a la beste mue.
405 Quant ele veit en cele mer

---

383 pur. saver devon. M: savorer dewm. 384 ke. jorz ad. C: li angele. 385 aguait pur fere. CE: faire. 386 chast home. BE: chaste. 388 del. BCE: des le. 390 remist. CEF: remest. I: remaint. 391 ke. jorz. BM: multeplie. CEFS: monteplie. 392 kar. se ublie. CE: Diables ne s'oublie mie. 393 Cah. d'itel. BCK: cel. 394 ad. engingne. 396 vencu l'autre. Also A fehlt e. CEFGH: &. I: vaincu. 397 l'autre. C: venki. N: vesqui. I: veinqui. 398 unkes. ne corrumpi. CFG: ainc. EH: ains. I: Que. EGH: nes. 399 [U]ne. k'ad. Es fehlt est. 400 C: & qui. Cah. Si n'abite. I: nient. Q: noyent. 401 habite. 402 cele. Cah. nest. S: ceste. 404 ad.

Les nes e les dromonz sigler,
En ses eles recoilt le vent,
Vers la nef sigle durement.
Le vent la porte sus les ondes,
410 Qui sont salees e parfondes. 5
Issi vet longuement siglant,
Tant qu'ele ne poet en avant.
Donc chet aval e se recreit
E la mer l'assorbist e beit
415 E la trait aval el parfont. 10
Li notiner, qui par mer vont,
Ne la querent ja encontrer:
Car c'est un grant peril de mer,
Si fet sovent la nef perir,
420 A qui ele poet parvenir. 15

Iceste beste sanz dotance
Porte mult grant signefiance.
La mer, qui est grant e parfonde,
Signefie cest present monde,
425 Qui mult est malvais e amer 20
E perillos si com la mer.
Cil qui par la mer siglant vont,
Signefient les bons qui sont,

---

406 nefs. dromunz. C: aler. 408 Cah. dorement (agn.). 409 undes. B: suz. CEI: sor. M: sus. I: ces. 410 ke sunt. 411 lungement. C: longuement. EMS: longement. 412 ke ele. pot avant. Also en fehlt. Cah. Qu'ele n'i poet sigler avant. CES: en a. 413 dunc. & ele. B: se retreit. CE: si rechoit (E: recroit). I: se r. 414 l'asorbist. Cah. Hip. la s. 415 treit. al parfund. B umgestellt. 416 ki. Cah. par vond (sic). C: notonnier. 420 ki. pot. CEM: avenir. 421 [I]ceste. dutance. 422 signifiance. CE: senefiance. Hip. Done. 423 ki. parfunde. B: graunde. 424 munde. CEG: pesant. 425 ki. C: avers. E: amers. 426 come. 427 ki. la fehlt. CE: la. 428 ke i sunt. CE: ki (E: qui) sont. M: que i. I: boens.

Qui vont par cest monde nagant
430 E lor nef adreit conduiant
Par les ondes, par les tormenz
Contre les periz e les venz.
Ceo est a dire e a entendre: 5
Ceo sont li bon, que entreprendre
435 Ne poet cil ne faire neier
Qui nes fine de guerreier.
Parmi cest monde vont siglant
Li prodhome lor nef menant 10
Si dreit, que li fel adverser
440 Ne les poet faire periller.
La beste, dont jeo vos ai dit,
Que par la mer sigle petit,
Puis recreit e chet el parfont, 15
Signefie plusors, qui sont,
445 Qui comencent a ben ovrer,
A servir Deu e a amer,
E quant il venent es periz
Des granz aises e des deliz, 20
Des coveitises, qui granz sont,
450 E des boisdies de cest mont,

---

429 ki. mond. CEI: noant. BM: najaunt. 430 lur. Hip. nes. CE: conduisant. Cah. à dreit. 431 undes. turmenz. 432 perilz. C: peris. E: perils. I: periz. 433 c'est = CEI. B: ce aprendre. 434 coe sunt. ki. C: qui. E: cui. 435 pot. fere neer. F: neyer. CES: noier. BM: naier. 436 ki. Hip. ne. 437 mond. B: par unt ce munde vunt. 438 prodome lur. Hip. Li boen prodome et naiant. 439 ke. CLS: avresier. EI: aversier. M: adversaire. 440 pot fere. B: feire periler. CES: faire perillier. M: periller faire. I: fere perillier. M hat gegen die andern Hss. uncorrecten Reim. 441 jo vus. 442 ke. E: nage. 443 pois. B: retreit. C: recroit. E: recort. M: recriet. Cah. retrait. 444 i fehlt. ki = 445. Hip. bien a. 447 perilz. CE: peris. 448 eises. CEM: aises. 449 as. ke. sunt. BCE: des. 450 as. mund. e fehlt. B: ki les plusurs renier funt. CEIS: renoier font (I: reneier).

Donc recreient de dreit nager.
Idonc les estoet periller
E chaïr es adversitez,
Es pecchez, es iniquitez,
455 Qui les traient el fonz aval   5
Dreit en la maison enfernal.

Caladrius est uns oisels
Sor toz altres corteis e bels,
Altresi blans come la neis.
460 Mult par est cist oisels corteis.   10
Alcune feiz le troeve l'em
El païs de Jerusalem.
Quant home est en grant maladie,
Que l'em despeire de sa vie,
465 Donc est cist oisels aportez.   15
Si cil deit estre confortez
E repasser de cel malage,
L'oisel li torne le visage
E tret a sei l'enfermete,
470 E s'il ne deit aveir sante,   20
L'oisel se torne d'altre part,
Ja ne fera vers lui regart.

---

451 dreit fehlt. B: del dreit. Cah. retraient. EG: recroient soi. 452 estot. B: idunc. CE: adont. I: adonc. 453 adversetez. CE: en aversites. 454 as. as. Hip. et. 455 ki. 456 meison. dreit fehlt. Hip. Dedenz la. CE: droit a. 457 [K]aladrius. oiseals. BM: Kaladrius. C: Caladricus. E: Caladrius. 458 autres curteis. beals. 459 autresi blanc. neifs. CE: blans. nois. 460 mut. oiseals curteis. Cah. parest. 461 aucone. trove. IP: l'en. CEGH: a la fois prent herbergement. (G: hierbegement. H: herbregement.): Iherusalent. CE: Iherusalem. Also die continentalen Hss. ändern den Reim l'em. 462 pays. 463 CGH: aucuns a. 464 ke. desespeire. M: desesspoire sa. Cah. despeire = Hip. CE: & on despoire. 465 oiseals. 466 se. 467 CE: repasses de son. 468 C: mostre son. 469 C: soi. E: li. 470 aver. 471 l'oiseals. autre. CE: d'autre. Cah. s'entorne. 472 fra. CE: fera.

Or est raison que jeo vos die,
Que cest blanc oisel signefie.
475 Il signefie sanz error
Jesu Crist, nostre salveor,
Qui onques neire plume n'out, 5
Ainz fu tot blanc si com li plout:
En lui nen out onques neirte.
480 Il meïsmes, qui est verite,
Dist en l'evangile de sei:
Li princes, dist il, vint a mei 10
De cest mont, mes ren n'i trova
De tot iceo que il quida:
485 C'est a dire ren qui sen fust,
Ou pecche chalenger pëust,
Si s'en tint mult a engigne: 15
Car Deu ne fist onques pecche
N'en lui ne fu onques trovee
490 Nule tricherie provee.
Icist verais caladrius
Est nostre salveor Jesus, 20
Qui vint de sa grant majeste,
Por esgarder l'enfermete

---

473 [O]re. reison. ke jo vus. CES: raisons. Cah. reson.
474 ke cist. Cah. cest. 475 errur. CE: errour. 476 E: creator.
477 ki unkes. I: pennes. 478 blancs. Der Schluss der Zeile,
der einen Reim liefere, fällt Cahier als nichtssagend auf, wohl
weil er ihn nicht verstanden. 479 li. unkes. C: noirte. E:
noirete. IMP: nerte. S: fausete. Cah. nerete. 480 ki. CMP:
verte. E: c'est. Also qui est einsilbig. Cah. mêmes qui. Hip.
Cil certes qui. 481 dit = 482. C: Je sui el pere il est en moi.
484 coe ke. Es fehlt tot. CE: tout ice. M: icco. CEI: cuida.
485 co. ke soen feust. C: siens. EL: sien. MP: son. I: soen.
P: fist. 486 CE: calengier. 487 Hip. se t. a moult enginnie.
B: se entent. 488 kar. unkes. 489 li. unkes. 490 Cah. nul.
B: pruvee. CE: prouvee. 491 verrai kalidrius. C: ichis oisaus.
E: icil oisials. 492 Hip. c'est. 493 ki. 494 pur.

495 Des Jueus, qu'il out tant amez
E garniz e amonestez,
Tantes feiz pëuz e gariz,
Tant honorez e encheriz,
E quant il vit que il morreient 5
500 En la nonfei, ou il esteient,
Vit lor malice e lor duresce
E lor mal quoer e lor peresce,
De lor esgart torna sa face;
Par sa benigne e seinte grace 10
505 Se torna donc envers nos genz,
Qui esteiom las e dolenz
Sanz fei e sanz enseignement
En grant misere, en grant torment.
Noz enfermetez visita, 15
510 Noz pecchez en son cors porta
El seint fust de la croiz veraie,
Dont li diables mult s'esmaie.
Ensi faire le coveneit.
Alsi com Moÿses aveit 20
515 Halce lá serpent el desert,

---

495 Gieus k'il. Hip. genz que. 496 B: tant guarnis. C: & semons. P: guariz. 497 tante. E: garnis. P: garriz. 498 honurez. Cah. Hip .et tant cheriz (chieriz). E: tant chieris. 499 ke. murreient. Cah. Hip. falsch moreient. C: i morront. 500 CE: en cele foi. Hip. non fei. 501 lur. lur. C: durte. Cah. ordesce. Cah. theilt oft falsch ab, so 502 malquer. CE: maus cuers. 503 lur esgard turna. Hip. Adonques lor torna, was ganz dem Sinne und Zusammenhauge widerspricht. 504 e fehlt. I: seintime douce, Cah. fehlt „und" = P. 505 turna dunc. nus. Cah. Hip. donques vers. CE: si torna adonc. 506 ke. CE: qui estoient en grans tormens (E: grant torment). B: esteums. M: estiom. I: estion. P: esteon. 508 miserie. CE: misere & en t. (= Cah.). 509 = 510 nos. Hip. col. 511 CE: i. saut fist en la crois veraie (E: dusqu'en. vraie). 513 e issi. C: car. E: ensi. Hip. Issi fere. 514 ausi come. 515 hauce. BKMN: la. CEFGHI: le. C: cachie EH: chacie.

Alsi coveneit en apert
Le fiz de home estre eshalce
E en la seinte croiz dresce,
(Por atraire toz les boens,
520 Qui sanz fin remaindront soens.)

Del pellican vos devom dire,
Ou mult a raison e matire,
N'orreiz plus bele mes oan.
Damne Deu dist del pellican
525 Par la boche del bon Davi,
Qui de sa grace ert repleni,
Qu'il esteit fet a lui semblable.
Pellican est oisel mirable,
Si habite en la region
530 D'un fluive, qui Nilus a non.
El rivage del Nil habite,
E ceo me dit l'estoire escrite,
Qu'il en i a de deus maneres:
Cil qui habitent es riveres
535 Ne manguënt se peisson non;

---

516 ausi. 517 eshauce. BEKMP: femme. CGHIL: fame.
F: le feme. In A entspricht das richtige home dem lateinischen
filium hominis. 518 B: pose. C: hauchies. EGHP: haucie. F:
drecie. M: pene. 519 pur atreire tuz. P: acreire. 520 ki. remain-
drunt. 519—520 fehlen Cah. u. Hip. Die beiden siebensilbigen Verse
können, ohne den Zusammenhang zu stören, wegbleiben; schon der
Reim erweist sie, von den andern Hss. abgesehen, als verdächtig.
521 [D]el. 522 reison. Q: Mult y a. 523 n'orrez. B: cest an.
CF: mais plus bele aventure (F: biele auuan). EM: mais avuan
(M: ovant). H: owan. GS: awan. IL: oan. Cah. à un an. 524 C
fügt eine Zeile hinzu: parole bele & avenant. 525 buche. Cah. le
voche. 526 ki. fu. Hip. fu empli. C: raempli. E: raemplis.
527 k'il. Cah. Que il s'ert. C: a moi. 530 fluive ke. ad nun.
Hip. Del fleuve. C: flueve. Niilis. 531 BM: de. C: de la abite.
E: dou. 532 coe. dist. Hip. Issi me. B: l'estorie. C: l'estore.
533 k'il i ad. CE: qu'il en i a. 534 ki. Cah. en = BCE. 535
C: menguient.

Cil qui ne manguënt peisson,
Habitent en la desertine
E ne manguënt fors vermine.
Del pellican est grant merveille:
540 Car onques nule mere oeille 5
N'ama tant son petit aignel
Com il fet son petit oisel.
Quant ses pulcinez a esclos,
En els norrir e char e os
545 Met tote sa peine e sa cure. 10
Mes mult fet male norreture:
Car quant il sont crëuz e granz
E alques sages e puissanz,
Si becchent lor peres el vis
550 E tant lor sont fels e eschis, 15
Que lor peres de fin coroz
Les occient e tuent toz.
Al terz jor vent li pere a els,
Si le commoet pitez e dels.
555 Tant les aime d'amor parfite, 20

---

536 ke. pas p. 538 E: si ne. 540 kar unkes. owaille. B: oaile. C: jovene oeille. E: jone oueille. M: ovielle. 542 cum. 543 pucins ad. C: pouchines. E: poucines. M: pucieus. I: poucinez. Cah. pusinės. 544 eus. C: norir met. 545 Das zweite sa fehlt. CEM: & sa. 546 mut. nureture. Cahier setzt noriture = élève und vergleicht l'élève des bestiaux. Aber das Wort bedeutet Gedeihen, Wachsthum, hier Brut. Der Pelikan, der auf die Ernährung seiner Jungen Mühe und Sorge verwendet, schafft (sich) eine sehr schlechte Brut; denn wenn sie gross sind, hacken sie ihren Eltern ins Gesicht. 547 kar. sunt. Hip. norriz et. 548 aukes. poisanz. B: pesaunt. C: puissant. 549 bekkent. B: becchent. CEI: bechent. KM: bekent. E: pere ens ou pis. Cah. S'il. es. 550 lur sunt. eschifs. BE: eschis. C: cuitis. 551 ke lur. Hip. pere. corroz. B: fine coruz. CE: courous. 552 ocient. Hip. ocit et les tue. C: ochist. E: ocist. 553 Cah. lor. B: lur. 554 doels. Cah. pitels et duels. Hip. Si les quenoist pitie a d'eus. B: pite de eus. C: pities & dieus. E: diels. 555 d'amur. Hip. parfeite.

Que donc revent, si les visite.
Od son bec perce son coste,
Tant qu'il en a del sanc oste.
De cel sanc, qui de lui ist fors,
560 Lors remeine la vie es cors
De ses pulcins, n'en dotez mie,
E en tel sens les vivifie.

Seignors, or oëz que ceo monte.
Ja entendriez vos un conte
565 D'Arthur ou de Charle ou d'Oger.
Ci a a beivre e a manger
A l'alme de chescun feeil,
Qui voelt aveir de Deu conseil.
Deus est le verai pellican,
570 Qui por nos traist peine e ahan.
Oëz qu'il dist en prophecie
Par le bon prophete Ysaïe:
J'engendrai, fet damne Deu, fiz;
Quant les oi crëuz e norriz,
575 Il me despistrent e haïrent
E mes comandemenz desfirent.
Certes, seignors, c'est verite,

---

556 ke. Cah. dont vent et si. 557 bek. 558 k'il. C: c'adont. E: qu'adonc. 559 del. ke. C: de cel. E: ce. Cah. de iloc. Hip. d'ilec. 560 lors fehlt. il ist als überflüssig gestrichen. C: lors ramaine la. 561 pucins. dutez. Hip. A ses. 562 sen. e fehlt. C: lor rent la vie. Cah. Ramaine il. as. FI: el. L: es. 563 [S]eignors ore. ke coe. CE: oies. 565 de. de. C: d'Artu. EL: d'Artus. IKM: d'Artur. CEI: d'Ogier. I: Challe. 566 ad. Cah. Cil. 567 chescon. B: faeil. CEKM: feel. 568 ki vot aver. 569 verrai. CE: pellicans. 570 ke pur. treit. CEK: traist. BM: han. K: hain. CE: ahans. 571 k'il. el (= BM). C: en. EIK: la p. 573 jo. damne fehlt. Hip. Je engendre. B: dampnedeu. C: damediex fix. 574 nurriz. 575 CE: despirent. 576 defirent. C: desdirent. E: desfirent.

C'est la veraie auctorite:
Nos somes ses fiz e pigons,
580 Qui come malvais e felons
Nostre seignor el vis ferimes,
Quant nos pardevant lui servimes 5
A sa creature meint jor
E nent a lui com creator:
585 Plenerement le reniames,
Quant perres e fustz aorames.
Por ceo a nos se coroça, 10
Si nos guerpi e nos chaça
En la main al cruel felon.
590 Por noz pecchez mort esteiom.
Quant al pere pite en prist,
Nostre salveor Jesu Crist, 15
Son cher fiz enveia en terre,
Por faire pes de nostre guerre.
595 Deu devint hom por noz pecchez,
Circumcis fu e baptizez
E por nostre salvation 20
Soffri torment e passion:

---

578 verai. CE: vraie. 579 sumes. B: pijuns. M: piguns.
C: si faon. E: si poon. Cah. pignons. Hip. giebt als Var. ses
poons. 580 ke. malveis. 581 E: ferismes. 582 nus. li. C: venimes.
E: servismes. 583 Hip. la criature. 584 pussant. C: Nient en
lui no creatour. E: & vient ou lieu no c. M: uent a lui c.
Cah. neient a lui creator. Hip. Qui toz nos trest a desennor.
585 reneames. C: renoiasmes. I: reneiames. 586 peres. B: perres.
C: fus. I: fuz. Cah. fut, in Anmerk. fust? Derselbe ist im Zweifel,
ob Anbetung von Holz oder Feuer gemeint ist. 587 pur coe. nus.
B: coruscat. C: couroucha. I: o. 589 B: culvert. C: crueus.
590 pur. pechez mortz. Cah. bemerkt zu estéom, dass die Bauern
der Umgegend von Paris noch j'étiomes sagen. 592 Ihesu. Hip.
Nostre verai Deu. 593 filz. 594 pur fere. C: pour faire pais.
ceste. 595 hoem. nos pechez. B: home. CD: hom. 596 C: cir-
conchis. D: circumsiz. 597 pur. salvacion. 598 suffri mort. Cah.
Soffrit il mort. B: turment. I: torment.

Prendre se lessa e tenir,
600 Lier, bender e escopir
E en la seinte croiz pener
E od espines coroner
E cloficher en pez e meins. 5
Li salveres de pite pleins
605 Se lessa ferir el coste,
Si savom ben par verite,
Que sanc e ewe s'en issi.
Par cel sanc somes nos gari: 10
Cel seint sanc nos rechata vie
610 E nos osta de la baillie
Al felon, qui a non Sathan.
Deu, qui est verai pellican,
Nos raienst en ceste manere 15
Come la gent, qu'il out mult chere.

615 Or dirrom del niticorace,
Un oisel de malvaise estrace,
Freseie a non en dreit romanz.
Cist oisels est orz e puanz; 20
De jor ne de soleil n'a cure.
620 Toz jors est tele sa nature.

---

599 C: pendre. 603 clouficher e. B: clousficher. C: clausfichier en. DM: clofichier. Hip. et piez. 604 F: de la lance n'est pas del mains. 606 pur. BI: de. CD: par. 607 ke. en. Hip. li sanc. l'eve en. C: s'en. D: ansemble. 608 sumes. D: tuit guari. I: cest. 609 nos fehlt. I: Cest. C: retraist a v. D: fu nostre rechataille. I: rachata. 611 ki. nun. 612 ki. verrai. 613 remist. Cah. rameint. C: raienst. D: raient. K: raent. I: itel. Cahier druckt nach dem Pelikan (VI) das Wiesel (XXVII). 614 k'il. 615 [O]re. Cah. dirrai. BK: nicticorace. C: l'unicorache. D: nuticorace. I: nicorace. L: nitichorace. 616 malveis. Hip. D'un. D: malvaise trace. 617 ad. CMI: fresaie. C: a a non en roumans. D: fresoie. Q: Fresaye. 618 oiseals. ordz. 619 n'ad. Hip. et. 620 jorz. tele = Cah. Hip.

Nuit e tenebres aime ades,
Ben est semblant qu'il est malves.

En cest oisel sont figure
Li fals Jueu malëure,
625 Qui ne voldrent Deu esgarder,
Quant il vint ça, por nos salver.
De Deu, qui est verai soleil,
Ne voldrent creire le conseil,
Ainz le refuserent partot
630 E contre lui furent de bot
E tot plenerement diseient,
Que nul rei fors Cesar n'aveient.
Donc se mustra Deus a nos genz,
Qui esteiom las e dolenz,
635 En tenebrose region,
En l'ombre de mort seeiom,
Quant la lumere nos nasqui,
Qui de la seinte virgne eissi.
Idonc fumes enluminez,
640 Donc fu li termes afinez
De la peine, de la dolor,
Qui nos aveit tenu meint jor.

---

622 k'il. malveis. Hip. sert mauves. C: bien samble que il soit malvais. D: c'en. 623 [E]n. sunt. 624 faus Gyeu. Cah. fols Gieu. Hip. felon Jeve. 625 ki. voudrent. B: voleient. C: voelent. D: vodront. Cah. [à] Deu entendre. I: aourer: sauver. 626 pur nus. Es fehlt ca. B: quant cajus. C: cha. D: ca. I: il vint ca. Cah. raendre. KL fehlt ca. 627 ki. verrai. C: li vrais solaus. 628 vodreient. le fehlt. Cah. voleient. C: voelent. les consaus. 629 partut. 630 encuntre li. de but. DM: de bot. CE: de bout. Cah. Hip. Encontre. 631 tut. Hip. planiement. E: trestout plainnement. 632 ke. C: dieu. 633 deu. nus. Hip. monstra. 634 ki. CE: qui estoient. 636 do. Cah. Hip. seion. CE: estion. 637 nus. 638 ke. BCDEM: issi. Hip. essi. 641 e de. 642 ke. out. B: aveit. C: avons. E: auiens steht unter auoit.

Devant ceo esteiom nos tristre;
De nos dist Deu par le psalmistre
645 Davi, qui tant fu ben de lui:
Li poeples, que jo ne conui,
Fet nostre sires, me servi 5
E en oiance m'obeï,
E fiz estranges me mentirent
650 E clocherent e enveillirent.
Por ceo veillirent e clocherent,
Que mes comandemenz lesserent. 10
Li Jueu sont en obscurte
Ne veient pas la verite:
655 Les tenebres amerent plus
Que le verai soleil la sus.

Li aigles est reis des oisels. 15
Quant velz est, si devent novels
Par mult merveillose nature.
660 Une fontaine clere e pure,

---

643 coe. 644 nus dit. salmistre. B: psaumistre. C: saumistre. D: psalmistre. E: psalmiste. 645 David ki. BCDM: Davi. 646 ke jo. Hip. Le pueple dist me quenui. 648 me. CE: orison. D: honorance. 649 CE: & cil estrange. D: & mes filz me formenterent. Hip. Et cil qui pas ne me servirent. 650 clouficherent & envilirent. Hip. Clochierent et si enveillirent. B: clochierent. enveillierent. D: avilerent. CE: & mes commandemens desdirent (E: despirent). Die Stelle ist von den meisten Schreibern nicht verstanden worden. 651 pur coe me lierent e clouficherent. B: veillierent. clochierent. D: avilerent. endosserent. CE: & ce (C: cou) que je (C: jou) dis abaissierent. M: por co envilirent e choficherent. K: enveillirent. S: enviellirent. clocirent. Cah. enveillirent. Hip. enviellirent. clochierent. 652 ke. CE: &. 653 Gyeu sunt. Cah. oscurité. BCD: oscurte. 654 B: point de la clarte. CE: car il laissierent la clarte. Zu obscurte bildet clarte einen besseren Gegensatz. 655 aiment. CE: amerent. 656 vera. B: veir. CES: vrai. D: voir. M: verrai. 657 [L]i. oiseals. 658 noveals. B: veilz. C: viex. D: viaus. E: viels. Q: veil. Cah. Quant volt si devenir novels. 659 mut merveilluse. 660 fontaigne.

Ou l'ewe sort vive e boillant,
Quant li soleiz est cler raiant,
Cerche li aigles, quant est velz
E mult a obscurciz ses elz
665 E chescune ele greve e veine.
En l'air desus cele fontaine
Comence mult halt a monter
Contre le soleil raiant cler.
Quant la sus vent en la chalor,
670 Ses elz afiche en la luor
Del soleil e tant i esgarde,
Qu'avis li est que trestot arde.
Iloec en cele ardor esprent
Ses elz, ses eles ensement,
675 Puis descent jus en la fontaine,
La ou l'ewe est plus vive e saine,
Si se plonge e baigne treis feiz,
Tant que il est, ben le sachez,
Tot freis e tot renovelez
680 E de sa veillesce sanez.

---

661 Cah. seit = Hip. C: l'iave. DE: l'aigue. 662 soleilz. plus cler (= Cah.). Hip. plus clerc (vorher solel ohne Artikel). C: plus raians. 663 mut est veilz. Cah. veuz. Hip. vielz. 664 enoscuri. B: oilz. C: iex. E: iels (= Cah.). S: ieus. C: oscurchis. Hip. Quant li sont oscuri les euz. 665 chescone hele. BS: grieve. CE: grief. Hip. li grieve. Hippeau's Uebersetzung der vier letzten Worte (= lui pèse inutile) ist sehr ungenau. 666 l'eir. fonteigne. Hip. lair. 667 haut. 668 ke raie (Cah. qui r). Hip. solel haut et c. CE: raiant &. D: qui luist. 671 Hip. De. 672 k'avis. ke. Hip. Que vis. C: que li sanle. D: qu'aviz que. 673 cel ardur s'esprent. BD: esprent. Hip. Ilec. cel. 674 heles. 675 decent. fontaigne. 676 CE: & clere &. B: le ewe. C: l'iave. DE: l'aigue. S: ele. Cah. U lewe est plus v. et plus s. Hip. ele. clere. 677 plunge. si fehlt. CE: si se plonge. 678 k'il. CES: sachois. D: sachoiz. Hip. qu'il. bien ice sachiez. 679 Cah. freiz. Hip. frez. B: fraiz. CE: fres. 680 B: veilesce. CS: vielleche. DE: viellesce. Hip. viellece.

Tant a l'aigle clere vëue:
S'il ert si halt com une nue
La desus en cel air roant,
Si veit il le peisson noant
685 Soz lui el fluive ou en la mer. 5
Donc descent por lui encombrer:
A lui se joint e tant estrive,
Que par force le trait a rive.

Une altre manere a estrange:
690 Car qui de ses oes fereit change 10
E en son ni altres meïst,
Si qu'il nel sëust ne veïst,
Quant li pigon serreient grant,
Ainceis qu'il fussent ben volant,
695 Les portereit la sus en l'air 15
Contre le rai, contre l'esclair
Del soleil, quant melz raiereit.
Celui qui ben esgardereit
Le rai del soleil, sanz ciller,
700 Amereit il e tendreit cher, 20
E celui qui n'avreit vigor

---

681 ad li aigles. Hip. l'egle. 682 cum. Hip. en haut comme la. CDES: est. Cah. iert. 683 lasus. eir. B: roaunt. CE: raiant. Cah. La sus. 685 en fluvie. la fehlt (= Cah.). 686 pur li. 688 ke. treit. Hip. de r. 689 [U]ne. ad. 690 kar ki. oefs freit eschange. C: encange. D: feist change. E: escange. S: cange. 691 D: nif. E: nit. C: mesist. 692 k'il. nel v. Cah. ne ne (= Hip., der s'eust schreibt). 693 Cah. pucin (= BM). Hip. poucin. C: pouchin. E: poucin. 694 k'il. B: ainz ke. C: anchois qu'il. 695 porterent. l'eir (= Cah.). D: l'art. Eine ebenso blödsinnige Lesart hat D in der Zeile vorher desinant! CE: l'air: l'esclair. 696 ciel. l'escleir. B: soleil. CDE: rai. 697 B: e quant le soleil meuz raereit. C: mix. 698 ki. B: meuz. E: miex. 699 C ändert: ameroit il & tenroit chier | & garderoit molt volentiers. B: cillier. D: cliner. E: clugnier. M: cilier. Hip. clinier. 701 ki. Cah. A c. B: de.

D'esgarder contre la luor,
Com avoltre le guerpireit,
Ja puis ne s'en entremettreit.

705 L'aigle, qui si se renovele,
 Nos done essample bone e bele: 5
 Car altresi devreit ovrer
 Home, qui voelt renoveler
 Son vel vestement, seit Paen
710 Ou seit Jueu ou Crestien.
 Quant li oil de son quoer serreient   10
 Si aombre, qu'il ne porreient
 Veeir la salvete certeine,
 Donc devreit querre la fonteine,
715 Qui est esperitable e vive:
 C'est le baptesme, qui avive   15
 Trestoz cels que il seintifie.
 De ceo trai jeo a garantie
 L'evangile, ou jeo truis escrit,
720 Que cil qui d'ewe e d'esperit
 Ne serreit si seintifiez,   20

---

702 C: de garder. 703 come. 704 pus. Cah. plus. C: li resgarderoit. CE: puis. Hip. Et d'entor lui le jetereit. 705 [L]aigle ke. C: ensi r. 706 E: molt tres bele. 707 kar autres. 708 hoem ki. BD: home. C: li homs. E: hom. 709 veil (= B). D: viel (= Cah.). DE: ancien (= Cah.). C: anchien. Hip. Son mauves estat ancien. 710 Gyu ou seit. C ändert: soit jovenes ou soit anchien. Hip. Seit jeve ou seit c. 712 k'il. CE: em-(E: en)combre. D: oscurci. Hip. verreient. CE: verroient. D: porroient. 713 veer. la fehlt. Hip. Voie ne verite certeine. BCE: voie (B: veie) ne sauvete. D: veir. 714 C: doivent. 715 ki. esperitale. CE: esperitable vie. D: espirital. 716 coe. le fehlt. CE: c'est li bautesmes (E: baptesmes) qui a vie. 717 ke. C: traist tous chiax. D: qui sont en vie. E: trestous cials. 718 coe. trei jo. guarantie. 719 l'euvangile. troef. jeo fehlt. B: troes. CE: trovons. L: truis. 720 ke. ke de. 721 seintefiez. Cah. Hip. einz seintefiez. C: saintefies.

Qu'il ne fust renez e purgez,
Ne porreit en nule guise estre,
Qu'il entrast el regne celestre.
725 Qui en ceste fontaine clere
Est baptize el non del pere,
Del fiz e del seint esperit,
Sëurement sanz contredit
Porra veeir e esgarder
730 Le veir soleil, qui raie cler:
C'est Jesu Crist, li dolz, li pis.
Qui en lui a son esgart mis,
En l'esgarder se renovele
Altresi come fet l'oisele
735 En l'altre soleil que cil fist,
Qui toz les elemenz assist
E qui crea trestot cest mont
E totes les choses qui sont.

Un oisel, qui a non fenis,
740 Habite en Ynde, ou est toz dis,
Aillors nel soelt l'em pas trover.
Cist oisels est toz dis sanz per:
Car ja nen ert fors un ensemble

---

722 k'il en. C: qu'il fuissent digne & purgies. E: qu'il soient sane & purgie. Hip. n'en. D: espurgez. 723 C: porront. 724 k'il. C: qu'entraissent. E: qu'entrent. 725 ki. fontaigne. 727 esperiz. CDE: fil. 728 contrediz. Hip. Icelui tot sanz. 729 veer (= Cah. Hip.). 730 solail ki. CE: vrai (Cah. verai). 731 Ihesu. doz. Cah. piz. C: pix. E: pieus Ihesu Cris. 732 ki. ad. esgard. 734 autresi com. Cah. li o. D: li aigle. 735 ke. 736 ke. asist. D: elimens fit assist. L: alemanz. 737 ki cria. mund. 738 ke i sunt. 737—738 fehlen Cah. u. Hip. 739 [U]n. ki ad. Hip. fenix. C: D'un. 740 & est tut dis. C: qui maint. Hip. Inde e maint. 741 B: set. C: sieut. D: sout. Hip. seut l'en. Cah. sot. 742 oiseals. tut dis. 743 kar. Hip. Que ne nest fors un seul. Nach Hip. würde nur ein Phönix jedes Mal geboren. B: asemble.

Ne nul altre ne li resemble
745 De tel estat, de tel manere,
De tel semblant e de tel chere.
Quant cinc cenz anz sont acompli,
Donc li semble qu'il est veilli, 5
Si se charge d'espices cheres,
750 Bones e de plusors maneres;
De la desertine s'en vole
En la cite de Leopole.
A un prestre de la cite 10
Est acointe par verite
755 Par alcun signe ou altrement
De cest oisel l'avenement,
E quant il set qu'il deit venir,
Si fet reims de sarment cuillir 15
E lier en un fesselet
760 E sor un bel alter les met,
Qui a cel oes est adenti.

---

744 Ne fehlt. B: treis cent aunz dure ce me semble. C: .V. C. ans dure si com moi samble. D: .V. C. anz vit bien ce. Cah. Cinc cens ans vit ce me s. Hip. Cinc cenz anz dure. 745 de un. de une. Cah. Hip. D'un. d'une. 746 tele. e fehlt. BCD: a bon. Cah. A bon s. a bonne (Hip. boen. boene). 747 sunt. Hip. acoupliz. B: treis cent. CD: .V. C. ans (D: ainz). 748 k'il. B: enveiliz. Cah. qu'est envielliz. Hip. se semble trop envielliz. 749 d'especes (= Cah.). C: garge des pecos chiere. D: pierrez. S: d'espices. Hip. charche. 751 envole. BC: s'en vole. 752 BD: Neopole. C: Loepole. GH: Leopole. I: Leupole. 753 un p. a en la. B: a un prestre est acointe | ke meint iloc en la cite. 754 pur. I: Acostume por v. 755 Hip. set veirement. 757 k'il. 758 saremenz. BC: sarment. D: serment (am Rande fanol). Cah. coillir. Hip. fanol quellir. 759 CDK: faisselet. 760 sur un mult beal vesselet. BCD: autel (= Hip.) le met. KN: auter (= Cah.). 761 ke. C: por l'oisel est ilueques mis. D: qui a cest oysel est establi. Hip. L'oisel si com je vos di | Charchie d'espices vient a lui | Quant il veut avenir au leu.

E li oisels, si com jeo di,
Chargez d'espices vent al leu.
Od son bec alume le feu:
765 Car tant fert sor la perre dure,
Que feus en salt par aventure, 5
Qui mult tost avive e esprent
Es espices e el sarment.
Quant li feus est cler e ardent,
770 Si se met enz demeintenant
E s'art tot en puldre e en cendre. 10
Donc vent li prestres por aprendre,
Coment la bosoigne est alee:
La cendre troeve amoncelee.
775 Donc la depart tot suavet,
Tant que dedenz troeve un vermet, 15
Qui done assez meillor odor
Que rose ne nule altre flor.
Li prestres l'endemain revent,
780 Por veeir, coment se content.
L'oisel, qui est ja figure, 20
Al terz jor est oisel forme,
Si a quanqu'il i deit aveir.

---

762 oiseils. cum jo. 763 charges d'especes. B: de especes.
C: carchies. D: pierez. L: espices. I: quant il veut avenir au
leu. 764 son (für le). 765 kar. sur. pere. C: & t. 766 ke =
767. Hip. alume = BG. 768 e es especes (= Cah.). sarement.
C: & espices & en. D: a sez pies le mest el serment. G: des
pises & dou sairement. 771 si se. pudre. tol fehlt. Hip. Si s'art.
C: si s'art lues en pore. 773 Cah. bosoinne. Hip. besoigne.
775 departe. BCS: depart. B: suavee. C: souavet. 776 ke.
777 ke. asez. 778 ke. nul (= Cah.). Hip. ne que nule f. C:
nule. D: nulle. 779 revient. Cah. le l. vent. 780 pur veer.
781 li. ke. BC: la. C: figures. D: defigure. Hip. ja est. 782
ja oisel furme. Hip. clame. C: oisiax formes. D: l'oysel. E
setzt erst mit V. 783 wieder ein. 783 si k'il ad quanke. Cah. si
qu'il ad.

Al prestre s'encline por veir,
785 Puis s'en torne lez e joianz
Ne revent devant cinc cenz anz.

En cest oisel devez entendre
Nostre seignor, qui volt descendre 5
Çajus por nostre salvement.
790 De bones odors finement
Fu chargez, quant en terre vint
Por les prisons, que enfer tint.
En l'alter de la croiz sacree, 10
Qui tant est dolce e savoree,
795 Fu sacrefiez cist oisels,
Qui al terz jor resorst novels.
Mes plusors ne voelent pas creire,
Que la chose seit issi veire, 15
Si ont grant tort, ceo m'est avis.
800 Quant l'oisel, qui a non fenis,
Se demet e se mortefie
E al terz jor reprent sa vie,
Mult est a creire plus leger 20
De Deu, qui tot a a juger,

---

784 chapelein encline pur. E: crie. Cah. Hip. chapelein (chapelain) cline. 785 Hip. liez. 786 B: treis cent. CDE: .V. C. N: .D. anz. Hip. revien. 787 [E]n. Cah. Por cel. 788 ki. decendre. 789 pur. Cah. Hip. Ca jus. 790 E: vraiement. 792 pur. ke. 793 l'auter. 794 ke. doce. honuree. B: aoree (= Hip.). CS: aouree. DE: honoree. Cah. onoree. Aber savoree ist gesichert durch V. 2007, wo dieselbe Verbindung. 795 oiseals. Hip. Fu sacrifice est oiseaus, was keinen Sinn giebt. 796 ke. resurst noveals. Cah. resurt. Hip. resort. 797 nel volent. pas fehlt. Cah. ne le volent c. Hip. crerre. 798 ke. est. Cah. fût. Hip. fust. 799 unt. coe. 800 ke ad nun. 801 D: se devient & de mort & vie (charakteristisch für D). 802 CE: revient a. 803 Hip. creirre. 804 ke. ad.

805 Ceo que il dist en son sermon,
Ou ren n'a si verite non.
Ceo dist cil qui est verite:
Jeo ai, dist il, la poëste
De poser m'alme e de reprendre. 5
810 Veir dist il, veir nos fist entendre,
Sil devom oïr e retraire:
Jeo ne vinc pas, dist il, desfaire
La lei, ainz la vinc acomplir
E assommer e aemplir. 10
815 Issi ert le sage escrivein
El regne del cel soverein,
Qui de son tresor met avant
Come proz e come savant
Les velz choses e les noveles, 15
820 Qui ensemble sont bones e beles.

La hupe est un oisel vilein:
Son ni n'est pas corteis ne sein,
Ainz est fet de tai e d'ordure.
Mes mult sont de bone nature 20
825 Li oiselet, qui de li issent:
Car quant lor peres enveillissent,
Qu'il ont perdu tot lor poeir

---

805 coe k'il. Cah: Et ceo qu'il dit. 806 n'ad. 807 coe. ki. Cah. dit. 808 jo. 809 ma. Hip. m'ame. 810 Cah. dist et. 811 si le. retreire. Hip. Cil devon. 812 jo. desfeire. Cah. vint. dit. 813 le. C: voel. E: ving. Cah. vint. 814 assummer. C: chi doit l'essample fenir. 815 del. Cahier führt öfter nfz. Formen ein, so écrivain. 816 Hip. Del reigne de ciel. 817 ki. 818 come preuz. D: prouz. sachant. F: preus. Hip. vallant. Bei Cah. fehlt 818 ganz, was er übersehen. 819 B: veilles. D: vilz. F: vies. I: viez. K: viels. Cah. novels. 820 k'ensemble sunt. Cah. bons. bels. 821 [L]a. 822 curteis. 824 mut sunt. 825 ke. lui. C: oiselon. D: oysellet. E: oiseillon. Hip. Les oiselez. d'ele. 826 D: parenz. 827 k'il unt. Hip. Qui.

E de voler e de veeir,
Donques les socorent lor fiz.
830 Quant les veient si enveilliz,
Si lor esracent od lor bes
Les veilles plumes tot ades.   5
Puis les eschalfent dolcement
E les coevrent tot ensement
835 Come cil firent els ainceis,
Tant que il sont gariz e freis
E resclarcies lor vëues   10
E lor penes ben revenues.
Quant il les ont issi gariz,
840 Ben lor poënt dire lor fiz:
Bel pere, bele mere chere,
Altresi e en tel manere   15
Come vos meïstes grant cure
En nos e nostre norreture,
845 Por gueredon de tel servise
La r'avom nos or en vos mise
E rendu bonte por bonte,   20
Si qu'il n'i a ren mesconte.

Seignors, quant ceste creature,
850 Qui sanz raison est par nature,

---

828 Cah. vuer. 829 donc. sucorent lur filz. Hip. norrissent. C: donques vont entour aus. E: conjoissent. 831 e si racent. lur becs. CDE: esrachent (= Cah. Hip.). H: enragent. 833 pus. eschaufent docement. 834 covent (= Cah. Hip.). C: keuvent. D: couvent. E: cuevrent. 835 eus. enceis. B: ainz ces. C: anchois. D: ansoiz. E: ancoiz. Cah. tot (od?) els. 836 k'il sunt. Cah. freiz, Hip. freis, beide: qu'il sunt tot. 837 resclarzies. Cah. reclarziez. 838 lur. CE: plumes. 840 lur. lur filz. Cah. poeient. Hip. puent. 841 beal. 842 Hip. autresi en cele. 843 Cah. cum. mult grant. Hip. meites. 844 e en. noreture. Cah. Hip. en nostre. 845 pur. CE: en guerredon. 846 le. ore. Cah. li. 847 pur. 848 k'il. ad. mescunte. 849 [S]eignors. Bei Hip. fehlt quant, hat icest criature. 850 ke. reison. Hip. Est sanz reson mes p.

Oevre en tel sens com dit vos ai,
Mult poet hom estre en grant esmai,
Qui tote la raison entent
E de sei garde ne se prent.
855 Allas, tant fu ne a male ore
Qui pere e mere deshonore,
Quant il les veit devant ses elz
Malades e fredles e velz
E si n'en prent garde ne cure!
860 Mult est de malvaise nature
Home, qui descretion set
E son pere e sa mere het
E les maldit mult a grant tort.
Morir l'estoet de male mort:
865 Car Deu comanda en la lei,
Que nos devom tenir en fei,
Qu'om pere e mere honorast
E qu'om les servist e gardast
E pramist que de mort morreit
870 Qui pere ou mere maldireit.

Salomon dist al perescos,
Que se il voelt estre rescos
De malvaiste e de peresce,

---

851 ovre. sen. D: grant cure met. 852 mut. Hip. deit estre home. CE: devons: entendons. 853 ki. reison. 854 de coe. Hip. de sei. 855 mal hore. C: halas. E: ha. las. D: helaz. CE: est. Cah. mal ore. Hip. en male hore. 856 ki. CE: &. 858 vielz. B: freiles. C: frailes. D: flebez. E: foibles. Cah. freslez. Hip. fiebles. 860 malveise. 861 ke descrescion. CE: discretion. E: seit: heit. 863 mut. Hip. a moult. 864 l'estoit. 865 kar. ley. 866 ke nus devum. Cah. garder. 867 ke l'em. honurast. B: l'om. C: & qui. Cah. Hip. Que l'em (l'en). Hip. ennorast. — Oder: Que l'em. onorast? 868 ke l'em. B: ke hom. CD: on. Cah. k'em. Hip. Que l'en. amast. 869 ke. 870 ki. Hip. et. 871 [S]alomon. E: as pecheours. 872 ke. 873 malveiste.

Qu'il prenge garde a la proesce
875 Del formi, qui est si petiz.
Sages e proz est li formiz,
Qui se porveit el tens d'este,
Si qu'en iver en a plente, 5
E nule altre beste nel fet.
880 Quant il issent de lor recet,
Si vont mult ordeneement
L'un avant l'altre belement,
Tant qu'il venent al ble maür, 10
La ou il est forme e dur,
885 E quant il sont venuz al grein,
De ceo seiez trestot certein,
Par l'odor del chalme desoz
Sevent conoistre, tant sont proz, 15
Se c'est orge, segle ou furment.
890 Se orge ou segle est finement,
Le guerpissent e avant vont,
Tant que al furment venu sont.
Donc montent amont a l'espi. 20
Quant s'en sont charge e garni,
895 A lor recet tornent arrere

---

874 k'il. prouesce. E: prengne. Hip. Si p. 875 ki. Cah. si est. Hip. tant est. C: pensis. 876 preuz. Cah. pruz. Hip. prouz. 877 ki. C: qu'il. Cah. Hip. Si se. 878 k'en yver ad tote. si fehlt. Cah. Qu'en iverne ad tote p. Hip. a a p. 879 Cah. Hip. nul. 880 lur. B: reseit. CS: rechet. E: rechest. 881 mut. 883 k'il. B: maior. CDEIS: meur. Cah. major. 884 formez. E: drus. Cah. dor, ist in Zweifel, ob er d'or oder dor schreiben soll. 885 sunt. 886 coe. mut. Cah. tres ben. Hip. trestuit. 887 chaume. Cah. desuz: pruz. C: des chaisnes. E dou festu. H: chaine. 888 sunt. 889 si. CE: se. C: soile. E: soiles. I: seigle o aveine. CD: forment. E: froument. Cah. froment. 890 Cah. ensement. I: tot par lor nature demaine, was Hip. mit domesticus = leur nature propre erklärt. 892 k'al. 893 muntent. l'espy. Cah. en. 894 charge se s. Cah. Hip. se. 895 arere. CS: ariere. DE: arriere. Hip. par une meisme chariere.

Belement tote la charrere.
Trestote jor venent e vont.
E savez que li venant font,
Quant il encontrent les chargez?
900 Ne dient pas, ben le sachez:
Donez nos de vostre furment,
Ainceis tenent mult sagement
La trace, que cil sont venu,
Tant qu'a cel leu sont avenu,
905 Ou li altre se sont trosse,
Puis se retrossent de cel ble.
Donc s'en revenent tot charge.
Plus sont cointe e vezie
Que les foles virgnes ne furent:
910 Car quant as noeces entrer durent,
Si furent lor vessel tot vui
E ren n'orent en lor estui.
Les cinc sages garnies erent,
Les cinc foles lor demanderent
915 De lor oille, mes point nen orent.
Onques tant prier nes en porent.
Ultreement lor en faillirent
E pleinement lor respondirent,

---

897 trestot en. B: trestut le. CE: trestoute jor. Cah. Hip. trestote. 898 ke. veant. Hip. les oisous. 903 ke. sunt. Hip. Le chemin. il. 904 k'al. seient. C: acoru. Cah. parvenu. Hip. venu. 905 trusse. C: tourse. D: trosse. E: trousse. Hip. trose. 906 C: carchent. E: charchent. Hip. recharchent. 907 trestroz, s'en fehlt. Cah. revènent trestot. Hip. se retornent toz. C: dont seurement tout carcie. 908 B: veszie. C: mix afaitie. D: esviellez. E: miex aisie. Hip. sages. veziez. 909 ke. 910 kar. BCS: noces. D: nocez. E: nueces. Hip. aus noces venir. 911 voi (= Cah.). B: void. C: wit. D: voy. E: vuit. Hip. veisel tuit. Cah. estoi. 912 n'urent. Hip. Et n'orent rien. E: estruit. 914 lur. 915 Hip. eule. ne. 916 unc. preer ne les p. Cah. proier ne les porrent. Hip. ne les sorent. 917 lur. Cah. oltreement. 918 C: plenierement. Hip. Planierement.

Que ja point ne lor en dorreient;
920 Alassent la ou el l'aveient
Achate, si en rechatassent
Ou altrement en porchaçassent.
Tantdis com celes i alerent,
Les sages as noeces entrerent,
925 Qui esteient ben atornees.
Quant celes furent retornees,
Si fu la porte ben fermee:
Onques puis nen i out entree.

Seignors, pernom garde al formi,
930 Qui se travaille e porveit si,
Qu'en este a tant travaille,
Qu'en iver a tot a plente.
Uncor fet il altre cointise,
Qui ne deit estre en obli mise.
935 Quant son furment a ajuste,
Qui durement lui a custe,
Chescun son grein par mileu fent
E ensi le garde e defent,

---

919 ke. durreient. ja fehlt. CDES: donroient. 920 u il (= Cah.). Hip. ou il. E: el. BCDS: il. 921 Cah. rachatassent. 922 purchacassent. 923 come. i fehlt. B: tandis. CE: entrues que. Hip. Endementieres qu'il. 925 ke. 927 C: furent les portes fermees. Hip. si lor f. 928 onkes. n'i. C: c'onques. n'i orent entrees. E: peurent entrer. Cah. Hip. n'i orent. 929 [S]eignors. B: pernon. D: prenons. E: prenes. 930 ke. purveit. C: se painc. 931—932 fehlen bei Hip. ganz. 931 k'en. ad. E: s'est tant traveillies. 932 k'en yver est tot asazie. B: ad a plente. CE: aaisie(s). D: qu'asez en yver a sanz faille. Cah. aasie. Der Dichter meint offenbar nicht, dass die Ameise im Winter gesättigt ist, sondern dass sie im Winter alles in Fülle hat. 933 uncore. 934 ke. CE: ne li vient mie de riceche (undeutlich geschrieben) (E: peresce). 935 forment ad. CE: amasse. I: aune. L: ahoste. F: aouste. 936 ke. li ad. Cah. coste. Hip. greve. 937 chescon. par miliu. son fehlt. Cah. le miliu. Hip. le meleu. E: des grains. 938 si. B: eissi. CE: ensi.

Qu'il n'empire ne ne porrist
940 Ne que nul germe n'i norrist.

Tu crestiens, qui en Deu creiz
E l'escripture entenz e veiz,
Fent e devise sagement 5
La lettre del vel testament!
945 Ceo est a dire e a entendre,
Que tu ne deiz mie trop prendre
Tot quanque l'escripture dit
Selonc la lettre, qui occit, 10
Mes l'esperit, qui vivifie,
950 Ceo ne deiz tu oblier mie.
Li Jueu, qui ne voelent mettre
Ne sens ne figure en la lettre,
Sont decëu mult laidement 15
Ne veient pas parfondement:
955 Le grein gardent trestot enter,
Tant qu'il porrist en lor gerner.
Mult a li formiz greignor sens,
Qui se porveit issi par tens, 20

---

939 k'il. Cah. ni ne porist. Hip. n'en pere, was er mit qu'il ne s'en perde übersetzt. 940 ke. ne nurrist. 941 [T]u home ki. Cah. Hip. Et tu home. D: O tu h. 942 Hip. Qui l'Escriture. 943 viel. 945 co. 946 ke. trop fehlt. CE: mie tout (E: tot). Cah. mie [le] p. 947 quantke. dist. tot fehlt. Cah. Solunc la lètre qui occit. 948 solonc. ke ocist. B: mes solum l'espiritel dist. C: mais selonc le bon esperit. DEFGHIS = B mit orthographischen Abweichungen. BCDEFGHS haben hier einen Zusatz, der in B lautet: fend e devise par grant cure | hors de la lettre la figure | ben sez tu ke le apostle dit | ke la lettre tue & occist. Cah. Mes solunc l'espirital dit. 949 ki. B: e li esperiz vivefie. Cah. Car li espirit v. 950 coe. deis. Hip. Li Jeve ne le veulent mie. 951 Gyu ke. volent. Hip. Creirre ne lor entente metre. 952 sen. Ne fehlt. 953 leidement. B: vileinement. CI: vilainement. D: laidement. S: mauvaisement. 954 parfundement. 956 k'il. lur. Hip. sans depecier. 957 ad. 958 ke. D: que bien le garde jusqu'au.

Que de son grein a tot le preu,
960 Quant vent en saison e en leu.

Formiz d'altre manere sont
En Ethiope la amont:
De chens ont tote la faiture 5
E sont ben de lor estature.
965 Icist sont d'estrange manere:
Car de la terre e de puldrere
Esgratent e traient or fin,
Tant que n'en sai dire la fin, 10
E qui cel or tolir lor voelt,
970 Tost s'en repent e si s'en doelt:
Car demaneis apres lui corent,
S'il l'ateignent, tost le devorent.
Les genz, qui d'iloec meinent pres, 15
Sevent qu'il sont fels e engres
975 E qu'il ont or a grant plente,
Si ont un engin apreste:
Jumenz pernent, qui puleins ont,
Quant joefnes e alaitanz sont, 20
Treis jors les ont fet jëuner;
980 Al quart jor les font enseler.

---

959 ke. ad. 960 seison. 961 [F]ormiz de. 962 loinz. CE: la. 963 chen. CE: chiens. Hip. chien. 965 CE: icil. D: issi. Hip. Mes moult sunt. 966 kar. la fehlt. pudrere. Hip. poudriere. Cah. puldrière. (= B). C: pouriere. D: poudriere. 967 CE: esrachent. D: esgardent. 968 k'oem ne set. CE: n'en sai. Cah. qu'hom ne set. 969 ki. C: jour. 970 Cah. Sempres se coroce et s'endolt. Hip. et moult s'en deut. 971 kar. Cah. de malveiz. Hip. maintenant. 972 Hip. tot. 973 ki. 974 k'il = 975. 977 pnent ke. B: poleins. CE: poulains. 978 aleitanz. B: jofnes. C: juent. E: jone. Hip. genvres. Cah. jofvnes. alaitans. V. 979 beginnt Fol. 38 und folgt nebst 980 in A nach den umgestellten beiden Versen 981 und 982 auf Fol. 37 am Ende. Die falsche Anordnung auch in FKL stimmt zu A. 979 jorz. 980 Cah. et au q. les.

　　　　Es seles afferment escrins
　　　　Alsi luisanz com est or fins.
　　　　Entre els e la terre as formiz
　　　　Cort un fluive mult arabiz;
985　　Od les jumenz al fluive venent,　　　　5
　　　　Les puleins devers els retenent.
　　　　Puis chacent ultre les jumenz,
　　　　Qui ont faim as quoers e as denz.
　　　　De l'altre part est l'erbe drue
990　　E ben espesse e parcreüe.　　　　10
　　　　Iloec vont les jumenz pessant,
　　　　E les formiz demeintenant,
　　　　Qu'il veient les escrins pareir,
　　　　I quident bon recet aveir
995　　A lor or muscer e repondre.　　　　15
　　　　Donc nes estoet mie somondre
　　　　Des escrins emplir e charger
　　　　Del bon or precios e cher.
　　　　Issi vont tote jor portant,
1000　Desiqu'il vent vers l'anuitant,　　　　20
　　　　Que les jumenz sont saolees
　　　　E ont les pances granz e lees.
　　　　Quant lor puleins oënt henir,
　　　　Donc se hastent de revenir.
1005　Le fluive meintenant repassent.　　　　25

---

981 D: en celez. 983 eus. 984 curt. fluvie. Cah. est. CD: arabis. E: arrabis. Hip. arrabiz. 985 fluvie. Cah. menent (statt vienent). 986 poleins vers. Hip. poleins les homes retienent. 987 pois. C: passent. 988 ki on. CE: au cuer & as dens. 989 Hip. en. 990 Hip. Qui est. bien creue. 991 CE: paissant. Cah. peissant. 993 k'il. Cah. Qui. C: qui chi voient les crins. 994 i fehlt. Cah. Et q. 996 Hip. n'es estuet. semondre. CE: semonre. 998 de. precius. 999 tot en. BD: tut (D: tot) le. C: toute j. Cah. Hip. tote jor. 1000 e quant vent. il fehlt. Cah. Quant ceo avent. le mitant. Hip. Desique vient a. 1001 ke. 1002 unt. Hip. Et sunt lur. 1003 lur. Cah. Hip. oient. 1004 Si se. 1005 fluvie. CI: trespassent.

Cil pernent lor or e amassent
Qui riches en sont e mananz,
E les formiz en sont dolanz.

U̲ncor i a altre formi
1010 Que nul de cels que jeo vos di,
Qui formicaleon a non.
Des formiz est cil le lion,
Si est li plus petiz de toz,
Li plus hardiz e li plus proz.
1015 Altres formiz het durement.
En la puldrere belement
Se musce, tant est veziez:
Quant les altres venent chargez,
Sor els de la puldrere salt,
1020 Si les occit, se les assalt.

S̲eignors, por Deu, qui ne menti,
Pernez garde al petit formi,
Qui si est porveanz e sage
De conoistre son avantage!
1025 Porveez vos e aprestez,
Tant com si bels est li estez,
C'est tant com vos avez leisir,
Que assëur puissez venir

1006 pnent lur. Cah. Hip. Et cil. l'or. 1007 ki. 1009—1052 fehlen bei Hip. 1009 [U]ncore. ad. 1010 ke. ke jo vus. C: autres que ces que vos devis. 1011 ke. ad nun. BCH: formicoleon. MD: formiceleon. N: formieleone. S: fourmicaleon. 1012 leon. Cah. cist. 1014 hardi. 1015 Cah. dorement. 1016 pudrere. 1017 C: sont voisie. D: se boute tant qu'est bien mucez. F: voisies. 1019 pudrere. 1020 ocist. Cah. et les asalt. B: par sun asaut. 1021 [S]eignors pur. ke. 1022 pnez. 1023 ke. 1025 Cah. porveiez. C: atraies del forment asses. 1026 come. beals. C: bel este aves. 1027 come. Cah. Ceo. 1028 ke. Cah. à sëur poez.

Al fort iver, ceo est a dire
1030 A cel jor de dolor e d'ire,
Quant li bon s'en irront a destre
E li malvais devers senestre!
Seiez pensis e corios
D'entrer as noeces od l'espos,
1035 Si que voz lampes seient pleines
De bones oevres e certeines!
Car ja as noeces n'enteront
Qui lor lampes pleines n'avront
De bone oille por verite,
1040 C'est de l'oille de charite.
Cil enteront, jeol vos afi,
Od l'espos al riche convi,
Qui avront lor lampes emplies
De bones oevres en lor vies.
1045 Mes qui sa lampe vuide avra,
Sachez que ja n'i entera,
Einz remeindra por verite
En doel e en chaitivete,
El feu ardant, el grant torment,
1050 Qui durra pardurablement,
Dont damne Deu nos toz enjette
E en sa joie od sei nos mette!

1029 yver coe. 1030 dolur. de. C: jour del dolereus ire.
1031 s'en fehlt. D: lez benoiz s'en vont. 1032 malveis. 1033
pensifs (= Cah.). corius. 1034 l'espus. 1035 ke vos. soient.
1037 kar. 1038 ki. n'averont (Hs. naueront). Cah. pleins. 1039
bon (= Cah.). pur. 1040 coe. Cah. Ceo est d'oille. 1041 jol. I:
i enterront je. di. B: entrerunt. 1043 ki averont. 1043—1044
bei Cah. umgestellt. 1045 ki la. voide avera. 1046 ke. D:
entera. H: enterra. Cah. qu'il ja. 1047 pur. 1048 cheitivete.
1050 ke. C: dura. 1051 toz fehlt. 1052 soi. In A am Schluss
des Abschnittes Amen. 1051—1052 fehlen bei Cah.

De la sereine vos dirrom,
Qui mult a estrange façon :
1055 Car de la ceinture en amont
Est la plus bele ren del mont
A guise de femme formee. 5
L'altre partie est figuree
Come peisson ou com oisel.
1060 Tant chante dolcement e bel,
Que cil qui vont par mer nagant,
Si tost com il oënt cel chant, 10
Ne se poënt mie tenir,
Que la nes covenge venir.
1065 Tant lor semble le chant suef,
Que il s'endorment en lor nef,
E quant trestuit sont endormiz, 15
Donc sont decëuz e traïz :
Car les sereines les occient,
1070 Que il ne braient ne ne crient.

La sereine, qui si ben chante,
Que par son chant les genz enchante, 20
Donc essample a cels chastier
Qui par cest mont deivent nager.

1053 [D]e. vus dirron. 1054 ke. ad. 1055 kar. amunt. Cah. centure. Hip. cainture. 1056 mund. Hip. riens. 1057 Cah. Hip. en g. Cah. est f. 1059 come. 1060 ducement (= Cah.). Hip. douchement. 1061 ke. ki. Cah. negant. Hip. naiant. 1062 cum. 1063 Hip. pueent. 1064 ke. C: que la ne l'estuece. E: = Hip. que la nef n'i facent venir. Cah. covenge. 1065 Hip. cis chans soef. 1066 ke. Hip. enmi la. 1067 Hip. tres bien. 1068 C: honi. Cah. trahis. Hip. trahi. 1069 kar. ocient (= Hip.). 1070 CE; si coiement (E: soutilment) que mot ne dient. D: sanz brait ne noise qu'il ne crient. Hip. si soudement que mot ne dient (I fehlt hier nach Hip.). Cah. Sanz brai sanz noise qu'il ne crient. Nach Cah. jedoch hat I: si soudement qu'il nes deffient. 1071 [L]a. ke. Hip. haut. 1072 ke. 1073 C: as gens castoier. 1074 ke. mond. C: vieut. E: vont nagier.

1075 Nos qui par cest monde passom,
Somes decëuz par tel son,
Par la gloire, par le delit
De cest monde, qui nos occit,
Quant le delit avom amors: 5
1080 La luxure, l'aise del cors,
E la glotonie e l'ivresce,
L'aise del lit e la richesce,
Les palefreiz, les chevals gras,
La noblesce de riches dras.   10
1085 Toz jors nos treom cele part,
De l'avenir nos est mult tart.
Iloeques tant nos delitom,
Que a force nos endormom.
Idonc nos occit la sereine: 15
1090 C'est li malfez, qui nos mal meine,
Qui tant nos fet plonger es vices,
Qu'il nos enclot dedenz ses lices.
Donc nos assalt, donc nos cort sore,
Donc nos occit, donc nos acore   20
1095 Alsi com les sereines font
Les mariners, qui par mer vont.

1075 ki. mond. 1076 sumes decels. som. 1077 veine glorie = Cah. I: la g. 1078 ke. ocist. Cah. ceo. 1080 l'eise. Cah. l'aise. Hip. l'ese del mont. C: l'aisse delite la riqueche. E: le deduit. 1081 la yvresce. Das erste „und" fehlt (= Cah.). 1082 Cah. Laissez delit et. Fragt: Les sept deliz? 1083 Cah. palefreis. Hip. les dames et les chevaus cras. 1084 BC: des (= Cah. Hip.). 1085 jorz. Cah. de cel p. 1086 Cah. Hip. de la venir. I: trop. 1087 ilokes. Cah. Iloc. endelitom. I: demoron. Hip. demorons. 1088 ke tot a. Hip. y endormons. 1089 e donc. ocist. Hip. Adonc. 1090 ke. Cah. mal nus. Hip. la nos maine. 1091 ke. Hip. plungier. 1092 k'il. enclost. CE: endort. 1094 ocist. Cah. Si nus. et nus devore. 1095 ausi come. serenes. 1096 ke. C: maronier. C fügt hinzu: ne la quierent ja encontrer | car c'est .i. grans peris de mer, was eine Reminiscenz des Schreibers an die Serre V. 417—418 bildet. Auch Cahier's Hs. hat diese Interpolation.

Mes il i a meint mariner,
Qui s'en set garder e gaiter.
Quant il vet siglant par la mer,
1100 Ses oreilles soelt estoper,
Qu'il n'oie le chant, quil deceit.
Tot ensement faire le deit
Li hom, qui passe par cest monde:
Chaste se deit tenir e monde
1105 E ses oreilles estoper,
Qu'il n'oie dire ne parler
Chose, qui en pecche le meint,
E issi se defendent meint:
Lor oreilles e lor elz gardent,
1110 Que il n'oient ne qu'il n'esgardent
Les deliz ne les vanitez,
Par quei plusors sont enchantez.

El bestiaire a mult a dire,
Bele essample e bone matire,
1115 Bone sentence e grant raison.
Or vos dirrom del heriçon,
Qui est fet com un porcelet,
Quant il alaite petitet.
Mult par est richement arme:

1097 [M]eis. ad. 1098 ke se. guaiter. Cah. gueiter. Hip. guetier. 1099 la fehlt. Cah. va. E: naiant par la. 1100 prent a (= Cah.). B: seut. C: sot. DE: fait. I: fet. 1101 k'il. ke li. Cah. qui les. Hip. qui. D: n'oye la sereine chanter. 1102 fere (= Hip.). 1103 hoem ki. Hip. sage = BC. 1106 k'il. E: conter. 1107 ki. meinst. 1108 defent. 1109 lur. oilz. Cah. les. 1110 k'il. k'il. CE: ne voient. 1111 Hip. et les mauvestiez. 1112 plosors. Hip. engignez. 1113 [E]l. ad. Am Rande klein e beigeschrieben. Cah. Del. ai. C: Au. BD: Al. S: Ou. 1114 grant. & bele (= Hip.). Cah. Sunt ess. 1115 e sentence bone reison. D: & science. Cah. Et s. bone raison. Hip. et semence et bele reson. 1116 ore. Cah. dirai. B: herecum. C: l'irechon. D: herison. M: hyricon. L: iricon. 1117 ki. purcelet. 1118 aleite. Cah. alleite. Hip. alete. 1119 Cah. parest.

1120 Car de nature est espine,
E quant il oit ou veit ou sent
Pres de lui ou bestes ou gent,
En ses armes s'enclot e serre,
Puis ne dote gaires lor guerre.   5
1125 De home ne se poet il defendre,
Mes si beste le voleit prendre,
Ne sai, coment le devorast,
Que malement ne s'espinast.
Mult est cointes li heriçons,   10
1130 Qui meint es bois e es boissons.
Une mult grant cointise fait,
Quant sa viande querre vait.
Tote sa petite alëure
S'en vait a la vigne mäure.   15
1135 Tant fet qu'en la vigne est monte,
Ou plus a de raisins plente,
Si la crolle si durement,
Que il cheent espessement.
Quant a terre sont espandu   20
1140 E il est aval descendu,
Pardesus s'envoltre e enverse
E al lonc e a la traverse,
Tant que les raisins sont fichez

1120 kar. C: esprouves. Im Renart heisst der Igel Espinart wegen seiner Stacheln. 1121 ot (= Hip. Cah.). B: out. C: voit ou oit. 1122 Das erste ou fehlt. 1123 s'enclost. Cah. se clost. Hip. se clot. 1124 dute gueres lur. Cah. Hip. gueres la. 1125 Cah. D'omme. Hip. D'ome. 1126 volent (= Cah.). B: voleit. 1128 ke. s'enpeirast (= Cah.). B: laidement. Hip. l'enpeirast. C: s'espinast. 1130 ki. & as. Cah. en. Hip. buisons. 1134 visgne. Cah. majore. BC: vingne. 1135 k'en. visgne. Cah. Hip. qu'a la. 1136 ad. reisins plente (= Cah.). Cah. Hip. resins. 1137 croulle. C: crolle. Cah. Hip. croule. 1138 ke. CI: chient. 1140 decendu. C: Cil est jus aval. 1141 C: se couce &. D: s'envote & verse. Cah. se croulle. Hip. se voutre. L: voute. 1142 long. Hip. lonc. 1143 ke. reisins. afichez. Cah. Hip. fichees.

Es bronçonez, qui sont delgez.
1145 Quant se sent charge durement,
Si s'en retorne belement
A son recet, a ses foons,
E tant com dure la saisons, 5
De pomes fet il altresi
1150 Com des raisins, dont jeo vos di.

Bon crestien, qui raison as,
Ceste essample n'oblie pas,
Mes gaite tei del heriçon, 10
Del traitor culvert larron!
1155 Garde ta vigne e ton pomer
Del suduiant larron fraiter,
Del malfe, qui toz jors engigne,
Com il ait le fruit de ta vigne! 15
Se nule bone ovraigne as faite,
1160 Li diables toz jors agaite,
Qu'il t'ait trahi e engigne
E bote en alcun pecche,

1144 ke sunt. Cah. brocimes. dougees. Hip. brochettes. deugees. B: broscones. C: broces. I: prochetes. 1145 Hip. et quant s'est charchie. 1146 si s'en revent tot erraument. B: reveit tut belement. C: revient molt b. Cah. revent tot dreitement. L: s'en retorne droitement. Hip. s'entorne tot. 1148 come. seisons. Cah. saisons. Hip. sesons. 1149 BC: des (= Cah. Hip.) 1150 come. reisins. jo. Hip. que je di. 1151 [B]on. ke reison. D: Hon. Hip. Boen. Cah. cristiens. 1152 n'obliez. 1153 guaite. Hip. garde. 1154 traitre culverd. Cah. Hip. colvert (cuvert) felon. 1155—1156 fehlen Hip. 1155 visgne. 1156 sudduiant. C: fuitier. D: flatier. F: frotier. G: fosier. L: franter. Cah. séduianz laron f., vermuthet fruitier? 1157 ke. jors fehlt. 1158 eit. Hier folgen in BCDS noch zwei Zeilen, die in B lauten: mult est pensif e curius | come ert (CS: ait)'tun pomer escus. Cah. Que. Hip. fet. 1160 jorz aguafte. 1161 k'il t'eit. Cah. te ait tien, was er mit tenu, saisi, pris übersetzt. Hip. Quant t'a trai (= IL). 1162 alcon:

```
        Tant qu'il puisse le fruit escorre,
        Qui te deit aider e secorre,
1165    Desque li diables aprent,
        Que la cure del mont te prent.
        De ben boter tei enz se haste,                  5
        Tes fruiz espiritels degaste,
        Ta vigne e ton pomer escot:
1170    Issi te guerreie il partot.

        Un oisel est, onc ne fu tex,
        Qui en latin a non ybex;                       10
        Son non en romanz ne sai mie.
        Mes mult est de malvaise vie:
1175    Nul n'est plus ord ne plus malves.
        Icest oisel habite ades
        En rive d'estanc ou de mer,                    15
        Saveir, se il porreit trover
        Ou caroigne ou peisson porri:
1180    Car de tel viande est norri.
        La caroigne, que la mer gette,
        Home ou beste, peisson ou glette,              20
        Cele atent e cele manguë,
        Quant est a la rive venue.
```

1163 k'il peusse. Cah. frait. 1164 ke. Hip. edier. 1165 deske. Cah. Hip. deables. 1166 ke. mond. 1167 Cah. Hip. enz (en) tei. Cah. vermuthet falsch: De se bouter enz toi etc. C: Toi fors de bien bouter. D: de tot embler ton fruit. 1168 Hip. Ton fruit. CDI: te gaste. 1169 escut. 1170 partut. I: guerreie debot. Hip. partout. 1171 [U]n. unc. DES: teus. Hip. tex. F: teus: ybeus. L: tes: ybes. 1172 ki. ad. B: ybex. DE: ybeus. Q: ibex. S: illeus. 1173 Cah. Hip. ne sai en roman (romanz). D: ne sai en fransoiz. 1174 malveise. 1175 malveis. Cah. ni p. I: ort. L: ors. 1176 cest. Cah. Cest. si h. Hip. est tot ades. E: son habit fait. 1179 purri. DE: charoigne. S: carongne. Cah. Charoinne. Hip. charonne, nachher charogne. 1180 kar. nurri. 1181 ke. Cah. gecte. Hip. giette. 1182 beste fehlt. DES: glete. Cah. U home u peisson u glecte. 1183 Hip. ceste. E: s'ele l'ataint si. 1184 a la rive est (= Cah.).

1185 En l'ewe n'ose pas entrer:
Car il ne set mie noër
Ne il ne s'en voelt entremettre
Ne a l'aprendre peine mettre.
A la rive atent fameillos: 5
1190 Tant est malves e perescos,
Qu'en la clere ewe n'entera
Ne bon peisson n'i mangera,
Mes toz jors se prent a ordure;
De nettete n'a jamais cure. 10

1195 Bon crestien, qui voelt aprendre,
Deit a ceste parole entendre,
E si orra que signefie
Cest oisel de malvese vie.
Il signefie veirement 15
1200 Le chaitif peccheor dolent,
Qui en pecche se gist e meint
E a nule feiz ne ateint
As viandes espiritels,
Mes toz jors entent as charnels. 20
1205 E quels sont les charnels viandes?
Par fei, quant tu les me demandes,

1185 Cah. il p. 1186 kar. set pas. D: nient. Cah. Ne il. sait naient noier. Hip. saureit pas. 1188 Hip. de. 1189 famillos (= Cah.). B: fameillus. E umgestellt (= I): est tous familleus. IL: famellous. 1190 malveis. perecos (= Cah.). 1191 ja en (= Cah.). Hip. Ja dedenz la mer n'enterra. E: ja vers la clere iave n'ira. 1194 n'ad. 1193—1194 fehlen bei Cah. und Hip. 1195 [B]on. ki voel. 1197 ke. 1198 malveise. 1199 verraiement. B: veraiement. DE: voirement (= Cah.). Hip. finement. 1200 cheitif pecheor. Cah. chaitif. 1201 ki. se fehlt. Cah. en son p. Hip. sejorne et maint. B: git. E: demeure. 1202 a fehlt. B: fiee. D: foiz. ES: fie. Cah. atent. 1203 Hip. espiritex. 1204 jorz vit des. Cah. se vit. Hip. Totes voies vit des. D: viandez charnelz. E: mais ades entent as. 1205 Cah. queles. Hip. queus. 1206 me fehlt. Cah. le (= A).

   Jeo te dirrai, que seint Pol dit,
   E que jeo truis en son escrit;
   Nul nel deit tenir a eschar:
1210 Les oevres, dit il, de la char
   Sont apertes e mult malvaises,   5
   A l'alme engendrent granz mesaises.
   Coment ont ces oevres a non?
   Orgoil e fornicacion,
1215 Coveitise, ivresce, avarice,
   Envie, qui mult est mal vice.   10
   Tels viandes use li las,
   Qui n'ose ne qui ne voelt pas
   En la bele clere ewe entrer
1220 Ne iloec aprendre a noër
   As bons peissons, qu'il trovereit,   15
   Si en la clere ewe veneit.

   Bon crestien fet altrement,
   Qui est baptizez seintement
1225 E renez d'ewe e d'esperit:
   Cil entre sanz nul contredit   20
   Es cleres ewes delitables,
   C'est es mesters esperitables,
   Ou les bones viandes sont,

1207 jo. dirra ke. D: dira. Hip. Paul. 1208 ke jo. Et fehlt. Hip. Si com je. son escrit. Cah. Et q. B: tenc. E: on trueve. 1198—1204 sind in X später geschrieben. 1209 Cah. ne doit. 1210 ovres. 1211 malveises. D: au pecheor. 1212 meseises. E: & molt ordes & molt pugnaises. 1213 unt. nun. Hip. ovraignes non. 1215 yvresce. 1216 ke. male (= D). 1217 teles. Cah. Hip. tele viande. 1218 k'il. k'il. Hip. Qu'il. 1219 bele ewe clere. Cah. Hip. eve c. B: bele clere e. 1220 n'aprendre iloec (= Hip. ilec). 1221 k'il. E: vis. 1222 Cah. en clère ewe entrerait. E: venoit. L: entroit. 1223 [B]on. 1224 ki. Hip. baptiziez est sainement. 1225 E: Arrousez d'aigue. 1226 nul fehlt. I: cestui. 1228 coe. EI: mostiers. Hip. monstiers. 1229 sunt.

1230 Qui raençon a l'alme font.
La vit l'em de viandes pures,
Bones e seines e sëures,
Que l'apostre por verite
Apele joie e charite, 5
1235 Humilite e pacience,
Fei, chastete e continence.
Icestes viandes por veir
Font prodhome vivre e valeir.
Por cestes se deit l'em pener 10
1240 De ben nager, de halt noër.
Nos somes alsi en cest monde
Com en la halte mer parfonde,
Qui nos tormente e nos encombre:
Tant i a mals, qu'il n'i a nombre. 15
1245 Sagement estovreit noër
Qui toz les voldreit sormonter.
Porter li covent une enseigne.
Qui el non Jesu Crist se seigne
E le prie devotement, 20
1250 Cil noë ben e salvement.
Devotement devom orer
E noz meins vers le cel lever
E dire a Deu od simple chere:
Sire, ton volt e ta lumere 25
1255 Est signee pardesus nos

1230 ke raoncon. funt. D: le plaisir. Hip. de. sunt. 1231 l'en. Cah. Hip. des. 1233 ke. pur. 1236 concience. Hip. esperance et. E: force & chaste. 1237 pur. 1238 fon prodome. 1239 pur. Cah. Hip. ceste. 1240 manger. Cah. Hip. et h. 1241 sumes. Hip. Et toz maus vices eschiver | Mes qui bien les veut sormonter | Porter li etc. 1243 ki. 1244 ad. ke n'i est. Cah. mal que il n'est. E: tant que jamais n'en sera. 1245 E: umgestellt. 1246 ke. E: contremonter. Cah. totes. 1248 ki. Ihesu. 1250 Cah. à s. Hip Celui est bien a sauvement. D: sagement. 1252 Cah. Hip. ciel. 1255 le signe (= Cah.). EGH: & tes sains signes glorios.

En ton seint signe glorios.
Quant nos levom en halt noz meins,
Signe de croiz i a al meins,
E si nos de bon quoer orom,
1260 Tot dreit vers damne Deu noom
Parmi cest monde perillos,
Ou li plusors sont fameillos
Des viandes espiritels
N'il ne se voelent faire tels
1265 Ne mettre peine ne entente,
Que il sachent par la tormente
De cest malves monde noër.
Por ceo les covent enfondrer.
Por Deu, seignors, car apernom,
1270 En quel guise noër devom!
A Deu, qui est dolz e humeins,
Devom lever e quoers e meins.
C'est l'enseigne, que nos portom,
Par quei vers damne Deu noom.
1275 Si la nef ne drescout sa veile,
Quant el sigle al curs de l'esteile,
El ne porreit mie sigler.
L'oisel ne porreit pas voler,
Se il ses eles n'estendeit.
1280 Si la lune ne descovreit

1256 & ton. E: est bien saignies par deseur nous. 1257 nos m. 1258 ad. 1259 orum. 1260 tut. noum. 1262 plosor. B: peissun. 1264 fere. Hip. tex. 1266 ke. 1267 malveis mond. 1268 pur coe. enfundrer. E: afondrer (= Hip.). 1269 pur. kar. 1271 ki. doz. 1272 B: e pez e. E: devons en haut lever nos m. Cah. cors. Hip. cuer. 1273 le sigle ke. portum. Cah. Hip. li (le) signe. E: li signes. 1274 noum. 1275 B: drescot. D: drecot la. E: drecoit son voile. Cah. dresceit. Hip. dreiceit son. 1276 el fehlt. E: el nage. BDE: cors. Hip. Quant el cort au sigle de teile, was er übersetzt à la voile de toile! 1277 ele. Hip. Elle. pas. 1278 mie (= Cah.). 1280 EG: & sa plume.

Ses cors, orbe serreit toz dis.
Quant li fiz d'Israel jadis
Contre Amalech se combateient,
A totes les hores venqueient,
1285 Que Moÿses ses meins levout,
E si tost com il les bessout,
Li Jueu erent le peor.
Por ceo fet mult riche labor
Qui cest monde poet trespasser,
1290 Si que ne l'estoce enfondrer
Es adversitez, qui granz sont,
Qui traient home el val parfont.
Mult est malves qui ci n'aprent
A noër espiritelment
1295 E des charnels viandes vit:
Od les morz moert sanz contredit,
Si come dit en l'evangire
Jesu Crist, nostre verai sire :
Lessez les morz les morz covrir,
1300 Enterrer e ensevelir.
E Deu, qui toz les bons governe,
Seit nostre veile e nostre verne,
Que nos par cest monde present
Puissom passer sëurement

1281 cornes. serroit totdis. Hip. son cors. E: tout ensement sachies ensi. 1282 de. Hip. Israel. 1283 BD: Amalec (= Hip.). 1284 Hip. Trestotes les ores. 1285 ke. DE: levoit. Hip. Quant. les. 1286 DE: baissoit. 1287 Gyu. BD: peior. E: piour. Hip. au peor. 1288 pur coe. 1289 ki. mond. Hip. veut. 1290 ke. enfundrer. Cah. lui n'estuece. Hip. nel covienge afondrer. 1291 adversetez ke grant. 1292 ke treient. D: mal. 1293 malveis ke. B: fous. E: vilains. 1295 charneles. 1296 mortz. E: ou li mort muerent sans respit. 1298 doz. B: vera. Cah. verrai. 1300 Hip. en terre. 1301 ki. boens. Cah. bens. Hip. biens. E: tout le mont. 1303 ke. mond. BD: present. E: pesant. 1304 pussom.

1305 A no, que nos ne perissom,
Mes a dreit port venir puissom!

Assez avez oï fabler,
Coment Renart soleit embler
Des gelines Costeins de Noës. 5
1310 Volenters fist trosser ses joës
Li gopiz en totes saisons
De gelines e de chapons.
Tot ades vit de roberie,
De larrecin, de tricherie; 10
1315 Tant est malves e deputaire.
Oëz qu'en dit le bestiaire:
Li gopiz est mult artillos;
Quant il est alques fameillos
E il ne set, ou querre preie, 15
1320 Por la feim, qui forment l'aspreie,
S'en vet a une ruge terre.
La s'envoltre e toeille e merre,
Tant qu'il resemble tot sanglent.

1305 a nou ke. perissons. BL: a nou. M: a no. Cah. a noi. Hip. Que nos del tot ne perisson. 1306 veignons. Am Ende dieses Abschnittes lässt A wieder Amen folgen. 1307 [A]sez. 1308 renard. Hip. comme. C: ala. 1309 Nowes. B: costome de noiz. CEGHS: Coustant (S: Coustans) des Noes. F: cointes des noes. M: Costeins de Noes. D: chapons & oies. N: e des owes. Hip. Les. 1310 trotes ses jowes. Hip. fait croisir, was er mit bruire = englisch to crash übersetzt. BD: trosser. CEFGH: troter. C: les oies. EGH: les oes. BF: joes. D: joues. N: fet gras ses jowes. I: dou vent en fist. 1311 gupilz. seisons. B: gopilz. CE: gourpils. D: gopiz. 1313 tut. 1314 larecins. E: larrecin. 1315 traitre & (= Cah. Hip.). Hip. deputehaire. 1316 k'en. 1317 gopilz. Cah. alque arteillos. 1318 alkes. Cah. mult ben f. 1319 Hip. trouver proie. 1320 pur. ki. Cah. l'espreie. L: esproie. 1322 se voltre. toille. B: s'envoltre. C: touelle & vieutre. D: la son cors toolle & enterre. E: se touaille vieutre & mere. F: se viltre & toelle. G: touelle veutre & maire. H: toaille & veautre. L: vostre. toille. I: voutre & roolle (Cah. toole). S: voitre. toueille. Cah. se voltre. toille. 1323 k'il semble. CES: resamble. D: resemble.

Puis s'en vet cocher belement
1325 En une place descoverte,
Qui est a ces oisels aperte.
Dedenz son cors retent s'aleine,
Si a la pance dure e pleine. 5
Li culverz, qui tant set de bule,
1330 Met la langue hors de sa gule,
Les elz clot, des denz reschigne
E si feiterement engigne
Les oisels, qui gesir le veient: 10
Car certeinement mort le creient.
1335 Donc descendent, por lui beccher.
Mes quant il les sent aprocher
Pres de ses denz e il veit aise,
Si felonessement les baise, 15
Quant en sa gule sont enclos,
1340 Que tot devore e char e os.

Cest gopil, qui tant set de fart,
Que nos apelom ci Renart,
Signefie le mal gopil, 20
Qui le poeple met en eissil.

1326 k'est. oiseals. 1328 ad. Hip. Puis a. 1329 ke. Cah. Hip. bole. 1329—1330 bei Hip. umgestellt. 1330 lange. la Cah. Trait. CDE: trait. CE: langue. D: lengue. 1331 oilz. B: clost les. C: & ses dens requigne. D: & des. rechine (= IL). E: rechigne. G: eskigne. BK: reschine. S: rechingne. 1332 BCDES: & en ceste maniere (B: manere). Hip. en itele maniere. 1333 oisals ke. 1334 kar. Cah. Que. 1335 se d. pur. becher. B: becchier. C: lechier. D: berchier. E: bechier. K beker. N: becker. 1336 E: l'ont bien approchie. 1337 eise. CE: sent. Hip. et de sa bouche. Cah. voit. 1338 beise. Hip. toche. 1339 gole. C: sent. Hip. sunt lors. 1340 ke. Hip. Toz les d. 1341 [C]est. ke. CE: de l'art. D: de fait. S: barat. Hip. malart. 1342 ke nus. CE: vous apeles. 1344 ke. pople. essil (= IL).

1345 C'est li malfez, qui nos guerreie,
Chescun jor vent sor nos en preie.
A cels qui vivent charnelment,
Se feint tot mort certeinement,
Por ceo que plus pres les atraie.   5
1350 Mes il n'i a point de manaie :
Puisqu'il les tent en son goitron,
Tost les devore cel larron
Come li gopiz fet l'oisel,
Quant le sent pres de son musel.   10
1355 Mes il i a oisels plusors,
Qui les guisches e les trestors
Del gopil aparceivent ben,
Si n'i descendreient por ren.
Li jais i descent e la pie   15
1360 E meint, qui ne se sevent mie
De la grant traïson gaiter,
Leger sont mult a engigner.
De fole gent est altresi :
Tant sont apris e adenti   20
1365 A leccherie, a malvaiste,
Que ja n'en serront chastie,
Jusqu'il cheent es denz Renart.
Idonc vent le chastier tart.

1345 malfe ke nus guerroie. 1346 nus. proie. 1347 cel ke. charnelement. Hip. a chascun qui vit. 1348 CEFS: fait. I: fet. 1349 pur coe ke. 1350 ad. 1351 puisk'il. C: giron. 1352 L: li gloton. 1353 gopilz. 1354 Hip. muisel. 1355 ad. plosors. 1356 ki. B: trichurs. C: cuiches. E: guises. Hip. baraz. estors. 1358 descenderoient pur. 1359. decent. B: yais. CEG: gais. D: jas. H: jais. N: jays. 1360 ke. se fehlt. Hip. s'en gardent m. 1361 guaiter. Hip. Qui legiers sunt a engignier. 1362 engingner. Hip. Quer ne s'en sevent porguaitier. 1363 Hip. des foles genz vet. 1364 Hip. adeti. E: adempti. 1365 e a malveiste. Cah. a leicheires. Hip. es lecheries es mauvesties. 1366 kc. 1367 jesk'il. C: kieent. E: chieent. Cah. cheient. Hip. chient. 1368 e donc (= Cah.). CE: a tart.

Li sages, qui ben aparceit
1370 Le larron, qui les fols deceit,
Se tret ensus des leccheries,
Des ivresces, des beveries,
Dont les granz ordures norrissent, 5
Que le cors e l'alme i perissent.

1375 Or vos dirrai de l'unicorne,
Beste, qui n'a que une corne
Enz el mileu del front posee.
Iceste beste est si osee, 10
Si combatanz e si hardie,
1380 Qu'as olifanz prent aatie.
La plus egre beste est del mont
De totes celes qui i sont.
Ben se combat od l'olifant. 15
Tant a le pe dur e trenchant
1385 E l'ongle del pe si agu,
Que ren n'en poet estre feru,
Qu'ele ne perce e qu'el ne fende,
N'a pas poeir que s'en defende 20
Li olifanz, quant le requert:
1390 Car desoz le ventre le fert

1369 ki. Cah. Mes li. qui aperceit. 1370 ke. fous. 1371 de lecheries. Hip. des beveries. 1372 d'yvresces & de. Hip. lecheries. 1373 Cah. Que. 1374 ke les cors e les almes p. DEK: porrissent. I: enordissent. Cah. Dunt. Wohl perir hier = zu Grunde richten. 1375 [O]re vus. Hip. diron. 1376 ke. ke. Hip. beste est qui n'a fors. 1377 Hip. meleu de. 1378 Cah. tant. 1379 Cah. combatante. tant. 1380 k'as. C: fait envaie. Hip. a l'olifant porte envaie. 1381 mond. C: n'a plus hardie beste el m. Bei Hip. und Cah. fehlt est. 1382 ke. 1384 ad. C: pesant. 1383—84 bei Hip. umgestellt. 1386 ke. 1387 k'ele. & k'ele. C: que ne le. ou ne le. Hip. nel. ou qu'ele nel. Cah. u ne le. 1388 n'ad. poer ke se. B: poer (= Cah.). C: pooir de soi desfendre. D: poair. Hip. poor. 1389 Cah. Hip. ele requiert. 1390 kar.

Del pe trenchant com alemele
Si forment, que tot l'esboële.
Ceste beste est de tel vigor,
Qu'ele ne creint nul veneor.
1395 Cil qui la voelent enlacer,
La vont primes por espier,
Quant ele est en deduit alee
Ou en montaigne ou en valee.
Quant il ont trove son convers
1400 E tresben avise ses mers,
Si vont por une dameisele,
Qu'il sevent ben que est pucele.
Puis la font seeir e atendre
Al recet, por la beste prendre.
1405 Quant l'unicorne est revenue
E a la pucele vëue,
Dreit a li vent demeintenant,
Si s'umilie en son devant,
E la dameisele la prent
1410 Come cil qui a li se rent.
Od la pucele jue tant,
Qu'endormie est en son devant.
Atant saillent cil qui l'espient:
Iloec la pernent, si la lient.
1415 Puis la meinent devant le rei
Tot a force e a grant desrei.

1392 ke. 1394 k'ele. crent. BCI: crient. 1395 ki. Hip. essaier. 1396 vent. Hip. prendre par engin et lier. 1400 mercs. 1401 damoisele. 1402 k'il. ke. Hip. qui seit. C: soit. 1403 seer (= Cah.). Hip. seier. 1404 pur. 1405 Hip. venue. 1406 ad. 1407 lui. 1408 se humilie. Hip. se chouche. Cah. somilie (s'o-milie?). C: se soumeille. 1409 damoisele. 1409—1412 fehlen Hip. 1410 ki. lui. C: cele c'a li. FL: li. 1411 Cah. envoise. I: jeue. 1412 k'endormi. 1413 ki. Hip. Adonc sallent. 1414 e la. Hip. Ileques. prennent et lient. 1416 grant fehlt. D: Tot par force a grant desroy. Hip. ou a d.

Iceste merveillose beste,
Qui une corne a en la teste,
Signefie nostre seignor,
1420 Jesu Crist, nostre salveor:
C'est l'unicorne espiritel,
Qui en la virgne prist ostel,
Qui tant est de grant dignite.
En ceste prist humanite,
1425 Par unt al monde s'aparut.
Son poeple mie ne le crut
Des Jueus, ainceis l'espierent,
Tant qu'il le pristrent e lierent.
Devant Pilate le menerent
1430 E iloec a mort le dampnerent.
Cele corne veraiement,
Que la beste a tant sulement,
Signefie l'umanite,
Si com Deu dist par verite
1435 En l'evangile aperte e clere:
Nos somes un, jeo e mon pere.
E li bons prestres Zacharie,
Ainz que Deu nasquist de Marie,
Dist que en la meson Davi,
1440 Son bon enfant, son bon ami,

1417 [I]ceste. 1418 ke. 1422 ki. 1423 ki. dignete. Hip. est tant. 1425 mond se apparut. CG: parcoi. E: parquoi. D: paronc. S: parou. Hip. parquei. Cah. par ù. I: nel quenut. 1427 de Gyus einz le. Cah. anceis. 1428 k'il. 1429 l'amenerent (= Cah.). 1430 e fehlt. C: traitierent. 1431 verraiement (= Cah.). Hip. Icele beste veirement. CE: tout vraiement. 1432 ke. ad. solement. Hip. N'a qu'une corne seulement. B: sulement. 1433 Hip. sollenpnite. I: solempnite. 1434 pur. Cah. dit. 1436 sumes. mun. C: .i. & .iii. Hip. un deu et un p. Cah. jo è le Père. 1437 B: Zakarie. C: Zacaries. 1438 ke. nasqui (= Cah.). CE: nasquist. 1439 k'en. 1440 Hip. boen norri.

Drescereit damne Deu son cor.
E Deu meïsmes dist uncor
Par Davi, qui ceo crie e corne:
Si com li cors de l'unicorne
1445 Serra li mens cors eshalce. 5
Si com Deu l'out covenance,
Fu ceste parole acomplie
E le dit en la prophecie,
Quant Jesu Crist fu corone
1450 E en la vraie croiz pene. 10
La grant egresce signefie,
Dont ceste beste est raemplie,
Ceo que onc ne porent saveir
Les Poëstez del cel por veir,
1455 Throne ne Dominacion 15
L'oevre de l'incarnacion.
Onques n'en sout veie ne sente
Li diables, qui grant entente
Mist al saveir e sotilla,
1460 Ainz ne sout, coment ceo ala. 20
Mult fist Deu grant humilite,
Quant por nos prist humanite,
Si com il meïsmes le dit

1441 Hip. cors. CE: la metra Ihesu Cris son cors. 1442 CE: encors. Cah. encor. Hip. uncors. 1443 ki coe. Hip. si crie. 1444 corns (= Cah.). Hip. corn. C: com corne. D: le cor. E: cors. 1445 corns (= Cah.). CE: cors (= Hip.). 1447 Cah. Hip. aemplie. C: anonchie (mit Accent auf i). 1448 CE: & si dist en. Hip. Si comme dist la. 1450 verraie. Cah. verrei crois. Hip. neire. B: seinte. C: crois verais. E: vraie crois poses. 1451 C: angoisse. E: anguisse. Cah. agresce. Hip. egrece. 1452 Hip. aemplie. 1453 coe k'onc. Hip. qu'onques. 1454 Hip. pootes de ciel. 1455 E: throsne. I: trone. 1456 BD: l'ovre. CE: l'uevre. Hip. l'ore. 1457 onc ne. 1458 ki. 1459 e fehlt. Hip. moult soutilla. 1460 unc. coe. Cah. Hip. onc. 1462 pur nus. 1463 dist. Hip. issi. dit (ohne le).

En l'evangile, ou est escrit:
1465 De mei, ceo dist Deus, apernez,
Que entre vos ici veez,
Come jeo sui suef e dolz,
Hoemble de quoer ne mie estolz. 5
Sul par la volente del pere
1470 Passa Deus par la virgne mere
E la parole fu char faite,
Que virginite n'i out fraite,
E habita en nos meïsmes, 10
Si que sa grant gloire veïsmes
1475 Come del verai engendre
Plein de grace e de verite.

Une beste est, qui a non bevre,
Un poi, ceo quit, greignor de levre, 15
Mult sueve e durement sage
1480 N'est pas privee, einz est salvage,
Si fet l'em de ses genitaires
Mescines a plusors afaires.
Quant de veneor est chace 20
E de si tres pres enchalce,
1485 Qu'il veit qu'il ne poet eschaper,
Donc se haste de tost colper
Ices membres tot a un mors.

1464 ou fehlt = Hip. Et en. 1465 moi coe. 1466 ke. Cah. cime. 1467 jo. I: simplex. L: soez. 1468 Cah. homble. nenni estuls. I: humble. non pas estouz. 1469 sol. 1470 Bei Cah. mehrfach por für par. 1471 feite. 1472 ke. freite. 1473 Hip. o nos. 1474 ke. Cah. la. Hip. veimes. 1475 verrai. Hip. verai Deu. 1476 E: & de bonte. 1477 [U]ne. k'ad. Hip. fehlt est. 1478 co qui. Cah. quid. Hip. d'un lievre. 1479 mult est. Cah. cointes. Hip. senee. 1480 Cah. privé mes. 1481 l'en. 1482 & plosors. F: medecine. I: mecines. 1483 chasce. Hip. del. chacie. 1484 enchausce. B: enlascie. Cah. si pres pur veir chalcie. 1485 k'il. k'il. Hip. qui ne puet. 1486 tot couper. 1487 I: iceus.

En tel guise raient son cors.
Tant li a Deu done de grace,
1490 Que ben set, porquei l'em le chace.
Issi se raient cherement
Par ses membres demeinement. 5
Devant le veneor les laisse,
E li veneres ne s'eslaisse
1495 Ne vent avant, ainz le guerpist:
Car il a donc ceo que il quist.
En tel guise raient sa vie 10
E son cors par l'une partie.
E si altre feiz aveneit,
1500 Que il refust en tel destreit
E que veneor le chaçast,
Que ses membres i esperast, 15
Quant vendreit a l'estreit bosoing,
Qu'il ne porreit fuir plus loing,
1505 Trestot envers se tornereit
E al veneor mustereit,
Que ren n'i a de son espeir. 20
Issi le fereit remaneir.

Altresi oevrent finement
1510 Les sages homes sagement,
Quant les enchalce li veneres,

1488 tele. reint. 1489 Cah. i. la g. 1490 k'il. purquei. Cah. Que il seit. 1491 reinst. 1492 pas. Cah. demaintenant. Hip. meesmement. 1493 leisse. Cah. lesse. I: sache. 1494 s'esleisse. Hip. Et le veneor ne le chace. 1495 nent. Ne fehlt. Cah. naient. Hip. neient. C: noient. D: nient. 1496 quant. coe ke. donc fehlt. Cah. en ad ceo qu'il en q. C: qu'il i q. D: a pris ce. 1497 reinst. Cah. la. 1498 Cah. A son. une (= Hip.). 1500 ke. fust. Hip. refust. 1501 ke. la. Hip. Que le v. 1502 ke. menbres. Cah. Hip. Que. 1504 k'il. porret. 1506 B: mustrereit. C: mousterroit. I: mosterreit. 1507 ke. C: ensi le laisse remanoir. 1509 [A]ltresi. 1511 enchace. Hip. enchauce. venieres.

Li suduianz, li culverz leres,
Qui tot ades lor mal porchace.
Mes il li gettent en la face
1515 Ceo qui soen est, ceo est a dire: 5
Fornicacion e avoltire,
Tote manere de pecche.
Quant home a ceo de sei trenche
E gete al diable el vis,
1520 Cil le guerpist, jeol vos plevis.
Quant veit, qu'il n'i a ren del soen, 10
Si ne li semble mie boen.
Quant prodhom se veit enchalcer
Al diable, donc deit trencher
1525 De sei toz vices e toz mals.
Issi poet ben eschaper sals. 15

A l'essample de ceste beste
Li apostre nos amoneste,
Que servage e trëu rendom
1530 A celui a qui le devom
E la ou nos devom honor, 20
Rendom od creme e od amor.
Por verite devom entendre,

1512 sudduianz. culvert. Cah. Hip. lerres. 1513 ki tut. lur. purchace. 1515 coe ke. c'est. B: son (= Cah.). CDL: sien. I: soen. 1516 Cah. Hip. ohne et. 1518 ad coe. se. D: trichie. Hip. chacie. 1519 enmi le (= Cah.) 1520 jol vus. I: je. 1521 k'il. ad. CLS: sien. Cah. de soen. I: suen. 1522 coe. B: ben. CLS: bien. I: boen. Cah. Ceo. ren de boen. Wie in K, kommen in A die Formen boen: soen hier nach 519 wieder vor. 1523 prodome. enchacer. 1524 Cah. de[a]ble si d. Hip. De deable si d. chastier. 1525 soi tuz. 1526 salfs. 1527 [A]. Cah. cette. 1529 ke. 1530 ki. Cah. cette. 1529 ke. 1530 ki. Cah. Hip. cil nus (nos) le. 1531 Hip. ennor. 1532 BD: crieme (= Cah.). C: devons creanche aourer. Hip. o criente. 1533 pur. C: deves.

Que al diable devom rendre
1535 Primes ceo que nos li devom.
E quei? Que nos le reniom
E totes ses oevres a plein.
Issi serrom hors de sa mein. 5
Peccheor, qui sages serreit,
1540 En tel guise se gardereit
E se raiembreit vers celui
Qui toz jors brace son ennui.
Les oevres, qui la char delitent, 10
Ou toz mals creissent e habitent,
1545 Trenche de sei cil qui est sage.
Quant il lui a icel trevage
Rendu come ceo qui soen est,
Come sa preie e son conquest, 15
E lui gete enmi sa face,
1550 Cil remaint e en pert sa trace,
Que il ne sent ne ne veit mie,
Puisque il entre en seinte vie.
Idonc troeve il les fruiz itels 20
Com jeo dis einz, espiritels,
1555 Fei, pacience, humilite,

1534 ke. 1535 coe ke primes d. nos li fehlt. 1536 ke. reneiom (= Cah.). Hip. reneon. Cah. A ce que. C: comment ke. 1537 overaignes. Cah. overainnes. Hip. de plain. 1539 ke. serroit. 1540 ceste. garderoit. 1541 remembroit. B: reumbroit. C: renderoit envers. Cah. Hip. raendreit. 1542 ke. jorz. C: qui tous brace sans anui. 1543 ki. C: desirent: avivent. Cah. oevreins. 1545 ki. Hip. oste. 1546 ad itel. C: ices servages. Cah. i ad itel triwage. Hip. cel treusage. 1547 coe ke son. C: raison comme cou qui sien est. Cah. soen. Hip. suen. 1549 la. Cah. gete lui. 1550 en fehlt. Cah. Hip. la. C: grasse. 1551 kar. set. Der Gedanke ist so nicht klar. Hip. zeigt durch falsche Interpunktion, dass er diese Stelle nicht verstanden. 1552 k'il. C: est entres en sainte glise. D: en la. 1553 donc. BCD: iteus. 1554 come jo. Der Dichter bezieht sich hier auf den Abschnitt vom Ibis und zwar V. 1234 fg.

Reinsch, Le Bestiaire. 19

Continence e benignete,
E charite e joie e pais,
Joie, qui ne faldra jamais.
[Iceo troeve il enmi sa face,
1560 Par unt il a perdu sa trace.
De lui ne set ne vent ne voie*
Ne dreiz n'est qu'il sache de joie*.]
E Deu, qui de joie est seignor,
Nos meint a la joie greignor,
1565 Qui ne fine ne n'est muable,
Ainz dure toz jors pardurable.

Mult a a dire e a retraire
Es essamples del bestiaire,
Qui sont de bestes e d'oisels.
1570 Profitables e bons e bels
Est li livres: car il enseigne,
En quel guise le mal remaigne,
E la veie, que deit tenir
Cil qui a Deu voelt revenir.
1575 Le bestiaire nos recorde
D'une beste malvaise e orde,
Qui a non hyaine en gregeis.

1556 Cah. benignite. 1557 peis. Das erste e fehlt. Cah. et bone pez. 1558 ke. 1559 coe. 1560 ad. 1559—1562 fehlen bei Cah. und Hip. = BCD etc. Der nicht neue Gedanke, das Fehlen der Verse in den andern Hss., sowie der Reim voie: joie weisen auf eine Interpolation, aber vielleicht schrieb der Dichter: De lui ne set veie ne sente | N'est pas dreiz qu'il de joie sente. 1562 k'il. 1563 ki. C: qui est de tot segnor. 1564 meinst. 1565 ke. C: finable. Hip. nen. 1567 [M]ult. I: est. 1569 ke. d'oiseals. 1570 beals. Hip. Moult p. boens. beaus. 1571 kar. 1573 voie ke. 1574 ki. voldra venir. Hip. revertir. C: vieut revenir. 1576 malveise. 1577 ki ad. grezeis (= I). B: gregeis. CE: grijois. D: grezoiz. F: grigois. Q: grezois. Cah. yeine. C: yeue. D: hyan. F: yeule. I: yenne.

Son non ne sai pas en franceis.
Mes la lei devee e defent,
1580 Que l'em ne la manguce nent
Ne chose qui li seit semblable,
Car el n'est mie covenable,
Ainz est tote malvaise e orz:
Car ele manguë les morz
1585 E en lor sepulcres habite.
Trestoz cels devore e sobite
A qui ele poet avenir.
Por ceo s'en deit l'em atenir.
De ceste beste issi haïe
1590 Dist li prophetes Jeremie:
La fosse al hyaine salvage
Ceo est, dist il, mon heritage.
Une perre porte en son oil
Ceste beste, dont dire voil:
1595 Qui soz sa langue la tendreit,
L'em dit, que il devinereit
Les choses, qui a venir sont
Des aventures de cest mont.

1578 sa (= D). C: franchois. D: fransoiz. E: francois. Cah. ne lasai nomer. 1579 Hip. nos d. 1580 ke. mangut. B: mangust. CE: menjust (= Hip.). I: menjue. Cah. mainjust naient. 1581 ke de li. C: nus hom ne soit a li. 1582 kar ele. Cah. car el. 1583 kar ele est. malveise. CE: puans malvais & ors. 1584 kar. CE: cors. K: car. L: qu'ele. 1585 sepultures. e fehlt. C: seputure. E: sepouture. S: sepucres. 1586 cels fehlt. B: asorbite. C: labite. D: sorbite (= Hip.). E: soubite. Cah. subite. 1587 ki. 1588 pur coe s'en fet mult ben tenir. BS: atenir (= Hip.). CDE: se fait. S: s'en fait boin. Cah. s'en fait mult bon tenir. 1589 Cah. si aie. 1591 hyane. BD: hyaine. C: fole a l'aine. E: hyene. Cah. à l'yaine. Hip. la fole yenne la sauvage. 1592 coe. Cah. dit. 1593 Cah. pere. IL: pierre. C: une beste porte sor l'uel. D: en son col. E: suer l'uel. 1595 ki. la lange. tendroit (= Cah.). CEL: sor. Hip. a sa. 1596 ke. Cah. devineroit. CE: adavineroit. 1597 ke. 1598 mond. Cah. qu'el mond sunt. KL: Les.

Iceste beste a deus natures,
1600 Qui si habite es sepultures.
Ja de teles parler n'orreiz.
L'em dit, que vos la trovereiz
Une feiz madle, altre femele
E od traianz e od mamele.
1605 Grant merveille est estrangement,
Que si change son vestement.

Ceste beste, ne dotez mie,
Les fiz Israel signefie,
Qui ben crurent premerement
1610 El verai pere omnipotent
E lealment a lui se tindrent,
Mes apres femeles devindrent.
Quant il furent suef norri
E as delices adenti,
1615 A la char e a la luxure,
Plus n'orent de damne Deu cure,
Ainz le guerpirent, si folerent,
Si que les idles aorerent.

Mult i a gent, si com mei semble,
1620 Qui a ceste beste resemble,
Si vos dirrai, quels genz ceo sont.

1599 ad dous. I: deus. 1600 ke. 1601 n'orrez (= Cah.).
1602 ke. troverez. 1603 BCE: masle. Hip. malle. C: eure. 1604
Hip. o trehanz. 1606 ke. CFL: qu'ensi. CE: errement. Hip.
testament: dieser druckt solchen Unsinn ohne Bemerkung. 1607
[C]este. Cah. Hip. n'en. 1608 filz. Cah. d'I. 1609 ke. verraiement. Cah. veraiment. C: creirent. I: premierement. 1610 verrai.
1612 Hip. deviendrent. 1613 soef. 1614 Hip. adeti. L: adeuti.
C: ententis. D: atendri. E: tout assenti. 1616 puis (= Hip.).
Cah. pois. 1617 foloierent. C und F ändert: Ains le guerpirent
folement [Et firent fol aourement. C: pour des idres aourement.
1618 ke. Cah. idres (= C). I: et les ydoles. BE: ydles. 1619
mult. me. B: mei. CE: moi. Hip. me. 1620 ke. 1621 co.

        Trop grant plente en a el mont,
        Qui ne sont madles ne femeles:
        En dit, en oevre sont jumeles,
1625 Dobles e feinz e non creables
        Ne en nul leu ne sont estables.   5
        De cels parole Salomons,
        Qui fist le livre des sermons:
        Home doble, fals e feignant,
1630 Qui nule ore n'est parmainant
        En ren qu'il face ne qu'il die,   10
        Mult par est de malvaise vie;
        Servir voelt a vos e a mei,
        A nul de nos ne porte fei.
1635 Jesu Crist, nostre verai sire,
        Dist tel parole en l'evangire: 15
        Nuls hom a deus seignors servir
        Ne poet suffire ne furnir;
        L'un amera, l'altre harra.
1640 Ceo que Deu dist, ja ne faldra.
        L'un voldra despire e haïr   20
        E l'altre amer e sustenir.

        Une manere est de serpent,
        Qui en ewe a habitement:

    1622 i ad. mond. 1623 ke. 1624 fet. giemeles. Cah. noveles. Hip. oevres. BC: jumeles. E: diverses. 1625 CE: faus & nient. Cah. doblez feinz et naient c. I: lerres et faus. 1626 liu. 1627 Salomon. CE: Salemons. 1628 ki. livre & le sermon. Cah. del sermon. 1629 faus. Hip. l'home double. vagant. 1630 ki nul hore. B: en nul liu. E: nule eure. Hip. permaignant. 1631 k'il. k'il. 1632 malveise. 1633 siwre. e vos e. BCDE: servir. 1635 verrai. 1636 l'euvangire. Cah. le vangire. Hip. le vangile. 1637 hoem. dous. CE: nus hom. 1638 Hip. soufere. B: obeir. 1639 e l'altre. Cah. u l'un h. 1640 coe ke. faudra. Hip. dist Dex. n'i faudra. 1641 CE: vaura. Hip. voudra amer et chierir. 1642 Hip. L'autre despire et vil tenir | N'en puet à nul boen chief venir. F: cier tenir. S fügt hinzu: n'en puet a nul boin chief venir | ce vos di jou bien sans mentir. 1643 [U]ne. de la. (Hip. fehlt est.) 1644 k'en. ad. BCE: abitement.

1645 Idrus a non, si est mult sage:
Car mult set ben faire damage
Al cocadrille, qu'ele het;
Sagement engigner le set.
Ben vos dirrai avant, coment 5
1650 Ceste l'engigne cointement.
Le cocadrille est beste fere
E meint ades en la rivere
De cel fluive, qui Nil a non.
Boef resemble alques de façon; 10
1655 Vint cutees a ben de lonc,
Si est si gros com fust d'un tronc.
Quatre pez a e ongles granz
E denz aguës e trenchanz.
De ceo est il mult ben arme. 15
1660 Tant a le quir dur e serre,
Que grant cols de perre cornue
Ne prise un ramet de ceguë.
Onques hom tel beste ne vit:
Car en terre e en ewe vit: 20
1665 La nuit se tent en ewe enclos

1645 ad. BCDEI: ydrus. Cah. est salvage. 1646 e. fere.
I: demage. L: domage. 1647 k'ele. CE: cocatris. D: corcordrille.
I: coquatrix. S: cocatrix. Die Pariser Strasse Rue Cocatrix zeigt
picardische Schreibweise. 1648 engingner. 1650 E: molt sous-
tilment. Hip. moult coiement. 1651 Cah. La c. = AB. 1652 e nest.
Cah. vait. Hip. vet. CE: maint. 1653 fluvie ke. ad. C: Uil. E:
de cele ille. 1654 alkes. Hip. Buef. 1655 ad. long. Hip. coutes
a il. lonc. Cah. cotees. 1656 un (= Cah.). Hip. est un. 1657
ad. les ungles. 1658 C: dens agus. D: aguz. E: agues. 1659
coe. 1660 ad. Hip. cuer. 1661 coups. Que fehlt. B: kernue.
DI: cornue. C: coux. E: caus. CE: de pierre ou (C: &) de
baston. Hip. Nule beste tant seit cornue. 1662 D: ramer de sigue.
F: ne doute fuelle de ceue. I: un grain de cegue. Cah. segue.
Hip. grain d'une cigue. CE: ne doute plus c'un haneton (E:
henneton). 1663 unkes. tele. Cah. vist. 1664 kar. L: en aigue
et en t. 1665 noit. clos. Hip. l'eve. Cah. l'iave c.

E a terre a le jor repos.
S'il home encontre e il le veint,
Manguë le, ren n'en remeint;
Mes toz jors puis apres le plore,
1670 Tantdis com en vie demore.
De ceste sule beste avent,
Que les gencives desoz tent
Tot en pes, quant ele manguë
E iceles desus remue.
1675 Ceste nature n'est donee
A altre creature nee.
De sa coane veirement
Soleit l'em faire un oignement.
Les velles femmes s'en oigneient:
1680 Par cel oignement s'estendeient
Les fronces del vis e del front,
E plusors uncore le font.
Mes puisque la suor sorvent,
Sachez, que nul preu ne lor tent.
1685 L'altre beste, que vos ai dite,
Qui toz jors en ewe habite,
Het le cocadrille de mort
E il li, si n'a mie tort.

1666 ad. Cah. en t. 1667 encontre home (= Cah. Hip.).
1668 il le m. Hip. lei riens n'i. 1669 jorz apres puis. B: deplure.
CE: pleure. Cah. apres pois. 1670 Hip. Tant com il. 1671 sole
(= Cah. Hip.). 1674 Cah. icele de sor. 1677 cowe seurement.
B: couwe. CE: keue. D: coue. F: keue veraiement. K: coue
veirement. I: coane solement = Hip. S: couane seulement. Cah.
coue[ne?]. 1678 soelt. fere. CE: soloit on. 1679 veilles. E: dont.
CE: vielles (IK fehlt). 1681 B: frunces. D: ronflez. E: fronches.
Cah. ronces. 1682 plosors. 1683 puiske. survent. Hip. lor vient.
1684 ke. 1685 dont (= Cah.). 1686 ke. jorz. Hip. en eve toz
jorz. 1687 Hip. Si het. coquatriz. C: cocatrisse. E: cocatrice.
H: la cocastris. 1688 n'ad. Hip. et cil cele n'a.

Mult s'entreheent de haïne,
1690 Mes cele set plus de trahine.
Quant a terre le veit dormir
E en dormant la gule ovrir,
En tai e en limon se moille
E iloec se devoltre e soille,
1695 Por estre plus escolurable.
Puis vet tot dreit a cel diable:
Tresparmi sa gule se lance
E cil la transglote en sa pance.
El n'i a mie este grant pece,
1700 Qu'ele li derompt e depece
Del ventre totes les entrailles
E les boëls e les corailles.
Issue quert delivrement,
Si s'en ist hors tot salvement,
1705 E cil moert: car morir l'estoet,
Que des plaies garir ne poet.

Ici poet l'em essample prendre
E grant signefiance aprendre.

1689 Cah. s'entreheinnent de grant heine. Hip. se heent de grant haine. 1690 BCEI: traine. 1691 Hip. Quant le coquatriz veit d. F: q. ele voit l'autre. 1692 gole. F: bouce. 1693 tay. lime. BCES: limon. D: boue. Hip. el. 1694 C: se vieutre & rouoille. D: se devoutre (= Hip.). E: se trait & tooulle. H: se veautre. S: se devoitre & soulle. 1695 pur. esculurable. B: escoluriable. C: escousonoable. D: escoloriable (= Hip.). EH: escoulorable. L: escolurable. S: esconlourable. Cah. escororiable. 1696 Hip. vient. 1697 gole. 1698 tranglote (= D). B: transglute. C: l'engtrenglout (Hs.). D: tot ouren meintenant la lance. E: le transglut. S: tranglout. Cah. transglute. Hip. transglot. 1699 ele. ad. Cah. Si n'i. 1699—1700 fehlen Hip. 1700 k'ele ne d. Cah. desront. despiece. L: deront. 1701 Hip. cerche les entralles. 1702 boeals. C: boiaus. E: buiaus. Hip. corralles. 1703 e. 1704 Hip. fort isnelement. Cah. fors. suavement. 1705 kar. 1706 kar. Cah. car. Hip. quer. 1707 [I]ci. 1708 L: antandre. Hip. cil qui a Deu se veulent rendre.

        Li cocadrilles signefie
1710 Mort e enfer, n'en dotez mie.
        Altresi come la serpent,
        Dont jeo vos dis premerement,
        Occit le cocadrille e tue   5
        E salvement porchace issue,
1715 Fist nostre seignor Jesu Crist:
        Car en la char, qu'il por nos prist,
        Si sagement s'envolupa,
        Que mort e enfer estrangla.   10
        D'iloec osta ses bons amis,
1720 Qui remes i erent chaitis,
        Si come li prophetes dist,
        Quant il prophetiza de Crist:
        O tu mort, jeo serrai ta mort.   15
        Deu, qui est nostre bon confort,
1725 Destruist nostre mort en morant,
        Dont toz jors ert enfer plorant.
        En resordant rapareilla
        Nostre vie, qui ne faldra.   20

        Bestes sont mult foles e sages:
1730 Des privees e des salvages
        Vos tenez por coart le levre

    1709 Hip. Le coquatriz si senefie. 1710 enfern ne dutez. 1711 Hip. le. 1712 don jo vus. 1713 ocit. 1714 purchace. Hip. en sauvement. Cah. sagement. 1715 si f. ih̃u. 1716 k'il pur. car fehlt. 1717 Hip. s'envelopa. 1718 ke. enfern. 1719 e d'i. C: D'iluec. ses bons a. 1720 ke remis. cheitifs. Hip. remes esteient. D: & cez ii. remistrent. 1722 de ih̃u Crist. il fehlt. C: la prophesie descrist. Hip. bien devant la mort Ihesu Crist. 1723 jo. tu fehlt. 1724 ki. leon fort (= Cah.). Hip. lion f. CE: lions fors. Der Vergleich mit dem Löwen hier ist anstössig; vielleicht verlesen aus bon 9 fort. 1725 destruit. murant. 1726 jorz. enfern. 1727 e en resurdant apareilla. Cah. reparilla. L: raparilla. 1728 ke. faudra. 1729 [B]estes. 1730 de. de (= Hip.). Cah. des.

E por fole tenez la chevre.
Mes de la chevre neporquant
Avom essample conoissant.
1735 Buc a non le madle en romanz.
Barbes ont longues e pendanz 5
E cornes longues e aguës
E les pels durement velues.
En granz monz meinent volenters,
1740 Es plus halz e es plus pleners;
Es valees d'entor se paissent 10
E se norrissent e engraissent.
Mult de clere vëue sont:
Quant sont la sus en som le mont,
1745 Mult veient loing e halt e cler. 15
Quant il veient gent trespasser,
Demeintenant por veir savront,
Se veneor ou errant sont.
Ceste beste, qui si cler veit
1750 E qui de si loing aparceit
Son enemi, qui mal li quert, 20
A l'essample de Deu afert:
Car Deu, qui est sires del mont,
Qui meint la sus el plus halt mont,
1755 De loing esgarde e veit e sent

1732 pur. 1733 nepurquant. 1734 C: a bon. Cah. Hip. bel et grant. 1735 ad. BCDE: bouc. Hip. boc. malle. 1736 on lunges. 1737 lunges. E: dures &. 1738 peals (= Cah.). CD: piaus. E: pials. 1739 Hip. es. maignent. C: grans montaignes. 1740 Das zweite es fehlt. Hip. planiers. 1741 peissent. Cah. poissent. Hip. paissent. 1742 engraissent. Cah. encreissent. Hip. engressent. CE: encraissent. 1743 Cah. Hip. mes de. 1744 Cah. suz el som del. Hip. de sor le. 1745 loinz (= Hip.). 1746 home (= Cah. Se veient). 1747 pur. Cah. de verite errant sauront. CE: saroient. 1748 Cah. si. I: erranz. F: ou autre. 1749 ke. 1750 ke. loinz (= Hip.). 1751 ke. lui. Hip. Se son anemi mal. 1753 kar. ki. mond. Cah. Hip. sire. 1754 qui fehlt. Cah. Maint la desuz = Hip. (desus).

　　　　Quantque font ça e la la gent.
　　　　Tot veit e sent come veir sire,
　　　　Quantque l'em poet penser e dire:
　　　　Ainz que el quoer seit concëu,
1760　　Le penser a il conëu.
　　　　Es eglises, qui suef sont
　　　　Establies parmi cest mont,
　　　　Est Deu pëuz e abevrez
　　　　Des almosnes, des charitez,
1765　　Que font li crestien feeil,
　　　　Qui ont sa grace e son conseil.
　　　　Quant nos por l'amor Deu paissom
　　　　Un povre ou quant le revestom,
　　　　Quant en chartre le visitom,
1770　　En maladie ou en prison,
　　　　Quant le pelerin herbergom,
　　　　Qui n'a ne bordel ne maison,
　　　　A Deu le fesom purement,
　　　　Qui le receit benignement:
1775　　Car si com il meïsmes dit
　　　　En l'evangile, ou est escrit:
　　　　Quant tot le mont juger vendra,

1756 quantke funt la e ça. Hip. Quanque fet a tote la gent. 1757 BC: set. C: haut. E: vrai. Cah. Si veit et sent. 1758 quautke. 1759 ke al. Cah. qu'en le quer. Hip. cuer. 1760 ad. EI: la pensee. Hip. la il a veue. Cah. ad le il connu. 1761 ke sowes. B: sues (= Cah.). D: souez. CE: ore. L: soies. I: ici. S: ichi. Nur das adv. suef giebt einen vortrefflichen Sinn. 1762 mond. 1763 Hip. abevre. 1764 Hip. de charite. 1765 ke. feel. B: feeil. DIKS: feel. E: foiel. Cah. cristien. 1766 ki. Hip. consel. 1767 pur amʳ. peissom. Hip. par amor repesson. 1768 vestom (= Cah.). Hip. Le p. ou nos le. 1770 C: ou quant de no pain li dounons. Hip. Ou quant de dras le recovron. 1771 Cah. un p. 1772 ki. nen a. meison. CEIL: borde. Cah. Hip. meson. 1773 B: faimes (= Cah.). Hip. feson. 1774 ki. 1775 kar. 1776 l'euvangile. Hip. Et en. 1777 mond. Hip. quant le monde. C: monde jugera.

A cels de destre part dirra:
Venez, les benurez mon pere,
1780 En sa meson e halte e clere,
Qui apareillee vos fu,
Ainz que home fust concëu.
Quant nu e povre me veïstes,
Donc me pëustes e vestistes.
1785 Quant jeo oi sei, vos m'enbevrastes
E en chartre me visitastes.
Por ceo en avez deservie
Joie de pardurable vie.
Ceste bone parole orront
1790 Cil qui de destre part serront.
Cil de la senestre partie
Itel pramesse n'orront mie,
Ainceis orront tot le contraire:
Deu lor dirra: Gent demalaire,
1795 Alez el feu, qui ne faldra,
Mes pardurablement durra!
Onc n'ëustes pite de mei,
Quant jeo aveie feim e sei,
Ne me volsistes herberger
1800 Ne doner beivre ne manger,

1779 beneurez. C: benoit. E: beneoit. Cah. bonurez. Hip. venez en la meson mon p. 1780 Cah. la meson h. Hip. Qui tant par est et bele et c. B: joie. CE: maison qui est bele. 1781 ke aparaille vus. Cah. aparillee. Hip. aparrelliee. 1782 ke. CE: anchois (E: ancois) que fussies. Hip. enceis que hom. 1785 jo. seif. Hip. En cherite me visitastes. E: m'abuvrastes. 1786 Hip. Hostes fui, vos me herbergastes | Enferm fui, vos me visitastes. Ebenso mit geringen Abweichungen BCDES. 1787 pur coe. 1788 e (statt de) = Hip. 1789 orrunt. 1790 ki. B: esteront. Hip. a d. 1791 icil. Hs. E wieder umgestellt. 1792 C: parole. 1793 anceis (= Cah.). CE ändern: il n'aront pas itel promesse | ancois (C: anchois) orront plus felenesse. 1794 CE: gens demalaire diex dira. 1795 ke. 1797 kar unc. CE: ainc. 1798 jo avoie. Cah. avaie et. 1800 a b. a m.

Visiter ne ensevelir
Ne mei chalcer ne revestir.
Donc dirront cil: Sire, merci,
Quant vos veïsmes nos issi?
1805 Deu respondra a la parsome:
Quant vos veïstes le povre home
Ou povre femme ou orphanin
Ou le mesaise pelerin,
Qui por m'amor quereit del ben,
1810 E vos ne lui feïstes ren,
Donc me veïstes pain querant
E povre pelerin errant.
Por ceo irreiz el val parfont,
Ou Sathan e ses angles sont.
1815 Cel leu vos est apareille,
Desque le mont fu comence.
Por Deu, seignors, entendez ci,
Que tantes feiz avez oï,
Que l'almosne esteint le pecche.
1820 Fetes donc ben al mesaise,
Quant il por Deu vos requerra.
Oëz, comben ceo vos valdra.
Deu vos en metra a sa destre
Amont en la gloire celestre,

1802 vestir. Hip. chaucier ne mei v. 1803 dirron. Hip. diront il. 1804 BCI: veimes. D: meis. 1805 BC: parsone. Cah. persomme. Hip. parsumme. 1806 O (statt ou). 1807 C: orfenim. D: orfalin. E: orphenin. IS: orfelin. 1808 meseise. CE: ou mesaaisie. 1809 ke. B: requist. 1810 en f. Cah. Hip. ne l'en. 1813 pur coe irrez. 1814 Cah. é si angle. I: ses angres. 1815 liu vus. aparaille. 1816 deske. mond. 1817 pur. 1818 ke. D: com l'aigue esteint le feu ausi. 1819 ke almosne. le fehlt. Hip. le pechie. 1820 meseise. Cah. Faites [la?] dunt al. Hip. Aidiez. bien au mesaisie. 1821 pur. 1822 co vus. Cah. il vus. CE: oies quel bien vos (E: ques biens vous) en venra. 1823 vus amerra. B: enmerra (= Cah. Hip.). CDE: en metra. FL: enmerra. 1824 Cah. a sa glorie. Hip. en la joie.

1825 A la joie, qui ne faldra,
Mes tot ades sanz fin durra.
E Deu nos dont issi ovrer,
Que la puissom sanz fin regner.
Hors de la peine e del pecche 5
1830 Nos mette Deus a salvete.

De l'asne salvage dirrom
Le veir, que ja ne mentirom,
Si com li livres nos aprent,
Qui pas ne falt ne ne mesprent 10
1835 De mustrer essamples resnables
E veraies e delitables.
Li livres n'est mie d'oisoses,
Essamples i a delitoses,
Ou il a mult riche mistere, 15
1840 Dont nos fesom la lettre clere,
Que l'em porra en descovert
Veeir le mistere en apert.
Es deserz d'Alfrique la grant
Troeve l'em qui les vait querant 20
1845 Ices asnes, dont jeo vos cont,
Si n'a si granz en tot le mont

1825 ke. faudra. 1826 toz jorz. Hip. mes ades sans. duerra. Cah. sanz f. toz jorz. C: duera. D: dura. 1827 ACEF: doinst. BD: doint (= Cah.). 1828 ke. 1829 de peine & de. Cah. U il vit et il regnera | Per seculorum secula. Amen. 1830 In A am Ende des Abschnittes wieder ein Amen. 1829—30 fehlen Hip. 1831 [D]el. I: arne. 1832 ke. meintirom. B: ke est i meterum. 1833 nus. 1834 ke. I: ne faut p. 1835 B: resonables. E: non fables. 1836 verraies. 1837 de oisuses. B: de trifleures. E: d'uiseuzes. 1838 ad. Cah. ad mult dilituses. 1839 iad. B: misteire. E: matere. 1841 ke. 1842 veer. misteire. en fehlt. L: voir la matiere espert. Hip. veier. B: la m. 1843 Alfrike. B: d'Aufrike. E: d'Aufrique. 1844 le ki. 1845 jo vus. 1846 n'ad. mond. Hip. Il n'a.

E si ne sont mie dantez.
Es deserz e es bois ramez,
Es valees e es montaignes
1850 Sont les haraz a granz compaignes.
En chescun haraz finement 5
N'a fors un madle sulement,
E cil les femeles mestreie
E en la plaine e en l'erbeie.
1855 El haraz n'a qu'un estalon.
Quant la femele a un foon, 10
Si femele est, femele seit,
Mes si li peres aparceit,
Qu'il seit madles, ne targe gaires,
1860 Qu'il ne colpe ses genitaires
Od ses denz: car il ne voelt mie, — 15
Jeo quit, que ceo seit gelosie, —
Que od ses membres tant crëust,
Que le haraz saillir pëust.

1865 Quant le meis de marz est entre
E vint e cinc jors sont passe, 20

1847 E: itels. H: iteus. 1848 EH: rameus. Cah. vermuthet remes = retiré, solitaire! 1847—1848 fehlen Hip. 1850 compaingnes. Cah. harraz. 1851 chascon. Cah. chescon. Hip. chascun. 1852 n'ad. solement. 1853 Cah. Et si les. Hip. Icel. 1854 plaigne. BK: l'erbreie. D: l'arboie. EH: l'arbroie. F: herboie. L: arberie. S: l'erboie. 1855 n'ad ke. 1856 ad. Cah. Et q. ad feon. Hip. a foon. 1857 DEL: soit: aparcoit. (D: aparsoit, E: apercoit.) Cah. s'aparceit. 1859 k'il. EL: n'atarge. D: que male soit ainz qu'il past gairez. F ändert: qu'il les tue, tant par est maires. 1860 ne li coupe. Cah. ne li [ni?] coipe les. Hip. Que li coupe les. E: caupe les genitailles. 1861 k'il. Cah. dens que. Hip. quer. 1862 e quid ke coe. Hip. je cuit. 1863 ke. E: qu'il ait ses membres si creus. 1864 ke. assaillir. BE: saillir. DIL: sallir. S: salir. 1865 [Q]uant. FK: mai. L: may. 1866 jorz. Hip. vint et cinc. I: quint et cinq. ABDELS: XXV. K: quinze jorz = F. Trotz des lat. Textes D, wo richtig der 21. März steht, wird 25 mit den Hss. beibehalten.

Donc rechane l'asne salvage
Ou en la plaine ou el boscage.
Le jor rechane doze feiz
1870 E la nuit doze, ceo sachez.
Donc sevent ben li païsant,
Qui pres d'iloeques sont manant,
Que donc sont la nuit e le jor
D'un estat e d'une longor.
1875 Por ceo que doze feiz s'escrie
Des l'enjornant desqu'a complie,
Doze feiz la nuit ensement,
Conoissent il veraiement,
Que donc est l'equinocte dreit
1880 En tel terme e en tel endreit.

Iceste beste par dreiture
Porte del malfe la figure.
Job reconte, qui ne ment mie,
Que l'asne salvage ne crie
1885 Nule feiz, si feim ne l'aspreie.
Altresi cil qui nos guerreie,
Nostre enemi, nostre adversaire,
Qui ne fine de nos mal faire,

1867 E: rechasne. F: recane. 1868 en plein. en. 1869 Cah. dozze. 1870 noit. coe. Cah. sacheiz. Hip. sachiez. 1872 ke. d'iloec. I: d'ileques. L: d'illuques. Cah. de iloc. 1873 ke. noit. E: les nuis & li jor. Hip. les nuiz. les jorz. 1874 Hip. longuorz. 1875 pur coe ke. 1876 desk'a. E: l'ajornant. Cah. le jornant dusqu'à. Hip. de l'ajornant siqu'a. F: de jor mouvant dusqu'a. 1877 noit. 1878 verraiement. 1879 ke. B: le equinoxe. D: l'equinoistre. Cah. la quinoce. Hip. equinoce. 1880 Cah. termine. dreit. 1881 [I]ceste. Hip. nature. 1882 Hip. malle. 1883 ke. E: que n'avient. L: recite. 1884 ke. E: braie & crie. 1885 B: l'espreie (= Cah.). Hip. l'aproie. FI: asproie. 1886 ki noz. Hip. guerroie. 1888 ki. Cah. Il.

Por qui seint Perre nos chastie,
1890 Que nos ne nos endormom mie,
Mes que nos en veillant orom:
Car toz jors nos vet environ
Come lion por devorer,
Si sanz garde nos poet trover.
1895 Quant il vit le poeple venir
En la lei Deu e convertir,
Qui seeit en l'ombre de mort
E en tenebres sanz confort,
Donc out doel e si rechana,
1900 E uncor plus rechanera,
Quant il verra tote la gent
Venir a Deu comunement.
Quant il verra les Sarrazins
E les Jueus, qui sont frarins,
1905 En la lei Deu realier,
Donc porra de feim baailler:
Car sa viande avra perdue,
Qu'il a si longuement ëue.
Quant il les verra en la fei,
1910 Donc avra il e feim e sei.

1889 pur ki. Pere. B: Perre. E: Pierres. S: Pieres. Cah. Pur quei. F: cui. 1890 ke = 1891. 1891 kar. jorz. I: nos vellon et oron. 1892 F: waite. 1893 leon pur. 1894 sanz coe nus E: sans garde. S: garant (= Hip.). Cah. Se il sanz ceo. 1895 pople. Cah. vist. 1896 I: a la. 1897 ki. DE: estoit. 1900 uncore. 1902 communement. Hip. au D. comandement. 1903—1904 sind in FKL umgekehrt gestellt. 1903 Cah. Sarazins. E: Arrabis. 1904 Gieus ki. Hip. genz. Cah. Hip. qui or sunt. E: & les paiens & les Juis. 1905 B: e agalier. D: toz retorner. E: trestous torner. F: egillier. I: esbaleier. S: & banloier. Cah. Dieu à égailler, wobei er als Bedeutung vermuthet: devenir égaux, s'unir, se confondre (se fondre). 1906 Hip. baallier. E: braire & r. 1907 kar. Hip. quant. 1908 ke. longement ad. 1909 verrad. Cah. quant les. en bone f. 1910 Cah. averat et.

Alsi com li asnes rechane
A mienuit e meriane,
A vint e quatre ores, qui sont,
Qui une nuit e un jor font,
1915 Avra le Sathan doel e ire, 5
Quant verra del mont tot l'empire
Venir en creance e en fei
A Jesu Crist, le verai rei,
Qui tot deit salver e juger.
1920 Donc avra grant doel l'adverser, 10
E cil doel ne faldra james.
Donc porra rechaner ades
Com cil qui toz jors remeindra
En la dolor, qui ne faldra.
1925 De tel dolor Deu nos defende 15
E de noz trespas nos amende.

Une altre beste est mult vileine
De laidure e d'ordure pleine.
C'est le singe, que vos veez,
1930 Dont li halz homes font chertez. 20
Le singe est laid e malostru,
Soventes feiz l'avez vëu.
Ja seit ceo qu'il seit laid devant,
Derere est trop mesavenant.

1911 ausi come. 1912 mienoit & a merieue. B: meriane:
E: par nuit & a meridiane. Cah. et à. 1913 hores ke i. e fehlt.
I: vint et. Cah. vinte [vint é?]. 1914 Cah. un jor et une noit.
1916 verrad. mond. 1918 ih̄u u. verrai. Cah. nostre vrai r. 1919
ke. 1920 BE: l'aversier. D: due l'avesier. 1922—1926 fehlen
bei Cah. und Hip. 1923 come. ki. 1924 ki. faudra. 1925 cele.
1926 Am Ende des Abschnittes hat A wieder ein Amen. 1927
[U]ne. best. Bei Hip. fehlt altre. 1928 leidure. de. Hip. ledure.
C: laidour. 1929 co. ke vus. 1930 ces h. Cah. Hip. les. 1931
laidz. CE: lais. Hip. lai. 1932 sovente. E: souventes fois.
1933 coe k'il. leid. 1934 Hip. derrier. I: desriere.

1935 Chef a, mes de cue n'a mie.
Tot ades pense felonie.
Quant la mere ses foons a,
Cel que plus aime, portera
Entre ses braz par devant sei. 5
1940 L'altre, dont el ne prent conrei,
Par derere s'aert a li
E ambedeus les porte issi.

Ceste beste, si com mei semble,
Al diable afert e resemble. 10
1945 Li diables premerement
Out chef: car al comencement
Fu angle el cel, mes par envie,
Par orgoil e par presumpcie
Perdi le chef, ceo est le veir, 15
1950 Si chaï en enfer le neir,
Dont il jamais ne resordra,
Mes sanz fin en dolor meindra.
Al singe de ren ne m'acort:
Car il est tot malvais e ort. 20
1955 Plus de treis maneres en sont:
Tels i a qui granz cues ont

1935 ad. cowe n'ad. Cah. coue. Hip. coe. 1936 tut. 1937 ad. 1938 celui ke. I: cel. 1940 ele. 1941 se hert. B: se ert. CDEF: s'aert. Cah. s'ahert. I: se prent. 1942 ambedous. e fehlt. CE: & ambes deus. Cah. Ambedeis. I: amedeus. L: ambedex. 1943 [C]este. come me. 1944 deable. 1945 deables. 1946 kar. 1947 L: angele. 1948 B: presomcie. 1949 co. Cah. Pardi. ben voir. Hip. chief que il aveit. 1950 enfern pur veir. B: le neir. DE: le noir (= Cah.). Hip. enfer tot dreit. 1951 resurdra. il fehlt. Cah. dont jamès. retornera. 1952 dolur. 1953 derere. m'acord. BCDE: de rien (B: ren). Cah. Hip. m'acort. 1954 kar la est il malveis e ord. Cah. Hip. ort. CE fügen hinzu: d'autres singes parler orrons (E: volrons) | dont .i. petit raconterons (E: vous conterons). 1956 ad ke. cowes.

20.*

	E plusors teste come chen.	
	Des altres singes savom ben,	
	Qui habitent ci entre nos,	
1960	Qu'il sont mult melancolios.	
	Tant come dure le creissant,	5
	Sont il mult heite e joiant;	
	Mes puisque al decurs atorne,	
	Si sont dolenz, tristes e morne.	
1965	Or vos conterom d'une oisele,	
	Qui mult par est corteise e bele	10
	E mult sage e ben entendable;	
	Toz jors est en ewe manable.	
	En ces estans ades sojorne,	
1970	Enmi l'ewe son ni atorne	
	Ou entre perres en la mer,	15
	Ou nul hom ne poet habiter.	
	Toz jors meint assiduelment	
	En une place sulement;	
1975	Nule feiz ne s'en quert moveir:	
	Car tot i a son estoveir,	20
	E neporquant quant ele sent,	
	Que estre deit alcun torment,	
	Donc s'en vet a un gue baigner	

1957 plosors testes (= Cah.). CE: ont testes. 1959 ki. 1960 k'il. 1962 Cah. haitez. F: haitie. I: hetie. 1963 ke. decors (= Cah.). Hip. retorne. Cah. vermuthet: pois que kaudecors = quand ils entrent en chaleur! 1964 Hip. sont il dolent et triste. 1965 [O]re vus. d'un oisel (= Cah. Hip.). F: oisiele. L: oisele. 1966 ke. cortois. bel. Cah. parest mult corteis et bel. 1967 Hip. umgestellt: et moult e. 1968 jorz. 1969 estancs. sujorne. B: sujurne. D: sejorne. 1971 peres. Hip. entres pierres. 1972 nuls hoem. 1973 jorz. 1974 solement. 1976 kar. ad. 1977 nepurquant. il. 1978 ke deit estre alcon. Cah. Hip. Que il deit estre. 1979 Hip. en l'eve baignier.

1980 E deduire e esbaneier.
Puis s'en revent a sa maison.
Toz jors manguë bon peisson:
De nule caroigne ne vit,
E sachez, que la lettre dit, 5
1985 Que sa char est de tel manere
Come d'un levre de bruere.

Icest oisel, c'en est la some,
Signefie le bon prodhome,
Qui en seinte eglise demore 10
1990 E iloec veille e prie e ore
E vit del pain cotidien
A guise de bon crestien:
Ceo est de la parole Deu,
Que il retent e met en leu. 15
1995 Son cors manguë e son sanc beit,
Dignement le garde e receit.
En ben maint desiqu'en la fin
Come bon crestien e fin
Ne vet pas sus e jus folant 20
2000 Ne as viandes aerdant,
Qui font l'alme a dolor perir,
Por le cors a aise servir.
En seinte eglise maint ades

1981 s'en fehlt. meison. Cah. Et pois. en. Hip. se remet. 1982 jorz. 1983 Cah. charoine. Hip. charungne. 1984 ke. Cah. savez (= Hip.). li livres. 1985 ke. Cah. chair. 1986 Hip. de lievre. bruiere. 1987 [C]est. co en. Cah. ceo. FL: ceste oisele (oisiele). 1988 prodome. bon fehlt. Hip. boen p. 1989 ki. 1990 B: e plore (= Cah.). Hip. prie et velle. 1991 de (= Cah. Hip.). 1992 Hip. en g. 1993 coe. 1994 ke. Hip. a preu. 1997 jesk'en. Cah. Hip. desiqu'a. F: dusques en. 1998 F: et en vient a tresboene fin. 1999 foleiant. BD: folant. S: volant. Cah. ne jus. 2001 ke. dolur. Hip. morir. 2002 pur. eise. Hip. ese. 2003 seint.

En joie, en amor e en pes:
2005 C'est la bone viande e pure,
Qui l'alme garde e assëure
E plus est dolce e savoree
Que n'est nul mel ne nule ree. 5
Oëz que le psalmistre dit,
2010 Davi, qui le psalter escrit:
Plus me sont dolz tes parlemenz
A mes joës e a mes denz,
Bels sire Deus, qui mainz el cel, 10
Que n'est la ree ne le mel.
2015 Seignors, por Deu, le rei de gloire,
Mettez en oes e en memoire
Ces essamples, que vos oëz!
En seinte eglise demorez 15
En bone fei e en creance,
2020 En charite, en esperance!
Si vos perseverez en ben,
L'evangile vos pramet ben,
Que vos serreiz a la fin sals 20
Come bon crestien leals.
2025 N'avez mere fors seinte eglise,
Qui par amor e par franchise
Vos amoneste e vos chastie,
Que vos maignez en bone vie. 25

2005 coe. bone fehlt. 2006 ke. aseure. Hip. assecure. 2007 ke. Cah. Que est. Hip. Plus tres douce et meins salee. 2008 ke nul mel ke seit eu ree. Cah. Plus que n'est miel. Hip. Que n'est le miel ne que la r. L: assavouree. 2009 ke. 2010 David ke. B: psautier. D: la sautere. Cah. Davit. 2011 doz. 2012 jowes. I: orelles. Hip. sens. 2013 beals. ki mains. Hip. mainz. 2014 ke. 2015 pur. Cah. glorie: memorie. 2016 metez (= Cah.). I: a ovre. F: oevre. 2017 ke vus. Cah. Hip. Les. 2020 B: e en bone perseverance (= Cah. Hip.). 2021 si vus aparcevrez ben. Cah. Car si vus persevereiz ben. Hip. Se. 2022 ke l'euvangile. 2023 ke. serrez. salfs. 2024 Cah. cristien et. 2026 ke = 2028.

La beste, qui a non panthere,
2030 En dreit romanz love cervere,
Deit ben ci estre amentëue:
Onques sa per ne fu vëue
Ne plus dolce ne plus sueve: 5
Car ele est blanche e ynde e bleve
2035 E jalne e verte e russe e bise
E coloree en meinte guise.
Totes bestes comunement
Fors le dragon tant sulement 10
Aiment toz dis sa compaignie,
2040 Mes cil la het tote sa vie.
Quant ceste beste est saolee
Ou en montaigne ou en valee
De bones viandes plusors, 15
Nule beste ne quert meillors,
2045 En sa fosse s'en entre e se pose:
Desqu'al terz jor dort e repose.
Al terz jor, quant ele est levee
E de sa fosse fors alee, 20
Donc jette un grant mugissement,
2050 Qu'oem la poet oïr clerement

2029 [L]a. ke ad. pantere. 2030 loucervere. B: franceis loue cerviere. D: non serniere. CE: lœe & chiere (C: ciere). S: louve cervere. 2031 amentue. Cah. ameinteue. Hip. Veit. 2032 unc. 2033 doce. soeue. B: sueve. D: n'est pluz douce odor de la seue. E: seue. Cah. sueue. Hip. blanche. soeve. 2034 e si est (= Cah.). CE: inde. Hip. Quer. rouse. E fügt hinzu: & en trestoutes couleurs fleue. 2035 jaundne. BD: jaune. C: gausne. E: ganne. D hat hier ohne Zusammenhang: et en bone peseverance | & si vos di bien sanz doutance. Cah. rose. Hip. neire et b. 2036 colore de. Hip. Coloree est de. 2037 communement. 2038 solement. 2039 tot dis. 2042 Das erste ou fehlt. 2043 plosors. 2045 s'en fehlt. Cah. Hip. et pose. 2046 desk'al. 2047 ele fehlt. Cah. quant est relevee. 2048 Hip. et de dormir bien saoulee. 2049 don jette. C: mulement. EIS: muiement. D: aspirement. L: jemissement. 2050 k'oem. Cah. C'om. Hip. Qu'on.

Par trestot le païs entor.
Donc ist une si bone odor
De sa boche por verite,
Qu'en tote la veisinete
2055 N'a nule beste, qui se tenge,
Que demaneis a li ne venge.
A li venent totes ensemble
Por l'odor, qui bone lor semble,
E totes sivent la panthere.
2060 Mes li dragons se tret arere:
Si tost com il la voiz entent
E la dolçor de l'odor sent,
Ne la poet longuement soffrir,
Ainz l'estoet a terre flatir
2065 E enfuir sei el parfont,
Qu'il ne s'en poet por tot le mont
En nule guise plus moveir.
Iloec le covent remaneir.

En ceste beste sanz dotance
2070 A mult bele signefiance.
Panthere dit, qui dreit l'entent,
Tant come »beste qui tot prent«
E signefie sanz error

2051 Cah. Hip. De t. 2052 Hip. tant boene. 2053 pur. 2054 k'environ la sanz fausete. B: k'en l'aviron senz f. (= Cah. Qu'en. sanz.) C: que de toute sa uistute. ES: qu'en toute la voisinete (S: vesinete). Hip. veisinite. 2055 n'ad. ke. B: tienge (= Hip.). C: taingne. DE: tiegne. Cah. s'en rage. 2056 ke. lui. Cah. auge. Hip. maintenant. vienge. 2057 lui. Hip. wieder le. 2058 pur. ke. 2059 siwent. pantere. Hip. sevent. L: seguent. 2060 Cah. s'en trait à rère. Hip. s'entret arriere. 2061 Hip. comme sa. 2063 longement. 2065 Hip. enfoir si en p. 2066 k'il. se. pur. mond. Cah. s'en. 2067 pus (agn. oft für plus). Cah. pois. 2096 [E]n. dutance. 2070 ad. 2071 ki. entent. C: dort &. Hip. bien c. 2072 chose ke. CFL: cose. IKS: chose. EGH: beste.

Jesu Crist, nostre salveor,
2075 Qui par sa grant humilite
Vesti nostre charnalite
E traist tot le secle a sei.
Por nos soffri e feim e sei   5
E mort en croiz fu al derein
2080 Com verais Deus e soverein.
Al terz jor de mort releva
E tot le monde gaaigna.
Il meïsmes out dit avant,   10
Quant el mont alout preechant:
2085 Quant de terre eshalce serrai,
Totes choses a mei trarrai.
Aillors redit la lettre tant,
Que Jesu Crist en halt montant   15
Mena nostre chaitivete
2090 E as homes a dons done.
E uns altres prophetes dist
De nostre seignor Jesu Crist:
Jeo sui en la Judas maison   20
La seignorie e le lion,
2095 En la maison Efrem panthere.
Issi est en meinte manere
Nostre salveor figure:

2074 ih̃u. Cah. Senneor. 2075 ke. 2076 Cah. charnelite. 2077 e treit. BCE: traist (= Cah.). Hip. et trest toz les siecles. F: trait trestot le siecle. 2078 pur. 2079 Hip. en la croiz au desrain. Besser ist mort als Hauptwort und Object zu soffri aufzufassen und la croiz zu schreiben. 2080 come verrai deu. Hip. roi soverain. B: veirs. 2082 Cah. degainna. 2083 Hip. premierement: en dist quant il alout prechant. 2084 mond ala prechant. 2085 halce. Cah. eshalcie. 2086 moi. Hip. trairai a mei. Cah. trerrai. 2088 ke. 2089 menad. cheitivete. Cah. chaitivete. 2090 ad. 2093 joe. meison. C: ies tu. EG: je sui. CEG: es Juis fais maison. Cah. Jo sus. 2094 leon. 2095 meison enfern. B: Efferri. D: Effren. CEG: en sa maison a fait p. 2096 Hip. de.

   Car il a a sei apele
   Gent paene e gent judaïsme,
2100 Qui creient une lei meïsme.
   Salomon dit en sa sentence,
   Que Crist est de Deu sapience,   5
   Un esperit multipliable,
   Sotil, movant e entendable,
2105 Certeins, verais sor tote ren,
   Suef e net e amant ben,
   Plein de pite e amiable,   10
   Assëur e ferm e estable,
   Qui nul ben ne destorbe a faire,
2110 Dolz e leals e debonaire,
   Qui tot esgarde e qui tot veit,
   E par qui toz li monz esteit.   15
   Seint Pol nos redit en un leu:
   Crist est la sapience Deu.
2115 Por la panthere, qui est bele,
   Redist Davi altre novele,
   Quant de la belte Crist parla   20
   El vers »speciosus forma«.
   De la beste, qui suef est,
2120 Ravom nos l'essample tot prest.

2098 pur coe. Hier haben BCDEFGIKLS einen Zusatz, der in B und D lautet: de meinte guise coloree | car il ad a sei apelee. D: seignor por dieu or escotez | por ce fu pantere apelee | de meinte guise coloree | car issi est apelee. 2099 BCE: paiene. Hip. genz Ymaisme, was er mit Ismaélite erklärt. 2100 ki. 2102 ke. 2103 CE: montepliable (= Hip.). I: moutepliable. Die V. 2104—2107 fehlen bei Hip., der sie nur als Variante giebt. 2104 Cah. moveant. 2105 verrais. 2106 suefs & netz. Cah. nes. CE: loial. 2108 Cah. Hip. Et seur. 2109 ke. feire. Hip. destorne. 2110 doz. deboneire. 2111 ke. ke. fait (= BD). Cah. vait. FL: voit: estoit. 2111—2158 fehlen Hip. 2112 quei tot. mondz. BD: estait. 2113 sein. nus dist. Cah. dit en altre liu. 2114 F: est sapience de Diu. 2115 pur. ke. Cah. Sur. 2116 redit David. 2117 bealte. 2119 ke. Cah. ert. 2120 nos fehlt. Cah. apert.

Sor Deu fert la suavite.
Ysaïas por verite
Dist la prophecie: Porquei,
Fille Syon, esjoïs tei?
2125 Ton rei vendra suef e dolz,
Qui n'est mie fels ne estolz.
La beste, qui est replenie
E puis repose, signefie
Jesu Crist, nostre salveor,
2130 Qui a Judas le beiseor
Se laissa e livrer e vendre
E as Jueus lier e prendre,
Batre, bender e escopir
E tormenter e escharnir.
2135 Quant il fu saols des laidures,
Des tormenz e des batëures,
En la seinte croiz s'endormi.
Puis demora tresqu'al terz di
El cher sepulcre glorios.
2140 Donc ala briser a estros
Enfer e lia le dragon,
Qui teneit sa gent en prison.
E quant il fu de mort resors,
Tant issirent bones odors
2145 De sa parole e de son non,
E tant en ala loing le son,

2121 B: fiert. D: de dieu vient. 2123 purquei. 2124 B: esjoise. D: esjoye. Cah. Sion. 2125 soef. 2126 ke. 2127 ki. Cah. quant. 2130 Cah. baiseor. B: traitur. D: boidissor. L: boiseor. 2131 leissa. Das erste e fehlt. 2132 Gyeus. Das erste e fehlt. 2133 Cah. bander. 2135 sauls. leidures. Cah. saul. 2138 domora tresk'al. Cah. desqu'al. 2139 sepulchre. BD: sepulcre. L: gloriox: estrox. Cah. estrois. 2141 enfern. 2142 ki. 2143 resurs. 2144 de bons odurs. D: de bonz odorz. 2145 nun. 2146 loign. sun.

Tant s'espandi sa bone odor,
Que toz li monz en fu meillor.
L'odor del resuscitement
2150 Odora si tres dolcement,
Que toz li monz esteit gariz,
Qui devant ceo esteit periz.
L'odor de l'incarnacion,
De sa mort, de sa passion,
2155 Si le resordement ne fust,
Ja nul mester ne nos ëust.
Tot fu el resuscitement
Acompli nostre salvement.
Donc dist nostre seignor Jesu,
2160 Qu'il aveit le monde veincu,
E que grant joie en feïssom,
E dist, si come nos lisom:
Bel pere, jeo ai ben garde
Ceo que tu m'aveies livre,
2165 Si qu'onques nul sul n'en perdi
Fors celui qui par dreit peri.
Ces moz dist il, ne dotez pas,
Por le malëure Judas.
A ses desciples s'aparut,
2170 E a Thomas, qui le mescrut,
Mustra les leus, ceo dit la lettre,
Es li fiot uncr son dei mettre,

2148 ke. mondz. Cah. Qu'en tot le mond n'en fu. 2150 ducement. 2151 ke tot. mondz. Cah. en fu gari: peri. 2152 ke. coe. 2156 Cah. estut. 2160 k'il. vencu. Hip. veincu. 2161 ke. 2162 dit. Hip. dist si que nos l'oisson. 2163—2190 fehlen Hip. 2163 beal. jo. 2164 coe ke. 2165 ke unc un n'en. Cah. que unques un n'en. 2166 celi ki. D: par soi mori (pe ist durchstrichen). 2167 coe. dutez. moz fehlt. Cah. Et ceo d. n'en. 2169 apparut. Cah. disciples. 2170 ki coe. Cah. ceo. 2171 coe. Cah. lius. dist. 2172 uncore.

Ou les clous aveient este.
Puis dist, quant furent ajuste
2175 Trestuit ensemble li apostre:
Jeo vois a mon pere e al vostre,
E quant a lui venu serrai,
L'esperite vos enverrai,
Qui vos enseignera trestot,
2180 Que vos devez faire de bot.
Icestes paroles lor dist;
Ben averra ceo qu'il pramist.

Seignors, por Deu, le verai rei,
Car pensom e pernom conrei,
2185 Coment nos e en quel manere
Sivrom la veraie panthere.
Por Deu e por la vraie croiz,
Oiom sa parole e sa voiz:
Car de sa boche ist une odor,
2190 Onques hom ne senti meillor.
Plus sont dolz ses comandemenz
Qu'aromates ne oignemenz.
Si ses comandemenz fesom,
Riche en serra le gueredon.
2195 Deu nos merra en son pales,

2173 D: cloz. F: claus. S: cleu. 2174 dit. D: dit quant cil out taste. F: ostele. Cah. oste. 2176 jo. D: voiz. 2178 l'esperit. B: enverai. D: envoieray. FS: envoierai. Nothwendig ist enveierai nicht, obschon Seeger p. 20 envoirrai schon durch die Silbenzählung als viersilbig gesichert ansieht. 2179 ke = 2180 fere. 2181 Cah. parole. 2182 averrad coe k'il. Cah. avenra. promist. 2183 [S]eignors pur. verrai. 2184 kar. 2185 quele. nos fehlt. 2186 siwerom. verraie. B: siverrum. C: seromes. E: sievrons. Cah. sieverom le verrai. 2187 pur. verraie. 2188 oioms. 2189 kar. un = BD. S: une odour. 2190 onkes hoem. 2191 doz. 2192 ke. E: qu'aromata. Hip. que n'est miel ne nul oignement. 2193 Cah. fesoms: guerdons. 2193—2194 fehlen Hip. 2195 paleis. Hip. palais. C: menra. DE: metra.

En la bele cite de pes,
En Jerusalem la celestre,
El halt mont, ou tant fet bel estre,
Ou james nul ne serra triste.
2200 Donc porrom dire od le psalmiste: 5
Cite de Deu, glorios diz
Sont de tei contez e escriz.
Issi com nos oï l'avom,
En tel manere le veom.
2205 En tel guise l'avom vëu 10
En la cit al rei de vertu.

Seignors, entendez cest sermon
Ne semblez mie le dragon,
Qui ne poet la dolçor soffrir
2210 Ne la parole Deu oïr. 15
C'est le malves home por veir,
Qui ne poet mie remaneir
En place, ou l'en espant l'odor
De la parole al salveor,
2215 En muster ou en cimetire, 20
Ou il oie bon sermon dire,
N'i poet arester ne atendre,

2197 iherusalem. la fehlt. C: terrestre. 2198 Cah. feit. 2199 Cah. nul ne sera james. 2200 psalmistre. Hip. porra. 2201 CE: chites (E: citez). Cah. glorieus. Hip. gloriosiz. 2202 es. Hip. De tei sunt trestoz nos escriz. E: soit de toi chantez & escris. 2203 Hip. avon. 2204 E: la. Cah. verrom. Hip. veon. 2206 cite le (= Cah.). CE: cit au. Cah. Hip. rei Ihu (Ihesu). F: chite le roi Artu. 2207 [S]eignors. Cah. son. Hip. cest raison. 2209 ki. dolor. Hip. doucor. 2211 coe. malveis hoem. 2212 ki. 2213 Cah. Hip. l'en. 2215 F: mostier. cimentire. Hip. monstier. Cah. cimitere. Nicht nur in der Kirche, sondern auch ausserhalb auf dem Friedhofe wurde im Mittelalter wie noch heute theilweise in England gepredigt. 2216 Hip. ou l'en deit le boen sarmon d. S: ou on doie le sermon d. 2217 Cah. Hip. Ne.

Einz dit, qu'il va aillors entendre.
La bone odor est fes e some
2220 Al dragon e al malves home.

M̲es dreiz est, que nos vos diom
De la faiture del dragon. 5
De totes les bestes rampanz
Est li dragons tot li plus granz.
2225 Le dreit dragon si est trove
En Ethiope le regne.
Boche a petite e grant le cors, 10
En l'air reluist come fins ors.
Longue a la cue e creste grant,
2230 Grant ennui fet a l'olifant:
Car od sa cue le debat
Par les jambes, si qu'il l'abat, 15
Ne porte pas venim de mort,
Mes durement est grant e fort
2235 E od sa cue discipline
Tot ceo qu'il a en sa saisine
Ne fet mie grant nuisement 20
Fors od sa cue sulement.

2218 k'il ad aillurs. Hip. que allors va. 2219 bon = BD. Cah. fais. Hip. ce est la summe. 2220 malveis. Hier fügt I hinzu: Del sarmon ce vos dis je bien | Si lor semble estront de chien. 2221 [M]es. ke. 2222 al. 2223 les fehlt. CEG: rapinans. 2224 le dragon le. tot fehlt. 2225 dret. CE: en grant calour (E: chalour) est engenres (E: engendres). Hip. Et en grant chalor engendrez. 2226 C: Echiope. E: Ethyope la cite. Hip. sunt il nez. 2227 buche ad. 2228 l'eir relust. E: li ors. Hip. Et si reluist comme fin ors. 2229 longe ad. cowe. F: teste. I: ungles granz. CE: & le crin. S: & ongles. 2230 CE: anui. 2231 kar. cowe. 2232 k'il. 2235 cowe. e fehlt. F: dessepline. I: et ove sa coue asouplie. 2236 coe ke. ad. seisine (= Cah.). I: toz ceus qui sunt en sa baillie (Hip. ballie). 2238 cowe solement.

Hui mes vos volom reconter
2240 D'une grant merveille de mer.
En mer sont li peisson divers
Com en la terre sont les vers
E li oisel amont en l'air.
Li un sont blanc, li altre vair,
2245 Li un neir e li altre bis.
Alsi en mer, jeol vos plevis,
Sont li peisson diversement,
Mes l'em ne poet mie ensement
De cels les natures saveir
2250 Com l'em poet des bestes por veir.
En la mer, qui est grant e pleine,
Est l'esturgon e la baleine
E le turbot e le porpeis
E un grant, qui a non graspeis.
2255 Mes un mustre i a merveillos,
Trop culvert e trop perillos:
Cetus a non selonc latin.
As mariners est mal veisin.
Altretel est come sablon

2239 [H]ui. volum. Cah. conter. Hip. Imes. vodron raconter. 2240 de. Hip. mervelle. 2241 sunt. 2242 verms. Cah. come en t. 2243 l'eir (= Cah. Hip.). BCDE: l'air. 2244 neir (= Cah. Hip.). CES: vair. D: noir. 2245 vert. e fehlt. CES: noir. D: sont var li autre biz. Cah. veir. Hip. vair = FI. L: verz. 2246 ausi. jol vus. E: ensi entr'ials je. 2247 pesson. 2248 Hip. esement. l'en = Cah. 2249 celes la nature. ES: les natures. 2250 altres. E: on fait. Hip. des bestes 2251 k'est grand. Hip. saine. 2252 B: l'estorgon. CG: l'esturgons. D: l'osterin. E: l'esturions. Cah. l'estorgun. I: l'esturjon. 2253 B: purpeis. EG: pourpois. F: porpois. I: torbot. graspeis. 2254 altre ki ad. D: graspeiz. CEFG: li craspois. H: graspois. I: porpeis. S: poupois. Cah. gras peis. Hip. porpeis. 2255 ad merveillus. B: munstre. CE: moustre. D: maistre. S: monstre (= Hip.). 2257 ad. solonc. C: Senis. D: cestui. Cah. latins. 2258 Cah. malveisins.

2260	La creste de son dos en som.	
	Quant il se leve en cele mer,	
	Cil qui par la soelent sigler,	
	Quident ben, que une isle seit,	
	Mes esperance les deceit.	5
2265	Por la grandor, qui est en lui,	
	Iloeques venent a refui:	
	Por la tormente, qui les chace,	
	Estre quident en bone place,	
	Lor ancres gettent e lor pont,	10
2270	Lor manger quisent, lor feu font,	
	E por lor nef ben atacher,	
	Font granz pels el sablon ficher,	
	Qui semble terre a lor avis.	
	Puis font lor feu, jeol vos plevis.	15
2275	Quant le mustre la chalor sent	
	Del feu, qui desus lui s'esprent,	
	Donc se plonge par grant rador	
	Aval en la grant parfondor	
	E fet od sei la nef plonger	20
2280	E tote la gent periller.	

2260 l'eskerde. BF: l'eskede. CEG: li (EG: la) creste. CE: amont. D: le teide. K: l'eskerdes. L: l'escharde. S: l'escarde. Hip. Les cherde. Cah. kennt das Wort nicht und meint, der Zusammenhang zeige, dass es den Rücken eines Fisches bezeichne. 2262 ki. Cah. suelent. CE: suelent (vuelent) aler. Hip. deivent. 2263 ke un. Cah. ydles. F: ydres. I: ille. Hip. Cuident. 2265 par. ke. Cah. le. en li. 2266 ilokes. D: se mettent sor lui. 2267 pur. ke. D: les tormenz qui la lez. 2268 Hip. entrer cuident. 2269 CE: lor avoir getent en. S: lor angres getent sour le mont. I: gietent lor feu font | lor mangier cui sent sor cel mont. 2271 pur. 2273 ke. C: c'a terre sont. 2274 jol. I: grant feu ce vos. 2275 B: munstre. CD: mostre. E: moustres. Hip. cel monstre. 2276 ke. esprent (= Hip.). Cah. desor li. 2277 plunge. raddor. Cah. reddor. I: rador. L: roidor. F: roidour. CEG: radour. 2278 la aval el parfunt grandor. C: grant parfondour. D: laval el parfont sanz sejor. E: mer p. I: parfondor. FL: parfont grandor.

Tot altresi sont decëuz
Les chaitis dolenz mescrëuz,
Qui el diable ont lor fiance
E font delai e demorance
2285 Es ovraignes, que pecche voelt,
Dont la chaitive alme se doelt.
La ou il meins se donent garde,
Vent li leres, que mals feus arde.
Quant ben les sent a sei aers,
2290 Od els se plonge tot envers
Dreit en enfer el plus parfont:
Cil sont periz, qui la enz vont.

Icest peisson, quant feim le prent,
Bee la gule durement.
2295 Donc ist de sa boche une odor,
Qui mult est de bone savor.
Cele part venent de randon
Meintenant li petit peisson,
Si se lancent a mult grant fule
2300 Trestuit ensemble enmi sa gule
Por l'odor, qui bone lor semble,
E cil clot ses joës ensemble.
Quant il sent ben sa gule pleine,

2281 [T]ut. 2282 cheitifs. 2283 ki. 2285 overaignes ke. CE: en (&) ouvraigne. 2286 cheitive. 2287 il fehlt. Hip. el mains. C: done. 2288 lerres ke. BCE: leres. 2289 Hip. le. D: se bien a li sont athachiez: trestoz lies. 2290 plunge. Hip. O sei le plunge. evers. 2291 enfern. puz. Hip. En mi enfer el plus parfont. 2292 ki. Steht am Rande. CES: la en. D: laienz. L: laiens. 2293 [C]est. Cah. l'esprent. 2294 gole. C: bouce. 2295 un (= Cah. Hip.). 2296 ke. 2298 Hip. li autre p. 2299 B: fole. CDEI: foule. S: forche. 2300 trestut. Hip. ens en. 2301 ke. 2302 clost. jowes. Hip. Et cil les transglout toz ensemble (I: si les transglotit). 2303 Cah. sent si sa. 2303—2304 fehlen Hip.

Toz les transglote a une aleine
2305 En sa pance, qui est si lee
Come serreit une valee.

Li diables fet ensement:
Sa gule bee durement 5
Vers la gent de petite fei,
2310 Tant qu'il les a atret a sei:
Car cil qui petite fei ont
E de feble creance sont,
Sont mult leger a acrocher 10
De celui qui les set ascher.
2315 Il lor fet un aaschement,
Qui primes oelt mult dolcement,
Com est d'alcun charnel delit
De bele femme aveir en lit, 15
De ben beivre, de ben manger
2320 Ou de richesce coveiter,
Qui primes oelt mult dolcement,
Mes puis define amerement.
Quant de ceo les a aaschez, 20
Tant qu'il les sent ben acrochez,

2304 tranglute. B: transglute. C: estrangle. D: tranglote. E: transglout. S: si les tranglout. Sis? 2305 e sa. ke si est. Cah. mult est. 2306 serroit. Hip. ce fust = C. 2307 [L]i deables. 2308 la gole (= Cah. Hip.). 2309 C: paisible. 2310 k'il. ad. Cah. les atrait. 2311 kar. ki. 2312 Hip. fieble. 2313 crocher. CDES: acrochier. 2314 celi ki. B: aschier. C: enbuschier. D: atachier. E: embuschier, vorher eslongier verschrieben. S: aachier (= Hip.). 2315 B: aaschiement. CE: aaisement. D: aspirement. Hip. aachement. 2316 ke: mut. B: olt. CE: lor est molt. D: plait. S: eut. Hip. est moult. Hier fügt I hinzu: Apres desfine en marrement. 2317 d'alcon. Cah. come d'a. 2319 ou ben. Das zweite de fehlt. 2320 Cah. richesces. 2321 ke. docement. B: oel. CE: est. D: plait. F: flairent. 2322 CE: laidement. 2323 coe. ad. C: alaities. D: atachies. E: aaisies. S: aachies. Cah. achiez. Hip. aachiez. 2324 k'il. Cah. que les. Hip. les a moult enlaciez.

2325 Bee la gule, sis transglot,
Ja n'ert saol, tant par est glot.
Li grant peisson se gardent ben,
Que il ne lor mesfet de ren.
E savez vos, qui li granz sont? 5
2330 Les bons, qui bone creance ont,
Qui ades sont ferm e estable
En Deu le pere esperitable.
En cels qui lui ont en memoire,
N'avra ja diable victoire. 10
2335 Mes li dolent, li mescreant,
Qui vont en la fei Deu dotant
E sont en creance petiz,
Cist corent apres les deliz,
E li diables, quis deceit, 15
2340 Bee la gule, sis receit.
Mes damne Deu l'omnipotent
Nos mette en le soen salvement
E en sa grant joie nos meine
Gariz de pecche e de peine. 20

2345 Plaist mei, que des hui mes vos die
D'un oisel, ou mult a boisdie.

2325 gole. tranglot. B: si transglot. C: ses englont. D: & lez tranglote. E: englout. S: ses tranglout. Cah. Hip. s'es transglot (transglout). 2326 CE: glous. D: glote. Cah. n'est sauls. Hip. n'iert saoul. 2327 Hip. s'en garde. 2328 ke. CE: forfait. Hip. forfet. 2329 ki. B: queus. 2330 boens ki bo. 2331 ki en deu sont. CDE: ades (E: adez). Hip. boen et. 2332 ki est pere. Hip. A Deu. 2333 a. ke. Cah. qui en lui ont memorie. Hip. de lui ont m. 2334 deable. 2336 ki. la lei. dutant. C: noant. 2337 Hip. Qui s. 2338 ovrent. B: curent. CE: & keurent. D: corront. I: courent. 2339 deables kes. Hip. Et deable qui les. 2340 gole. Cah. Hip. s'es. 2342 B: sun. DK: son. Cah. en son. 2341—2344 fehlen Hip. 2343 Cah. Qui vit et regne et regnera | In seculorum secula. Amen. 2344 Auch A hat am Ende des Abschnittes Amen. 2345 [P]laist. ke. B: des homes. Cah. des hormès. Hip. de ymes. 2346 ad. Cah. voisdie.

C'est la perdriz, que nos veom,
Que nos si volenters mangom,
Si n'est pas nette neporquant,
2350 Ainz est e orde e mesfesant
E si a un mult malvais point:
Car madles od madle se joint.
Itant est ardant lor luxure,
Qu'il oblient dreite nature.
2355 La perdriz est mult traïtresse:
Car a guise de larronesse
Emble e cove les altrui oes,
Mes li pulcin ne li ont oes
Por le larrecin, qu'ele en fait.
2360 Or entendez, coment ceo vait.
Quant les altrui oes a covez
E les pulcinez alevez,
Tantost com il veient e vont
E que aparcëuz se sont,
2365 Quant il oënt crier lor mere
Od sa voiz, qui n'est mie clere,
De cele part aler s'angoissent:

2347 coe. ke. C: piertris. E: pertris. S: petris. 2348 ke.
2349 nepurquant. 2350 Das erste e fehlt. Cah. Anceis. Hip.
Einceiz. 2351 ad. molt malveis. Hip. Si i a. 2352 kar madle
od le. Hip. Quer le malle au malle. 2353 tant est ardente lur.
CE: itant. ardans. D: ardant. S: tant sont ardant de grant l.
(= Hip.). Cah. ardante. 2354 k'il. 2355 traiteresse. Hip. traitresse.
2356 kar. laronesse. Hip. en g. 2357 altri oefs. F: autres oeus.
L: autruiz oez. 2358 poucin. Hip. mes cest preu ne li vient a
oes. 2359 pur. larecin k'ele feit. en fehlt. B: larcin. CS: larre-
chin. D: traison. 2360 ore. co veit. 2361 altri oefs ad. les
fehlt. 2362 poucins en ad levez. BE: alevez. C: pouchines.
Cah. pocines ad l. Hip. perdriaux. 2363 en tant com. volent
(= Cah.). CE: tantost. volent (E: pueent) s'en vont. S: oient &
voient & vont. 2364 ke. 2365 lur. Hip. oient. pere. 2366 ki.
pas. C: mie. E: & lor serours & puis lor pere. 2367 s'anguois-
sent. B: s'enjoisent.

Car par nature la conoissent
E ben l'entendent par le cri.
2370 Cele lessent qui les norri:
A lor dreite mere s'en venent
E tot ades a li se tenent.
La false mere remeint sule,
Par son tripot e par sa bule
2375 Pert la meite de son eage,
Si ne se tent mie por sage
De sa peine, que ele a mise
Longuement en altrui servise:
Car donc veit, que tot son travail
2380 Ne li a pas valu un ail.

Seignors, ci a essample bele,
Qui tot le quoer me renovele.
Altresi come la perdriz,
Qui altrui enfanz a norriz,
2385 E puis al daerrein les pert,
Avent il trestot en apert
Al diable, ben est raison:
Quant il la generacion
De Deu, nostre soverein pere,
2390 Emble e norrist come fel lere
En malvestez, en leccheries,

2368 kar. Hip. le quenoissent. 2370 ki. 2371 lur. CE: s'en vout. 2372 od. I: a le. FL: a li. 2372 fehlt ganz wie in C bei Hip., was er übersehen. E: & trestout adez od lui sont. 2373 sole. 2374 boule. BEK: tripot. CD: triboul. I: barat. 2375 I: aage. 2376 pur. se fehlt. Hip. la tient. 2377 k'ele ad. Cah. la. 2378 longement. altri. 2379 kar. ke. 2380 lui ad. Hip. a valu un sol all. 2381 [S]eignors ceste. est. 2382 e tot. m'en. 2384 ke altri. ad. E: poucins. Hip. qui a autrui effanz. 2385 derein. Cah. daerein. Hip. desrein. 2386 Hip. Autresi trestot. 2387 e ben. reison. E: raisons: les generations. 2388 Hip. a g. 2390 com. Cah. norit. Hip. emblez. norriz. 2391 lecheries. Hip. es.

        En luxures, en beveries,
        Si en quide faire ses fiz.
        Quant longuement les a norriz
2395 E il oënt la voiz lor pere
        En l'eglise, lor dreite mere,   5
        Donc sevent, que traï les a:
        Car a lor pere les embla.
        Mes puisque sa parole entendent,
2400 A lui venent, a lui se rendent,
        E il les receit e norrist,   10
        Soz ses eles les garantist.
        Seignors, par fei, ceo n'est pas dote,
        Ja n'ert en si malvaise rote
2405 Nul peccheor dolent chaitif,
        Se tant com il est sein e vif,   15
        Se voelt retraire e repentir,
        Qu'il ne puist a Deu venir.
        Seinte eglise le recevra,
2410 Soz ses eles le defendra,
        Quant a li vendra a garant.   20
        E li angle sont plus joiant
        D'un peccheor, qui merci crie
        E se repent de sa folie,
2415 Si com testmonie l'escriz
        Que de nonante noef esliz,   25

2392 C: usure. roberie. E: rauberie. D: glotonie. 2393 fere. filz. 2394 longement. ad. 2395 lur. 2397 ke. ad. Cah. trahiz. Hip. traiz. 2398 ki. 2399 ke. 2400 C: sans nule atente. D: & descendent. E: sans plus d'atendre. 2402 E: si les ioist. 2403 coe. 2404 malveise. Hip. de. 2405 cheitif. 2406 cum. se fehlt. Cah. = BC si tost cum. 2407 s'il se. retreire. Hip. retrere. B: repenter. 2408 k'il. peusse. BCE: revenir. Cah. poisse. Hip. puisse. 2409 Hip. deffendra. 2410 defendera. Hip. norrira. 2411 lui (= Hip.). 2413 ki. Hip. qui s'umilie. 2414 C: & humelie. E: & s'umelie. Hip. & merci crie. 2415 come testmoine li. Cah. Hip. tesmoigne. 2416 ke. D: IX et sis. I: juste.

Qui n'ont mester de penitance.
Ceo dit la lettre sanz dotance.

De la belette est grant merveille:
2420 Car ele enfante par l'oreille
E parmi la boche receit
La semence, dont el conceit.
Del madle, quant il li aproche,
Prent la semence par la boche,
2425 Qui dedenz son ventre norrist
E parmi l'oreille s'en ist.
Ceste petite beste mue
Porte ses chaels e remue
Soventes feiz de leu en leu
2430 Ne tent mie une place en feu.
Les serpenz e les sorriz het,
De la les chace, ou el les set.
Sont cil fols, qui vont affermant,
Que ele receit e espant
2435 La semence parmi l'oïe?
Sëurement ceo n'i a mie.

A ceste sont aparagez
Plusors, qui sont acoragez

2417 ki. 2418 coe. dutance. 2419 [D]e. 2420 kar. 2422 ele. Cah. par quoi. 2423 ele l'aproche (= Hip.). B: ele i. C: il i. 2425 ke. 2427 beste petite. 2428 B: caieus. C: faons. D: chayaus. Hip. Por se ses founceaus r. Cah. faons. 2429 sovente. liu. liu. D: leu. C: liu. lieu. 2430 fiu. BDS: fieu. C: fief. Cah. bemerkt falsch: On dirait que c'est l'expression: n'avoir ni feu ni lieu. 2431 C: le serpent. la souris. Hip. moult durement het. 2432 ele. 2433 ki. B: sunt fols cil (= Cah. sont). CH: fol sont. au formant (H: froment). D: mult sont fous. disant. F: si sont. afremant. M: fols sont. 2433—2436 fehlen Hip. 2434 k'ele. 2436 coe. ad. D: ce ne fait m. K: ceo ne li a il m. Cah. ne lui ail m. 2437 [A] ceste beste sunt. CG: aparillie. D: comparagez. Cah. Ceste beste sunt paragiez. Hip. aconparagie. 2438 ki. Cah. encoragiez. Hip. encoragie.

De ben ovrer, de Deu servir,
2440 De la parole Deu oïr.
Corios sont, mult i entendent,
En lor corage a Deu se rendent
E comencent a ben ovrer, 5
A Deu servir e a amer;
2445 Mes en petit d'ore recreient
E ceo qu'il ont oï, mescreient,
Si ne sont mie obedienz
A faire ses comandemenz, 10
Com il aveient einz pramis.
2450 Al serpent, qui a non aspis,
Resont a comparer tels i a,
Si vos dirrai, quel costume a
Cele serpent, dont jeo vos di, 15
Neporquant onques ne la vi.
2455 Mes ceo est verite provee:
Quant el creint estre enchantee
Par l'enchanteor, qu'ele creint,

2439 Hip. bien oir. C: bien joir. 2440 coe lor vent mult a pleisir. BCD: de la parole deu ourir (C: dieu oir. D: oyr). 2441 C: sunt curious molt longuement: rent. Hip. Sunt curious a le entendent. 2445 mes quant lor prent a ennuier. BCD: mes en petit ure recreient (C: mais. d'eure recroient. D: d'oure mescroient). Cah. Et. 2446 sil mettent trop a nonchaler. BC: & ce (C: cou) k'il unt (C: qu'il ont) oi mescreient (C: mescroient). D: iceus qui en dieu bien ne croient. S: & chou que il aimment mescroient. Hip. et ce que il aiment m. 2447 e ne (= Hip.). 2448 fere (= Hip.). 2449 si com a. B: premis. C: estoient apris. Hip. si com il li orent p. 2450 a la. k'ad. Hip. Du. 2451 ne sont compare tels i a. B: resont. C: se font compare il. D: bien orrez ja. G: si sont. S: sont acomparagie tel gent. Der Sinn der von den Schreibern nicht recht verstandenen Stelle ist, dass nicht nur mit dem Wiesel, sondern auch mit der Aspis manche zu vergleichen sind. Cah. ke sont compares. Hip. sunt a comparagier tel gent. 2452 vus. costome ad. Hip. Dirai vos s'acostumement. 2453 jo vus. C: icil serpens. Hip. Icest. 2454 nepurquant unc. Hip. le. 2455 mest co. 2456 ele crent. BDIS: crient. C: croit. Cah. craint. 2457 pur. k'ele crent. BCD: crient.

L'une de ses oreilles preint
A la terre mult durement
2460 E od sa cue finement
Estope l'altre oreille si,
Que de li ne poet estre oï
L'enchanteor en nule guise.
De tel manere est sa cointise.

2465 D'altretele manere sont
Les riches homes de cest mont.
Tot sont encombrez e chargez
De richesces e de pecchez.
Quant il oient de Deu parler,
2470 L'oreille n'i poënt torner.
Par richesces sont assordez
E par coveitise assorbez,
Qu'il n'oient ne ne veient gote,
Toz jors tenent malvaise rote.
2475 L'evangile meïsme afiche :
Plus gref chose est a home riche
En la gloire del cel entrer
Que de faire un cameil passer
Par le chaas d'une aguillette,

2458 prent. BDIS: prient. 2460 cowe. 2461 Hip. issi. 2462 ke. lui. Hip. d'ele. B: pot. C: puist. 2465 [D]e altretel. C umgestellt. Cah. D'altre tele. Hip. D'autretele. 2466 mond. 2467 tant. CDE umgestellt. 2468 Hip. coveitise. pechie. 2469 Hip. parler de De. 2470 atorner. B: turner. C: doaner. Hip. por richeces sunt asorde; 2471 asordez. CES: asourde. 2471—2472 fehlen Hip. 2472 asorbez. C: essorbe. E: asote. 2473 k'il n'oent. 2474 malveise. 2475 l'euvangile. 2476 greve. Hip. d'un h. B: gref. CDE: grief est. Cah. est un. 2477 glorie. Hip. gloire Deu fere entrer. 2478 ke feire. chamail trespasser. de fehlt. CE: que de. passer. C: camel. DEI: chamel. 2479 chas d'un. B: chaas (= KM) de un agoillette. C: casse d'une aguille. E: treu d'une agullette. D: les chasse. F: casse. Hip. la chasse.

2480 Qui seit estreite e petitette.
Maldite seit cele richesce,
Qui l'alme meine en tel destresce,
En la peine, qui toz jors dure
En la furnaise e en l'ardure 5
2485 De la puor, qui toz jors art.
Richesces sont de male part:
Car a grant travail sont conquises
E a grant poor sont porsises
E a grant dolor sont guerpies 10
2490 E perdues e departies.
Por ceo fist ben jadis un sage,
Qui mult aveit tot son eage
A ses richesces entendu,
Tant que la memoire out perdu 15
2495 De Deu servir e honorer.
Un jor se prist a porpenser;
Esgarrez fu, que il fereit,
Se il a ses vignes irreit
Ou a ses falceors as prez. 20
2500 Durement esteit esgarrez
De ses bestes, qui se moreient,

2480 ke. Hip. deugee. 2481 icele. 2482 ke. E: destroit: ou tout adez tormens li croit. Hip. la d. Cah. à. 2483 de. ke. jorz. C: qui l'ome maine en tel ordure: en la paine qui tous jors dure. Cah. Hip. De. 2484 furneise. BDE: fornaise. Hip. fornese. 2485 puur ke. 2487 kar. Hip. Qui. 2488 pour. pursises. Hip. et puis. 2489 dolur. E: & perdues & departies: quant faire en couvient departies. Cah. donées. Hip. deguerpies. 2491 pur coe. B: fist deu. C: dist bien. 2492 ke. Hip. aage. 2493 a la richesce. 2494 ke. 2495 honurer. Hip. De Deu qui tot a a sauver. 2496 purpenser. 2497 ke. CE: & garde en soi que il feroit. 2498 B: faucheurs. Hip. faucheors. 2499 falcors. B: viues ou a ces blez. C: bles. Hip. a ses vignes ou a ses p. 2500 fu. B: en tud. 2501 avers ke. se fehlt. B: pecunes. C: bestes. E: bestailles. K: pecunies. Hip. qui li m.

De ses nes, qui par mer coreient,
De ses molins ert en porpens,
Qu'il ëussent ewe toz tens.
2505 Donc lui veneient messager,
Que la porreit tant gaaigner.
Altres messagers reveneient,
Qui altres noveles diseient
De ceo que tant perdu aveit,
2510 Que nuls le nombre n'en saveit.
La ou il ert en tel destresce,
Regarde amont e les elz dresce
Vers Deu, qui tot le mont forma,
E de sa richesce pensa,
2515 Qui lui aveit fet oblier
Ceo que il dëust plus amer,
E tant i aveit mis son quoer,
Qu'il ne s'en poeit a nul foer
Desvoluper ne departir
2520 Ne honoreement eissir.
Donc se porpensa mult estreit,
Que tot ensemble guerpireit.
Ses pecunes e son tresor
Vendi tot, si achata or.
2525 Quanqu'il out, en or ajusta:

2502 nefs ke. E: aloient. 2503 purpens. 2504 k'il. par toz. Cah. Qui n'avoient. Hip. eve en. 2505 Hip. li veneit un mesagier. 2506 ke. Cah. agaainner. 2507 Hip. autre mesage reveneit: diseit. 2508 ke. li. 2509 ke ja tant. de ceo fehlt. Hip. Que del suen. 2510 ke. ne. D: recoveroit. Hip. Que pas le numbre. 2511 Hip. destreit: amont el ciel tot dreit. E: tristresce. 2512 oilz. Cah. Garda. 2513 ki. monde. 2514 Cah. mult p. 2515 ke. Hip. li. 2516 k'il. Cah. qu'il. le plus. 2518 k'il. s'en fehlt. 2519 despartir. BCDE: departir. Cah. devoluper sei. 2520 honureement. E: ni ounerablement. CDE: issir (= Cah.). 2521 purpensa. Hip. porpense. 2522 ke. 2523 pecunies. Hip. richeces. ses tresors. 2524 Hip. ors. 2525 quanke. justa (= B). C: ot tout aune. D: ajosta. I: chanja. S: tourna.

En une masse l'assembla
Com une moele de molin.
Quant il out tot vendu enfin,
Que ren n'i out remes a vendre,
2530 Dont l'em pëust un dener prendre,
Toz ses dras vendi a devise
Fors ses braies e sa chemise,
Que plus a vendre n'i laissa.
Son or devant sei röulla.
2535 Quant il out trestot assemble
E il l'out issi atorne,
Qu'od une chaene le tint,
Onc ne fina, desiqu'il vint
Sor une roche lez la mer.
2540 Lors comença floz a monter.
Quant il fu tot rasez e pleins,
Cil empeinst od pez e od meins
Son or es greignors parfondesces,
Puis si a dit: Alez, richesces,
2545 A mil e cinquante diables!

2526 l'asemnla. B: massa. C: male a asanle. 2527 C: la male fu molt grande enfin. D: mole. E: muele (= Hip.). 2528 l'out. 2529 ke. remis (= Cah.). C: si vendi n'i remest a v. DE: remez. 2530 Hip. l'en. 2531 Hip. a divers. 2532 for sul ses. Hip. sa chemise et le braiers. 2533 ke. ne leissa. Hip. ni lessa. 2534 BS: roela. C: asambla. D: rooula. E: amassa. Hip. roola. 2535 asemble. Hip. l'out. 2536 kar. Hip. Quer. 2537 ke d'une. teneit. B: cheine. C: caaine. E: chaine. Cah. Que un. Hip. En une. 2538 unc. jeske. veneit. E: tant le charoie que. Hip. Puis ne. 2539 sur. grant roche. E: lez une. de mer. Hip. soz. grant r. de mer. 2540 le flot (= D). C: commanda sus. E: commenca sus. IS: flo. K: le floz. 2541 la mer fu (= Cah.). C: li flues fu rassis. E: li flos. CE: plains. D: q. en la mer. granz & pleinz. IS: tot haucie (S: hauchie) &. 2542 l'empeint. Hip. si enpeint. E: si empainst des. 2543 parfundesces. Hip. es plus granz p. CE: en grandes p. 2544 ad. Cah. si ad dit pois. Hip. Puis lor a. 2545 deables. B: cincquante. CES: & LX diables. D: a cent a cinquante dyable. Cah. et cinc cens. I: sexante.

Ne serreiz mes od mei manables:
Car vos me quidastes neier,
Mes jeo vos neierai premer.
Maldit seit tot le vostre acost!
2550 Qui en vos a son quoer repost, 5
Ne poet bone veie tenir
N'a la halte joie venir.

Seignors, por Deu l'omnipotent,
Ne semblez mie la serpent,
2555 Qui ses oreilles clot e serre 10
Od sa cue encontre la terre,
Qu'ele n'oie l'enchanteor.
Quant la parole al salveor
Orreiz, ne vos estopez mie
2560 Ne la vëue ne l'oïe. 15
Aspis creint mult l'enchantement.
De son lignage i a grantment.
Dipsas en est la felonesse,
Qui mult est male traïtresse:
2565 Si tost com a un home mors, 20
D'angoisse de sei moert le cors.
Une altre en i a prialis,
Qui est de la lignee aspis,

2546 serrez od moi mes. CE: plus. Cah. od mei mes. Hip. estables. 2547 kar vus. neer. 2548 jo vus neerai. 2549 tot fehlt. C: cors. E: acors. S: acort. Cah. escost. 2550 ki. vus. a fehlt. 2551 Cah. vie. L: voie. 2552 ne. parvenir. 2553 [S]eignors. Hip. omnipotent. 2554 Cah. Hip. le. 2555 ki. Cah. les. 2556 cowe contre. Hip. De. coue et de la. 2557 k'ele. Hip. Que il. 2559 orrez. estupez. 2560 Hip. De. ne de. 2561 crent. 2562 ad. D: grant gent. E: granment. Hip. gramment. 2563 BCIS: dispas (= Cah. Hip.). D: dispaz. E: dypsas. Hip. a non. 2564 ke. traiteresse. 2565 come une home aura. E: mort. 2566 d'anguoisse. 2567 un. ad. en fehlt. Hip. Un. 2568 ke. del lignage. E: de la lignie.

Qui en dormant la gent occit,
2570 Si com le bestiaire dit.
La reïne Cleopatras,
Qui tant cremeit de mort le pas,
En mist od sei une poignant,
Si morut si com en dormant.
2575 Altre en i a, qui mult est fere
E de perillose manere:
Come dreit sanc est sa color,
Si point de si fere vigor
Home ou femme e tant li greve,
2580 Que chescune veine li creve,
Si seigne tant com seigner poet:
Apres le sanc morir l'estoet.
Uncor i a une plus male,
Qui mult a venim en sa male;
2585 Ceo qu'ele point, ja ne garist:
Car le cors meintenant porrist
E chet tot en puldre e en cendre,
L'alme li covent tantost rendre.

De l'ostrice ne larrai mie,
2590 Que sa nature ne vos die.
C'est une oisele merveillose,

2569 ki. ocist. 2571 CE: roine. D: raine. 2572 ke. Hip. doutot. 2573 e (statt en). D: ot mise. 2574 alsi. Hip. tot cum. 2575 ad ke. 2576 Cah. pelirose. 2577 Hip. la suor. 2578 poinst. 2579 itant le. Cah. Hip. L'ome. la feme (fame). le g. 2580 ke chescone. 2581 k'il. BD: si s. C: saine. E: sainne. Hip. saine. saignier. 2582 uncore. ad. 2583—2589 fehlen Hip. 2584 ke. ad. B: en sei m. C: qui molt par a venim nuisable. D: qui a la pointure si sale. 2585 coe k'ele poinst. guarist. 2586 kar. 2589 [D]el. C: l'ostrisse. D: D'ostruce. F: octrisse. IL: l'ostruce. Cah. lerrai. Hip. lairrai. 2590 la verite ne vos en die. B: ke sa nature. 2591 un oisel merveillos. C: une oisse. Hip. Ce est un oisel mervellose.

Qui par nature est obliose.
Assida l'apelent Ebreu
E camelon a non en greu.
2595 Itels pez a come cameil.
De sa nature m'esmerveil:
Car plumes a e eles granz
E si n'est nule feiz volanz.
En la saison, que ele pont,
2600 Enz el sablon ses oes repont,
E la les guerpist e oblie,
E sachez, qu'ele ne pont mie
Fors entor join el tens d'este.
Quant el son terme a esgarde
2605 E ele veit el cel lever
Une esteile, qui raie cler,
Quel esteile Vigille a non,
Donques pont en cele saison
E el sablon ses oes enfue,
2610 Que plus nes cove ne remue.
A ses oes ne retorne mes,
Dreit a l'esteile muse ades
E ses oes oblie e guerpist.

2592 ke. oblios. Hip. Mes p. 2593 asida (= Cah.). C: assicria. Grieu. D: asi. Hebreu. G: assycrea. Griu. 2594 ad. CG: camelou. Ebrieu (G: Ebriu). F: thalamon. 2595 ad. B: chamail. C: camous. D: chameil. I: chamel. 2596 me. Hip. me mervel. C: est mervillous. 2597 kar. ad. heles. Cah. plomes. Hip. plumes et eles a. 2599 seison ke. punt. 2600 oefs repunt. 2601 Hip. muce et les o. 2602 k'ele. punt. Hip. Mes sachiez. 2603 B: loing. C: jugne. Hip. juig. I: juing. 2604 ad. el fehlt. C: ele a lonc tans. 2605 quant (statt e). B: kant. C: & ele voit. Hip. en mi cel eir. 2606 ke. Hip. reluit cleir. 2607 kel. Virgille ad. BDH: Virgile. C: Vigile. FL: Vergile. Hip. Qui l'esteile. CH: cele. Im Lateinischen Virgilia (A: Virgiliaca). 2608 donc punt. 2609 oefs. e fehlt. BCDI: enfuet. S: enfeut. 2610 ke. B: remuet. CDI: ne ne muet. S: meut. 2612 Hip. A cele. 2613 oefs.

Mes Deus, qui tot le monde fist,
2615 Li aïde par tel devise,
Que el sablon e en la lise
Par l'air, qui est dolz e serein
E le tens al seir e al mein
Suef e de bone manere,
2620 Dedenz la moiste sablonere
Germent li oef e pulcins font:
C'est un des miracles del mont.

Iceste oisele signefie
Le prodhome de seinte vie,
2625 Qui lest les choses terrienes
E se prent as celestienes.
De ceste qui ses oes oblie,
Dist le prophete Jeremie,
Que ele esteit de si grant sens,
2630 Que conoisseit el cel son tens.
Quant li oisel guerpist arere
S'engendrëure en la puldrere,
Por ceo que al cel apartent,
Sire Deus, porquei ne sovent
2635 A home, que Deu fist resnable
E conoissant e entendable,

2614 ke. Hip. Et Dex. 2615 lui. Cah. Hip. tele. L: itele guise. 2616 ke. Cl: glise. D: en falise. 2617 l'eir ki. C: ades est serein. D: l'ar. 2618 li. 2620 el sablon en la pudrere (dies ist schon durch 2616 ausgedrückt). BDP: dedens la moiste. BCD: sabloniere. CF: la (F: le) maistre sablouniere. S: la morte. Cah. mote. Mucre? 2621 oefs. 2622 C: ouracles. Hip. une mervelle de. 2623 [I]cest oiseal. Cah. Hip. Icest oisel nos. 2624 prodome. Hip. de bone. 2625 ki. terriens (= Cah.). Hip. let. terriennes. 2626 celestiens. Hip. a celestiennes. 2627 ki. oefs. C: de cou qu'ele. 2629 k'ele. Hip. haut. 2630 k'ele cònut. Cah. conuit. Hip. quenoist. C: connissoit. P: conoist. 2632 sa engendrure. poldrere. C: s'engenreure. 2633 pur ki. ceo fehlt. Hip. qui. 2634 purquei. Cah. purque. 2635 ke.

Reinsch, Le Bestiaire.

D'oblier les choses terrestres,
Por aveir les joies celestres?
Ne poet mie a Deu parvenir
2640 Qui ne voelt lesser e guerpir
Les falses joies de cest mont;
Ja n'ateindra al cel amont.
Nostre sire meïsmes dit
E en l'evangile est escrit:
2645 Qui plus de mei aime son pere,
Son fiz ou sa soer ou sa mere,
N'est pas digne de mei aveir.
Issi dist Deus, issi est veir.

Or vos dirrom d'un altre oisel,
2650 Qui mult par est corteis e bel
E mult aime e mult est ame,
Le plus sojorne en bois rame.
C'est la turtre, dont nos parlom,
Qui tant aime son compaignon.
2655 La femele al madle s'assemble,
Toz jors sont dui e dui ensemble
Ou en montaigne ou en desert,
E si par aventure pert

2637 C: guerpissies les goies. Hip. De guerpir la joie terrestre. 2638 pur. gloires (= Cah.). C: la goie. E: gloire. Hip. la joie. 2639 venir (= Cah. Hip. nient). C: parvenir. 2640 ki. 2641 fauses. mond. B: choses. 2642 n'atendra. lamont. Cah. n'ataindra. 2644 l'euvangile. 2645 ki. Hip. aime de mei. Cah. frere. 2646 filz. Hip. sa fame. 2647 moi. G fügt hinzu: et ki ensi ne le fera | ja en paradis n'enterra. 2648 C: ensi. & si dist voir. Hip. Issi le poez bien saveir. 2649 [O]re vus. In A steht im Bilde turtre. Cah. dirrai. 2650 ke. curtois. 2652 Hip. es. 2653 C: tourtre. D: tortre. Hip. tuertre. 2654 ke nos si volenters mangom. Diese Reminiscenz des Schreibers an das Rebhuhn (V. 2348) ist auch in D. BCES: qui (B: ke) tant aime son (B: sun) compaignon. Cah. compainnou. 2655 femmele. s'asemble. 2655—2658 fehlen Hip. 2656 CE: doi & doi.

La femele son compaignon,
2660 James puis en nule saison
N'ert ore, qu'ele ne s'en doille.
James sor verdor ne sor foille,
Qu'el puisse, ne s'asserra. 5
Toz jors son pareil atendra,
2665 Saveir, se il retornereit.
A altre ne s'ajustereit
Por ren qui pëust avenir:
Tant lui voelt lealte tenir. 10
Quant ceste meintent chastete
2670 E se garde tot son ae
En lealte vers son pareil,
D'ome e de femme m'esmerveil,
Qui chastete a Deu pramet 15
E puis apres son vou malmet.
2675 Mult i a de la gent vileine,
Qui n'aiment pas d'amor certeine,
Si come fet la turturele,
Qui ses amors ne renovele 20
Aillors qu'a son premer ami,
2680 James nel mettra en obli,
E se cil moert, d'altre n'a cure.

2660 seison. Cahier hat wieder ganz übersehen, dass dieser Vers in seinem Druck fehlt. 2661 hore k'ele. se. CEF: duelle. D: deule. L: duille. Hip. N'iert que il ne se duelle. 2662 sur. sur. CEF: fuelle. D: feulle. L: fuille. Hip. Ja puis. 2663 k'ele s'aserra. Hip. Que ele poisse. 2664 Hip. conpaig. 2665 se a lui tornereit. B: returnereit. Cah. Saver s'a lui retorneroit. Wohl: s'a li. 2666 Hip. A nul autre. se joindreit. 2667 pur. ke. 2668 li volt. CE: loiaument. 2669 Hip. Avant ceste maintient chatee. Cah. chastéé. 2670 B: aee. CDE: ae. 2672 Hip. me mervel. 2673 ke. 2674 B: sun quer. CE: si la maumet. DS: lor veu (= Cah. Hip.). 2676 ki. 2677 issi. Hip. tuertrele. 2678 ki. 2679 k'a. Hip. Quant el a son premier. 2680 ubbli. Hip. Ja puis. 2681 Cah. Hip. muert. CE: nature.

Ne sont mie de tel nature
Plusors genz, qui el secle sont:
Car ja a un ne se tendront
2685 Espos ne espose a son per.
Quant l'un vent de l'altre enterrer, 5
Ainz que mange ait deus repaz,
Voelt altre aveir entre ses braz.
La turtre ne fet mie issi:
2690 Toz jors esgarde a son ami,
Toz jors atent, que il revenge 10
E que compaignie li tenge.

La turtre, qui ben i esgarde,
Que chaste e nette ades se garde,
2695 Nos signefie seinte eglise,
Si vos dirrai par quel devise. 15
Quant seinte eglise vit lier,
Batre e pendre e crucifier
Jesu Crist, son leal espos,
2700 Mult en out le quoer angoissos.
Toz jors s'est puis a lui tenue 20
Ne se volt faire a altre drue

2683 plosors ki. genz fehlt. 2684 ke ja a ami. Cah. Hip. Que ja a un. CE: qui ja a .i. 2686 C: veut a l'autre aler. E: voit l'autre enterer. D ändert: ne veulent mie droit ester | quant l'un vat en terre lonteine | donc se porpense cil ou cele. 2687 ke. dous. Hip. qu'il menjuce deuz. 2688 C: vauroit une. 2690 jorz. B: se garde. C: atent a. mari. S: se tient. 2691 esgarde (= Cah.) k'il reveigne. BI: revienge. CE umgestellt. 2692 ke. teigne. B: tienge. CS: tiengne. E: tiegne. Cah. revigne: tinne. Hip. tienge. 2693 [L]a. ki. ben s'esgarde. D: qui bien y prent garde. Cah. que se ben se garde. Hip. Qui si bien sa chastee garde. 2694 ke. 2695 nos fehlt. Cah. Hip. Si s. 2696 e vus. 2698 Hip. Batre pener crucefier. 2700 en fehlt. Hip. angoisous. 2701 jorz. li. 2702 a altre fere. CEIS: Tout (I: tot) ades atent sa venue. Hier fügen CEIS hinzu: Tous jours (I: toz jorz) le croit (I: creit) tous jors l'espoire (I: toz jorz l'espeire) | ne se vieut (IS: veut) a (I: o) autre connoistre (I: contraire. S: parcroire). (E: vielt. autrui).

Ne joindre ne acompaigner.
A lui est tot son desirer.
2705 Toz jors se tent a son pareil,
Jesu Crist, son leal feeil.
Quant l'auctor, qui rima cest livre, 5
Deveit ici entor escrivre,
Mult esteit tristes e dolanz:
2710 Car ja aveit este deus anz
Seinte eglise si dolerose
E si mate e si poorose, 10
Que meint quidouent par folie,
Que son espos l'ëust guerpie:
2715 Car el n'osout le chef lever;
Poi i entrout gent por orer
En tote l'isle d'Engleterre. 15
Mult ert la dame en dure guerre
Par tot le realme a cel jor
2720 E en peril e en dolor:
Car si enfant demeinement
Li moveient torneiement. 20
Li plus de la chevalerie
Plus qu'en une mahomerie
2725 N'i entrassent a cel termine.
Mult esteit en grant discipline

2703 Hip. D'autre ne veut acompaignier. 2704 Hip. umgestellt. C: a lui atent. E: a dieu a tout son desirrier. 2705 tient. 2706 ihesu. 2707 l'autor ki rime a. CK: l'auctor. B: l'autre. EG: l'actor. 2708 CEGH: endroit. CEGFI: escrire. 2710 kar. dous (= BKM). DF: II. LN: deus. CEGHI: III. I: aveit passe. 2712 pourose. C: angoissouse. EG: male. Cah. paurose. I: perilose. 2713 ke. CE: cuidoient. Cah. quidoient. 2714 ke. 2715 kar ele. Cah. n'osoit. 2716 pur. CEH: anchois li estovoit (EH: ancois li couvenoit) cliner. 2717 trestot. de. Cah. trestote. 2718 C: d'une. K: dore guere. 2719 Cah. en tel jor. 2721 kar. Cah. demêmement. 2722 Cah. movoient. Hip. meneient. 2724 k'a. 2725 Cah. Hip. en.

E tornee en chaitiveison
N'aveit mes gent si petit non
En tote Bretaigne la grant,
2730 Qui ne fust fals e mescreant.
Por l'aveir, que il gaaignouent 5
De l'eglise, que il gardouent,
Erent li plus halt a devise
Contre la pais de seinte eglise
2735 Par roistie e par manace
Guerreiant e Deu e sa grace. 10

Ne devom mettre en obliance
Le dit ne la signefiance
Del cerf, qui estrangement oevre,
2740 Quant il manguë la coloevre,
Ceo est, quant il est enveilliz. 15
Puis est tot seins e refreschiz.
Quant vel e endeble se sent,
Si vet querre tot belement
2745 La fosse, ou la coloevre dort,
Qui mult le creint e het de mort. 20
La lettre nos testemonie,
Qu'il a d'ewe la boche emplie.
A l'entree del croes l'espant,

2727 tornee e cheitiveison. Cah. Torneie. Hip. Et tornee en cheitifeison. 2728 Cah. Hip. sè. 2729 BN: Bretaine. G: Bertagne. H: Bretengne. K: Britainne. L: Bretoigne. 2730 ke. false. Cah. fut false. Hip. fussent faus m. 2731 pur. ke. CE: gaaignoient. I: gaagneient. K: gaainnoent. 2732 k'il gardoient. C: tenoient. E: gastoient. I: robeient. Cah. gardoent. 2734 peis. seint. 2735—2736 fehlen Cah. u. Hip. 2736 gerreiant. Das erste e fehlt. 2737 [N]e. 2738 Cah. dist. 2739 kar. 2740 manjue. culovre. BDI: colovre. C: culuevre. Cah. colevre. 2741 coe. Hip. Ce dit l'en. vielliz. 2743 veil. C: q. il est viex frailes & lens. L: endiable. 2744 u. colovre. Hip. guerre moult b. 2746 ke. crent. Cah. Hip. crient. 2747 nus. Cah. testimonie. Hip. tesmonie. C: senefie. 2748 k'il ad. Cah. d'evve. 2749 D: dou pertuiz.

2750	E la coloevre meintenant
	S'en ist, que remaindre n'i poet:
	Car des narilles al cerf moet
	E de sa boche ist une aleine,
	Que par force hors l'en ameine.	5
2755	Tot hors s'en ist beant la gule,
	E li cers l'occit e defule.

Altresi fist nostre seignor
Jesu Crist, nostre salveor,
Quant les portes d'enfer brisa   10
2760 E le diable defula.
En lui sorst la clere fonteine,
Qui est de sapience pleine,
Dont diables ne poet soffrir
La parole ne sustenir.   15
2765 Quant par terre alout preechant
E come verais Deus ovrant,
Un diable en un home entrout,
Qui durement le tormentout,
E quant nostre sire vint la,   20
2770 Li diables li demanda:
Fiz Deu, porquei venis si tost,

2750 colovre. Cah. coleovre. 2751 ke. Hip. quer. 2752 kar. B: nariles. C: narines. 2753 un. 2754 ke. le meine. B: l'en ameigne. C: la maine. Cah. amene. 2755 baant (= Cah.). B: vaant. C: beant. 2756 cerf l'oscit. Hip. devore. Cah. defole. 2757 In A hier kein Absatz. tot altresi, das Verb fehlt. B: fist. C: fust. 2759 d'enfern. 2761 li. 2762 ki. C: si. Hip. de sapience est. 2763 suffrir. 2764 Cah. sostenir. Hip. soustenir. 2765 prechant. 2766 verrai. overant. Hip. verai Deu. D: sarmonant. 2767 deable dedenz (= KLN). esteit. 2768 ki. tormenteit (= K). B: turmenteit. CD: tormentoit. S: tourmentoit. Schon Seeger p. 20 weist darauf hin, dass die Reime esteit: tormenteit höchst unwahrscheinlich dem Dichter angehören, trotz der Uebereinstimmung der Ueberlieferung. Deshalb muss hier gegen die Hss. geändert werden: entrout. Im Lateinischen ist intrare (ingredi) gebraucht. 2770 deables. 2771 filz. Hip. Porquei il ert venu.

Por tormenter nos e nostre ost?
Ceste parole en oiant dist,
E nostre sire li enquist,
2775 Non pas por ceo qu'il ne sëust,
Quel non cil diables ëust,
E cil respondi : Legion,
Mil somes, qui de ceo servom.
Donc prierent Jesu meïsme,
2780 Qu'il nes enveiast en abisme,
Mes s'il d'iloeques les getast,
Que en un folc les enveiast
De pors, qui pres d'iloec esteient
En un plesseiz, ou il pesseient.
2785 Nostre sire lor dist: Alez!
Atant sont cil es pors entrez.
Deus millers en i aveit ben,
Qui puis n'orent mester a ren,
Mes dreit a la mer s'avancerent
2790 E en milleu se trebucherent.
Seignors, de ceo n'estoet doter:
Diables ne poet escoter
La parole nostre seignor,
Qu'il nen ait torment e dolor.

2775 pur coe k'il. Cah. Hip. nel. 2776 icel deables. Hip. le deable. 2778 mil & plus ke de co servom. B: mil sumes ke de ce servum. C: m. somes qui de cou servons. 2779 preerent ih'u. Cah. meismes. Hip. meimes. 2780 k'il. Cah. Hip. n'es. abismes. 2781 d'ilokes. Cah. se d'illuques. Hip. Une grace lor otriast. 2782 k'en une fole. BD: fosse. C: iiii. fous. KL: fole. I: dedenz les cors. S: un cors. Cah. vermuthet foc. 2783 ke. 2784 B: pleisez. C: une place. D: pleissiz. S: paistis. Cah. plesseis. Hip. pestiz. 2787 dous. avoit. E: II mile. Hip. i en. 2788 ke pus. 2789 me se. 2790 milliu. Cah. el mi leu. trebocherent. Hip. meleu. 2791 coe n'estot duter. 2792 deables. escuter. Cah. esculter. 2794 ke ne li torne en. B: k'il n'ait turment e dolur. C: n'i. Cah. Hip. ne.

2795 L'apostre dit veraiement,
Que nostre sire al finement
Le felon diable occira
Par la parole, qui istra
De sa boche benëuree. 5
2800 Ceo est ben chose assëuree.

Li cers, si com jeo vos ai dit,
Se reforme e longuement vit.
Del son del frestel s'esmerveille.
Quant il a susleve l'oreille, 10
2805 Si oit cler, e quant il l'abesse,
Si vos di, que l'oïe cesse.
Al bosoing poet ben trespasser
Un grant fluive ou braz de mer.
Es montaignes meint volenters: 15
2810 Ceo sont les leus, qu'il a plus chers.
Par les monz entendre devom
Les prophetes de grant renom,
Qui l'avenement Deu conurent,
E les apostles, qui od lui furent; 20
2815 E par le cerf devom entendre
Cels qui a Deu se voelent rendre:
Car il troevent en la montaigne
Qui salvacion lor enseigne,

2795 verraiement. 2796 ke. 2797 deable oscira. 2798 ke hors istra. Cah. que fors istrat. I: l'esperit. 2800 coe. ben fehlt. Cah. est la ch. 2801 [L]i cerf. come jo vus. 2802 longement. 2803 sun. E: fertel. Hip. de fretel. 2804 C: drechie s'o. Cah. dresce. I: drecie. 2805 olt. l'abeisse (la beisse). CE: oit E: l'abaisse. Cah. baisse. Hip. besse. 2806 vus ke. di fehlt. E: quasse. 2807 ben fehlt (= KL). Hip. a besoig. 2808 fluvie. Hip. ou grant bras. 2809 Cah. Hip. est v. 2810 coe sunt. lius k'il ad. C: ens el liu ou il. 2813 ki. 2814 k'od. Cah. od Deu. 2815 Cah. les cerfs. Hip. les clers. 2816 ki. Hip. a lui. 2817 kar. 2818 ki.

Si come le psalmistre dit
2820 En un psalme, qui est petit:
Es monz, fet il, levai mes elz,
Aïe en oi, si m'en fu melz.

La salamandre est une beste, 5
Qui de la cue e de la teste
2825 E del cors resemble lesarde,
Si n'a poor, que nul feu l'arde:
Del feu ne dote la chalor.
Mult est de diverse color. 10
Si en feu vent par aventure,
2830 Li feus esteindra a dreiture;
Ja ne serra si alumez,
Qu'il ne seit tost tot aquassez.
Venim porte de tel vertu, 15
Que mult tost a home abatu
2835 E si fereit grant destorber,
S'ele montout en un pomer.
Les pomes envenime issi,
Qui en manguë, il est fini. 20
E si en un grant puiz chaeit,
2840 Tote l'ewe envenimereit,

2819 psalmistre. 2820 en une (= DEH) psalme petit. qui est fehlt. DE: qui est p. C: petite. 2821 oelz. Cah. oils: miels. Hip. euz. 2822 Hip. Donc l'aide me vint de Dex. 2823 [S]alamandre. La fehlt. C: Salimandre. E: Dalemandre. 2824 ke. cowe. 2825 CE: laisarde. 2826 n'ad pour ke 2827 de. nule. Cah. Hip. crient nule. 2829 Hip. S'en. 2830 CE: par (sa) nature. Hip. Il l'esteindra quer c'est d. L: fex. 2831 Cah. tant. 2832 k'il. aqssez. BI: achassez. D: acoisez. E: quassez. Cah. Que tant tost se seit esclassez, wobei er an ital. schiacciato, pic. écaché denkt. 2833 de grant (= Cah.). 2834 ke. ad tost. Hip. a tost h. 2835 fet. desturber. 2836 Cah. Que s'ele monte (= Hip.). 2837 fehlt ganz bei Cah., was er übersehen. 2838 ki. Hip. honni. 2839 puz. C: puis oloit. Cah. puis. Hip. se ele. puiz.

Que nul hom n'en bevreit sanz mort.
Tant est le venim de li fort.

Iceste beste signefie
Le prodhome de seinte vie,
2845 Qui tant est de parfite fei, 5
Que il esteint environ sei
Le feu e l'ardor de luxure
E des vices la grant ardure.
Ne quidez pas, que jeo vos mente.
2850 Le feu, qui les almes tormente, 10
Ne poet aveir vers cels vigor,
Qui ben servent nostre seignor
De bone fei parfitement
Ne crement nul embrasement,
2855 Que diable lor puisse faire, 15
Qui tant est fel e deputaire.
En feu furent Ananias,
Misael e Azarias:
Onques de ren malmis n'i furent,
2860 Por ceo qu'en bone fei esturent. 20
Seignors, ceo n'est nule dotance:
Par fei e par bone creance
Poet l'em veintre sëurement
Tote manere de torment.

2841 ke. hoem. Cah. nul n'en bevereit. Hip. Quer nus homs nen beivreit. 2842 Cah. lui. Hip. d'ele. 2843 [I]ceste. 2844 prodome. Hip. bone. 2845 ke. Cah. parfeite. Hip. de tres leal f. 2846 k'il. I: qu'il esteint tot. 2847 l'ardur. 2848 de. 2849 ke jo. Cah. quidez vus. 2850 ke. 2852 ki. 2855 ke deable. peusse. Bei Cah. jedes Wort ein Fehler: Que li debles leur poisse fere. Hip. puisse. 2856 ki. fels. F: faus. Hip. el fel. de pute ere. 8257 el. 2858 C: Missael. E: Mysael. B: Zacharias. 2859 unques. Cah. ne. 2860 pur coe k'en. C: furent. E: crurent. Hip. s'e. 2861 coe. Cah. Hip. mie. 2863 Cah. Hip. veincre.

2865 La lettre nos testemonie,
Si est escrit en Ysaïe,
Que par fei ont trestuit li seint
Pecche vencu e feu esteint.
Qui si bone creance avreit
2870 E ferme fei com il devreit,
Les monz fereit par comander
De leus en altres remuer.
Certes, qui est leel en fei,
Mult a riche vertu en sei.
2875 Totes veies al desus vent
Qui fei e charite meintent.
Mes si il charite n'aveit,
Nule vertu ne li valdreit.
Seint Pol nos dit, que ne valt ren
2880 Almosne ne nul altre ben
Ne creance ne lealte,
Si ovoeques n'est charite.

Entre toz les altres oisels
Est li coloms corteis e bels
2885 E en bone signefiance.
Seinz espiriz en sa semblance
Descendi al baptizement
De Jesu Crist veraiement,
E meinte feiz est avenu,

2865 la lei. CE: tesmoigne & crie. D: loiaute. Cah. testimonie. Hip. tesmonie. 2866 Ysaye. 2867 ke. out trestut. 2869 ki. Cah. Qui bone. averoit. 2871 freit. 2873 ki. feel (= Cah. Hip.). CE: fermes. D: laial. 2874 ad. 2876 ki. 2877 n'avoit. Cah. Hip. se. 2878 vaudroit. 2879 dit fehlt. 2880 Ne a (= Cah. Hip.). nul fehlt. 2882 ovokes. Cah. Hip. oveques. 2883 [E]ntre. oiseals. C: D'entre. 2884 curteis. beals. Hip. la columps tot li plus beaus. 2886 decendi. 2888 ih̃u. verraiement. 2889 Cah. meintes.

2890	Que en sa semblance est venu	
	Seint espirit, por conforter	
	Cels que oem soleit tormenter,	
	Por faire lor cel Deu guerpir,	
	Qui tot poet salver e garir.	5
2895	Jadis chescun an soleit l'em	
	En la cit de Jerusalem	
	La veille de pasche veeir	
	Un colom blanc venir por veir,	
	Qui aportout le feu novel.	10
2900	En colom a mult dolz oisel	
	E sanz fel e sanz amertume,	
	Si a une bele costume:	
	Car en baisant s'entracompaignent,	
	Que en baisant d'amor espraignent.	15
2905	Quant il sont enz el colomber	
	Deus cenz ou treis ou un miller,	
	Un en i a, qui mult est proz:	
	Quant il se moet, si moevent toz.	
	Cil les meine de totes parz	20
2910	Es montaignes e es essarz	

2890 ke. sa fehlt. B: descendu. 2891 pur. 2892 ces k'oem. turmenter. Cah. om. Hip. Ceus qu'enemi seut t. CE: on voloit. 2893 pur fere lur. Cah. lor faire icel. Hip. Por fere lor se deguerpir. 2894 ke. deit (= Cah.). Hip. Ihesu qui toz nos puet garir. 2895 soelt. Hip. l'en. 2896 cite (= Cah.). C: chit. 2897 veer. CEI: pasque. G: paskes. Cah. de la Paske veir. 2898 colum. Cah. ver. 2899 ke. Cah. aportot. 2900 el. ad. doz. Hip. bel. 2902 unt. Cah. S'unt une mult b. Hip. Se ont. 2903 k'en beisant. s'entreacompaignent. Cah. s'entrecompainnent. Hip. besant. EH: quant il sont en une champaigne (H: champengne: s'entracompengne). 2904 beisant d'amur. que fehlt. Cah. esprainnent. Hip. esprennent. C: quant il vient dales sa compaigne. D: empreignent. E: que em baisant s'entracompaignent. S: d'amours empraignent. 2905 sunt. columber. Cah. enz un. Hip. en un columbier. 2907 ad ke. plus. pruz (= Cah. Un i en ait). 2908 Cah. s'en moet. Hip. s'esmuet (= CES). 2909 totez. 2910 & as assarz (= Cah.). BD: e es essarz. CE: par essars. Hip. agraz (dies Wort hat Godefroy aufgenommen).

E es pleins chams e es arez,
Es gaignages e es semez.
E quant il troeve les salvages,
Il est tant veziez e sages,
2915 Qu'il les trait a son colomber.
Issi lor fet le bois lesser
E la salvagesce oblier
E od lui les fet converser.

Icest oisel nos signefie
2920 Jesu, qui tot a en baillie,
Qui tot governe e qui tot fait
E qui de totes parz atrait
Les coloms a son colomber
E le champestre e le ramer.
2925 Son colomber est seinte eglise,
Ou il atrait a son servise
Par bone predication
Nos qui salvages esteiom.
De Sarrazins e de Paens
2930 A fet sovent bons crestiens
E fera vers le finement
Tote la gent comunement
Assembler en la fei comune.

2911 chans. Das erste e fehlt. B = Cah. arrez. Hip. ares.
2912 gaaignages & as. D: as aiguez coyez ou corablez (Unsinn!).
E: es gaaignies. Cah. gaainnes. I: gaaigniez. 2914 B: vesziez.
CE: voiseus. F: viseus. L: avisez. Hip. si veiziez. 2915 k'il. treit.
columber. 2916 si le fet tot le. C: lor boiax laissier. Hip. Si. toz
les. 2917 la fehlt. 2917—2918 fehlen Cah. u. Hip. 2919 [I]cest.
nos fehlt. (oisele?) 2920 ih̅u ki. ad. 2921 Das zweite qui dieses
an das Epos erinnernden Verses fehlt. Cah. et tot atrait. 2922 ki.
tantes (= Cah.). 2924 C: les ramiers. Cah. Et le salvage. 2925
columber. seint. 2928 salvage. 2929 Cah. sarazins. paiens. 2930
Cah. ad sovent fait. 2932 communement. Hip. Totes les genz.
2933 commune. C: asaillir. E: saillir ens.

Donc vendront les deus leis a une:
2935 Car la lei, qui esteit salvage,
Serra remise en dreit veiage.
Deus est esperitals coloms:
Bons est e bels e lez e lons, 5
E ses eles si larges sont,
2940 Que acoevrent trestot le mont.
La veie, que il nos enseigne,
Devom aler, nuls ne s'en feigne!
Si ceo fesom sëurement, 10
Toz nos merra a salvement.
2945 Vos ne devez esperer mie,
Que Moÿses ne Ysaïe
Ne prophete ne messager,
Que onques Deus ëust tant cher, 15
Nos meïst a salvacion.
2950 Mes cil par s'incarnacion,
Qui del halt pere descendi,
Salu e vie nos rendi.
Deu, qui voleit humein lignage 20
Raeindre e oster de servage
2955 E assembler en seinte eglise,
Enveia ainz en meinte guise

2934 dous. les fehlt. Hip. totes leis. 2935—2936 fehlen Cah. u. Hip. 2935 ki. kar fehlt. 2936 mise. 2937 Cah. esperitel colombs. Hip. esperitex. 2938 beals. longs. Hip. Long. dreiz et beaus et bons. 2939 heles. Hip. tant. C: longues. 2940 k'il coevrent. mond. CES: qu'eles acuevrent tout. Cah. Qu'ele coevrent. Hip. Qu'il acouetent tot. 2941 k'il nus. 2942 k'uns ne se. C: nus ne s'en faingne. Cah. se fainne. 2943 coe felons. 2944 nos toz. C: menra. DEI: metra. 2945 vos ne desesperez mie. 2946 ke ne fist Moyses. 2948 ke unkes. 2949 Cah. meinst. CEF: mesist. 2949—2950 fehlen Hip. 2950 sa. 2951 ki = 2953. 2951 Hip. Salu et vie nos rendist | Fors le Sauveor Ihesu Crist. 2953 Hip. l'umain. 2954 reindre. hoster. Cah. Hip. raendre. CDE: raiembre. I: jeter. 2955 Hip. En colump et en meinte guise | Est venu dedenz sainte iglise. 2956 envea.

Çajus en terre preecher
Meint prophete, meint messager,
Ou li seinz esperiz parlout
2960 E en meinte guise prechout, 5
Coment nostre sire vendreit
Salver le mont, qui perisseit.
Uncor avom assez a dire
Des coloms e de lor matire.

2965 Un arbre a en Ynde la grant
Bel e foillu e ombreiant. 10
Fruit porte bon e dolz e cher,
E si vos os ben aficher,
Si com la lettre le m'aprent,
2970 Que grant est l'ombre, que il rent.
Bels est dedenz e environ, 15
E si dient, que il a non
Paradixion en gregeis:
Ceo sone altretant en franceis
2975 Come dire »environ la destre«.
Soz cel arbre fet mult bel estre. 20
La dedenz maignent e habitent

2957 seintz en. B: cajus. C: les sains. D: ciauz. E: sains. S: chajus. Cah. Ça jus. por prêcher. 2958 Hip. et meint mesagier. 2959 parleit. CES: parloit: disoit. 2960 diseit. CES: disoit. Gegen die Hss. muss der Reim parleit: diseit beseitigt werden; vgl. 2768. 2961 CES: venroit. 2962 mond ke. 2963 uncore avoms asez. C umgestellt. 2964 Cah. martire. Hip. Del colump. la. 2965 [U]n. ad. CDI: Inde. 2966 foilli. B: ombrant. CE: foillu & verdoiant. Hip. follu et verdeiant. Cah. umbrajant. F: umbroiant. 2967 Hip. monte. 2968 Cah. pois b. 2969 le fehlt. Cah. li livres. Hip. nos aprent. 2970 ke. ke. 2971 beals. 2972 ke. ad. 2973 paradixon (= D). C: paradysion. E: paradyxion. H: paradixion. IS: paradision. Cah. Paradixcion. Hip. grezeis. Cah. griseis. 2974 coe. E: si vaut. Hip. Et s. 2975 com. Hip. Cum verdure. Environ la destre(!). C: abit. 2977 BC: mainent. E: mainnent.

    Coloms, qui forment se delitent:
    Car il sont del fruit saolez
2980 E desoz l'ombre reposez.
    Ja d'iloec nes estoet moveir,
    Por aveir tot lor estoveir.   5
    Un dragon a en cel païs,
    Qui as coloms est enemis:
2985 Car il les manguë e devore.
    Mes cil qui soz l'arbre demore
    E desoz l'ombre ades se tent,   10
    De ren nel dote ne nel creint.
    Li colom, qui conoissent ben,
2990 Que cil les het sor tote ren,
    Se tenent soz l'arbre toz dis,
    Si n'est alcuns fols e jolis.   15
    Qui d'iloeques ist folement,
    Quant il s'en ist, tost s'en repent.
2995 Le dragon crement les coloms,
    E altretant creint li dragons
    D'aprismer a l'arbre e a l'ombre.   20
    Nule feiz les coloms n'encombre,
    S'il nes troeve de l'ombre eissuz;
3000 Se il les troeve, si sont perduz:

2978 ke. si. Cah. Li colombs qui mult. 2979 kar. Hip. Quant. 2980 Hip. l'arbre repose. 2981—2982 in ABD umgekehrt. 2982 pur. 2983 uns dragons ad. Cah. est. 2984 ki. 2985 kar. 2986 ki. Hip. Tantost sanz nul point de demore. 2987 tient. Hip. Mes cil qui soz l'arbre se tient. 2988 crent. ne. ne. de fehlt. Cah. Ren ne le d. ne nel le crient. Hip. ne le crient. 2989 coloms. qui fehlt. Cah. conneissent. 2990 ke. 2991 e se. tot dis. Cah. sor.. 2992 alcun tres fols jolis. Cah. S'il. Hip. S'en est. 2993—2994 waren umzustellen: ki d'iloke. Cah. Hip. d'iloc (d'ilec) isse. 2994 en. 2995 li. Hip. criement les columps. 2996 cren. 2997 dap'mer (so Hs.). B: d'aprismer. D: d'apremer. CE: d'aprochier. S: d'aproismier. D umgestellt. Cah. de prismer. Hip. D'aprouchier. 2999 C: se il ne sont de l'abre issus. D: tant soulement qu'il soit veu. E: se d'iluec ne les trueve issus. Cah. Hip. issuz. 3000 son p. Cah. Si les. Hip. S'il en issent il = CE.

Car il est toz dis en agait.
Quant cel arbre son ombre fait
En la partie devers destre,
Donc est li dragons a senestre.
3005 Quant l'ombre vers senestre torne, 5
Li dragons a destre retorne:
Il ne porreit l'ombre soffrir,
Qu'errant ne l'estëust morir.
Les coloms, qui sont proz e sage,
3010 Se tenent ades soz l'ombrage 10
De l'arbre, que lor adversaire
Ne lor puist nul ennui faire;
Mes s'alcuns folement s'esmoet,
Icil le prent, qui faire le poet.
3015 Ignelement l'a devore: 15
Car mult li semble savore.

Nos crestiens, qui ben savom,
Qui est cel arbre e com a non,
Nos devriom toz jors tenir
3020 Desoz l'ombre e a lui venir: 20
Car d'iloec moet tot nostre ben,
De male chose n'i a ren.
C'est nostre pere omnipotent,

3001 kar. tutdis agueit. Cah. aguait. Hip. aguet. 3002 feit. 3005 ver. 3006 arere (= Cah.). C: vers d. se torne. 3007 suffrir. 3008 ke. Cah. Que lui n'esteut errant. Hip. Que il ne l'esteut m. D: tot meintenant creroit m. 3009 ki. 3010 Hip. en. 3011 ke. 3012 encombrer ne lor peusse faire (= Cah. poisse. Hip. enconbrier. puisse). B: nul mal. C: puist. D: encombrier puisse. E: anui. 3013 si alcun. moet. CI: s'esmuet. 3014 cil. ke. CE: cui. Also qui ist hier = cui. 3015 l'ad. CE: & isnelement le deveure. 3016 kar. Cah. Et. Hip. Mes n'en est pas del tot saole. C: set bone saveure. E: ni quiert porlonge ni au autre eure. 3017 [N]us. ke. 3018 ki. ke ad. 3019 devrioms. jorz. Hip. Bien nos devrion coi tenir. 3020 Hip. Et d. 3021 kar d'iloke. CI: muet et vient. DE: vient & muet. Hip. tot bien. 3022 ad. Hip. Quer le deable n'i a rien.

Qui son ombre e ses reims estent
3025 Sor toz cels qui venent a lui,
Por aveir garant e refui.
Le fruit de l'arbre signefie
Jesu, le fiz seinte Marie. 5
Ceo est le fruit, qui nos gari,
3030 Quant esteiom mort e peri.
Par le fruit, que Adam gusta,
De joie nos deserita;
Le fiz Deu, qui gusta le fel, 10
Nos rendi la joie del cel.
3035 Li fruiz de l'arbre nos trahi,
Li fiz Deu nos reinst e gari,
Qui el fust pendre se lessa,
L'aisil but e le fel manga. 15
Or devom ben entendre tuit,
3040 Quel est l'arbre, quel est le fruit.
L'arbre est pere, le fruit est fiz,
E l'ombre est li seinz esperiz,
Si com l'angle dist a Marie, 20
La seinte reïne florie:
3045 Li seinz esperiz sorvendra
En tei, en qui s'aombera
La vertu del treshalt seignor;

3024 ke. CE: & son rai esprent. D: son ventre & cez reis. Cah. Hip. rains. 3025 ke. Hip. Soz. 3026 pur. 3027 In E Initial gross. 3028 ihesu. BE: Ihesum. 3029 coe. ki. 3030 estoiom. Cah. trahi. 3031 ke. 3032 deshireta. C: deshireta. D: enchasa. E: desireta. Cah. Hip. deserita. 3033 ki. BCDE: fiel. 3036 le filz. Cah. raenst. Hip. raient. B: raint. C: raienst. E: raient. In I fehlt Deu. 3037 ki. 3038 l'eisil. C: l'aisil. E: l'aizil. D: & mirre & fiel por nos gosta. Cah. Hip. gosta. 3039 ore. C: aprendre. E: apenre. 3040 Hip. Qui. et qui. 3041 filz. Hip. le Pere. le fiz. 3042 E: espirs. 3043 come l'angele. Hip. l'angre. 3044 flurie. 3045 C: en toi venra. 3046 ki. B: s'aumbera. CE: s'aomberra. Cah. s'aumbrera. Hip. en cui. 3047 Hip. Par la. de haut.

23*

De tei nestra le salveor.
En l'arbre devom sanz mesprendre
3050 La persone del pere entendre,
El fruit la persone del fiz,
La terce est li seinz esperiz,
Qui de l'un e de l'altre vent.
Issi creire le nos covent,
3055 Si nos almes volom salver.
Si hors de ceo nos poet trover
Li mals dragons, qui nos defie,
Meintenant nos toldra la vie.

Seignors, de ceo nos porpensom,
3060 Desoz cest arbre nos tenom :
Car nos somes del fruit peuz
E de l'ombre ben defenduz,
Que ja n'aprismera a nos
Le felon dragon envios.
3065 Tenom nos dedenz seinte eglise
En bone fei, en Deu servise.
Si hors de la creance issom,
Nos serrom livrez al dragon,
Qui n'atent fors, que hors s'en isse
3070 Le fol dolent, qu'il le saisisse.
De ceo seiom sëurs e fiz :

3050 Hip. de Pere. 3051 Hip. de Fiz. 3052 Hip. Et l'ombre. D : & tos trois sont en .i. corz mis. 3053 ke. 3054 le fehlt. Hip. crerre. 3055 Hip. Se nos ame volun. 3056 coe. Hip. Se. de Deu. 3057 ki. 3058 BDI : toudra. C : taura. E : tolra. 3059 [S]eignors. coe. 3060 devom. Cah. Desus. 3061 tenir kar del fruit ben peuz. nos somes fehlt. Hip. summes de. 3062 sumes &. ben fehlt. Hip. par. 3063 ke. CEI : n'aprochera o (a) (I : de). D : n'apresmera. S : n'aproismera de. Cah. n'aprismerat. 3064 Hip. Li cuvert. CE : cuivers. D : feus. 3066 BCDEIKS : qui (B : ke) ceste creance (C : creanche) devise (D : divise). 3067 Hip. Se. sa. issum. 3069 ke. ke. CE : & qui sont cil qui fors s'en (E : hors en) issent : que il saisissent. 3070 k'il. seisisse. 3071 coe soioms.

Si el non del pere e del fiz
E del seint espir nos tenom
En la seinte religion,
3075 Que seinte eglise nos enseigne,
E al dolz cri e a l'enseigne
De la seinte croiz aoree,
Nostre vie ert benëuree.
E sachez ben, qui ceo ne creit,
3080 Qu'uns Deus en treis persones seit,
Qui tot crea e qui tot fist,
Il est de la gent antecrist.
Nos somes li colom feeil,
Qui de la grace e del conseil
3085 Nostre seignor vivre porrom,
Tant com soz l'arbre nos tendrom.
Jesus meïsmes, nostre sire,
Nos amoneste en l'evangire,
Dont nos ben creire le devom:
3090 Seiom simples come colom
E si sages come serpent!
E quels est or l'entendement
De ceste parole coverte?
Jeo la vos mosterai aperte.
3095 C'est a dire, que nos seiom

3072 filz. Hip. C'est el. de Fiz. 3073 esperit. CE: espir. D: esperil. Hip. Et de Saint Esperit tenon. 3074 Hip. Sainte vie et r. 3075 ke. 3076 Cah. duz Criz. F: Dieu Crist. 3078 honoree. Cah. iert benuree. Hip. est = CE. 3079 ki coe. 3080 ke. en fehlt. C fügt nach soit hinzu: & il cria trestout le mont. 3081 ki. criad. ki. C: cria. E: crea (= Cah. Hip.). 3082 E: andecrist. 3083 sumes. feel. Hip. de la gent feel. D: feal. E: foiel. 3084 ki. Hip. de consel. 3086 Cah. serrom. 3087 ihesu. Hip. meimes. 3088 l'euvangire. Hip. l'Evangile. 3089 devoms. le fehlt. 3090 seoms. coloms. 3091 serpenz. 3092 li entendemenz. or fehlt. C: ore. Cah. entendemens. Hip. Quel est or l'e. 3094 joe. B: mustrai. C: dirai toute. D: mosterai. E: mousterrai. 3095 coe. ke. soiom.

Si simples, que nos n'engignom
Vers nostre proisme felonie,
E si sages, que la boisdie
Ne l'agait de nostre adversaire
3100 Ne nos puist en nul leu mal faire.
Seignors, por le haltisme rei,
A seinte eglise e a la fei
Demorom e parseverom:
Car en la fin salf en serrom.

3105 Uncor m'estoet que vos devis
Des coloms, qui sont blans e bis.
Li un ont color aerine
E li altre l'ont stephanine.
Li un sont vair, li altre ros,
3110 Li un vermail, li un cendros,
E des coloms i a plusors,
Qui ont trestotes ces colors.
Cil qui est en color divers,
Ceo me dit ma lettre e mon vers,

3096 ke. n'engingnom. Hip. ne cheun. C: Simple & ke nous ne pensons. D: porchacou. 3097 proeme felenie. B: prosme. D: presme (= Cah.). CE: proisme. S: prime (= Hip.). Hip. En. 3098 ke. Hip. Et sachiez bien. boidie. Cah. voisdie. 3099 l'agueit. C: l'esgart. 3100 peusse nul mal f. en und leu fehlt. Cah. poisse nulli m. Hip. puet puis nul grant m. BCDE: puisse. 3101 deu le haltime. C: dieu le souvrain pere. E: le sovrain roi. D: hautisme roi. S: l'autisme roi. Hip. Deu l'autisme. 3102 C: glise nostre mere. 3103 Hip. perseveron. 3104 kar. sauf. Hip. a. saus. C: en saverons. 3105 [U]ncore. ke. 3106 ki. blancs. 3107 ahermine. BEG: aermine (= Cah.). D: ermine. Q: aorine. S: aigrine. Hip. aierine. Gegen die Hss. muss aerine = luftfarben in den Text gesetzt werden, wie aus dem Zusammenhange 3137 hervorgeht. 3108 B: stefanine. C: defavine. D: stefenine. E: stephanie. F: d'estamine. G: sebeline. 3109 veir (also Hs. ueir) (= B). CDEG: noir. C: vor bis ist gris verschrieben. D umgestellt. Cah. vermeil. Hip. neir. 3110 li altre c. B: li un c. C: & li autre sont comme gris. Cah. Li un sont veir, l'altre. Hip. vermel l'autre. F: vair. 3111 de. ad. 3112 ki = 3113. I: les. 3114 coe. CE: la. li.

3115 Demostre la diversete
Des prophetes por verite,
Des doze, qui diversement
Anoncerent l'avenement
Nostre seignor, mes neporquant 5
3120 Trestuit sont a un acordant,
Qui de chescun savreit entendre
Les paroles e raison rendre.
Mes il covendreit en la lettre
Dreite interpretacion mettre. 10
3125 El colom, qui resemble cendre,
Devom certeinement entendre
Le corteis prophete Jonas,
Ceo ne devez mescreire pas,
Qui en haire e en cendre ala 15
3130 As Ninivens e preecha
Nostre seignor come leals
Al poeple mescreant e fals.
E Deu l'en rendi gueredon,
Quant il el ventre del peisson 20
3135 Le salva e gari de mort
E puis le mena a bon port.
Li coloms, qui a l'air resemble,
Signefie, si com mei semble,
Le prophete, qui fu ravi : 25

3116 pur. 3117 dozze ke. CE: de tous chiaus (E: cials). 3118 anoncierent. 3120 trestut. B: a un ben. C: acordemant. Cah. Hip. trestoz. 3121 ki. chescon. 3122 la parole. reison. B: la verite. C: as p. E: les paroles. Hip. La p. et la. 3123 Hip. Mes qu'il quemandent en la Letre. 3125 ki. 3126 si devon veirement. CE: tout vraiement. 3128 coe. 3129 ki. heire (= Hip.). BCE: haire. 3130 ou il precha. C: a mescreans. Hip. Au Niniveis. 3133 li. geredon. Cah. Deus l'en. Hip. Dex lor. guerredon. L: li en. 3134 Hip. de. 3136 D: l'enmena. E: l'amena. Cah. dreit. 3137 ki. l'eir (= Cah.). BCDEIL: l'air. 3138 me (= Hip.). CE: moi. 3139 ke. Cah. fust. Hip. fut.

3140 C'est Elias, dont jeo vos di,
Que nos quidom uncor en vie.
E li blans coloms signefie
Seint Johan, qui premerement
Comença le baptizement 5
3145 El non de celui qui veneit,
Qui uncor a venir esteit.
El baptesme, ben le sachez,
Est home lavez de pecchez.
Le prophete Ysaïes dist, 10
3150 Lonc tens einz que Johan venist:
Lavez vos e seiez mondez!
Mals pensers de vos quoers ostez!
Car si devant esteiez neir,
Trestuit serreiz donc blanc por veir. 15
3155 Li roges coloms par raison
Signefie la passion,
Ou Jesu son sanc espandi,
Qui vie e veie nos rendi.
Altrement fussom mort sanz fin. 20
3160 Li coloms, qui est stephanin,
Nos deit seint Estefne noter,
Qui por Deu se laissa pener

3140 Helies (= Hip.). joe. B: Elyes. CD: Elyas. E: Helyas. Cah. Helias. 3141 ke. quidons uncore. 3142 blancs. 3143 ki. CE: Jehan. Cah. Johans. 3144 comencad. baptisement (= Cah.). Hip. baptesmement. 3145 celi ke. 3146 ki uncore. 3147 Cah. baptisme. sacez. Hip. En. sachiez. 3148 lave. pechez. Cah. li hom. Hip. sauve. 3140 Ysayes. Cah. Li. Isaie. Hip. Ysaie. 3150 long. 3151 mundez. E: soies monde & vous lavez. 3152 penseez. Hip. Mauves pensez des cuers. 3153 kar. 3154 trestot serrez. Hip. Donques sereiz tuit b. 3155 reison. 3158 ki. Hip. & joie. C: & goie. EG: joie & vie. 3159 Hip. fussons. B: fussum. CDE: fuissiens. 3160 ki. C: defouin. D: stefenin. F: estamin. H: stephanim. Ueber die Farben hat Diez ein Werk von Rössler benutzt. 3161 Estephene. B: Estefne. CS: Estevene. D: Estiene. E: Estevenes. H: Estene. Hip. Estievre noncier. 3162 ki. leissa.

E premerement deservi
Par le martire, qu'il soffri,
3165 Veeir le fil Deu a sa destre
Estant en la joie celestre.
Or avez oï des coloms 5
Le chapitre, qui ben est lons,
E si ben l'avez retenu,
3170 Mult vos en est melz avenu:
Car bone essample i poëz prendre,
Si la raison volez entendre, 10
E en apres voillez ovrer:
Grant ben i porreiz recovrer.

3175 De l'olifant ne devom pas
La parole tenir a gas.
C'est la greignor beste qui seit 15
E qui greignor fes portereit,
Si est ben sage e entendable.
3180 En bataille est mult covenable:
Iloeques a mester mult grant.
Li Yndien e li Persant, 20
Quant il venent en granz estors,
Soelent desus charger granz tors
3185 De fustz dolez ben quernelees.
Quant il venent en granz mellees,

3164 k'il. 3165 veer. filz. 3168 ke. longs. Cah. qui en. Hip. Un. qui est moult. C: capitre. E: chapistre. 3170 Hip. bien. 3171 kar bon. 3172 reison. 3173 en fehlt. 3173—3174 fehlen Hip. 3174 porrez. 3175 [D]e. 3176 en (= Cah.). CDEQ: a g. 3177 ke = 3178. 3180 est fehlt. Cah. Et. Hip. bien c. 3181 ilokes ad. Cah. Iloc est a m. 3182 E: Pysant. Hip. Et li Indeu. 3183 Hip. Quant aloient es. 3184 Cah. Solent. Hip. Seulent. 3185 kernelez. C: desus. quarelees. E: fust dolei. quarrelees. B: fuz. kerneleez. D: fuist. creneleez. Cah. fust. kernelees. Hip. quernellees. 3186 mellez. CE: meslees. D: mellees.

Iloeques montent li archer,
Li sergant e li chevaler,
Por lancer a lor enemis.
3190 La femele, ceo m'est avis,
Porte deus anz, quant ele est preinz.
Idonques foone e nent einz,
Ne jamais nule, ceo sachez,
N'enfantera que une feiz
3195 Ne donc n'avra que un foon.
Si grant poor a d'un dragon,
Qu'en une ewe vet fooner,
Por son foon de mort garder,
E li madles dehors atent,
3200 Qui andeus les garde e defent.
La lettre dit des olifanz,
Qu'il vivent ben deus cenz anz.
En Ynde, en Alfrique est lor estre,
En ces terres soleient nestre;
3205 En Alfrique ne naissent mes,
Mes en Ynde maignent ades.
Quant li madles voelt engendrer
En sa compaigne e en sa per,

3187 ilokes. Cah. Iloc si m. Hip. Ilec montouent les. 3188 E: escuier. 3189 pur. 3190 coe. 3191 prenz. B: preinz. CE: prains. Cah. preins. S: III ans. 3192 idonc. E: vient mains. Hip. Adonc founne et vient a mainz. Cah. & naient. 3193 coe. Cah. sacez. Hip. sachiez. I: sacheiz. L: sachoiz. 3194 ke = 3195. Hip. ne foenera. 3195 Cah. Et. feon. 3196 Cah. Hip. del. 3197 k'en un. Cah. feoner. Hip. va founner. 3198 pur. 3199 Hip. le malle. l'atent. 3200 ke andous. B: ambedous. CE: andeus. D: qu'a son poair g. 3201 Cah. eletanz. Hip. de l'olifant. 3202 ke. Cah. dous cent. Hip. Que il vit bien par. 3203 & en Aufrike soelent estre. B: soleient. CDE: en Ynde en Aufrique (D: Affrique) est lor estre (D: aistre). Cah. Aufrique vont pestre. 3204 en ces dous terres pur veir nestre. C: suelent. Cah. solent. C: estre (= Cah. Hip.). 3205 Aufrike. neissent. Hip. maignent. 3206 C: sont tout. 3207 Cah. vait. I: veut.

Vers orient andui s'en vont
3210 Juste paraïs a un mont,
Iloec ou creist la mandragoire,
Dont nos ferom apres memoire.
La femele de l'olifant 5
Aprisme a l'erbe meintenant,
3215 Si manguë de l'erbe einceis,
E li madles sanz nul gabeis
En manguë, quant il ceo veit:
Car la femele le deceit. 10
Quant ambedui en ont mange
3220 E ont deduit e enveise
E assemble a lor afaire,
Si come bestes deivent faire,
La femele tantost conceit, 15
E le foon, qu'ele receit,
3225 Porte deus anz, com dit vos ai.
Vers son terme est en grant esmai
Por le dragon, qui les espie.
En une ewe grant replenie 20
Vet fooner por le dragon,
3230 Qu'il ne li toille son foon:

3209 B: amedous. CE: andoi. Cah. andous. 3210 parays ad. CE: en (= Cah. Hip.). E: vers orient. haut m. IL: joste. 3211 iloekes. crest. ou fehlt. C: mandeglore. D: mandraglore. E: mandegloire. S: le mandagloire. F: croist. Cah. creit. Hip. creist. 3212 from. memorie. 3214 herbe. CE: aproche (C: a) l'erbe. D: apresme. S: aproisme. 3215 herbe. 3216 Hip. Que le malle bien le sacheiz. 3217 Hip. Lors en. 3218 kar. Cah. Et. Hip. Que. 3219 B: ambediu. E: ambedoi. I: emmedui. 3220 envoise. I: enveisie. 3221 asemble. E: si s'assamblant. 3222 E: com tels. 3224 k'ele. 3225 come. 3226 est fehlt. C: vers le terme ke jou ne sai. Cah. est mult en esmai. Hip. effrai. 3227 un. ki. 3228 un. C: une iave molt aquoie. E: aigue est raemplie. Hip. replanie. Cah. schreibt bald evve bald ewe. 3230 k'il. CDI: tolle.

Car si dehors l'ewe l'aveit,
Le dragon le devoërreit.

En ces bestes par verite
Sont Eve e Adam figure.
3235 Quant il furent en paraïs 5
En plente e en joie assis,
Ne saveient que mal esteit
Ne dont charnel delit veneit.
Mes quant Eve le fruit gusta
3240 E son seignor amonesta, 10
Qu'il en mangast sor le defens,
Si furent eissillez par tens
E getez en l'estanc parfont
E es granz ewes de cest mont,
3245 Es granz periz e es tormenz, 15
Qui neier i font meintes genz,
Dont li prophete Davi dist
En un psalme, que il escrist:
Salve mei, Deu, par ta merci,
3250 Des granz periz, ou jeo sui ci: 20
Car desqu'a m'alme sont entrees
Mult granz ewes e derivees.
E en un vers redist aillors,
Que damne Deu li fist socors:

3231 kar. CDE: le voit. Cah. la veit. Hip. le veit. 3232 devorreit. B: devoreit. C: devoueroit. D: devoreroit. E: devoerreit. Cah. Hip. devorereit. 3233 [E]n ces dous. pur (= Cah. veirte). 3236 asis. Cah. En joie et en p. Hip. mis. 3237 savoient ke. 3239 Hip. del f. gosta. 3241 k'il. 3242 eissille. 3243 Cah. gettez. C: l'estat. 3244 mond. 3245 perilz. E: periels. 3246 ke neer (= Cah.). Hip. perillier f. 3247 David (= Cah. Hip.). 3248 une. ke. Hip. seaume. 3249 Cah. Deus. Hip. Dex. 3250 de. perilz. joe. E: periels. mis. 3251 kar deske. C: que ja en. I: dedenz. L: jusque. 3252 awes. CE: desrivees (= Cah. Hip.). 3253 redit (= Cah. Hip.). e fehlt. 3254 ke. Cah. le fit.

3255 J'atendi, fet il, mon seignor,
E il m'oï par sa dolçor
E m'osta del lac de misere,
Del tai e del fens, ou jeo ere.
Quant Adam fu deserite 5
3260 E hors de paraïs gete,
En peine e en perdicion
Fist donc sa generacion.
Mes nostre sire en out pite:
Por raançon de cel pecche 10
3265 Espira le novel Adam,
Qui por nos traist peine e ahan
E toz nos mist a raançon.
C'est totes veies ma chançon,
Que ades vos chant e recort: 15
3270 Par lui somes gari de mort.
Cil qui del sein al pere vint,
Prist char humeine, hom devint.
Sor ferme perre mist noz pez.
En nostre boche, ceo sachez, 20
3275 Mist novels chanz e nos aprist
La seinte oraison, que il fist,
Que »pater noster« apelom.
Tot ades dire la devom.

3255 joe. Hip. J'entendi. 3256 Cah. m'oi. Hip a mei. 3257 me. D: de la grant m. Hip. de laz. 3258 tay de. joe. e fehlt. BCF: fiens. Cah. des f. Hip. De. de. 3259 desherite. Hip. deserite. 3260 parays. 3263 Hip. pere. 3264 pur. Cah. raencon. I: son pechie. 3265 Cah. Hip. un. 3266 ki. treit. B: han. Cah. Qui tint pur nus. Hip. trest hahan. 3267 Cah. Qui. 3268 coe. tote veie. Cah. Hip. totes veies. 3269 ke. Cah.' Qui. nus. Hip. Quer. chante. 3270 li fumes (= Cah.). Hip. summes. C: furent. 3271 ki. CE: saint pere. Hip. de. 3272 home. 3273 pere. nos. Hip. fine pierre. 3274 coe. 3275 noveals. Hip. mit novel chant. 3276 oreison k'il dist. Hip. fist. E: & sa sainte orison nous dist. 3277 ke. D: apele l'en.

De l'olifant dire vos os:
3280 Bone est la pel, bons sont li os,
E qui en feu les bruillereit,
Sachez, que l'odor chacereit
Toz les serpenz, qui pres serreient 5
E qui venim en els avreient.
3285 Nul venim ne soelt habiter
La ou l'em fet les os bruiller.
Des os fet hom yvoire chere,
Dont l'em oevre en meinte manere. 10
L'olifant est mult corporu.
3290 Quant il vent en un pre herbu,
Hors de sa boche ist un boël,
Od quei il se pest el prael.
Altrement n'avendreit il pas, 15
Sanz sei agenoiller si bas,
3295 E si a genoillons esteit,
Ja par sei ne relevereit.

Mandragoire est une erbe fere,
Nule altre n'est de sa manere, 20
E vos di, que de sa racine
3300 Poet l'em faire meinte mescine.

3280 bon ad. 3281 ki. e fehlt. B: broileroit. C: brusleroit. D: brueroit. E: brullereit. Cah. le broille roit. Hip. el f. brullereit. 3282 ke. Hip. d'ilec (statt l'odor). 3283 ke. 3284 Hip. en eus v. 3285 Cah. seit. Hip. seut. 3286 feit. C: sieust. E: sielt. Cah. broiller. I: bruller. L: bruler. 3287 Cah. fait l'em. Hip. l'en yvere. 3288 l'en fet oevre. Hip. l'en ovre. 3289 tant (= Cah.). 3290 el pre (= Cah. Que q.). Hip. vient el pestiz erbu. D: s'en vait el. 3291 Cah. boiel. 3292 Cah. peist enz el p. Hip. il pest par le p. 3293 n'atendreit (= Cah.). D: n'ateindroit. CE: n'i avenroit pas. S: n'ataindroit. Hip. n'ateindreit. 3294 Hip. agenollier. 3295 CE: agenoillies. F: agenoullons. G: agenollies. Cah. agenillons. Hip. agenollons. 3296 soi. C: foi. 3297 [M]andragoire. herbe chere. BCDEIS: fiere. N: clere. Hip. Mandagloire. 3298 Hip. Nul. 3299 ke. Hip. la. 3300 hoem fere. Cah. Hip. mecine.

Si la racine esgardiez,
Une forme i troveriez
A la forme d'ome semblable.
L'escorce en est mult profitable.
3305 Quant est ben en ewe boillie,
Mult valt a meinte maladie.
Ceste erbe, quant ele est d'ee,
Cuillent cil mire vezie,
Si dit l'en, quant ele est cuillie,
3310 Qu'ele se pleint e brait e crie,
E si alcuns oeit le cri,
Mort en serreit e malbailli.
Mes cil qui la cuillent, le font
Si sagement, que mal nen ont.
3315 Quant de la terre est mise hors,
A meinte chose valt le cors.
Si hom ëust mal en son chef
Ou en son cors, qui li fust gref,
Ou en son pe ou en sa mein,
3320 Par cele erbe serreit tot sein.
La ou home mal sentireit,

3301 ben esgardez. C: regardes. D: est bien gardez. Cah. Hip. Et si (se). esgardez. 3302 troverez (= Cah. Hip.). B: furme. E: figure i. F: faiture. 3303 E: samblance. 3304 mut. en fehlt. CE: l'estoire en. D: l'escorce. E: porfitance. Hip. L'escorche est moult prophetizable. 3305 quant ele est (= Hip.). Cah. ben est. B umgestellt. 3306 D: sachiez ce n'est pas flaterie. 3307 herbe. de é (so Hs.). C: erbe. quant est de XXX ans. Ebenso lassen BDEHIKN dieses Wunderkraut 30 Jahr alt sein wie das Lateinische. Hip. a trente anz. 3308 vezzie. B: coillent cil ky sunt mescinanz; denselben Reim bieten obige Hss. 3310 k'ele. breit. se fehlt. Hip. bret. 3311 Hip. oiet. 3312 serroit. 3313 ki. B: coilent. D: on apriz. 3314 ke. Cah. Hip. n'en. 3315 la. Cah. de terre l'ont. 3316 DE: vaut au. 3317 home. a son. Cah. Hip. aveit. C: avoit. 3318 ke. Cah. lui. 3320 herbe. Im Lat. steht: cujus cortex vino immistus ad bibendum datur iis quorum corpus propter curationem secandum est, ut soporati dolorem non sentiant. 3321 li h. Cah. li hom.

Si prendreit l'en iloec endreit
De l'erbe, qui serreit batue,
E quant l'ome l'avreit bëue,
3325 Mult dolcement s'endormireit,
Ja puis nul mal ne sentireit.
De ceste erbe, qui si est fere,
I a toz jors doble manere:
L'une madle, l'altre femele;
3330 La foille d'ambedeus est bele.
La femele a la foille drue
Tel come salvage laitue.

La sus amont en Orient
A un halt mont, qui loing s'estent,
3335 Ou l'em troeve une perre dure,
Quant l'en la quert par nuit obscure.
Mes el ne luist mie de jor:
Car idonc pert sa resplendor.
Li soleiz clers por verite
3340 Li reboche sa grant clarte.

3322 Cah. mette. Hip. d'ilec. 3323 herbe si. Cah. L'herbe qui ben. Hip. si sereit. 3324 B: le home. C: li hons. E: li hom. Cah. l'home. 3325 se dormireit. 3326 nul fehlt. Cah. pois le m. n'en. Hip. dolor. 3327 herbe ke. Hip. est si fiere. 3328 ad. Hip. Si a. 3329 Hip. est malle. 3330 E: d'ambes. II. C: d'ambe. II. Cah. d'ambedous. Hip. feulle des deus est moult. Das Lat. ist ungenau wiedergegeben: Hujus species sunt duae, femina foliis lactucae similibus, mala generans ad similitudinem prunorum. Masculus vero foliis betae similibus. 3331 ad. 3332 tele. leitue. BD: letue (= Hip.). CE: laitue (= Cah.). I: comme est. 3333 [L]a. 3334 ad. ki loinz estent. Hip. grant m. qui haut. 3335 pere. 3336 par aventure (= Hip.). Q: Et la quiert l'en par nuit oscure. Cah. por noit oscure. Lat. . . . ita tamen ut nocte quaeratur. Schon aus dem Zusammenhange ergiebt sich ein Gegensatz zwischen nuit und jor, vgl. 3374. 3337 ele. lust. Cah. Hip. par j. 3338 kar. CE: adont. D: splendissor. Hip. Adonc giete. 3339 solels cler. Cah. soleils clers. Hip. Quer le solel c'est v. 3340 C: rebouce. D: estoupe. E: reboute. K: reboke. S: rebouque. FI: rebouche. L: rebourse. Hip. Si li.

C'est diamanz, dont jeo vos cont,
Si dure perre n'a el mont.
Nule altre perre ne la freint
Ne fer ne feu ne la destreint.
3345 Mes cil qui depecer la voelent, 5
Od mail de fer briser la soelent.
Quant en sanc de buc est tempree,
En tele guise est engroignee.
Mes il covent, que le sanc seit
3350 Tot freis e ne seit mie freit. 10
Des peces poet l'em entailler
E gemmes e fer e ascer.
Tant vos apreng de l'aïmant,
Que la perre n'est mie grant.
3355 A fer resemble sa color 15
E a cristal sa resplendor.

Alcuns dient de l'aïmant,
Qu'il est contre venim puissant
E qu'il chace veines poors
3360 Ne que l'art des enchanteors 20

3341 co. jo. Hip. Ce est l'aimant. 3342 pere n'ad. 3343 nul altre kar ren ne. Cah. Ne nule altre ne. CE: autre cose (chose). fraint. 3344 Hip. fust. 3345 ki. depescer. Hip. depecier. 3346 C: a max. E: a mal. pecier. Cah. mailz. Hip. O maus. 3347 bouc. tempre. Cah. buck. Hip. boc. 3348 engroigne. CE: esgrumelee. D: brisee. H: engrumelee. IS: esgrunee. Cah. esgrumee. Hip. erklärt esgrunee = Ebréchée, écrasée, engl. to grind, deutsch „gründen". Im Lat. steht: hircino tamen sanguine recenti et calido maceratur. 3349 ke li. CE: sans. 3350 seit fehlt. Cah. freiz. Hip. chaut. 3351 hoem. Cah. peres. Hip. l'en entallier. D: on tailier. 3352 e gemmes fere en. Cah. Et g. asseer et ascier, wobei er an ital. assettare denkt. FIL: acier. 3353 DE: dyamant. Cah. nus aprent del diamanz. Hip. apren. 3354 ke. pere. 3355 Lat. ferrugineum habens colorem. 3357 [A]lcuns. C: auquant. Cah. diamant. Hip. La Letre dit. 3358 k'il. 3359 k'il enchace. (Cah. Hip. vaines.) 3360 ke. Hip. enchantoors. C: peours: de l'encanteour. E: ne nule ars.

Ne devreit celui enchanter,
Qui ceste perre soelt porter.

L'aïmant, qui a tel vertu,
Signefie le rei Jesu,
3365 Si com li prophete recorde, 5
Qui a ceste lettre s'acorde:
Jeo vi sor un mont d'aïmant,
Fet le prophete, un home estant
Enmi le poeple d'Israel.
3370 Cel home fu corteis e bel. 10
Li monz, ou la perre est trovee,
Qui tant est dure e esprovee,
Signefie Deu, nostre pere.
La perre, qui par nuit est clere,
3375 Deit signefier Jesu Crist, 15
Qui por nos humanite prist.
En tenebres nos visita,
De clarte nos enlumina.
En la seinte lettre trovom,
3380 Cele qu'evangile apelom, 20
Que li salveres dist de sei:
Jeo sui el pere e il en mei,
E qui me veit, il veit mon pere.
Cil qui nasqui de virgne mere,

3361 E: porroit. 3362 ke. pere soleit. C: sieut. DI: seut.
E: vielt. Cah. solt. 3363 [L]i aimanz ki ad. C: l'aimant. E:
Dyamans. Cah. Le Diamanz. 3364 ihesu. 3365 come. CE: prophetes.
3366 ki. 3367 joe. mon d'aunant. C: d'aimant. EGK: diamant.
H: d'aymant. Hip. Je sui sor un mur. 3368 H: la profete.
3369 de. Hip. pueple. 3370 Hip. cest. esteit. 3371 pere. CE:
mons en. 3372 ke. D: aprovee. 3373 Cah. Hip. Si s. le pere.
3374 ke. noit. 3375 doit. ih'u. Hip. Si senefie. 3376 ki. 3377
Hip. teniebres. 3380 ke l'euvangile. Cah. Cel qu'evangelie. Hip.
que E. 3381 ke. Cah. dit. 3382 jo. 3383 ki. CE: vieut (vielt).
3384 ki. de la. Cah. Virgine. C: il est. moi. C: virgene.
DEFI: virge. L: verge.

3385 Jesu Crist, nostre salveor,
Nos visita en tenebror.
Mult par dust hom estre joiant,
Quant il trova tel aïmant,
Qui de tenebres l'a hors trait. 5
3390 Ceo est li salveres, qui vait
Sor les perres fermes e dures,
Qui por cols ne por hurtëures
Ne lui faillent ne ne faldront,
Mes toz dis fermes se tendront. 10
3395 En cestes perres entendez
Les apostres benëurez,
Les prophetes e les bons seinz,
Qui onc ne furent fals ne feinz.
Onques por torment ne flechirent, 15
3400 Mes por Deu martire soffrirent
E tel travail e si grant peine,
Que or en ont joie certeine.
Ceo que home la perre troeve,
Signefie par bele proeve, 20
3405 Que nostre sires se cela,
Quant çajus en terre avala.

3385 ih͑u. 3387 hoem. Cah. parduit home. C: dut estre home goiant. E: molt dust biem hom. Hip. duit estre home. 3388 Cah. diamant. 3389 ki. l'ad. Cah. traist = Hip. hors le. E: & de. 3390 co. ki s'estait. B: esteit. C: cest tait. D: ce fait. E: s'estait. S: se trait. Gegen den falschen Reim der Hss. muss vait in den Text gesetzt werden, indem der Erlöser gedacht ist, wie er auf den festen und harten Steinen (d. i. den Aposteln, Propheten und Heiligen) wandelt; diese bilden die Grundsteine und Träger seiner Lehre. 3391 peres. 3292 ke. coups. B: cops (= Cah.). C: cox. DFI: cous. E: cals. S: cos. Cah. horteures. 3393 li (= Cah. Hip.). 3394 totdis. Hip. esterunt. CE: tenront. 3395 peres. Hip. iceste pierre. In E Initial. 3396 CE: bons eures (E: eurez). 3398 ki unc. Cah. Unc. feins. Hip. Qui ne f. ne faus. CE: c'onques. 3399 onc pur. C: fleuquirent. Cah. Unc. se f. Hip. Unques. 3400 pur. 3401 C: en. 3402 ke ore. 3403 coe ke hoem. pere. E: uns hom. 3404 Hip. boene prove. 3405 ke. C: chela. 3406 ke. B: ala. C: chajus a. D: sa. Hip. (cajus fehlt) se revala.

Les compaignes del halt repaire
Ne sorent, que çajus vint faire,
Ne coment il prist char humeine.
3410 Mes quant il out soffert la peine 5
E fu de mort resuscite
E la sus el cel remonte
Verai hom enter e parfait,
Donc en demenerent grant plait
3415 La celestial compaignie
E demanderent sanz envie: 10
Dont vent, qui est cest rei de gloire,
Qui tant a honor e victoire?
Qui ceo est? C'est leger a dire:
3420 C'est li sires de tot l'empire,
C'est cil qui tot tent a sa destre, 15
C'est le glorios rei celestre,
Ceo est li sires de vertuz,
Cil qui por nos s'est combatuz;
3425 En bataille est puissant e fort:
Car il a occise la mort. — — — 20

Seignors e dames, gent nobire,
Boche d'ome ne porreit dire

3407 repeire. C: li compaignon. D: compaignie de. 3408 ke. volt. Cah. vint. Hip. que ca deveit f. 3411 Cah. de mort fu resucite. 3412 Cah. Et fu la sus el cel monte. Hip. amont r. E: ou ciel portez. 3413 verrai home. parfit. CE: vrais. parfais. Cah. Hip. parfet: plet. 3415 Cah. celestien. Hip. celestiel. C: selestieus. FL: celestiau. Die Schlusszeilen erinnern an Philipp von Thaon, der diese Stelle im Abschnitt vom Löwen hat. 3417 vient ki. 3418 ki. ad. Hip. ennor. 3419 ki coe. 3421 sa fehlt. Hip. tient tot. 3423 c'est. Hip. le sire de vertu: combatu. 3424 ki. Cah. Qui. nus toz. 3425 pussant. Cah. poissant. Hip. batalle. 3426 kar. ad ocise. IS fügt noch hinzu: ne cuidies (I: cuidez) pas que Crist morist | mais (I: mes) Crist en soi (I: sei) la mort ochist(I: conquist). Der eigentliche Bestiaire hat hier ein Ende, und es folgt dem Programm der Einleitung gemäss der gute Schluss. 3427 [S]eignors. gent fehlt. CDE: nobile. BHPS: nobire.

La some de l'umilite
3430 Ne la dolçor ne la pite,
Que nostre sire fist por nos,
Quant de son cher sanc precios
Nos raienst e nos rachata 5
En la bataille, que faite a,
3435 Ou il a enfer despoille
E confondu e eissille.

Bone gent, que Deu ben vos face
E vos dont s'amor e sa grace, 10
Or oëz e si m'entendez
3440 E voz corages amendez.
Pene me sui mult de retraire
Les essamples del bestiaire
Selonc la lettre desque ci. 15
Or vos criom por Deu merci,
3445 Si nos i avom chose dite,
Qui deive estre a bonte escrite,
Que vos i prengez essamplaire
E de ben dire e de ben faire, 20
E si dite i avom faillance

3429 humilite. 3430 piete. Das erste ne fehlt. KP: pite.
IL: pitie. Cah. De la. de. 3431 ke. Hip. fust. 3432. C: saint.
D: cler. 3433 reinst. rechata. Cah. raainst. Hip. raient. 3434
e (statt en). ke fet. Hip. fete. 3435 ad enfern. 3436 C: avillie.
P: eissillie. Hier bricht P ab; ebenso Cahier, Mélanges IV p. 67.
3437 [B]one. ke. Hip. Dex bien. 3438 doinst (= FS). BDI:
doint. 3439 Hip. fehlt me. 3440 vos. 3441 Hip. Penez nos summes.
3443 solonc. deska. Hip. selon. jusque. B: jeske. E: dusque.
3444 ore vus cri. EH: pri je. F: proi. S: crions. Hip. criun.
Der Uebergang aus dem Singular in den Plural ist auffällig, ist
jedoch gesichert durch den Reim 3451. 3445 ke si joe ai. i fehlt.
3446 ke. Hip. deie a b. estre. E: eslite. 3447 ke. Hip. prengiez.
D: preignez. E: prengnies. F: prenes. 3448 Hip. fere. 3449
DI: fallance. E: marance. H: marrance.

3450 Par nonsens ou par obliance,
Por amor Deu vos demandom
De la nonsavance pardon
E de l'obliance altresi.
De tot ceo vos cri jeo merci. 5
3455 Si mesdit ai ren el traite
E par alcun seit afaite,
Qui plus seit sage e qui melz vaille,
Nule envie ne m'en travaille.
Jeo vos dis al comencement 10
3460 E pramis, que bon finement
Avreit cest livre, e Deu l'otreit!
Deu nos comande e si a dreit,
Que ses besanz multipliom
E nostre travail empleiom, 15
3465 Por acreistre sa grant richesce,
E si ceo lessom par peresce,
Mult en serrom achaisonez
E de nostre seignor blasmez.

Or oëz, que il nos en dit 20
3470 En l'evangile, ou est escrit,
Qu'il parla d'un prodhome sage,
Qui ala en pelerinage.

3450 nonsen. 3452 B: nunsavance. EH: negligence. F: nonsachance. Hip. mesparlance. 3453 alsi. 3454 coe. joe. Hip. criun. Mit diesem Verse endet H. 3455 rens. EF: rien. Hip. Se. avon el traitie. 3456 alcon. Hip. Par aucun si seit effacie. 3457 ke plus sache e ke. B: plus v. Hip. valle: travalle. 3458 nul. me. B: me traille. EF: m'en. 3459 jo. 3460 ke. 3461 livres. Hip. Dex. 3462 ad. 3463 ke. B: multiplium. E: monteplions. Hip. nos bezans montepleion. 3464 Hip. traval enpleion. 3465 pur acrestre. EF: acroistre. Hip. A a. 3466 coe. Hip. se ce lesson. 3467 Hip. seron achesonez. 3468 blamez. D: blasmez. EF: blasme. Hiermit endigt F. 3469 ore. k'il. A hat keinen Absatz. 3470 l'euvangile u. Hip. Et en. ou fehlt. 3471 k'il. prodome. Hip. Qui. et s. 3472 ki.

L'evangire nos fet acreire,
Que einz qu'il se meïst en l'eire,
3475 Apela treis de ses serganz,
Si bailla a l'un cinc besanz,
A l'altre deus e al terz un.   5
Selonc ceo bailla a chescun,
Que sa vertu sout e conut.
3480 Puis s'en ala la ou il dut.
Meintenant que il fu mëuz,
Li serganz, qui out recëuz   10
Les cinc besanz, espleita tant,
Qu'il en gaaigna altretant,
3485 E li seconz fist ensement.
Mes li terz ovra folement:
Car une fosse en terre fist,   15
Le besant son seignor i mist.
E quant li sires retorna,
3490 Ses treis serganz araisona,
Qu'il orent fet de son aveir.
Li premereins li conta veir.   20
Sire, fet il, tu me baillas
Cinc besanz, quant tu t'en alas,
3495 E jeo en ai puis tant ovre,
Qu'altres cinc en ai recovre.
Tu as ben fait, fet il, amis,   25
De mon gaaing t'es entremis.

3473 le euvangire. Hip. L'Evangile. acrerre. 3474 ke einz-k'il. al repeire. B: en l'eire. E: en oirre. S: l'oire. Hip. Qu'anceis qu'il. l'erre. 3475 apelad. Hip. serjanz. 3476 Hip. Et balla. 3477 dous. Hip. tiers. 3478 coe. 3479 ke. Hip. quenut. 3481 e m. k'il. B: muez. E: meus. Hip. meu: receu. 3482 sergant ki. 3484 ke. 3485 secondes. Hip. segont. 3486 Hip. tierz. D: fit tot autrement. 3487 kar. 3490 areisona. Hip. aresonna. 3491 k'il. Hip. Quil. 3492 Hip. primerain. 3495 joe. 3496 k'altres. D: gaaigne. 3497 Hip. fet dit. 3498 Hip. t'ies. E: gaaig.

Or serras por ta fealte
3500 Seignor de mult bele plente,
Si te baldrai aveir greignor;
Entre en la joie ton seignor!
Li seconz li redist: Bel sire,
De meie part vos puis ben dire:
3505 De vos deus besanz ai fet quatre.
Donc ne te dei jeo mie batre,
Fet li sires, por ton servise.
Le men avras a ta devise.
Issi le te pramet e veu.
3510 Li terz, qui n'aveit fet nul preu,
Vint al seignor, si li dist tant:
Sire, veez ci ton besant,
Trestot enter ben l'ai garde.
E li sires respont: Par De,
3515 Tu n'es bon sergant ne feeil
Ne tu ne serras mon conseil
Ne ma joie ne partiras;
Hors de ma meson t'en irras
E de tote ma compaignie:
3520 Car laisse as par felonie
A multiplier mes chatels.
Seignors, li escriz est itels.

3499 ore. par. B: fiance. E: loiaute. Hip. seras de mout grant plente. 3500 Hip. por ta grant leaute. 3501 baudre. gregnor. B: bauderai. E: donrai. 3503 secondz. dist beal. Hip. segont. E: a dit. 3504 moie par. 3505 dous. Hip. deux. 3506 jo. 3507 pur. Hip. sire de mon s. 3508 Hip. mien auras tu. 3509 le fehlt. B: veou. D: issi promet & a fait vou. S: veu. 3510 ki. 3511 Hip. a son s. et dist. 3512 Hip. vez ici. 3513 Hip. entier l'ai tot g. 3514 Hip. sire. 3515 feel. B: feil. E: loials. S: loial. Hip. n'ies. leel: consel. 3516 sauras = Hip. E: seras mes consals. 3517 Hip. N'a m. 3518 Hip. maison. iras. 3520 kar leisse. Hip. Quer lessie. felonnie. E: ta folie. 3521 Hip. montepleier. chatex: itex.

Mes grant signefiance i a:
Nostre sire, qui tot crea,
3525 Deit estre entendu el prodhome.
Li deus serganz, ceo est la some,
Sont tuit cil qui son non eshalcent
E sa lei meintenent e halcent,
E cil en sa joie enterront,
3530 Quant totes choses fineront.
Mes cil n'i mettra ja le pe,
Qui son tresor avra musce
Alsi come tels i a font.
Mult par est fols qui le repont
3535 E le laisse en terre porrir,
Mes qui del creistre e del norrir
E del multiplier se peine,
Cil avra la joie certeine.
Uncore baille chescun jor
3540 A ses serganz nostre seignor
Ses besanz a multiplier,
Quant il fet un bon chevaler
Ou un bon clerc ou un sage ome,
Qui a tot l'empire de Rome
3545 Porreit par son sens conseiller,

3523 [M]es mult g. ad. Hip. senefiance. 3524 ki. criad. BDEI: cria. 3525 prodome. Hip. tenu por. 3526 coe. dous. Hip. dui serjant. summe. B: dou. E: qui. ii. 3527 ki. Hip. essaucent. E: enhaucent. 3528 Hip. maintienent: haucent. E: tienent. essaucent. 3529 enterunt. sa fehlt. B: enterunt. E: enterront. 3530 ke. B: finerunt. D: finiront. E: feniront. Hip. joies. 3531 Hip. metra. pie. 3532 ki. Hip. mucie. 3533 iad. Hip. Issi comme itex ja f. B: je di tels. 3534 ki. par fehlt. Hip. fous. E: fals. 3535 leisse. le fehlt. Hip. lesse. 3536 ki. Hip. de. de. 3537 Hip. de montepleier. 3539 il chescon. Hip. balle chascun. E: encore baille il. 3540 Hip. son serjant. 3541 Hip. Sez. 3542 Hip. chevalier. 3543 bonc. ou un (= Hip.). home. B: bonhome. 3544 ki. Hip. trestot, wobei a fehlt. 3545 sen. Hip. consellier. B: conseiler. E: consillier.

E cil ne s'en voelt travailler,
Mes trestote sa vie muse,
Que ren de sa bonte nen use
El servise nostre seignor.
3550 Quant vendra al daerein jor,
Quidez, que Deu ne li demant,
Qu'il avra fet de son besant?
Oïl, jeol sai veraiement.
Damne Deu done largement
3555 A l'un proësce, a l'un poeir,
A l'un vertu, a l'un saveir,
A l'un raison ou eloquence,
E qui de ceo ne fet semence
Tant dementers come il poet,
3560 Le besant son seignor enfoet.
Donc pruis jeo par ceste evangire:
Quant Deu m'a done de bel dire
La grace, ne m'en dei targer,
Mes son besant creistre e charger.
3565 De faconde m'a fet Deu riche,
Ne fust fortune, que m'en triche.
Grant mester me pëust aveir,
Mes ne science ne saveir
Ne corteisie ne valor

3546 cil. B: e il. E: vielt travillier. Hip. Cil qui ne. veut travallier. 3547 trestute. Hip. Et t. 3548 ke. Hip. rien. n'enuse. E: n'i. 3550 derein. Hip. desrein. B: drein. E: deesrain. 3551 ke. Hip. Cuides. Zwischen 3551—3552 steht bei Hip. S. 469 ohne Zusammenhang und Reim: Vos sovienge qui beles sunt d. i. 3605. 3552 k'il. 3553 joel. verraiement. Hip. je le. 3554 Hip. Damledeu. 3555 Hip. proece. D: l'autre avoir. 3556 D: poair a autre. 3557 reison. 3558 ki. coe. 3559 com. Hip. En dementieres. que. puet: enfuet. 3561 proef joe. cest ewangire. Hip. Don le. cest Evangile. BD: prues. EI: pruis. 3562 m'ad. 3563 Hip. me. targier. 3564 crestre. Hip. De son. creistre. charchier. D: se de savoir estoie riche. E: croistre. cangier. 3565 m'ad. 3565—3580 fehlen Hip. 3566 ke. 3569 cortesie.

3570 Ne afeitement ne honor
Ne poënt vers li estriver.
Onc ne me laissa ariver
Uncor a port, einz me demeine
Totes hores par mer halteine 5
3575 Pleine de torment e d'orage,
Tant a vers mei felon corage.
Mes al seignor, qui trestot veit
E qui set, comben jeo coveit,
Pri jeo, que il de li m'acort, 10
3580 Si qu'une feiz me mette a port:
Car ben en fust saison e hore.
Ci ne ferai altre demore.
Le besant Deu mettrai a gable,
Por desconfire le diable. 15
3585 Divisions de graces sont,
Si les deivent cil qui les ont
Mettre a gaaing e a usure.
Por ceo vos di, que jeo n'ai cure,
Quant Deu m'a son besant livre, 20
3590 Qu'il seit musce ne enterre.
Icele science est perdue,
Qui n'est departie e sëue.
Sens est riche possessions,

3572 unc. leissa. D: laisse. 3573 uncore. 3575 de horage.
B: d'utrage. 3576 ad. 3577 ke = 3578 joe. 3579 joe ke. il
fehlt. 3580 k'une. B: meine. DE: mete. 3581 kar. seison. Hip.
Quer bien. est et tens. ore. 3582 frai. Hip. Si n'i ferai plus
de d. 3583 Hip. metrai. E: garbe. 3584 deable (= Hip. desconfere).
3585 In E grosser Initial. 3586 ki. Hip. ceus. 3587 Hip. metre.
gaaig. 3588 coe. ke joe. 3589 m'ad. 3590 k'il. Hip. Qu'il.
mucie. 3591 Hip. escience. Der Spruch erinnert an das Lat.:
Scire tuum nihil est, nisi te scire hoc sciat alter. Göthe: „Sich
mitzutheilen ist Gewinn, Mitgetheiltes aufzunehmen Bildung." 3592
ki. Hip. partie ne = B. 3593 possession (= Hip.).

Ceo dit un livre de sermons.
3595 Mes qui n'a cure de seignor,
Ja od lui ne fera sojor.
Od celui maint qui la depart
E l'abandone e tost e tart, 5
Si li vent de mult grant noblesce:
3600 Car ele tant aime largesce
E aver home tant desdeigne,
Que od lui remaneir ne deigne.

Bone gent, dolce e debonaire, 10
Des essamples del bestiaire
3605 Vos sovenge que beles sont.
Veez la malice del mont,
Come toz jors creist e avive,
Veez, come tence e estrive 15
Tricherie contre dreiture,
3610 Veez, com a chere veiture
L'em trespasse parmi cest monde,
Veez, com grant mal i abonde,
Veez, com home est decëuz, 20
Veez, com il est concëuz,
3615 Veez, com est envolupez,
Veez, a quel doel il est nez,

3594 coe dist. sermon. Hip. sarmon. 3595 n'ad. qui fehlt = Hip. d'aveir s. B: de aver seignur. E: d'avoir signor. 3596 li. fra sujor. Hip. o. sejor. E: en. 3597 ki. Hip. O. le. 3598 Hip. fehlt das zweite e. 3599 vient. mult fehlt. Hip. noblece. 3600 quant. Hip. Que. Largece. 3601 Hip. aviel. B: aveir. D: avers. soeigne. 3602 mult est franche e non vileigne. B: ke od lui remaner ne deigne. E: que avec li manoir ne daigne. 3603 [B]one. Hip. douz. debonere. 3604 Hip. de b. 3605 ke. D: soveigne. E: sovaigne. Hip. sovienge qui. 3607 jorz crest. Hip. Comment. creist. 3608 Hip. comme creist et. 3610 come. Hip. o cum chiere. 3611 par. Hip. L'en. munde. 3612 le grant mal ke i. Hip. le grant mal qui habunde. 3613 coment. Hip. cum. conceu. 3614 Hip. cum. deceu. 3615 ou il est. Hip. ou est envelopez. 3616 Hip. delor est.

Veez, coment il est enfant,
Com il est fol e nonsavant,
Veez, quant il vent en eage,
3620 Com il s'orgoille de corage,
Quant il devreit celui loër,
Qui l'a fet aler e parler,
Sentir e veeir e oïr.
Donques ne li voelt obeïr.
3625 Quant il est bel e riche e fort
E il n'est tels, qu'il se recort
De son seignor, qui tel l'a fet
E hors de chaitiveison tret,
Tot le monde ne prise maille
3630 Ne quide, que james li faille
Son grant poeir ne sa richesce.
Mes quant la mort vers lui s'adresce,
Qui le gaite gule baee,
Donc est remese sa podnee:
3635 Le cors est en terre enhulez,
De vers mangez e defolez.
Donc l'alme s'en part esgaree,
Qui ne poet mie aveir denree

3617 come. Hip. Et veez quant il est effant. 3618 Hip. non sachant = DE. 3619 Hip. vient. aage. 3620 Hip. Cum. s'orguelist. 3622 ki l'ad. Hip. le fet. 3623 veer. Hip. veir. 3624 donkes. Hip. Adonc. veut. 3626 cil. k'il. Hip. tex. 3627 ki. l'ad. 3628 cheitiveison. 3629 Hip. li mont. maalle. D: maaille. 3630 james ke. Hip. cuide. falle. 3631 poer. Hip. richece: s'adrece. 3633 gette (= B). D: geite. E: gete. Hip. giete goule. 3634 remise. E: remese. Der Anglonormannismus remis, mis (statt mes von maneir) begegnet auch bei Adgar mehrfach. Hip. ponee. D: pousuee. E: posnee. 3635 B: enholez. D: enterrez. E: boutez. S: envolepes. Hip. fehlt est. envelopez. 3636 verms mange. defulez. D: derongez. Hip. mengiez. 3637 s'empart. B: depart. Hip. l'ame se p. 3638 ke. aver duree. B: une deree. D: derree. E: denree. Hip. puet. d'erree, was er = la possession, heredium, mit dem Sinne des deutschen „Herrschaft" setzt!!

De quanqu'il onques gaaigna.
3640 Un novel eir son aveir a,
Qui ja por lui ne fera ren
Ne lui n'en chalt plus que d'un chen.
Por ceo, par De, fet que dolent, 5
Qui en ceste vie est trop lent
3645 De Deu servir e aorer.
A ceo ne deit nul demorer.
Quanque hom fet en ceste vie,
Tenc a oidivesce e folie 10
Fors que de cel seignor servir,
3650 Qui done vie apres morir.
En sa vigne fet bon ovrer:
Car puisqu'il vent a l'avesprer,
I poet l'em gaaigner son pain, 15
Ja nul n'i overra envein.

3655 Or oëz, que dit l'evangire:
El me conte, que nostre sire
Dist a ses desciples un jor
Une essample de grant dolçor: 20
Car il lor dist, que un prodhom
3660 Eissi un jor de sa meson
Matin, por ovrers aloër,

3639 quank'il unkes gaaingna. E: de quanques li cors g. Hip. quanqu'ele unques auna. 3640 ad. Hip. Et n. B: heir. D: usurer. E: oirs. 3641 ke. li. Hip. n'en dorra rien: chien. 3642 li. ke de. n'en fehlt. Hip. Ne ne l'en chaut. E: nes que. 3643 coe. deu. ke. Hip. Por Deu por ce. 3644 ki. 3645 B: aloer. 3646 coe. 3647 quanke home. 3647—3650 fehlen Hip. 3648 B: vanite. D: muser. E: tieng je a oiseuse. 3649 ke. de fehlt. E: fors seul que cest signor. 3650 ke. 3651 In E grosser Initial. Hip. boen. 3652 kar. k'il. a avesprer. Hip. puisque vient. 3653 hoem. Hip. peut l'en gaaignier del. E: si puet. 3654 overrad. Hip. nus. 3655 [O]re. ke. l'euvangire. Hip. L'Evangile. 3656 il. ke. Hip. Et le. 3657 Hip. deciples. 3658 un (= Hip. doucor). E: valour. 3659 kar. ke. prodom (= Hip.). 3661 olower. E: matinet. louer. Hip. ovriers.

Qu'en sa vigne pëussent ovrer.
Cels que il trova meintenant,
Loa par itel covenant,
3665 Qu'a chescun dorreit un dener.
Cil n'en firent mie danger.
Tost furent en la vigne entre,
Si ont foï e labore.
Quant vint avers terce apres prime,
3670 Estes vos le sire meïsme,
Qui encontra altres ovrers,
Sis enveia od les premers
E lor pramist, qu'il lor dorreit
Del soen tant com raison serreit.
3675 Endreit midi en retrova
Genz oidis, si les aloa.
Vers none en retrova d'ocios,
Si lor a dit: Que fetes vos?
Alez, si ovrez en ma vigne!
3680 Cil ne firent altre barguigne,
Ainz i alerent demaneis.
Mes li jor torna en descreis
E la relevee aprisma,
E li prodhom s'en devala

3662 ki. Hip. alassent. 3663 k'il. Hip. Ceus qu'il. primierement. 3664 lowa il. tel. BD: aloua par. Hip. Aloa il. tel covent. 3665 ke. chescon durreit. a fehlt. Hip. K'a chascun. denier. 3666 ne. Hip. unques dangier. 3668 D: si orent mult fort l. 3669 vers. la. Hip. vers tierce. 3670 Hip. Est ce. li. 3671 ki. Hip. Si. ouvriers. 3672 si les venead. E: ses. Hip. Si's. o. premiers. 3673 k'il. Hip. que lor. 3674 soent tan come reison. Hip. soen. reson sereit. 3675 miedi. rotrova. Hip. medi. B: si returna. 3676 oidifs. lowa. BD: musanz. E: oiseus. loua. Hip. Des oisos. 3677 B: oscius. D: oysos. E: d'uisous. Hip. d'oisous. 3678 ad. ke. 3680 bargaigne. Hip. n'en. unques barquigne. B: bargaine. D: bargigne. 3681 Hip. errannment: Le jor torne au definement. 3682 decreis. 3683 B: aprisma. D: aprima. E: approcha. S: aprocha. Hip. apresma. 3684 prodome. Hip. le prodom se d. D: rala. E: avala.

3685 Dreit el marche de la cite.
Sor les estals a regarde,
Si vit ovrers oidis assez,
Qui la esteient amassez.
Qu'avez, fet il, tote jor fait? 5
3690 Sire, font il, mal nos or vait;
Nos ne pëumes hui trover
Home, qui nos volsist loër.
Donc vos est, dist il, malement.
Alez la sus delivrement 10
3695 En ma vigne as altres ovrers!
E jeo vos dorrai volenters
Del men tant com serra raison
Selonc le jor e la saison.
Cil saillent sus e vont ovrer, 15
3700 Mes onc nes i covint suer:
Car tost fu tens d'oevre lesser.
Lors apela son despenser
Li prodhom e dist: Bels amis,
Or va, si com jeo ai pramis, 20
3705 Si paiez trestoz mes ovrers
E comencez as dereners,
Si t'en va jesqu'al premerein

3685 dreit fehlt. BK: marcheil. Hip. Enz. marchie. 3686
ad. BDI: estaus. 3687 asez = Hip. ouvriers oisous. 3688 ke
ja. 3689 k'avez. toten jor feit. B: tut le jur. E: vous ci tute.
E: fet. Hip. tote j. fet. 3690 estait. B: esteit. D: estat. E:
trop mal nous est. Reim? Vgl. 3390. 3692 ki. lower. Hip.
Hom. vousist aloer. 3694 E: lassus isnelement. 3695 Hip. la.
ove mes ovriers. 3696 jo. endorra. Hip. je. dorre volentiers. 3697
come. reison. Hip. mien. sera se son. 3698 solonc. seison. Hip.
Selon le tens. seson. 3699 faillent. Hip. sallent. 3700 unkes.
E: mais ains. Hip. einz les i covient. 3701 kar. de ovre. Hip.
de ovre lessier. 3702 Hip. despensier. 3703 prodom. beals. 3704
ore. jo. Hip. comme j'ai. 3705 paez. Hip. paie = E. 3706 Hip.
Et si commence au desreniers. B: si come as draigners. 3707 jesk'al.
Hip. Et. vers le primerain.

E met a chescun en sa mein
Un dener, sis lessez aler.
3710 Donc les comence a apeler
Li serganz, sis fist arenger
E baille a chescun un dener.
Cil qui matin venuz esteient,
Quiderent ben, quant il veeient
3715 A chescun son dener aveir,
Qu'il dëussent plus receveir,
Si grondirent e murmurerent
E od le seignor en parlerent.
Sire, font il, ceo coment vait?
3720 Des hui matin avom nos trait
La peine e le travail pesant.
Or n'a chescun que un besant,
E cil qui orendreit i vindrent,
Qui del travail ren ne sustindrent,
3725 Ont altretant com nos avom.
Seignors, ceo respont li prodhom,
Ne vos faz nul tort, ceo savez,
Quant vostre covenant avez.
Peise vos, que jeo faz ma grace?
3730 Ne me list il, que del men face
Ma largesce, ou il me plest?
A icest mot chescun se test.

3708 chescon. la. Hip. chascun. 3709 BE: si les laisse. Hip. denier puis le lesse. 3711 serjanz. Hip. Le serjent s'es. arengier. 3712 chescon = 3715. 3713 ke. Hip. venu. 3714 Hip. Cuiderent bien. veient. 3716 k'il. E: lors cuidierent plus recevoir. 3717 grundirent. E: grouchierent. 3718 Hip. o lor. 3719 coe. Hip. vet. 3720 Hip. Des gee. avon tret. 3721 Hip. traval moult grant. D: le chaut. 3722 ore. ke chescon un. 3723 ki. i fehlt. Hip. orendreites v. D: nagairez. 3724 ki. Hip. de rien. soutindrent. 3725 come. 3726 coe. prodom. 3727 coe. BD: fas. E: fais. 3729 ke joe. Hip. Por ce se je lor faz. 3730 B: laist. D: plait. E: loist. Hip. lest. mien. 3731 la (statt ou). Hip. largece la ou mei. 3732 cest.

Quant Deus out ceste essample dite,
Si lor a overte e descrite
3735 Une sentence assez legere.
Issi, fet il, serront arere
Cil qui sont venu premerein 5
E devant els li daerein.
Des apelez i a grantment,
3740 Mes li eslit sont clerement.

Or avez l'evangile oïe,
Mes ne savez, que signefie, 10
Plusors de vos, si clers ne sont
Ou si de clers apris ne l'ont.
3745 Mes jeo vos dirrai endreit mei
Iceo que jeo entent e vei.
Li prodhom, qui primes le jor 15
Mist ses ovrers en son labor,
Signefie le rei de gloire,
3750 Qui done a ses ovrers victoire.
Puisque Deus out el grant deluge
Salve Noë dedenz sa huge 20
E sa mesnee e ses enfanz,
Sempres en fu li mondes granz
3755 E restorez e recrëuz.
Donc est nostre sires eissuz

3733 Hip. Dex a. 3734 ad. escrite. Hip. descrite. 3735 asez legecere. 3736 Hip. seront arriere. E: ensi. 3737 ki. Hip. primerain. 3738 derein. Hip. eus. desrein. B: le drein. D: darrein. E: deesrein. 3739 ad. Hip. gramment. B: apostles. D: ygaument. 3741 [O]re. l'euvangile. 3742 ke. Hip. senefie. 3743 plosors. Hip. se. 3744 Hip. se. clerc. 3745 jo. Hip. dirai. 3746 icoe ke joe entenc. Hip. Ici. 3747 prodome ki. Hip. el point de jor. B: a prime. D: au matin. 3748 son fehlt. 3750 ki. B: a soens. 3751 puiske deus olt dedenz sa huge. D: une buche. E: sa huche. Hip. Dex el deluge out. 3752 el grant deluge. Hip. si com li plout. 3753 B: meine (so auch Adgar). D: manees. E: maisnie. Hip. effanz. 3754 li fu. Hip. Puis refu le munde si g. D: pluz g. 3755 E: revenus. D: acreus. 3756 sire. Hip. Seignor venus.

De sa meson e si vint querre
Ovrers, por laborer sa terre.
Donc aloa Deu ses ovrers.
3760 Abraham fu tot li premers,
Qui fu prince des prodeshomes,
De la qui semence nos somes.
Endreit la terce s'en revint,
Si come venir le covint,
3765 Aloër le proz Moÿses,
Qui out de la vigne grant fes.
Puis revint, si com jeo vos di,
Nostre seignor endreit midi,
Si aloa le bon Davi,
3770 Qui de sa grace ert repleni.
Endreit none prist Daniel
E Jeremies e Johel
E les altres, qui devinerent
Les choses, qui a venir erent.
3775 Vers le vespre est Deu devale
Dreit el marche de la cite:
Car il vint en la fin del monde
E prist en la reïne monde
Son ostel e son habitacle
3780 Par deïte e par miracle

3758 alower. B: aloier. D: laborer. E: cultiver. 3759 alowa. 3760 Hip. primiers. 3761 ki. prodehomes. D: prodezhomes. E: de preudes homes. 3762 de ki. sumes. la fehlt. B: de la ki. D: de la quel. E: de la quele. Hip. De la cui. summes. 3763 s'en fehlt. Hip. Endreit tierce Dez si r. 3764 Hip. cum. li reconvint. 3765 alower. Moises. B: pruz. D: prophete. 3766 ki de la vigne out. Hip. out moult g. 3767 jo. 3768 Hip. medi. 3769 alowa. D: seint Abraaham. 3770 ke. fu. Hip. fu empli. E: raemplis. 3772 Hip. Jeremie. Joel. B: danz. E: dant. 3773 ke = 3774. 3775 Hip. Au vespre s'est Dex devalez. E: avalez. 3776 dreit fehlt. Hip. Enz el marchie. citez. B: marchiel. 3777 kar. Hip. de munde. 3778 Hip. Et puis en. munde.

E covri, c'est chose certeine,
Sa deïte en char humeine
E vint el monde preecher
E veie de vie enseigner.
3785 Donc trova gent, qui ne creeient, 5
Si lor demanda, qu'il feseient,
E cil li respondirent donques,
Que il n'aveient trove onques
Qui lor ëust dit ne mostre
3790 La veie de lor salvete. 10
Donc lor enseigna Deu la lei,
Donques apela il a sei
Perre, Pol, Johan e Andreu:
Cil furent en la vigne Deu
3795 Ovrer si leal e si fort. 15
Onques por dotance de mort
Ne faillirent a lor seignor,
E il lor fist si grant honor,
Qu'il lor dona le dener d'or
3800 E qu'il lor bailla son tresor 20
A departir e a despendre,
E cil si firent sanz mesprendre.

Uncor est dreit, que vos esponde,
Porquei li termine del monde

3781 BE: ceste. 3782 Hip. en forme humaine. 3783 Hip. au munde prechier. 3784 Hip. enseignier. 3785 ki. Hip. Si. creient. 3786 k'il. 3787 donkes. 3788 k'il. unkes. Hip. unques. 3789 ki. demustre. 3790 voie. 3792 donkes. Hip. o. 3793 Peres. e fehlt. Hip. Pierres e. 3795 Das zweite si fehlt. B: leel. D: loyal. E: loial. 3796 onkes. Hip. C'onques. 3797 Hip. fallirent. 3798 Hip. ennor. 3799 k'il. Hip. un denier. 3800 k'il. Hip. Et si. 3802 e il. Hip. Et issi. 3803 [U]ncore. ke. Hip. responde. B: respunde. E: desponde. 3804 li hore. B: le terme. D: lez termes. E: li termine. Hip. les termines.

3805 Sont assigne a cels del jor,
Si vos avrai gete d'error.
Tant com li jors a plus dure
A l'ore, qu'il est avespre,
Envers ceo qui est a venir, 5
3810 Altresi poëz vos tenir,
Que li monz aveit dure plus,
Quant Deu vint en terre çajus,
Avers ceo que plus en i a.
Issi le me signefia 10
3815 Li bons evesques de Paris,
Morice, de qui jeo l'apris,
E uncor en altre latin.
Deus aloë ovrers al matin,
Quant il prent homes en enfance 15
3820 En bone fei e en creance.
A terce aloë les asquanz,
Quant il les prent endreit trente anz
En sa lei e en son servise.
E li midis nos redevise 20
3825 Cels qu'endreit quarante anz visite
La grace del seint esperite.
Endreit none reloë Deus
Ovrers, quant il en prent de tels

3805 B: par un sul jur. E: assene a cials dou. Hip. assinez. ceus. 3806 Hip. jete. 3807 come. jorz ad. D: cors. Hip. le jor. 3808 k'il. 3809 coe k'est. Hip. Ovec ce. E: avers. avesprir. 3810 Hip. Autresi povez. 3811 ke. mondz. Hip. monde. 3812 jus = B. E: cajus. 3813 coe ke. Hip. Ovec ce. 3815 eveskes. Hip. Le bon Evesque. 3816 ki joe. BE: Morices. 3817 uncore. D: encore trovons en l. 3818 alowe ovres. 3819 home. B: aprent. Hip. un home. effance. 3821 alowe. asquanz. B: esquanz. DE: auquans. Hip. autre genz. 3823 e fehlt. Hip. la. 3824 Hip. le medi. 3825 k'endreit. 3827 releue. B: raloe. DE: reloue. S: relewe. Hip. r'aloe Dex: tex. 3828 kar. en fehlt. B: teus. D: tieus. E: tiex.

A faire son comandement
3830 Qui eage ont passe grantment.
Vers le vespre redescent il
Come dolz e come gentil:
Car il les prent en lor feblesce 5
E en la fin de lor veillesce,
3835 E quant vent al point de la mort,
L'em troeve alcun qui se remort
E se repent e merci crie
E regeïst sa tricherie 10
E par mult grant devocion
3840 Requert a Deu confession
E une horette el champ labore.
Avent que donc la mort l'acore
Ben repentant e ben confes, 15
Il n'a pas sustenu tel fes
3845 Veirement come li premer,
Mes il avra tot le dener.
Tant par est Deus larges e dolz.
Or seit pose, qu'alcuns estolz 20
Parolt a Deu e si li die:
3850 Deus, ja ai jeo tote ma vie
Ci en ta vigne labore
E soffert la pluie e l'ore,

3829 fere (= Hip.). D umgestellt. 3830 ki age. grantement.
D: grantment. E: granment. Hip. aage. grammment. 3831 D:
revint. 3833 kar. Hip. Quant. la feblece. B: veillesce. E:
foiblesce. 3834 Hip. Et el tens. grant viellece. 3835 Hip. Ou
quant. 3836 en trove alcon ke. Hip. En trove. 3839 Hip. par
boene d. 3840 requert deu par. Hip. Requiert a. 3841 un hore.
B: en un hure el chaump laburē. E: & en une eure en camp laboure.
Hip. Et en poi dore Deu labore. 3842 e vent la mort ki. Hip.
Et vient la m. qui tost l'acore. 3844 n'ad. Hip. eu si grant f.
3845 com. Hip. Veraiement cum. primier. E: ne tel paine com.
3846 tost. 3847 Hip. Dex. douz. 3848 ore. k'aucuns. Hip. qu'aucun
estouz. 3849 parout (= Hip.). B: parlout. EG: paraut. 3850 jo.
Hip. Dex. ge. 3851 Hip. En ta. tant l. 3852 Hip. sofert. ore.

E tu faiz celui per a mei
Qui n'a labore endreit sei
3855 Ne mais une horette petite.
E Deu respont: Jeo sui tot quite
Vers tei par raison, bels amis,   5
Tu as quanque jeo te pramis:
Tu as le regne pardurable.
3860 Ne me list il estre merciable
Vers cestui qui vint orendreit?
Ma seignorie que valdreit,   10
Si del men doner ne poeie
Tot por nent, si jeo le voleie?

3865 Or poëz entendre, seignors,
Que mult est pres li Deu socors
A qui l'apele de bon quoer.   15
Mes nul ne se deit a nul foer
Por ceste esperance targer
3870 D'estre en la vigne Deu ovrer.
Meint fol pense en sa conscience:
Deu, jeo puis ben aveir licence,   20
Fet il, de faire cest pecche,
Tant que veillesce m'ait merche
3875 E gete hors de ma jovente.
Ceste pensee est mult dolente

3853 e fehlt. Hip. fez. D: et celui est fait. 3854 ki n'ad. 3855 meis. urette. D: orete. E: une seule eure p. Hip. mes. ore moult p. 3856 joe. 3857 reison beals. Hip. reson beaus. 3858 quanke joe. Hip. je t'ai p. 3859 parmenable. Hip. reigne. 3860 B: laist. D: laiz. E: loist. Hip. lest estre. 3861 ke. ore endreit. 3862 ke. 3863 porreie. B: purreie. E: pooie. Hip. mien. poeie. 3864 jo. le fehlt. Hip. nient se je v. 3865 [O]re. 3866 ke. Hip. del Deu secors. 3867 ke. a fehlt. Hip. Cil qui. boen cuer: fuer. D: tendre. 3868 ne se deit nul. 3869 Hip. targier. 3871 Hip. fehlt fol. D: science. 3872 joe. ben fehlt. Hip. Dex. 3873 fere (= Hip.). 3874 ke. m'eit. Hip. viellece. charchie. 3875 juvente. Hip. Et iere h. 3876 Hip. trop d.

E mult pesme e mult decevable
E vent par engin del diable:
Car nul n'a terme de sa fin.
3880 Tels est morz puis jehui matin,
Que l'em pëust trover er seir
Plein de sante e de poeir.

Seignors, por Deu, pernez i garde,
Que li leres, que mal feu arde,
3885 N'atent fors qu'endormi vos truisse,
Si fort que desrober vos puisse.
Fetes com li chevaler font
Es herberges, quant poor ont,
Que la nuit assailli ne seient:
3890 Lor enemis sevent e veient,
Que vendront entor els la nuit.
Donc verreiz, qu'il s'armeront tuit,
Que des armez sorpris ne seient.
Alsi font cil qui en Deu creient:
3895 Car d'almosne e de charite
E d'amer Deu en verite
E son proisme alsi come sei
En lealte, en bone fei
Font entor els un si bon mur

3877 Das zweite mult fehlt. D: trop. 3878 deable = Hip. de. 3879 kar. n'ad. Hip. nus. 3880 pus hui. E: puis gehui. I: puis gee. S: gewi. 3881 ke. B: her. D: hier. Hip. l'en poeit. 3882 Hip. Pleins. 3883 [S]eignors. i fehlt oder car. Hip. i g. 3884 ke. ke. Hip. Quer. lerres. D: maufeu. E: maufeus. 3885 k'endormi nos troisse. 3886 ke destorber nos poisse. Hip. fet. BD: derober. E: desrober. 3887 come. Hip. Se mes cum. chevaliers. 3888 Hip. As. quant il i sont = D. 3889 ke. noit. ne fehlt. Hip. assali. 3890 E: oient. 3891 entor els ki vendront. Hip. Qu'il ne viengent sor eus la n. E: qu'il venront entor als. 3891—3892 bei Hip. umgestellt. 3892 verrez k'il se. 3893 ke. Hip. soupris. 3894 ki. 3895 kar. Hip. d'aumone. 3896 de. 3897 proeme. DI: presme. ES: proisme. 3899 entur. B: bel.

3900	E si espes e si sëur,	
	Que il n'i a pertuis ne fraite	
	Ne li leres, qui toz agaite,	
	Qui mult volenters i entrast,	
	Ne poet trover, par unt il past.	5
3905	Or nos armom en tel manere,	
	Que ja a la nostre banere	
	Li traïtres medler ne s'ost	
	Ne qu'onques par trestot son ost	
	Ne seiom demi pe ruse.	10
3910	Nos qui tant ainz avom muse,	
	Qu'atendom nos a laborer,	
	S'il comence a avesprer	
	Que la nuit nos truisse en oisose,	
	Qui tant est neire e tenebrose?	15
3915	Ceo est la mort, qui ren n'esparne.	
	Jamais jor del regne superne	
	Ne verrom clarte ne lumere,	
	Jamais de la basse fumere	
	N'istrom por nule destinee,	20
3920	Si nos en ceste matinee	
	Ou einz la nuit ne nos armom.	

3900 Hip. tant. 3901 ke. ad pertus. 3902 ke. aguaite. Hip. Que. lerres. toz jorz gaite. 3903 ke. Hip. si entrast. 3904 DEI: par ou. 3905 ore. 3906 ke. Hip. baniere. 3907 medler. se. Hip. Le traitor merler ne sost. 3908 ke onkes. Hip. Ne que nos ja por tot. 3909 un demi. reuse. D: demi pie ruse. E: plain pie refuse. IS: ruse. Hip. seiun james puis. 3910 ki tanz anz. D: puiz que tant ainz. E: tant jor. Hip. grant tens avons. 3911 k'atendom. Hip. Or entendon a l. 3912 Hip. Se il. D: evesprer. 3913 e. noit. troisse. en fehlt. Hip. A la. troisse oisouse. D: truisse. E: trueve. 3914 ke. Hip. si est. 3915 coe. ki. DE: n'espargne. Hip. C'est. qui n'espargne riens. 3916 jameis. de fehlt. E: de supargne. D: soveraigne. Hip. Par le fenissent toz les biens, worauf noch folgt: James jor del reigne celestre | Se nos summes en si laï estre. 3917 Hip. lumiere: fumiere. 3918 jameis. 3919 n'isterom. 3920 Hip. Se. 3921 noit.

　　　　　Fols somes, que i atendom.
　　　　　Grant peril est e grant dotance
　　　　　De trop atendre en esperance.
3925　　　Meint home en atendant merci
　　　　　Est engigne, jeol vos afi :　　　　　　　5
　　　　　Car endementers qu'il atent,
　　　　　L'estoet chaïr en jugement,
　　　　　En jugement e en justise,
3930　　　Si l'estoet venir a juïse.

　　　　　Por Deu, seignors, e por ses seinz,　　10
　　　　　Ne seiom perescos ne feinz.
　　　　　Trop atendom de jor en jor
　　　　　De venir a nostre salveor.
3935　　　Qui aise atent, aise le fuit.
　　　　　Mal ait l'arbre, qui ne fet fruit!　　　15
　　　　　Trenche deit estre e el feu mis.
　　　　　Trop somes longuement jolis,
　　　　　Trop somes as vices amors.
3940　　　Comben garderom nos les pors
　　　　　Al citezein, que nos servom?　　　　20
　　　　　Grant feim en son servise avom
　　　　　E grant sei e mult grant mesaise,
　　　　　E ben savom, que a grant aise

3922 sumes ke. Hip. Fous summes qui tant atendon. 3923 dutance. 3925 Hip. Moult homes. atendent. 3926 jol. Hip. Qui en atendant sont honni. 3927 kar. k'il. E: ne se muet: chair en jugement l'estuet. Hip. en dementres atendent. 3928 Hip. N'en sevent mot, les ames rendent. 3929 Hip. Au. et au juise. 3930 Hip. l'estuet. en justise. 3931 [P]ur. 3932 perecos. Hip. seions perecos. fainz. 3933/34 bei Hip. umgestellt. 3934 Hip. Seignor. D: d'aler. 3935 ki. Hip. aten ese, ese. 3936 ke. 3937 fu. Hip. Trenchie. 3938 sumes longement jolifs. 3939 sumes. a vices a smors. Hip. au. 3940 Hip. Combien. 3941 ke. E: citoien. Hip. Du crestion. 3943 meseise. mult fehlt. Hip. fain et tote mesese. 3944 k'a. eise. Hip. ese.

3945 Est tot li daerein garçon
Ches nostre pere en sa maison.
E si nos torniom arere
Merci criant od simple chere,
Nos savom ben, que il vendreit 5
3950 Encontre nos, si nos fereit
De noef revestir e chalcer
E fereit por nos grant manger
E granz noeces e grant convi.
Onques si fole ren ne vi 10
3955 Com nos somes, si Deu me veie,
Qui conoissom la dreite veie
E tot de gre alom la torte.
En noz cols laçom la rohorte,
Qui nos destruit e qui nos pent. 15
3960 Mult est fols, qui ne se repent,
Tant com il a tens e espace.
Seignors, que Deu merci vos face,
Alez merci querre e rover,
Tant com vos la poëz trover; 20
3965 Altrement ne l'avreiz james.
Apelez, tant com il est pres,
Nostre seignor, si vos orra.
Ja sanz merci ne vos lerra,
Si vos la requerez a hore. 25
3970 Mes si vos i fetes demore,

3945 derein. Hip. lederrein. 3946 meison. Hip. sire. la meson. 3947 Hip. se nos nos tenon arriere. D: or tost car retournon. E: retornons. 3948 Hip. ou. chiere. 3949 ke. 3951 Hip. nuef. chaucier. 3952 freit. un g. Hip. mengier. 3953 noces = Hip. grant. 3954 unkes. Hip. Unques. rien. 3955 come. sumes. Hip. summes se Dex. DE: voie. 3956 ki ben veiom. 3958 nos. E: cals lacons. DE: la corde. S: la roote. Hip. noz cous portons. roorte. 3959 ke. Das zweite qui fehlt. 3960 ke. 3961 ad. 3962 ke. 3964 come. 3965 l'aurez (= Hip.). 3969 Hip. le. ore. B: requere. D: querez. 3970 Hip. se.

Tant que vos ne puissez parler
Ne li prier ne apeler,
Donc vos ert il si esloigne,
Qu'a peine i trovereiz pite.
3975 Aprismez vos par repentance, 5
Par confesse e par penitance.
Ben avez oï recorder,
Qu'em se poet a lui acorder
Par fei e par confession,
3980 Par almosne e par oraison. 10
Quant ceste mescine savez,
Tant come leisir en avez,
Entremettez vos de garir
Ne laissez voz plaies porrir:
3985 Car si eles sont sorsanees, 15
A peine serront puis curees.
Entendez le sens de l'escrit
De l'evangile, qui nos dit:
Freres, orez e si veillez,
3990 Seiez prestz e aparaillez: 20
Car vos ne savez, quant vendra
Li baners, qui vos somondra
E criera: Levez sus, levez,

3971 ke. Hip. puissiez. 3972 preer. Hip. lui preier. B: requere. D: rapeler. 3973 esloignez. Hip. iert issi esloignie. 3974 par vos mesfeiz par voz pecchez. B: ke a peine i troverez pite. D: qu'a peine i meterez vos le pie. E: mesfaiz. In BDI folgt noch: B: mais si de deu estes esloignes | par vos mesfaiz par vos pechez. Hip. pitie. 3975 aprimez. Hip. Aprochiez. 3976 Hip. confesser par. 3977 D: oy le pardon: qui est par la confession. 3978 k'oem. li. Hip. Qu'en. puet. 3980 oreison. Hip. aumone. 3981 Hip. mecine. 3982 Hip. lesir. 3983 entremetez de vos. 3984 leissez. Hip. lessiez. 3985 kar. Hip. se. 3986 Hip. seront mes sanees. 3987 sen. 3988 l'euvangile ke. nos fehlt. 3989 horez si esveillez. Hip. oiez. velliez. B: plorez orez. D: oiez. vees. 3990 BD: prest. E: pres. Hip. prez. apparelliez. 3991 kar. 3992 baneurs ke. BI: baniers. E: sires. Hip. semundra. 3993 E: sus alez. Hip. Venez! Venez!

Od l'espos as noeces entrez!
3995 Si donc avez vostre oille a querre,
Li porters, qui la porte serre,
Vos forsclorra, n'en dotez mie,
Hors de la bele compaignie, 5
De la joie, qui toz dis dure.
4000 James de la valee obscure
N'istreiz, mes toz dis sanz fin
Meindreiz el pullent sozterrin,
En la jaole pardurable 10
Dedenz la maison al diable.
4005 De la aler Deu nos defende!
Car puis n'i a mester amende,
Merci crier ne altre chose.
Mes einz que la porte seit close, 15
Seiom prestz, si ferom que sages:
4010 Car ja est mëuz li messages
E mult grant alëure vent,
Qui uncor a nuit, si devent,
Nos somondra ou le matin. 20
Toz jors s'aprisme nostre fin.
4015 Nos savom ben, que nos morrom,
Nule ren plus certe n'avom.
De ren ne somes meins certein,

3994 Hip. O lampes au noces. 3995 Hip. eule. 3996 porter ki. Hip. portier. 3997 forclorra. ne dutez. E: clorra fors. 3998 Hip. conpaignie. 3999 ke totdis. Hip. tozjorz. 4000 oscure (= Hip.). 4001 n'isterez. totdis. Hip. toz tens et. 4002 meindrez. 4003 B: jahole. E: gaiole. Hip. dolor qui est durable. 4004 de la meison. deable (= Hip.). D: c'est en. 4005 Hip. Dex. deffende. 4006 kar. ad. 4008 ke. Hip. Einceis q. 4009 from ke. Hip. Seiun prez. sage: venu le mesage. B: pres. D: prest. E: preu. 4010 kar. 4012 ki uncore. Hip. Qui au vespre tost se devient. D: devint. E: puet estre bien. 4013 Hip. semondra. au matin. 4014 jorz s'aprime. Hip. aproche. D: ne savons quant sera la fin. 4015 ke. B: sovum. 4017 sumes. Hip. riens. sommes. D: plus. E: mains.

```
           Quant ceo serra, hui ou demein,
           E quant cert somes de morir
    4020   E ne savom, quant deit venir,
           Ben nos dëussom porveeir
           E jor e nuit, matin e seir,                  5
           Que si aparaille fussom,
           Qu'as noeces entrer pëussom,
    4025   Desque nos serriom somons.
           Seignors, por Deu e por ses nons,
           Gardez, que jeo n'aie seme              10
           Ne ma semence ne mon ble
           Entre espines n'en terre veine
    4030   Ne sor perres ne en l'areine,
           Mes en terre, qui face fruit.
           Seiez si garni e estruit                15
           Des essamples del bestiaire,
           Que vos en lessez mal a faire
    4035   E al ben ovrer mettez peine,
           Por aveir la joie certeine:
           Car ceste joie ci terrestre             20
           Ne poet mie longuement estre
           Ne poet tenir ne poet durer.
    4040   Nuls ne se deit assëurer:
           Car avis m'est selonc mon sens,
```

4018 coe. 4019 sumes. D: sanz faille il nos covient m. 4021 E: deussiens porveoir. 4022 noit. Das erste e fehlt. Hip. nuit et j. et main. 4023 ke. feussom. Hip. aparelliez. 4024 ke. Hip. Que au noces. 4025 deske. i fehlt. Hip. serions semons. 4027 ke joe n'eie. 4028 Ne fehlt. Hip. De ma. 4029—4030 fehlen Hip. 4029 E: vainne. 4030 peres. B: l'araingne. D: montaigne. E: arainne. 4031 ke. Hip. En t. qui ne f. 4032 Hip. instruit. E: vos trestuit. 4033 Hip. de. 4034 ke. Hip. lessiez. fere. B: laissez de malfaire. 4035/36 bei Hip. umgestellt. 4035 metez. Hip. a bien. 4036 aver. 4037 kar. Hip. iceste joie t. 4038 longement. 4039 aseurer. Hip. A ce ne deit nul demorer. 4039/4040 umgestellt. Hip. Nul ne se deit aseurer. 4041 kar. solonc. Hip. Que. selon.

>   Que nos somes el peior tens,
>   Qui fust puis l'incarnacion
>   En nule generacion,
> 4045 Qui tenist crestiene lei.
>   Ou est hui lealte e fei?
>   Ou est almosne e charite?
>   Ou est dreiture e verite,
>   Chastete e religion?
> 4050 Ou est merci, ou est pardon?
>   Ou est honor, ou est largesce?
>   Ou est amor, ou est simplesce?
>   Ou est dolçor e corteisie?
>   Ou est pite, ou est aïe?
> 4055 Ou est veirdit ne jugement,
>   Qui vers le loier ne se prent?
>   Ou est concorde e bone pes?
>   Cestes vertuz ne regnent mes,
>   E si els regnent en alcun,
> 4060 Entre mil n'en trovereiz un.
>   Li monz est hui si desleals
>   E si traïtres e si fals,
>   Si culvert, si de male part,
>   Si torcenos e si gaignart
> 4065 Si envios, si mesdisant,
>   Si menteor, si enquisant,

4042 ke. sumes. E: soions. piour. Hip. peor. 4043 ke fist. BE: fust. 4045 ke. Hip. crestienne. B: teneit. 4046 Hip. Ou est l. ou est. 4048 D: chaaste et virginete. 4049 Hip. chastee. 4051 Hip. ennor. largece: simplece. 4053 curteisie. 4054 piete. B: pite. D: pietie. E: pities. 4055 Hip. et j. 4056 ke. lower. E: qui devers loier. pent. Hip. Qui divers loier. 4058 Hip. reignent. 4059 eles. E: s'ele. Hip. se il. 4060 ne troverez. Hip. cent. 4061 mondz. Hip. C'est mundes est si deloiaus. 4063 Hip. cuvert et de. 4064 E: torconneus. Hip. torconnos. gagnard. 4066 E: encusans. D: poi en y a de voir disant. Hip. mentoor. acusant.

Si vilein e si garçoner,
Si malvais e si paltoner,
Si gaiteant, si plaideor,
4070 Si aver, si fals jugeor,
Si orgoillos e si tyrant,
Si eschif e si guerreiant,
Si coveitos en tote guise,
Si oblios de bon servise,
4075 Si traïtre, si engignant,
Si usurer e si marchant,
Si blandissant, si losenger,
Si glot de beivre e de manger,
Si plein de vices e d'ordure,
4080 Que c'est merveille, que tant dure.
Quant li monz est si desleals,
Donc di jeo, que mult est vassals
Qui parmi trespasser s'en poet,
Si que chaïr ne li estoet
4085 Ne n'est recreant ne veincu
E del baston e de l'escu.
Lui estoet saveir a plente
Qui Deu done del poëste.
Ceste bataille est a meschef
4090 E dure e perillose e gref:

4068 malveis. pautener. E: pautouniers. Hip. pautonnier.
4069 B: guaitant. E: si plaidieres & si gaitieres. Hip. guetant.
pledeor. 4070 E: jugieres. Hip. et si faus. 4071 orguillos. E:
tirans. Hip. orguellos. tirant. 4072 E: haities. guerroians. 4073
Hip. totes guises: genz servises. 4075 E: traitres. marcheans.
Hip. engignanz: marcheanz. 4076 E: useriers. engignans. 4080
ke. ke. Hip. mervelle. 4081 monde. Hip. mont. desloiaus.
4082 joe ke. Hip. dis. vasaus. 4083 ke. Hip. s'esmuet. 4084
ke. Hip. chaer. estuet. 4085 vecu. Hip. veincu. BD: vencu. E:
vaincus. 4086 Hip. de. 4088 ki. Hip. poote. E: cui. 4089 Hip.
batalle. meschief. 4090 perilluse.

Car desque home est el champ mis,
Si l'estoet a treis enemis
Combatre sei e nuit e jor,
Qui mult li rendent dur estor.
4095 Trop par est li estors pesanz:
Car si il viveit cinc vinz anz,
Si l'estoet il ades combatre
Contre cels quil voelent abatre.
De ces treis li covent defendre
4100 Ou la recreantise rendre.

Diable est l'enemi premer,
Qui l'agaite a faire peccher.
Cest mont est l'enemi secont,
Qui li gette meint colp parfont.
4105 Li terz, ceo est sa char demeine,
Qui plus l'assalt e le demeine
Que nul des altres deus ne fait.
C'est li pire enemi, qu'il ait.
Mult deit estre tenu a ber,
4110 Qui de ces treis se poet garder.
Li prodhome s'en defent ben,
Qu'il ne conquerent sor lui ren:
Car armes a por sei covrir

4091 kar deske. D: mont. Hip. Que. en. 4092 Hip. treiz anemis. 4093 noit. 4094 ke. Hip. grant. 4095 estor. 4096 kar se. Hip. s'il. quatre vinz. B: sinc vinz. DE: .V. .C. 4098 ke le. Hip. qui le. batre. 4099 Hip. le covient deffendre. 4100 B: la creantise. D: recreance. E: a la recreandise. 4101 [L]i deables. B: Diables. D: Diable. E: Maufez. Hip. Deable. l'ennemi. 4102 ki l'aguaite. fere. D: & fait pechier. 4103 mond. segond. Hip. l'anemi. 4104 ke. coup parfond. Hip. giete. cop. 4105 coe. Hip. la. humaine. E: la chars humainne. 4106 ke. Hip. l'asaut. demaine. 4107 ke. dous. feit. 4107—4108 fehlen Hip. 4108 k'il eit. 4110 ki. 4111 prodome se. Hip. s'en moult bien. 4112 k'il li. Hip. Que il ne le conquierent de rien. 4113 [K]ar. ad.

E por defendre e por garir.
4115 Ces armes sont por verite
Fei, esperance e charite.
Qui de cestes est ben covert,
En la bataille ren ne pert,
Ainz veint les treis ultreement,
4120 Qui ci l'assaillent durement.

Or priom Deu, qui nos crea,
Qui nos fist nestre e qui nos a
Mis el champ e en la bataille,
Qu'il nos conseit e qu'il nos vaille
4125 E qu'il nos dont par sa merci
Si ben combatre e passer ci
Par entre les bens temporals,
Que nos les bens espiritals
Ne perdom en nule manere.
4130 Tels deit estre nostre priere.
E Deus par sa seintisme grace
Si nos conseit e tels nos face
E nos dont tel repentement,
Que nos al jor del jugement
4135 Seiom a sa destre partie.
Amen, amen chescun en die. —

4115 ses. 4117 ki. 4118 la fehlt. Hip. En la batalle rien.
4119 Hip. treiz communement. 4120 ki si. Hip. Qui o lui batallent forment. 4121 [O]re prions. ki. criad. Hip. priun. S: tout.
4122 ki. estre (= Hip.). ki. ad. 4123 cha [durchlöchert] mp.
e fehlt. S: ens ou. 4124 k'il. conseud. k'il. B: consele. CEG:
consaut. Hip. consente. valle. 4125 k'il. doinst (= CGS). DLI:
doint. Q: pardoint. 4126 si. 4127 CG: temporeus. E: temporels.
BS: temporaus. Hip. temporaux. 4128 ke. 4129 Hip. en itel m.
4130 Hip. Deit estre fet n. preiere. Q: ne sa joie ne sa lumiere.
4131 seintime (= Hip.). CEGS: saintisme. 4132 conselt. B:
conseilt. CEGS: consaut. 4133 doinst. BDI: doint. M: duinst.
Hip. Qu'il nos. 4134 ke. 4135 seioms. Hip. Seion. 4136 chescon.
M: chescons. Hier endet A, ebenso CDIQS. —

Guillame, qui cest livre fist,
En la definaille tant dist
De sire Raül, son seignor,
4140 Por qui il fu en cest labor,
Qu'il li a ben guerdone,
Pramis li a e ben done.
Ben li a covenant tenu.
A Raül est ben avenu:
4145 Car il a son non aempli
Ne l'a mie mis en obli.
Tels est come son non devise,
E jeo m'en lo de son servise.
Cest non Raül sone grant chose.
4150 Ore vos aprendrom la glose:
Treis sillabes i a ajustees,
Qui de treis nons sont recolpees.
Treis sillabes i a sanz plus:
Le ra e le dul e le fus.
4155 Le ra est pris de ratio
E le dul vent de dulcedo,
E la terce sillabe fus
Dit altretant come fultus.
Si le non est adreit glose,

4137 B: Vvillame ky. EG: Guillaumes. K: Villams. L: Guill'. MN: Guillame. KN: romanz. 4138 B: diffinaille. G: definalle. N: en le fin a il tant en dist. 4139 BM: Raol. EG: Raoul. K: Raul. L: Raou. N: Rauf. E: labour. K umgestellt 4141 BN: guerdone. E: guerredonne. K: guerdonee. 4142 B: premis. GN: pramis. 4143 EG: bien li. K: ben lui. 4145 EG: car. KN: acompli. M: aempli. 4146 EG: oubli. K: obli. N: ubli. 4147 K: tels. N: teus. 4148 EGM: lo. K: lou. 4149 E: cist. K: cest. 4150 EG: pardirai. K: enprenderai. M: enprendrai. N: dirrai. 4151 BK: justeez. E: ajoustees. G: joustees. 4152 B: recoupez. E: recaupees. K: recoupees. 4153 EG: sans. K: sanz. 4157 EG: tierce. Hier bricht B ab. K: terce sillebe. N: silable. 4159 EG: adroit.

4160 Fultus ert en mileu pose.
,Tunc erit fultus undique
Ratione dulcedine.'
Cest non Raül est apuie
E de raison e de pite: 5
4165 Pite e dolçor e raison
Ont en son quoer fait maison.
E Deus li otreit par sa grace,
Que il si bon ostel lui face
E tant le serve e itant aimt, 10
4170 Qu'en la halte joie, ou Deu maint,
Puist monter a icel jor,
Ou li juste e li peccheor
Devant le juge trembleront
E lor jugement atendront. 15
Amen.

4160 KN: est. E: fulcus. plantez. G: plantes. EG: fust. K: iert. N: ert. KN: pose. GE: fust. plantez (plantes). 4163 E: cis. G: cil. KN: cest. 4165 E: pities. doucor. K: pite. dolcor. N: piete docor. 4166 EGK: faite. 4167 E: otroit. K: l'otroit. N: l'ottreit. 4168 GKLM: lor. N: lur. 4169 EG: aint. G: & si les. KN: eimt. 4171 K: poisse. N: peust. 4172 E: pecheor. G: peceour. O: pecheour. K: pechor. 4173 EGLO: trembleront. O: juste. N: tremblerunt. 4174 EG: & lor. Hier bricht E mit oben genannter Unterschrift ab. In KLMN folgt am Ende noch Amen. In L ist explicit roth durchstrichen. O hat nach: ainsi l'ocroit li rois du mont ebenfalls Amen.

Wörterbuch*):

A.

Aaschement 2315 Köder, Lockspeise, Reiz. Bei Burguy fehlt dies Wort. Vgl. Godefroy, Dictionnaire de l'ancienne langue française: Aeschement.

aascher, ascher 2314, 2323 ködern, kirren, in die Falle locken. Nfz. aicher = écher den Köder an die Angel stecken.

aatie 1380 heftige Feindschaft, Streit, Kampf.

abandoner 3598 überlassen, mittheilen.

abatre 2232 niederwerfen.

abesser 2805 senken, herabhängen lassen. Nfz. abaisser.

abevrer 1763 tränken. Nfz. abreuver.

abisme 54 Kluft, Abgrund, Höllenschlund. Nfz. abime.

abiter 400 wohnen = habiter.

abonder 3612 in Ueberfluß vorhanden sein.

achaisoner 3467 anklagen.

achater 921 kaufen.

acointer 754 verkündigen, kundthun.

acomplir 813 erfüllen.

acoragez 2438 muthig, kühn, geneigt, von acorager ermuthigen.

acorder 1953 (refl.) sich vergleichen, zusammenstimmen.

acorer 327, 1094 durchbohren, erstechen, tödten.

acost 2549 Nachbarschaft, Gemeinschaft.

acostume 308 gewohnt.

acovrir 2940 bedecken.

acreire 3473 glauben. Nfz. accroire.

acreistre 3465 vermehren.

acrocher 295 anhacken, entern, fangen. Nfz. accrocher.

adrescer 3632 refl. sich wenden.

adentir 761, 1364, 1614 bestimmen für etwas, refl. sich ergeben, sich überlassen. Vgl. Godefroy: Adetir.

ades 1176 unaufhörlich, ununterbrochen, immer.

adreit 430 gerade.

adversaire 1887 Gegner = adverser 1920.

adversetez 453 Widerwärtigkeit, Trübsal, Noth.

ae 2670 Alter = éé.

aemplir 818 vollführen, erfüllen.

aerdre 1941, 2000, 2289 anheften, verbinden, nähern; neutral: hängen an etw., sich an etwas halten.

aerin 3107 luftfarben. Die Luft muß eine Farbe haben, da dieselbe chemische Wirkungen ausübt. Wir nennen diese unsern

---

*) Das Wörterverzeichniß, das vollständig ist, hat den Zweck, einen Einblick in den Wortvorrath des Dichters zu gewähren und soll weniger Fachkennern, die immerhin einige seltene Wörter finden werden, als vielmehr weiteren Kreisen als Hülfsmittel dienen.

Augen nicht sichtbare Farbe der Luft das zerstreute Tageslicht.

afaire 1482 Ding.

afaiter 3456 verbessern, besser machen.

afaitement 3570 Schmuck, Schönheit, Bildung.

aferir 1752 sich gehören, gebühren, passen, vergleichbar sein.

affermer 980, 2433 versichern, aussagen = nfz. affirmer; befestigen = nfz. affermir. Vgl. Brachet, Dictionnaire des doublets, Suppl. p. 6.

aficher 245 behaupten, versichern; 670 heften, richten.

afier 1041 versichern.

afiner 640 endigen.

agait 385 Hinterhalt; aveir son a. auf der Lauer liegen, auflauern. Nfz. aguet; von ahd. wahta.

agaiter 3902 belauern, nachstellen.

agenoiller 3294 (se) niederknieen, nfz. agenouiller.

agreer 16 übereinstimmen, zufrieden sein.

agu 1385 scharf.

aguillette 2479 Nadel; doppeltes Diminutiv, prov. aiguilleta, nfz. aiguille, von lat. acus Nadel, mlat. Diminut. acucula, prov. agulha, gulha.

ahan 570 Drangsal, Anstrengung, Unruhe.

aider 1164, 2615 helfen (Praes. aïde).

aïe 3822 Hülfe.

ajuster 935, 2666, 4151 vereinigen, ordnen, bei Seite stellen, refl. sich zugesellen.

aigles 657 Adler.

aignel 541 Lämmlein, Junges (vom Pelikan).

ail 2380 eig. Knoblauch (lat. alium): hier Verstärkung der Negation. Vgl. St. Palaye, Dict. s. v.

aïmant 3388 Diamant. Nebenform von diamant, prov. adiman = aziman, schon bei Philipp von Thaon.

ainceis que 694 bevor.

ainz 3192 vorher, früher, je.

air 683, 695, 2617 Luft.

aïr 272 Ungestüm, Eile. Vgl. Godefroy, Air.

aire 1794 Herkunft, Art, Charakter. Siehe debonaire, demalaire, deputaire. Vgl: Godefroy, Aire 1.

aise 1080, 1337 Wohlbehagen, Vergnügen, günstige Gelegenheit.

alaiter 978 säugen.

alcun 3357 irgend einer (subst. u. adject.).

aleine 1327, 2304 Athem; Schluck, nfz. haleine.

alemele 241 Klinge, Schneide.

aler 920 gehen. Präs. 1. Pers. jeo vois 2176 (mit dem Gerundium 1844).

alever 2362 aufziehen, großziehen.

aleüre 1133 Schritt, Gang.

allas 855 ach.

alme 334 Seele.

almosne 1764 Almosen, gutes Werk.

aloër 3759 miethen.

alquant 294, 3821 einige.

alques 1318 ein wenig, etwas.

alsi 979 ebenso = altresi.

alter 793 Altar.

altre 24 ein anderer, davon der casus obl. altrui 2378.

alumer 764 anzünden.

amasser 1006 aufhäufen, sammeln.

ambedui, ambedeus, andui, andeus 364, 3209, 3219 beide.

amblanz 322 den Paßgang gehend, langsam gehend.

amender 1926 bessern.

amende 4006 Besserung = amendement 347.

amener 2754 führen, hervorlocken.

amenteivre 2031 erwähnen.

— 407 —

amer 2651 lieben.
amer 425 bitter.
amertume 2901 Bitterkeit.
ami 2690 Freund, Genosse.
amiable 2107 liebenswürdig, freundlich.
amonceler 774 aufschichten, anhäufen.
amonester 496 ermahnen.
amont 261 hinauf, oben.
amor 376, 2904 Liebe (fém.).
amordre 3939 beißen, fig. kosten.
an 2895 Jahr.
ancre 2269 Anker.
angele, angle 49 Engel (Tobias 1313 angelus).
angoisse 2566 Angst.
angoisser 2367 (se) sich ängstigen, hier: sich beeilen.
anoncer 3118 verkündigen.
antecrist 3082 antichristlich.
anuitant 1000 Dämmerung.
aombrer 712, 3046 umschatten (vom heiligen Geist); verdunkeln (von den Augen).
aorer 82 anbeten.
aparager 2437 = comparer.
apareiller 3990 rüsten.
apareir 2169 erscheinen.
aparceveir 1357 bemerken.
apeler 3380, 3475 nennen, berufen.
apert 158, 1211 offen, offenbar.
aporter 465 herbeibringen.
apostle, apostre 132, 2175 Apostel.
aprendre 26, 4150 lernen, lehren.
apres 65 nachher, 83 nach.
aprester 976, 1025 bereiten, rüsten.
apris 1364 der gelernt, sich an etwas gewöhnt hat: Tobler in Gröber's Zeitschrift V p. 186.
aprismement 374 Annäherung.
aprismer (se) 2997 sich nähern (Brandan: apresmer).
aprocher 2423 sich nähern.

aptalos 249 Aptalos (sagenhaftes Thier), eig. „ungeflügelt"*), wahrscheinlich ein Mißverständniß des griech. Originals.
apuier 4163 stützen, tragen.
aquasser 2832 dämpfen, löschen. Vgl. Godefroy, Acoisier.
arabiz 984 reißend, schnell fließend. Nach Godefroy hieße es arabisch; nach G. Paris = enragé. Vgl. Fontarabie.
araisoner 3490 anreden.
arbre 2965 (mascul.) Baum.
arche 63, 77 Kasten, Arche.
archer 3187 Bogenschütze, lat. arcarius, ital. arciere, Hatschier.
ardant 2353 feurig.
ardor 673 Gluth, Brand.
ardure 2484 Gluth, Brand.
ardre = ardeir 368 verbrennen 672 brennen.
areine 4030 Sand.
arenger 3711 ordnen, in Ordnung aufstellen.
arer 2911 pflügen, bebauen.
arere 3736 zurück.
arester 2217 Halt machen, sich aufhalten.
ariver 3572 landen.
armes (pl.) 1123 Panzer.
armer 1119 wappnen, panzern.
aromates 2192 Wohlgerüche, Gewürze.
art 3360 Kunst.
artillos 1317 listig. Vgl. Diez, Etymol. Wörterbuch: Artilha.
ascer 3352 Stahl.
asne 1831 Esel.
aspis**) 2561 Viper, Natter.
aspreier 228, 1320 quälen, ital. aspreggiare.
assaillir 4106 überfallen, angreifen.
asazier 932 sättigen, versorgen.

---

*) Nicht Antilope. Nach Cuvier, Le règne animal 1 p. 311 ist der nicht alte Name Antilope entstellt aus antholops, das sich bei Eustathius finde und sich auf die schönen Augen des Thieres zu beziehen scheine. Vgl. oben Einleitung.
**) Die Aspis oder afrikanische Schildviper (Naja Haje) galt den alten Egyptern als Sinnbild der Macht, weshalb sie auf Monumenten als gekröntes Bild erscheint.

asseeir 736, 2663, 3236 errichten, festsetzen; refl. sich setzen.
assembler 3221 versammeln, sich paaren.
asseür 1028, 2108 sicher.
asseürer 2006 sichern, schützen.
assez 1307 genug.
assida: siehe Eigennamen.
assiduelment 1973 beständig, nfz. assidûment.
assigner 3805 bestimmen, zuweisen.
assommer 814 krönen, die Krone aufsetzen.
assorber 2472 in Anspruch nehmen, fig. blenden; im Besant 301 essorbe.
assorbir 414 verschlingen, verschlucken. Vgl. A. Scheler, Trouvères belges p. 285.
assorder 2471 betäuben, nfz. assourdir.
atacher 263, 2271 befestigen, anketten.
atant 1413 darauf, alsbald.
ateindre 149, 1202 erreichen, streben.
atendre 238 erwarten.
atenir 1588 sich enthalten.
atorner 925, 1963, 1970 zurichten, bereiten (von ator Schmuck); sich neigen: en decurs = abnehmen.
atraire 519 an sich ziehen.
auctor 35, 2507 Verfasser.
auctorite 578 Zeugniß, Ausspruch.
aüner 324, 348 vereinigen, sammeln.
aval 261 hinab.
avaler 3406 herabkommen.
avantage 1024 Vortheil.
aveir 2318 haben (Umschreibung mit Particip 1734).
avenement 2813 Ankunft.
avenir 61, 146, 420 sich ereignen, geschehen, herankommen.
aventure 146 Zufall.
aver 4070 habsüchtig.

averrer 2182 verwirklichen, wahr machen.
avers 3813 gegen.
avesprer 3652, 3808 dämmern, Abend werden.
avis 2273 Ansicht, Meinung.
aviser 1400 gewahr werden, erkennen, bemerken.
aviver 716, 767 beleben; flackern, 3607 zunehmen.
avoltire 1516 Ehebruch.
avoltre 703 Bastard.

B.

baailler 1906 das Maul aufsperren, warten, nfz. bâiller.
baer, beer 2755, 2325 aufsperren, nfz. bayer.
bailler 195 lenken, berühren; 3712, 3501 geben, leihen.
baillie 2920 Schutz, Macht.
baigner 677, 1979 baden.
baiser 1338, 2904 küssen, schnäbeln.
baiseor 2130 Küssender, Verräther.
baleine 2252 Walfisch. Cuvier, Le règne animal 1 p. 344 hält die Bemerkung für wesentlich, daß die Lateiner im Allgemeinen den Namen Walfisch in unbestimmter Weise für alle großen Cetaceen gebraucht haben wie die nordischen Völker whale oder wall nebst Ableitungen.
banere 3906 Banner, Panier.
baners 3992 Fahnenträger.
baptesme 716 Taufe = 2887 baptizement.
baptizer 726 taufen.
barbe 1736 Bart.
barguigne 3680 Bedenklichkeit. Vgl. Godefroy, Bargaigne.
baron 4109, c. obl. von der Edelmann, Herr.
bas 19 niedrig, irdisch.
baston 4086 Stab, nfz. bâton.

bataille 4123 Schlacht.
batēure 2136 Schlag.
batre 3323, 3506 schlagen; zerstoßen.
bec 557 Schnabel, pl. bes.
beccher 1335 mit dem Schnabel hacken. In diesem Sinne noch neunormannisch. Nfz. becquer.
beivre 320 Getränk. beivre 2319 trinken.
bel 2318 schön.
belte 2117 Schönheit.
belette 2419 Wiesel, span. beleta, eig. Schönthierchen.
ben 1 gut, wohl, sehr; das Gut.
bender 600, 2133 festschnüren.
benin, benigne 504, 1774 gütig.
benignite 1556 Güte.
benurez 1779 glückselig.
besant 3463 Byzantiner (Goldmünze). Vgl. L. Holland, Crestien p. 66.
besser 1286 senken, nfz. baisser.
beste 139 Thier.
bestiaire 134, 1113, 1316, 1568, 1575 Thierbuch, lat. bestiarius. Godefroy belegt nur bestiaire = bête sauvage.
beverie 2392 Trinkgelage.
bevre 1477 Biber (lat. fiber).
bis 3106 schwärzlich.
blamer 3468 tadeln = blasmer.
blanc, blanche 478, 2034 weiß (Rom. blans).
blandissant 4077 schmeichlerisch.
ble 883, 4028 Getreide, Korn.
blef, bleve 2034 lichtfarben, blau, nfz. bleu.
blescer 197 beschädigen, zerschlagen, verletzen.
boche 2421, 2753 Mund, Schnauze. Nfz. bouche.
boef 1654 Ochse, Rind, nfz. bœuf.
boël 1702, 3291 Darm, pl. Eingeweide; Rüssel (von botellus Würstchen).
boillant 661 siedend, heiß (von boillir, 3305 kochen, nfz. bouillir).

bois 2916 Gehölz (picard. bos), mlat. boscus.
boisdie 450 Betrügerei, Frevel, Arglist, Bosheit.
boisson 291, 1130 Busch, Gebüsch, nfz. buisson.
boissonei 255 Büschchen. In C. Hofmann's Glossar steht lat. frustetum = byssoney; Philipp von Thaon hat die Form buissunet = nfz. buissonnet.
boen 519 der Gute. Ueber diese Doppelform vgl. F. Neumann, Litteraturbl. III 470.
bon 1992 gut.
bonte 847, 3446, 3548 gute Eigenschaft, Tüchtigkeit; Besserung; Gutes.
bordel 1772 Obdach, Wohnung.
boscage 1868 Hain, Gehölz.
bosoigne 773 Geschäft, Sache.
bosoing 2807 Nothfall.
bot 2180 de bot sogleich. Vgl. Vollmöller, Münchener Brut p. 110.
boter 1162 stoßen, treiben.
bracer 1542 hinarbeiten auf etwas.
braies 2532 Hosen (Vgl. Chassant, Vocabulaire latin-français. P. 1877 p. 54), nach Mahn, Provenzal. Gr. p. 5 vom lat. braca, mlat. braga, einem gallischen Wort.
braire 1070, 3310 schreien (von Menschen und von der Alraunwurzel).
braz 1939 Arm.
briser 2759 zerbrechen, sprengen.
bronçonez 1144 Stachel. Das Wort fehlt bei Godefroy. Vgl. Diez, Et. W. bronco.
bruere 1986 Heideland, nfz. bruyère.
bruiller 3281 verbrennen, nfz. brûler.
bruir 364 in Brand setzen.
buc 1735 Bock, Ziegenbock (das Wort ist celtischen Ursprungs).
bule 1329, 2374 List, Trug.

C.

ça 1756 hier.
çajus 789 herab.
caladrius 457, 491 Caladrius (sagenh. Vogel). Vgl. Godefroy, Caradril. Ueber die Kalander=Lerche vgl. Du Cange, Calandrus und K. Sittl im Archiv für latein. Lexikographie II, 3.
cameil 2478, 2595 Kameel.
camelon 2594. Griechischer Name für Strauß.
car 26, 1269 denn; doch.
caroigne 1179, 1983 Aas, nfz. charogne.
cegüe 1663 Schierling, Hunds=petersilie, nfz. cigüe, lat. cicuta, hier Verstärkung der Negation. Noch bei Rutebeuf II 197 ist dieselbe Redensart gebraucht: Ne pris pas un rain de segue. Vgl. Scheler, Adenes li Rois 1279, 2027. Fehlt bei Godefroy.
ceinture 1055 Gurt, Nabel, Lenden.
cil 735 (Nom.) derjenige; cel 608; celui 701 (Accus.).
cel = ciel 2605 Himmel.
celestre 2197 himmlisch = celestial 3415 = celestien 2626.
celer 3405 verbergen.
ceo 2 dieses (einsilb.).
cendre 771 Asche.
cendros 3110 aschfleckig, aschfarben; der Form nach nfz. cendreux, dem Sinne nach = cendré.
centisme 114 hundertste.
cenz 2906 hundert.
cercher 662 aufsuchen, nfz. chercher.
cerf 2739 Hirsch.
cert 4019 sicher.
certein 2676 sicher, beständig.
certes 577 sicherlich.
cesser 2806 aufhören.

cetus 2257 (griech. κῆτος, it. ceto) Wal, Krake, Seeungeheuer; Breymann übersetzt cete bei Jehan de Journi mit „Fisch", Godefroy cetun mit Haifisch, Walfisch.
chaas, chas 2479 Oehr. Dies Wort fehlt bei Burguy, Du Cange, Godefroy.
chael 2428 Junges (vom Wiesel), lat. catulus.
chaene, chene 2537 Kette, nfz. chaîne.
chaïr 163, 1138, 3928 fallen.
chaitif: siehe cheitif.
chalcer 1802 Schuhe anziehen, nfz. chausser.
chald 382 heißblütig, brünstig, geil. E. Zola nennt diese Sinn=lichkeit odeur de femme. Ge=läufig war für eine solche Frau die Bezeichnung chienne chaude.
chalenger 486 anschuldigen, tadeln, „zeihen"; engl. challenge.
chalme 887 (masc.) Stoppel, Stoppelfeld, Halm, lat. calamus.
chalor 669 Hitze, Wärme.
chalt 3642 (impers.) es gilt, von chaleir.
champ 4123 Feld; pl. chams 2911.
champestre 2924 scil. colom = Feldtaube, Feldflüchter.
chançon 3268 Lied.
change 690 Verwechslung, Ver=tauschung.
changer 98 wechseln.
chant 1065, 3275 Gesang.
chanter 1071 singen.
chapitre 3168 Kapitel.
chapon 1312 Kapaun.
char 1471 Fleisch.
charite 1039 Liebe.
charnalite 2076 Fleischesgestalt.
charnel 374 fleischlich.
charrere 896 Weg.
chartre 1769, 1786 Kerker, Ge=fängniß.

— 411 —

chascun = chescun 143 jeder; auch adjectivisch 2895.
chaste 1104 züchtig, rein.
chastete 1236 Keuschheit, Sittsamkeit.
chastier 1073 tadeln, unterweisen.
chatel 3521 Gut, Einnahme, Besitz.
chef 1935, 3317 Kopf.
cheitif 226 elend, lat. captivus.
cheitiveison 103, 2727 Gefangenschaft, Noth. Vgl. Godefroy, Chaitivaison.
cheitivete 1048, 2089 Elend.
chemise 2532 Hemd, Unterkleid.
chen 1957, 3642 Hund; bildlich zur Verstärkung der Negation als Minimalwerth. Vgl. nfz. mener une vie de chien; un chien de temps.
cher 841 lieb.
chere 1253 Antlitz, Miene.
chertez 1930 Liebhaberei.
ches 3946 bei.
cheval 1083 Pferd.
chevaler 3887 Ritter.
chevalerie 2723 Ritterstand, Ritterschaft.
chevre 1732 Ziege.
ci 566 hier.
ciller 700 blinzeln, blinken (von cil, lat. [super] cilium). Davon leitet Diez auch siller, ciller ab = einem Falken die Augenlieder zusammennähen.
cimetire 2215 Kirchhof, nfz. cimetière.
cinc 1866 fünf.
cinquante 2545 fünfzig.
circumcis 596 beschnitten, von circumcire beschneiden.
cist, f. ceste, c. obl. cest 618, 623 Demonstrativpron.
cit 2206 = cite 2201 Stadt.
citezein 3941 Städter, Stadtbürger; nfz. citoyen.
clamer 3856: siehe quite.
clarte 3378 Klarheit, Schein, Helle.
cler 660 hell, glänzend.
clerement 3740 wenig.

clerc 34, 3543 Geistlicher, lat. clericus.
clocher 650 hinken, lat. claudicare. Vgl. Scheler, Li Bastars de Buillon: Notes 3052 u. nfz. cloche-pied.
cloficher 603 festnageln, kreuzigen. (Im Tobias 302 clofiz: fiz.)
clore 1665 verbergen.
clous 2173 Nagel.
coane 1677 Mist, Schwarte, nfz. couenne.
coart 1731 feig (Epitheton des Hasen).
coc 237 Hahn.
cocadrille 1647 Krokodil. Vgl. Godefroy, Cocatris.
cocher 1324 sich niederlegen, nfz. coucher.
coë 152, 1935 Schweif, Schwanz.
cointe 908 artig, schlau.
cointise 933, 1131 Artigkeit, Schlauheit, List.
col 3958 Hals.
coloevre 2740, 2745 Natter, nfz. couleuvre.
colom 3106 Taube; in den Joies N. D. 794 columbele, 983 columbe.
colomber 2904 Taubenschlag, Taubenhaus.
color 2577 Farbe.
colorer 2036 färben.
colp 1661 Schlag pl. cols.
colper 1486, 1860 schlagen, abschneiden, genitaires: kastriren.
com, come 205 wie = coment?
comander 865 befehlen.
comandement 2448 Gebot.
combatanz 1370 kampflustig.
combatre 1383 refl. kämpfen, Kampf aufnehmen.
comben 65, 3940 wie viel, wie lange.
començaille 5 Anfang; bei Jean de Journi comenchalle. Vgl. Godefroy.
comencer 1 beginnen.
commoveir 554 bewegen.

comparer 2451 vergleichen.
compaignon, c. obl. von compainz 2654 Gefährte.
compaignie 372 Gesellschaft, Gemeinschaft.
compasser 63 ausmessen, errichten.
complie 1876 Abendzeit bis Mitternacht, prov. completa. Vgl. Godefroy.
comun 2933 gemeinsam.
comunement 2932 gemeinsam.
conceivre, conceveir 1719, 3223 empfangen, trächtig werden; ersinnen.
concorde 28, 4057 Eintracht.
concorder 286 in Einklang bringen.
conduire 430 lenken.
confes 3843 bußfertig. Vgl. Tobler, Vrai Aniel 329.
confesse 3976 Buße, Beichte.
confession 3840 Beichte, Bekenntniß.
confondre 3436 verwirren, verderben, vernichten.
confort 1898 Trost. Vgl. 1724.
conforter 466 trösten, stärken.
conoistre 44, 646 kennen.
conquerre 2487, 4112 erobern, abgewinnen, erwerben.
conquest 1548 Gewinn, Beute.
conrei 1940 Ausrüstung; prendre c. sich kümmern.
conscience 3872 Gewissen.
conseil 3516 Rath, Rathgeber.
conseiller 4132 rathen (Conj. 3. Pers. conseit: seit: Tobias 688).
consonancie 33 Gleichlaut, Gleichklang, gleichklingende Reime, lat. consonantia.
conte 564 Erzählung.
conter 1965 erzählen.
contenir 780 refl. sich befinden.
continence 1556 Enthaltsamkeit.
contraire 1793 Gegentheil.
convers 154, 1399 Aufenthalt, Schlupfwinkel, Höhle.
converser 2918 wohnen. Vgl. Godefroy.

convertir 130, 1896 (refl.) sich bekehren.
convi 1042 Gastmahl.
corage 3576, 3440 Gesinnung, Herz.
corailles 1702 Gedärme, Eingeweide.
corios 1033, 2441 bedacht, besorgt, eifrig.
cor, corn 1441 Horn = corne 1431.
corner 1443 posaunen, mit dem Horne blasen, duten.
cornu 1662 eckig, zackig, lat. cornutus, prov. cornut. Vgl. Tobler in Göttinger Anzeigen 1877 p. 1612. Cah. denkt III 214 an Hornstein oder silex?
corocer 230 erzürnen.
coroz 551 Zorn, de fin c. im höchsten Zorn.
coroner 122 krönen.
corporu 403 stark, wohlbeleibt.
corre 23, 2502 laufen, fahren, nfz. courir; 1093 c. sore überfallen.
cors 1195, 3316 Körper, Leib; Stengel.
cort 24 Hof.
corteis 460 höfisch, höflich, artig, sittsam, hübsch.
corteisie 3569 Sittsamkeit, Anstand.
cospel 203 Span, Hobelspan, Scheit; mlat. coispellus. Fr. Michel, Chronique des ducs de Normandie, Glossaire hat coispel. Vgl. nfz. copeau. Godefroy hat nur copeis. Vgl. Du Cange, Coipellus.
coste 557 Seite.
costume 2902 Gewohnheit.
cotidien 1991 täglich.
coveiter 2320, 3580 gierig streben nach etw.
coveitise 2472 Gier, Begierde.
coveitos 4073 begierig.
covenable 3180 passend, brauchbar.

covenant 3728 Uebereinkommen, Versprechen.
covenir 1064 (impers.) paſſen, ſich gehören, müſſen.
cover 2357 brüten, ausbrüten, nfz. couver.
covrir 152, 834, 1299 bedecken; hibbern.
creable 1625: ſiehe noncreable.
creance 1917 Glaube.
creator 584 Schöpfer, von creer ſchaffen 737.
creature 583 Geſchöpf.
cremre, creindre 2457 fürchten.
creire 129, 941 glauben.
creme 1532 Furcht.
creste 2229, 2260 Kamm, Haube, Schopf; Rückgratſtück, Krone, lat. crista.
crestien 710 chriſtlich; Chriſt.
creistre 205, 3211, 3564 mehren, vergrößern; 59 wachſen.
creissant 1961 Mondſichel, zunehmender Mond.
crever 2580 platzen, berſten.
cri 2369, 3311 Ruf, Schrei, Krächzen.
crier 1875, 2365, 3310 ſchreien, rufen, brüllen.
crier 737 ſchaffen = creer.
cristal 3356 Kryſtall.
croes 2749 Höhle, Loch, nfz. creux.
croiz 121 Kreuz.
croller 1137 ſchütteln, wackeln, prov. crollar, it. crollare. Vgl. Godefroy, Croler.
crucifier 2698 kreuzigen.
cruel 589 grauſam.
cuillir 758 pflücken, ſammeln.
culvert 1154, 1329 ſpitzbübiſch, gottlos, lat. culum vertens = feig. Cahier II 200: Si ce mot vient du latin coluber (fraus serpentina), Colbert aurait fort bien traduit son nom en choisissant pour armes parlantes un serpent (couleuvre).
cure 545 Sorge.
curer 3986 heilen.

curs 1276 Lauf.
custer 936 koſten, zu ſtehen kommen.
cutee 1655 Elle, nfz. cdéeou.

D.

daerein, derein 3550 letzte.
daigner 3602 geruhen.
damage 1646 Schaden.
dame 2718 Herrin, Frau.
danger 3666 Bedenken, Verzögerung, nfz. Gefahr.
damne 52 Herr.
dameisele 1401, 1409 Mädchen, Fräulein.
danter 1847 zähmen.
danz 96 Herr.
debonaire 2110 gut geartet = de bon aire.
debot 630 ſiehe bot.
deceveir 953 täuſchen.
decevable 3877 trügeriſch.
decurs 1963 Abnehmen.
decreis 3682 Abnahme: li jor torna en d. der Tag begann ſich zu neigen.
dedenz 1327 innerhalb.
deduit 1397 Kurzweil, Zeitvertreib, deduire 1980, 3220 ſich beluſtigen. Luſt, Jagdvergnügen.
defense 300 Wehr, Vertheidigung.
defendre 1125 vertheidigen, ſchützen, verwehren.
defens 3241 Verbot.
definaille 4138 Schluß, Ende.
definer 1 endigen.
defoler 2756 tödten, vernichten.
degaster 1168 verwüſten.
deite 191 Gottheit.
dei 2172 Finger.
deigner 3602 die Gewogenheit haben.
delai 2284 Aufſchub.
delge 264 zart, ſchlank.
delice 1614 Luſt = deliz: Joies N. D. 184.
delitable 1227 lieblich, köſtlich.
delit 313 Luſt.
deliter 317 refl. ſich erfreuen.

delitos 1838 herrlich, trefflich. (delicios in Joies N. D. 177.)
delivrement 3694 schnell, sogleich.
deliz 1111, 2317 Ergötzen, Genuß.
dels 554 = doels.
deluge 62, 3752 Sündfluth.
demalaire 1794 schlecht geartet.
demander 3786 fragen.
demener 3414, 4106 führen.
dementers 3559 inzwischen.
demaneis 3681 sogleich.
demorance 2284 Verzug.
demore 3582 Aufenthalt.
demorer 3646 zögern.
demostrer 3115 zeigen, bezeugen.
dener 3799 Denar, Silberling.
denree 3638 Werth. Vgl. Du Cange, Denariata.
denz 1337 Zahn.
departir 775, 2597, 2519, 3592 theilen, mittheilen, trennen.
depecer 3345 zerstückeln, zerreißen.
deputaire 1315 schlecht geartet. Vgl. Godefroy, Aire.
derener 3706 letzte.
derere 1941, 1934 hinten.
derivee 3252 Kanal, Strom.
derompre 1700 zerbrechen, zerreißen.
descendre 1335 herabsteigen.
desciple 2169 Jünger.
desconfire 3584 verblüffen, aus der Fassung bringen, vernichten.
descovert 1841, 1325 en d. offen.
descretion 861 Urtheil, Menschenverstand, Rechtlichkeit.
desdaigner 3601 verachten. Nfz. dédaigner.
deserdre 335 losmachen.
desert 51 Wüstenei, Einsamkeit, Einöde.
desertine 537 Einöde.
desfaire 576, 812 zerstören, auflösen, zunichte machen.
desheriter 3032 enterben = deseriter.
deshonorer 856 beschimpfen, verunehren.

desirer 184 wünschen.
desirer 2704 Sehnsucht.
desleals 4061 unredlich, treulos.
desoz 887, 1672 unter, unten.
despendre 3801 vertheilen.
despenser 3702 Hausverwalter Hausvater.
desperer 464 verzweifeln, aufgeben.
despire 575, 1641 verachten.
desque 1165 bis = desique.
desrei 90, 1416 Unordentlichkeit, Kampf, Widerstand.
desrober 3886 berauben.
destinee 3919 Geschick, Mißgeschick.
destorber 2109, 2835 verhindern; subst. Störung, Unheil.
destre 1031 Rechte.
destreindre 3344 verletzen, zerdrücken, lat. destringere.
destresce 2482 Noth, Unglück.
destreit 1500 Enge, Noth.
destruire 1725 zerstören, vernichten.
desus 666 über.
desvoluper 2519 sich losmachen.
Deus, Deu 37 Gott.
deus 533 zwei.
devaler 3775 hinabgehn.
devant 1408, 1412 nach Wolter, Judenknabe p. 128 = Schürze; besser: Schoß; diese Bedeutung schon bei Philipp von Thaon und in den Joies N. D. 47. Godefroy hat ungenau: »partie antérieure du corps, poitrine«.
deveer 1579 verbieten.
deveir 1535, 3222, 3586 dürfen, sollen, schulden, (öfter als Umschreibung des nfz. fut. oder condit.)
devenir 595 werden; 4012 herabkommen.
devers 986 gegen.
deviner 1596, 3773 errathen, prophezeien.
devise 44, 3508 Unterschied; Theil; Wunsch.
deviser 943 theilen.
devoltrer 1694 (se) sich wälzen, nfz. se vautrer. Vgl. unten

voltrer und Godefroy, Devolter.
devotement 1251 fromm, ergeben.
dis 2138 Tag (selbstständiges Wort).
diable 1696, 4101 Teufel; Unhold (das Wort ist hier dreisilbig).
diamant 3341 Diamant.
dignete 1423 Würde.
digne 2647 würdig, werth.
dipsas 2563 Durstschlange, lat. coluber dipsas, nfz. dipsade, dipsas, dipse. Auch nach Aelian 6, 51 ist die dipsas kleiner als die Viper, aber gefährlicher; die von ihr Gebissenen bekommen entsetzlichen Durst und trinken, bis sie platzen. Nach Godefroy ist dipse, dise eine Art kleine Schlange.
dire 1053 sagen.
discipline 2726 Lehre, Strafe.
discipliner 2235 in Zucht halten, züchtigen.
dit 1448, 2101 Wort, Rede, Ausspruch, Spruch.
divers 2241 verschieden; 2247 Adv.
diverser (se) 346 abwechseln.
diversete 3115 Verschiedenheit.
divinite 30 Gottesgelahrtheit, Theologie.
divise 44 Theilung, Grenze, Unterschied = devise.
division 3585 Abtheilung, Abstufung.
doble 1629 doppelt, schwankend.
doels 554 Schmerz, Leid, Kummer.
dolçor 3430 Milde.
doleir 21 (se) schmerzen, sich ärgern.
dolent 506, 2282 betrübt.
doler 3185 abhobeln, beschneiden, fig. im Renclus de Moliens.
doleros 2711 traurig.
dolz, dolce 2617 mild, gelind.
domination 1455 Herrschaft, vierte Ordnung der Engel.
donc 3414 deshalb, dann, da = donques 113.
dormir 1691 schlafen.
don 2090 Geschenk.

doner 919 geben.
dos 2260 Rücken, Rückgrat.
dotance 2418 Furcht, Zweifel.
doter 1124 zweifeln.
doze 1869 zwölf.
dragon 2141 Drache.
dras 321 Stoff, Kleid. (Diminutiv drapelez: Magdal. 587).
dreit 137 recht.
dreiture 18 Recht, Gerechtigkeit.
drescer 1275, 2512, 1441, 518 (das Segel) aufsetzen; en la croiz an das Kreuz hängen; (sein Auge) richten.
dromonz 406 schnellfahrendes Schiff. Vgl. A. Schultz, Das höfische Leben zur Zeit der Minnesänger. II 275.
(druz) drue 989, 2702 Gefährtin, Geliebte.
druz 258 dicht, gedrängt, nfz. dru.
dui 2656 zwei.
dur 3391 hart.
durement 1479 sehr.
durer 101, 1566 dauern.
duresce 501 Verstocktheit.

E.

e 1 und.
eage 74, 3830 Zeit, Lebenszeit, Alter.
ebreu 2593 hebräisch.
eé 3307 Alter. Dieselbe Form bei Fantosme, Marie de France, Benoît und im Brandan.
eglise 129 Kirche.
egre 1381 heftig, kräftig.
egresce 1451 Bitterkeit, Groll.
eir 61 Erbe.
eire 3474 Weg, Reise.
eise 1337: siehe aise
eisil 3038 Essig. Vgl. Godefroy, Aisil.
eissil 1344 Verderben, Untergang, lat. exilium.
eissiller 57, 3242 verbannen, vertreiben.

eissir 3756 ausgehn: wie im Brandan zeigt sich in den stammbetonten Formen i, in den auf der Endung betonten ei.
el, ele 106 sie.
els 553 betontes Pron. der III. Pers. Pluralis.
ele 404 Flügel.
eloquence 3557 Beredsamkeit.
em 461 l', man. (Joies N. D. 142 l'un: façun; also l'om Nebenform.)
embevrer 1785 tränken.
embler 1308 stehlen, escamotiren.
embrasement 2854 Brand, Feuersgluth.
empeindre 2542 stoßen, heftig schlagen, lat. impingere, prov. empenher. Das Subst. lautet nach Tobler in Gröber's Zeitschrift V p. 207 empeinte. Schon Cotgrave kennt Empaindre.
empeirer 198 schädigen.
empire 1916 Reich.
empleier 3464 gebrauchen, anwenden.
emplir 2748 anfüllen. (Joies N. D. 729 emplom).
emposer 40 verleihen, zuertheilen.
en 1007 Adverb und Präposition.
èn 2213 l', man = l'em.
enchalcer 311, 1484 verfolgen, nachsetzen, von lat. calx.
enchantement 2561 Zauberei, Bezauberung.
enchanteor 2457 von enchanterres Zauberer, Beschwörer. Im Alterthum galten die Marser als Schlangenbeschwörer, deren Göttin Anguitia hieß.
enchanter 1072 einsingen, bezaubern.
encherir 498 lieben.
encliner (se) 784 sich niederbeugen, verneigen.
enclore 1665, 1092 einschließen, verbergen.

encombrer 315 in Verlegenheit bringen.
encontre 2556 gegen.
endeble 2743 geschwächt.
endormir 1088 einschläfern, refl. einschlafen.
endreit 1880 Ort.
enemi 4101 Feind.
enfance 3819 Kindheit.
enfant, von enfes 2384, 3617 Kind, Junges. (Diminutiv enfantet und enfançon in Magdal. 562, 591.)
enfanter 2420, 3194 gebären, Junge werfen.
enfermete 469 Krankheit.
enfer 2759 Hölle.
enfernal 456 höllisch.
enfin 2528 schließlich.
enfoïr 2609, 3560 (Tobias 1000) vergraben.
enfuer 2609 verscharren, = vergraben nfz. enfouir.
enfondrer 1268, 1290 versinken, zu Grunde gehn.
engendrer 573, 3207 zeugen, Junge zeugen.
engendrëure 2632 Brut.
engeter 75 herausführen, herausbringen.
engigner 394 täuschen, überlisten. La Fontaine, Fable XI, hält dies Wort wie cuider für trop vieux.
engin 976, 3878 Erfindung, List, Trug.
engraigner 365 wachsen, größer werden.
engreisser 1742 (se) sich mästen.
engres 88, 974 hitzig, heftig, leidenschaftlich. Cahier übersetzt en grès = à l'amiable? Hippeau mit triste, engl. angry. (!)
engroigner 3348 zerbröckeln, nfz. engrainer. Littré führt zu Engrener ein Beispiel des 13. Jhd. an. Godefroy kennt diese Bedeutung und Form nicht.

enhuler 3635 einhüllen, versenken.
  Nach Godefroy wäre enolier,
  enhuilier soviel als die letzte
  Ölung geben. Vgl. Du Cange,
  Inoleare.
enjornant 1876 Anbruch des Tages.
enlacer 304, 1395 umschlingen,
  fesseln.
enlesser 4034 unterlassen.
enluminer 639 erleuchten.
enmi 1559 inmitten.
ennui 1543 Schaden, Verdruß.
enquerre 2774 bitten, fragen.
enquisant 4066 anklagen. Vgl.
  Godefroy, Acuisant.
enseignement 507 Unterweisung,
  Lehre.
enseigner 1247 lehren, bezeichnen.
enseler 982 satteln.
ensement 159 ebenfalls.
enserrer 272 umschlingen, ein=
  schließen, fangen.
ensi 513 ebenso, also.
ensus 1371 de hinweg.
entailler 3351 einkerben, schneiden.
entendable 1967 verständig.
entendement 3092 Erklärung, Aus=
  legung.
entendre 564, 3746 verstehn, hören.
entente 1458 Aufmerksamkeit.
ententivement 273 (Adv.) auf=
  merksam.
enterrer 3590, 2886 vergraben,
  begraben.
entor 1741 herum, umher.
entracompaigner 2903 (se) sich
  gegenseitig begleiten.
entrailles 1701 Eingeweide.
entre 180 zwischen, unter.
entredire 13 mit dem Interdict
  belegen.
entredit 16 Interdict.
entree 928, 2749 Eintritt, Ein=
  gang.
entrehaïr 1689 (se) sich gegenseitig
  hassen.
entremettre 704, 1187 (se) sich
  kümmern, sich bemühen, ver=
  suchen.

entreprendre 341 fangen.
entrer 1041 eintreten, gelangen.
enveillir 650 alt werden.
enveier 2178 schicken; die dritte
  Person fut. enveiera: Tobias 815.
enveiser 260, 3220 (se) spielen,
  sich vergnügen.
envenimer 2837 vergiften.
envers 505 gegen.
envers 1505, 2290 stracks.
enverser 1141 Hals über Kopf
  hinstürzen, Burzelbaum schießen,
  burzeln. Auch bei Gervaise.
  Vgl. Godefroy.
envie 3416 Neid.
envios 3064 neidisch.
environ 2846 ringsum.
envoltrer 1141 (se) sich wälzen.
  Fehlt bei Godefroy.
envoluper 262, 3615 verwickeln.
enz 1167 hinein, laenz = léans.
equinocte 1879 Tag= und Nacht=
  gleiche, Aequinoctium, nfz.
  équinoxe.
er 3881 gestern = nfz. hier.
erbe 989 = herbe.
erbeie 1854 Wiese.
errant 1748 Wanderer.
errant 3008 sogleich.
errer 350 wandern.
error 2073 Irrthum.
esbaneier 1980 sich ergötzen, be=
  lustigen.
esboëler 1392 den Bauch auf=
  schlitzen, entweiden.
eschalfer 833 wärmen.
eschange 690 Vertauschung.
eschaper 1485 entwischen.
eschar 1209 Spott, Hohn.
escharnir 2134 verspotten, höhnen.
escherde 2260: (lies creste.)
  Schuppe (bei Philipp von
  Thaon 1486 echede.) Vgl.
  Godefroy, Escharde.
eschif 550 scheu, verzagt. Nfz.
  esquif.
esclair 696 Glanz, nfz. éclair.
esclore 543 ausbrüten. Nfz. éclore.

escopir 196, 600 geißeln.
escorce 3304 Rinde, Bast, Borke, nfz. écorce.
escorre 1163, 1169 abschütteln.
escoter 2792 hören, agn. ascoter: Joies N. D. 80.
escrin 980 Schrein, Schrank. Nfz. écrin.
escripture 942 Schrift, Bibel.
escrire, escrivre 7, 2708 schreiben.
escrit 1208, c. obl. von escriz.
escrivein 815 Schriftgelehrter.
escriz 2415 Schrift.
escroissement 235 Geklapper, Gerassel. Bei Crapelet, Proverbes p. 21 findet sich escrois de tonnerre; prov. croissir knirschen.
escu 4086 Schild, lat. scutum, nfz. écu.
esculorable 1695 schlüpfrig. Das Wort übersetzt: quo possit facilius illabi in fauces crocodili. Nach C. Hoffmann, Das zweitälteste Glossar sub lubricare ist lubricus = escoulouriable. Vgl. W. Förster zu Adgar's Legenden 191, 190 u. Godefroy, Escolorgeable. Gervaise gebraucht das Verb escalorgier. Bei Chassant, Vocabulaire p. 22 steht discolor = descoulorable.
esforcer (se) 269 sich anstrengen.
esgarder 733, 2690, 2693 ansehen, ausschauen nach, darauf achten.
esgarrez 2497 unentschieden; 3637 irregeleitet.
esgart 732 Blick.
esgrater 967 ausscharren. Nfz. gratter, égratigner.
eshalcer 1445 erhöhen.
esleisser 1494 (se) rennen, eilig laufen. Cahier falsch = se précipiter, s'élancer.
esliz 2416 Auserwählter.
esloigner 3973 entfernen.

esjoïr 2124 (se) sich freuen. Vgl. nfz. réjouir.
esmer 153 ausspüren.
esmoveir (se) 3013 herausgehn.
espace 3961 Zeitraum, Zeit.
espandre 1139, 2749 ausbreiten, vergießen, ausspritzen.
esparner 3915 verschonen.
espee 274 Schwert, nfz. épée.
espei 148, 234 Spieß, Fangeisen. Godefroy: Espiet.
espeir 1507 Hoffnung = esperance 4116.
esperer 1502 auf etwas hoffen, seine Hoffnung setzen.
esperit, esperite 3826 Geist.
esperitable 1228 himmlisch.
espes 258, 990 dick, nfz. épais.
espi 839 Ähre, nfz. épi, von spicum oder spicus.
espices 749 Gewürz, Spezerei.
espier 1396, 1413 auflauern, erspähen, fangen.
espine 122 Dorn.
espiner (se) 1128 sich stacheln.
espine 1120 stachelig.
espirer 3265 beleben, erwecken; dagegen espirer in Magdal. 289 das Leben aushauchen = lat. expirare.
espirital 4128 geistig = espiritel 1554, 1203.
espleiter 3483 ausrichten.
espondre 3803 auseinandersetzen.
espos 2685 Gatte, nfz. époux.
espose 2685 Gattin.
esprendre 366, 368 entzünden, refl. 2904 entbrennen.
esprover 3372 erproben.
esracer 831 ausrupfen, herausreißen, eig. entwurzeln, bei Marie: esrachier. Plautus: exradicare.
essamplaire 3447 Vorbild, Muster.
essample 1568 Beispiel, Lehre.

---

*) Godefroy liest mit Hippeau: escrousemenz.

essart 2910 ausgerodeter Wald=
boden, lat. exsaritum. Diez,
Et. W. essart = Gereute. Bei
Chassant, Vocabulaire p. 37
und E. Stengel, Die zwei
ältesten prov. Grammatiken p.
43 ist das Wort mit lat. novale
übersetzt.
estable 1626 beständig.
estal 3686 Stufe, Aufenthalt,
Stellung: nach dem Glossar zu
Gilles de Chin = place, demeure, nach Godefroy = plate-
forme. Hip. übersetzt estaus =
près des boutiques, engl. stall.
estalon 1855 Zuchthengst, Beschäler,
nfz. étalon. Diese Bedeutung
fehlt bei Godefroy. Littré hat
ein Beispiel aus dem Traité
d'agriculture.
estanc 1969 Teich, Sumpf.
estat 1874 Zustand.
estature 964 Statur.
esteile 1276 Gestirn.
estendre 1279 ausbreiten (se) 1680,
3334 sich glätten; sich erstrecken.
ester 3368 stehen.
estez 1026 Sommer, nfz. été.
estolz 1468 stolz, übermüthig.
estoper 2461 verstopfen, nfz.
étouper.
estors 3183 Kampf, Streit, Kriegs-
getümmel. Vgl. Scheler, Bastars
248.
estoveir 864, 1976 (impers.) ge-
ziemen, müssen; das Nöthige.
estrace 616 Herkunft. Vgl. St.
Palaye und Godefroy.
estrange 649 fremd.
estrangler 1718 erdrosseln, tödten.
estre 517 sein, estre ben de in
gutem Einvernehmen bleiben.
estre 3203 Aufenthalt.
estreit 1503 eng, (nfz. étroit)
genau (2521).
estriver 687, 3571 kämpfen, es
aufnehmen mit.

estros 2140: a e. (Cahier übersetzt avec fracas) ohne Umstände,
auf der Stelle.
estruit 4032 ausgerüstet, versehn,
lat. exstructus.
estui 912 Behältniß, mlat.estugium,
nfz. étui.
esturgon 2252 Stör.
esveiller 3989 wachen.
evangile, evangire 3561 Evangelium.
evesques 3815 Bischof.
ewe 253, 607 Wasser, Gewässer.

F.

fabler, 1307 fabuliren, erzählen.
face 503, 1549 Gesicht.
façon 1054 Form, Gestalt.
faconde 3565 Beredsamkeit.
faillance 3449 Versehn.
faillir 3393 fehlen, unterlassen.
faim, feim 1885 Hunger.
faire 93, 3002 thun, machen, lassen,
(Schatten) werfen.
faiture 963 Gestalt.
falceor 2499 Schnitter, von lat.falx.
fals 4062 falsch.
fameillos 1189, 1262 hungrig.
fart 1341 Verstellung, Trug. Vgl.
nfz. fard Schminke.
fealte 3499 Treue.
feble 2312 schwach.
feblesce 3833 Schwachheit.
feeil 567, 1765 treu, aufrichtig.
fei 4116 Glaube, Treue.
feindre (se) 244, 1348 vernach-
lässigen, sich stellen, lässig sein.
Hippeau übersetzt se faint =
se fatigue (!).
feinz 1625, 3398 nachlässig, träge.
feiterement 1332: si f. also, in
solcher Weise.
feiz 677 Mal (bei Marie de Fr.
feiee, fiee).
fel 2901 Galle = fiel.
felon 384 c. obl. von fels boshaft.
felonesse 2563 Verrätherin. Vgl.
Phil. de Mousket 19159.

felonessement 1338 grausam, wüthend, kräftig.
felonie 1936 Bosheit, Schurkerei, Verrath.
fels 974 schurkisch, frevlerisch, nfz. félon.
femme 1057 Frau.
femele 162, 3190 weiblich, Weibchen.
fendre 937, 1387 spalten, theilen.
fenis 739 Phönix. Nach dem Briefe des Priesters Johannes ist das Fleisch des Phönix das beste der Welt zum Essen.
fens 3258 (s stammhaft) Schlamm, Dreck, Mist, prov. fems. Ms. Harl. 219 fiens = lat. fimus. Vgl. Diez, Foin; Godefroy, Fien.
fer 3352 Eisen.
fer, fere 139 wild, stolz, kühn.
ferir 273, 581 schlagen. Vgl. nfz. sans coup férir; impers 2121 = aferir; zutreffen, passen.
ferm 1626 fest.
fermer 927 verschließen.
fes 2219 Last, Bürde, nfz. faix.
fesselet 759 Bündel. Vgl. Godefroy, Faisselet.
feu 2857, 3937 Feuer (lat. focus.)
feu 2430 (lat. feudum) Lehn, nfz. fief. Hippeau richtig = fief.
ficher 2272, 1143 befestigen, einrammen.
figure 952, 1882 Gestalt, Sinnbild.
figuré 781 gestaltet, ausgebildet, fertig.
figurer 623, 1058 versinnbildlichen, gestalten.
fille 2124 Tochter.
fin 4014 Ende.
fin 2, 1998 fein, lauter, rein, vollkommen, vollständig.
finement 790 zuletzt.
finement 283, 2796 2931, Ende, Weltende.
finer 3530 endigen (Magdal. 405 sterben).

finir 2838 (Pass.) endigen, sterben. (Tobias 557 fenir ses jorz.)
fiz 840, 2393 Sohn, Junges.
fiz 3071 sicher, überzeugt.
flambe 375 Flamme. Vgl. Faulde in Gröber's Zschr. IV p. 550.
flatir 2064 zu Boden fallen. Vgl. Scheler, Bastars 3019.
flechir 3399 sich beugen, sich unterwerfen.
flor (weibl.) 778 Blume.
florir 129 blühen.
floz, flot 2541 Fluth, Meeresfluth.
fluive 251 Fluß.
foer 2518, 3868 a nul f. keineswegs.
foille 2662 Blatt, nfz. feuille.
foillu (Hs. foilli ist unmöglich) 2966 belaubt.
foïr 3668 graben.
fol 3871 Thor, Narr.
folc 2782 (= ahd. ags.) Heerde. Schon im Leodegar und den Reichenauer Glossen. Vgl. Scheler, Olla Patella p. 34.
foler 1999 thöricht handeln. Vgl. Joies N. D. 198.
folie 2414 Thorheit.
fontaine 660 Quelle (der Reim: pleine schon im Brandan).
fonz 455 Abgrund.
foon 163 Junges, Kalb. Bei Philipp feun, bei Marie foun. Nfz. faon.
fooner 162 Junge werfen, kalben.
force 232, 1088 Gewalt, Kraft.
forme 3303 Gestalt.
formez 782, 884 ausgebildet, ausgewachsen.
forment 21 (Adv.) heftig, sehr.
formicaleon 1011 Ameisenlöwe. Godefroy führt nur das Beispiel Philipp's von Thaon an.
formiz 961 (masc.) Ameise, nfz. la fourmi.
fornicacion 1214 Hurerei.
fors 292 außer, 2048 hinaus, 559 heraus.
forsclore 3997 ausschließen.

fort 133, 1029 stark, streng, schwer.
fortune 3566 Glück.
fosse 1591, 2745 Grube, Höhle.
fraindre 105, 1472, 3343 zerbrechen, verletzen.
franc 3602 freimüthig.
franceis 1568, 2974 französisch. Wie Wace, Philipp von Thaon und der Uebersetzer des Buches der Könige nennt der Dichter seine Sprache franceis.
franchise 2026 Freimuth.
fraite 3901 Ritze, Bresche.
fraiter 1156 Einbrecher, Dieb. Godefroy, Fraiteur.
frarin 1904 arm, elend.
fredles 858 gebrechlich, nfz. frêle.
freis 679, 836 frisch, nfz. frais.
freit 3350 kalt.
frere 69 Bruder.
freseie 617 (= niticorace 615) Käuzchen, Nachteule, Todtenvogel, lat. nycticorax Nachtrabe. Nach Ménage, dem Littré dies Beispiel des Best. entnimmt, kommt das Wort von praesaga, weil der Vogel Todesfälle verkündigt. In C. Hofmann's Glossar ist lat. lucifuga = fresoie. Nfz. fresaie ist Schleier-Eule (effraie) und Ziegenmelker. Godefroy, Fresaie.*)
frestel 2803 Flöte, Pfeife. Guillaume übersetzt das (von galoubet wohl verschiebene) lat. fistula. Ms. Harl. 219 hat: fretele, tiphieset = fistula, flogot, fluhute = parva fistula.
fronce 1681 Runzel, Falte.
front 1377, 1681 Stirn.
froter 259 reiben.
fruit 3936 Frucht.
fuir 372 fliehen.
fule 2299, 2782 Menge.
fumere 3918 Rauch.

furment 889 Weizen, nfz. froment.
furneise 2484 Schmelzofen, Ofen, Feuerschlund, von lat. fornax.
furnir 1638 erfüllen, ausführen.
fustz 586, 511 Holz, Holzstamm, lat. fustis.

G.

gaaigner 3639 gewinnen, erwerben.
gaaing 3587 Gewinn, Zins.
gabeis 3216 Spaß, Scherz.
gaber 50 verspotten.
gable 3583: mettre a g. auf Zinsen legen.
gaignage 2942 besätes Land, Ackerfeld, von gaaigner bebauen.
gaignart 4064 gewinnsüchtig. Vgl. Scheler, Bueves de Comm. 3529.
gaires 1124, 1859, nfz. naguères.
gaiteant 4069 hinterlistig, heimtückisch.
gaiter 1098 Obacht haben, bewahren. Nfz. guetter
garant 2411, 3026 Schutz.
garantie 718 Bürgschaft.
garantir 2402 schützen.
garçon 3945 Bursche, Bube, Taugenichts, Schalk.
garçoner 4067 schalkhaft, schelmisch, leichtsinnig.
garde 1894, 859 Acht, Obacht, Schutz.
garder 4110 hüten, bewachen.
garir 839, 4114 heilen, retten.
garnir 496 versorgen, versehen.
gas 3176 Spaß, Scherz.
geline 1309 Henne. Schon nach den Dial. St. Greg. ed. Förster p. 40 stiehlt der Fuchs die Hühner.
gelosie 1862 Eifersucht, nfz. jalousie.
gemme 3352 Edelstein.

---

*) Vgl. A. v. Edlinger, Erklärung der Thiernamen aus allen Sprachgebieten. Landshut 1886.

gencives 1672 Zahnfleisch, Kinn=
lade, lat. gingiva, nfz. gencive.
generacion 2388 Geschlecht.
genitaires 1481, 1860 Hoden, Ge=
schlechtstheile, Genitalien, nfz.
génitaires.
genoillon 3295 a g. auf den
Knieen.
gent 505 Leute, Volk, Heiden, lat.
gentes, biblisch = les Gentils.
gentil 3832 vornehm, edel.
germe 940 Fruchtknoten, Keim.
germer 2621 keimen, ausschlagen,
Wurzel schlagen.
gerner 956 Speicher, Vorraths=
kammer, nfz. grenier.
gesir 1201, 1333 refl. liegen, ver=
harren.
geter 2269 werfen, auswerfen.
gimel, giemel 69, 1624, lat. ge-
mellus, prov. und bei Marie
de Fr. gemel: siehe jumel.
glaive 328 Schwert.
glette 1182 Muschel, (Auswurf
des Meeres). Nach Diez, Et.
W. = „Silberglätte"; derselbe
stellt dem nfz. galet das prov.
galeta gegenüber = ein vom
Meere ausgeworfener platter
und glatter Stein. Vgl. Godefroy, Glettus. Hip. übersetzt
pourriture; pat. glot = ver
blanc qui se trouve dans la
viande gâtée.
gloire 3417 Ruhm, Glorie.
glorios 3422 ruhmreich, glorreich.
glose 4150 Erklärung.
gloser 4159 auslegen, erklären.
glot 2326, 4078 gefräßig, gierig,
Schlemmer.
glotonie 1081 Gefräßigkeit.
goitron 1351 Kropf, Schlund,
Rachen, nfz. goître.
gopiz 1311, 1341, 1343 Fuchs,
lat. vulpecula. Dies alte Wort
wurde allmählich durch den Ei=
gennamen Renart verdrängt, und
Renart wurde Appellativ. Er=
halten hat sich der Name Goupil.

gote 2473 Tropfen (Negation).
governer 1301 regieren.
grace 1489 Gnade.
grandor 2265 Größe.
grant 401 groß.
grantment 3739 reichlich, viel, in
Menge.
gras 322, 1083 fett, dick.
graspeis 2254 Pottfisch. Im
Ménagier de Paris II p. 200
wird craspois mit baleine salée
erklärt. Der Speck diente in
der Fastenzeit der armen Be=
völkerung von Paris als Speise.
Vgl. Godefroy, Craspois.
gre 3957 Wille, Absicht.
gref, greve 665, 4090 heftig,
schwer.
gregeis 1577 griechisch. Vgl. nfz.
feu grégeois.
grein 937 Korn.
greu 2594 griechisch.
grever 2579 drücken.
gros 1656 dick.
grundre, grundir 3711 brummen,
murren, sich beklagen, nfz.
gronder.
gue 1979 Furth, seichte Stelle,
nfz. gué, lat. vadum.
guerre 594 Zwist, Krieg, Kampf.
guerreier 1170 bekämpfen.
gueredon 845 Belohnung, Lohn,
mlat. widerdonum, nach Mahn
ein hibrides oder Zwitterwort,
Pr. Gramm. p. 106.
guerdoner 4141 belohnen.
guerpir 2714 verlassen.
guische 1356 List, Kniff, Schlau=
heit. Vgl. Guiscard.
guise 169 Art und Weise.
gule 1330, 2294 Kehle, Maul,
nfz. gueule.
guster 3031 kosten, nfz. goûter.
Gyu 80: siehe Jueu.

H.

ha 329 ha, ei!
habitacle 3779 Wohnung.

habitement 1644 Aufenthalt.
habiter 529 wohnen, nisten.
haïne 1689 Haß.
haïr 575, 1589 hassen.
haire 3129 härenes Gewand. (Schon im Fragment von Valenciennes.)
halcer 2085 erhöhen.
halt 1740, 1938 hoch, hell, vornehm.
haltein 3574 hoch, wogend, brausend.
haltisme 3101 höchste.
haraz 1850, 1855 Gestüt, Stuterei, vom lat. haracium, arab. faras Pferd, span. alfaraz.
hardi 140 kühn.
haster 1167 refl. sich beeilen.
heite 1962 fröhlich, heiter.
henir 1003 wiehern, vom lat. hinnire, nfz. hennir.
herbe 3297 Kraut = erbe.
herberge 3888 Herberge.
herberger 1771 beherbergen.
herbu 3290 kräuterreich.
heriçon 1116, 1129, 1153 Igel, Stacheligel, lat. hericius. Doch hat das Französische eine abgeleitete Form als Grundlage.
heritage 1592 Erbtheil.
home, hom 3692 Mensch, Mann. Vgl. E. Schwan, Grammatik § 339, Anm. 3.
honir 50 schänden, beschimpfen.
honor 4051 Ehre.
honoreement 2520 mit Ehre, in ehrenvoller Weise.
honorer 2495 ehren.
hore 3581 Stunde = ore.
horette 3855 Stündchen.
hors 72 heraus.
hui 2239 heute. Vgl. jehui.
huimais 2239 von heute an, jetzt, noch.
huge 3751 Kasten, Arche, lat. hutica.
humanite 197, 1424 Menschengestalt, Menschlichkeit.
humein 3272 menschlich.
humilier 1408 demüthigen, erniedrigen.
humilite 1235 Demuth = umilite.

hupe 821 Wiedehopf. Dies onomatopoötische Wort hat im Französischen die Bezeichnung für den Schopf oder die Haube (Dolle) der Vögel abgegeben.
hurtëure 3392 Stoß (celt.)
hyaine 1577 Hyäne.

I. J.

i 1619 dort. (Adv.).
icel, cel 683: siehe cil.
icist, cist 1527 abject. Demonstr.
ici 1466 hier.
idle 1618 Götzenbild, nfz. idole.
idonques 3192 = donc dann = idonc 452.
idrus 1645 Hydra, Wasserschlange, lat. hydrus, nfz. hydre.
ignel 242 schnell, gewandt.
il 71 er, sie.
iloec, iloeques 3211 dort.
incarnacion 1456 Menschwerdung.
iniquitez 454 Ungerechtigkeit.
innocent 117 unschuldig, pl. die Kindlein von Bethleem.
interpretacion 3124 Auslegung, Deutung.
ire 1030 Zorn.
isle 2717 Insel, nfz. île.
issi 1108 so, ebenso.
issir 2751 herausgehen, hervorkriechen. In Tobias 124 reimt isse: languisse.
issue 1703 Ausgang, Ausweg.
itel, tel 2595 solch ein.
ivoire: siehe yvoire.
ivresce 1081 Trunkenheit (yvresce). Hippeau liest 332 jurece.
jadis 1282 einst.
jamais, james 3193 niemals.
jambe 2232 Bein.
jais 1359 Häher, Holzschreier, mlat. gaius, bei Rabelais gays, nfz. geai (nordisch gassi Schnatterer). Nach Diez leitet Le Duchat das nfz. jaser vom ital. gazza Elster ab. Daher der Name

Agace in der Thierfabel. Der Held der Chanson de geste Gaydon, der erſt Thierris hieß, wurde, als ſich ein jay (gay) auf ſeinen Helm ſetzte, Gaydon genannt. Vgl. Gaydon ed. Gueſſard V. 423—426. Godefroy, Gai. Bei Shakeſpeare bezeichnet der Jay im Gegenſatz zur Turteltaube a loose woman.

jaole 4003 Käfig, Gefängniß, nfz. geôle, engl. gaol, jail.
jalne, jaundne 2035, nfz. jaune, gelb, mlat. galbinus.
jehui 3880 heute. Vgl. W. Förſter, Chevalier as II espees p. XLVI.
jeo 2176 ich.
jesque 165 bis.
jeter = geter.
jëuner 981 faſten.
joë 1310 Backe, nfz. joue.
joefnes 978 jung, nfz. jeune.
joiant 785, 2412 erfreut, freudig.
joie 2343 Freude.
join 2603 Juni, Erntemonat.
joindre 687, 2352 (se) ſich verbinden, begatten.
jolif 2992 ausſchweifend, wollüſtig, fröhlich. Der altnordiſche Urſprung dieſes Wortes zeigt ſich noch in „Julfeſt".
jor 3698 Tag.
jovente 3875 Jugend.
judaïsme 2099 jüdiſch.
Jueu 710 Jude.
juer 260 ſpielen, ſcherzen.
juge 87 Richter.
jugeor 4070 Richter, Beurtheiler.
jugement 4055 Gericht, Urtheil.
juger 804 richten.
juise 3930 Gericht.
jument 977 Stute.
jus 675, 1999 hinab, sus e j. auf und ab, hin und her.
juste 4172 gerecht.
juste 3210 nahe bei.

L.

la 1756 dort.
labor 4140 Arbeit.
laborer 3758 bearbeiten.
lac 3257 See, Pfuhl.
lacer 3958 ſchnüren.
laidement 953 arg.
laidure 2135, 1928 Häßlichkeit, Verunſtaltung.
laier 2589 laſſen.
laiz 1931 häßlich, garſtig.
lampe 1035 Lampe.
lance 273 Lanze, Speer.
lancer 3189 ſchießen, 1697 refl. ſich ſtürzen, ſchleudern.
langue 1595 Zunge.
largement 3554 reichlich, freigebig.
largesce 3600 Freigebigkeit.
larrecin 1314, 2359 Diebſtahl (dreiſilbig. Vgl. Tobler, Versbau p. 29.)
larron 1352, 2390 von lere Räuber; a l. heimlich, verſtohlen.
larronesse 2356 Räuberin, Diebin.
laisser, lesser 1299 laſſen.
laitue 3332 Lattich, lat. lactuca.
las 1217 unglücklich, elend.
latin 3817 lateiniſch.
laver 3148 waſchen.
lesarde 2825 Eidechſe, nfz. lézard.
lettre 1984 Schrift.
le, lee 1002, 2305 breit, lat. latus.
leu 1994, 2429 Ort; auch geſchrieben liu, eine Form, die nicht bloß picardiſch iſt.
lez 785 fröhlich, lat. laetus.
lez 2539 nahe bei.
leal 46 treu.
lealte 19 Treue, Redlichkeit.
leccher 166 lecken, nfz. lécher.
leccherie 1365 Leckerhaftigkeit, Lüſternheit.
leger 1362 leicht.
leisir 1028 Muße.
lent 3644 langſam, läſſig.
lever 1285 emporheben, 125 auferſtehen.

levre 1478 Hase.*)
li 1941 betontes Pron. der III. Person Sg. fem., und Artikel.
lice 1092 Schlinge, Schnur, lat. licium, nfz. lisse.
licence 3872 Erlaubniß, Freiheit.
lignee 59, 97 Stamm, Geschlecht.
limon 1693 Lehm, Erdenkloß.
lion 138 Löwe.
lise 2616 schleimiger Treibsand.
list 3730 von leire (lat. licere) erlaubt sein.
lit 1082, 2317 Bett.
livre 26, 2707 Buch.
livrer 2164 überliefern, übergeben.
loier 4056 Sold.
loing 150 fern: l. a loing = fern von einander. Vgl. pres a pres im Cliget.
loër 4148 loben, refl. sich rühmen.
lonc 1142, 1736 lang, Länge.
longor 1874 Länge.
lors, ilors 2540 dann.
losenger 4077 schmeichlerisch.
love cervere 2030 Panther, der mit dem Luchs verwechselt ist, nfz. loup-cervier, lat. lupus cervarius.**)
lui 687 betontes Pron. der III. Person Sg.
luire 3337 leuchten.
lumere 637 Licht.
lune 1280 Mond.
luor 670 Glanz.
luxure 1080, 2353 Schwelgerei, Brunst.

M.

ma 3679 fem. zu mes c. obl. mon mein.
madle 2352 Männchen, nfz. mâle.
mahomerie 2724 Moschee, Götzentempel.
maint 3871 mancher (subst. und adj.)
mail 3346 Hammer, lat. malleus. (Brandan 1135).

maille 3629 Heller.
main 2618 Morgen, früh.
maindre 4002 bleiben.
maison 1780, 1981 Haus, Nest.
majeste 493 Majestät, Herrlichkeit.
mal 1343 schlecht, böse. Subst. Uebel, Böses (229).
maladie 463 Krankheit.
malage 467 Krankheit, Leiden.
maldire 870 übel reden, verfluchen.
male 2583 Kinnlade, lat. mala Wange; Diez erklärt dies bei Burguy fehlende Wort für geschwunden. Raynouard jedoch im Lexique roman kennt prov. mala = nfz. mâchoire, joue.
maleure 624 unselig.
malfez 49, 184 Teufel. Vgl. G. Paris, Maufé in Romania V p. 367.
malice 3606 Boshaftigkeit.
malmettre 2674 beschädigen, übelzurichten.
malostru 1931 schlecht gebaut. Vgl. Littré in Hist. litt. XXII p. 35.
malvais 616 schlecht = malves.
malvaiste 1365 Schlechtigkeit.
mamele 1604 Brust, Zitze.
manable 1968 bleibend, weilend.
manace 2735 Drohung.
manaie 1350 Schutz, Schonung. (Cah. = Merci, quartier?)
mandragoire 3297 Alraunwurzel, im Flos & Blanscheff. 244 li mandegloire, nfz. mandragore.
manger 2270 Essen.
manguër 535 essen. E. Schwan, Grammatik des Altfrz. Leipzig 1888. § 441 nimmt nur die Grundform mangier an, ohne den Subj. manguce oben V. 1580 zu erklären.
marchant 4076 kaufmännisch, krämerhaft.
marche 3776 Markt.

---

*) Das spätere Gedicht Le lièvre hat Simon de Bullandre zum Verfasser und ist von E. Jullien, Paris, Jouaust 1885 herausgegeben (Cabinet de Vénerie).
**) Aelian hat Anlaß zu dieser Verwechslung gegeben, wie Buffon, Quadrupèdes III p. 304 nachweist.

mariner 1096 Schiffer.
martir 131 Märtyrer.
martire 3400 Märtyrerthum.
marz 1865 März.
masse 2526 Masse, Klumpen.
mat 2712 traurig, niedergeschlagen (vom persischen schach mat).
matin 3661 Morgens.
matinee 3920 Morgen.
matire 522 Gegenstand, Stoff.
maür 883 reif, nfz. mûr.
mein 2618 Morgen.
meindre 1739 = maindre.
meins 1258 weniger, al m. wenigstens.
medler = meller 3907 eig. mischen, bekämpfen.
meis 1865 Monat.
meïsmes 480 selbst.
meite 2375 Hälfte.
mel 2008 Honig.
melancolios 1060 melancholisch, schwermüthig.
mellee 3186 Streit, Kampf.
memoire 2494 Andenken, Erinnerung.
men 3697 meinig.
mendier 18 betteln.
mener 3136 führen. 1107 Subj. meinst.
menteor 4066 lügenhaft.
mentir 649 lügen, verleugnen.
menuz 257 klein, winzig.
mer 2240 Meer (nur weibl.)
merc 1400 Zeichen, Fußstapfe, prov. marc. Cah. denkt an frz. la souille.
merci 3454 Gnade, Dank.
merciable 3860 barmherzig, gnädig.
mercher 3874 bezeichnen, den Stempel aufdrücken.
mere oeille 540 Mutterschaf.
meriane 1912 Mittagszeit.
merrer 1322 (se) sich besudeln, beschmutzen, von lat. merda, nfz. merde. Bei Shakespeare: to mire. Vgl. Burguy, Mare, Marer.

merveille 2240 Wunder.
merveillos 160 wunderbar.
mesaise 1808, 1212 bedürftig, nfz. malaisé.
mesavenant 1934 unanständig.
meschef 4089 unglücklicher Ausgang, Verhängniß, Unheil.
mescine 1482, 3981 Arznei.
mesconter 848 falsch rechnen.
mescreire 81, 2170 nicht glauben.
mescrëuz 2282 ungläubig. Vgl. Tobler in Gröber's Zeitschrift V p. 190.
mesdisant 4065 verleumberisch, schmähsüchtig.
meserrer 102 übel behandeln, sich schlecht führen. Hippeau erklärt misera mit fut misérable!!
mesestance 12 Unglück, Noth.
mesfaire 2328 Böses zufügen, schädigen.
mesfesant 2350 boshaft.
mesnee 3752 Haushalt. (Tobias 1095 im Reim mit enseignee.)
mesoan 523 fürder, in Zukunft, jetzt (aus magis hoc anno). Vgl. W. Zeitlin in Gröber's Zeitschrift VII p. 9.
mesprendre 118, 3049 beleidigen, sich irren.
messager 2505 Bote. (message 2507 Botschaft.)
messe 14 Messe.
mester, 1228, 2156 Nutzen, Dienst, Gottesdienst.
mestreier 1853 beherrschen, nfz. maîtriser.
mettre 15 legen, 38 setzen, 94 verwenden, brauchen, 732 richten (Blick).
midi 3768 Mittag.
mie 946 Krume, etwas (Verst. d. Negat.)
mil 118 tausend, pl. mile hyperbolisch verwendet 2545.
millers 2787 tausend. Vgl. Knösel, Das afz. Zahlwort. Erlangen 1884.
mileu 937 Mitte.

mirable 528 wunderlich. Vgl.
  admirable: Joies N. D. 68.
miracle 2622 Wunder.
mire 168, 3308 Arzt.
mistere 1839 Geheimniß, Sinn,
  Inhalt.
moele 2527 Mühlstein, Schleif=
  stein, lat. mola.
moiller 1693 erweichen, naß machen.
moiste 2620 schmutzig, vgl. nfz.
  moisi Schimmel. Vielleicht ist
  vom Dichter mucre geschrieben.
  Vgl. Evangile de Nicodème:
  B 360.*)
molin 2503 Mühle.
monde = monz, mont 483, 1425
  Welt.
monde 3778 rein.
monder 3151 reinigen.
mont 3210 Berg.
montaigne 2910 Berg, Gebirge.
monter 563, 667 steigen, bezeichnen,
  besagen.
monument 217 Grabmal.
moralite 29 Nutzanwendung,
  moralische Auslegung.
mordre 2565 beißen.
morir 4015 sterben, refl. 2501
  krepiren.
morne 1964 niedergeschlagen, düster.
mors 27 Sitten, nfz. mœurs.
mors 1487 Biß.
mort 1687 Tod.
mort 1296, 2079 der Todte, ge=
  tödtet.
mortefier 801 (se) ertödten, kasteien,
  lat. mortificare.
mostrer 1835 zeigen.
mot 3732 Wort.
moveir 1975, 2722, 2752 (se) sich
  aufmachen, ausgehen, erregen.
mu 2427 stumm.
muable 1565 veränderlich.
mugissement 2049 Gebrüll.
mult 3304 viel.
multipliable 2103 vielfältig.

multiplier 3463 vermehren.
mur 3899 Mauer.
murmurer 3711 murren.
muscer 995 (se) sich verbergen,
  nfz. musser.
musel 1353 Schnauze, Maul, nfz.
  museau.
muser 2612, 3547 vergeblich war=
  ten, müßig gehen, gaffen.
muster 2215 Münster.
mustre 2255 Ungeheuer, Scheusal.

N.

nager 451, 1061 schwimmen, fahren.
naistre 60 = nestre.
narilles 2752 Nüstern, Nasenloch,
  nfz. narine.
nature 27, 40, 145 Natur, natürliche
  Eigenschaft, Eigenthümlichkeit.
nef 126 Schiff (der Kirche).
neier 435, 2547 ertränken, ersäufen.
neir 2244 schwarz.
neirete 479 Schwärze.
neis 459 Schnee (wie in Brandan.)
nent 1580 nichts, 584 nicht.
neporquant 347 dennoch.
nestre 3204 geboren werden.
nes 2780 = ne les.
nettete 1194 Reinlichkeit.
netz 2106, 2349 rein, f. nette.
ni 822, 1970 Nest.
niticorace 615 Nachteule = freseie;
  aus νυκτικόραξ entstanden. In
  dem von U. Robert hgb. Vocabulaire latin-fr. steht niti-
  corax = vesperan. Lat. ardea
  nycticorax ist Nachtreiher,
  it. nitticorace.
nobire 3427 vornehm.
noblesce 225 Edelmuth. (Anspielung
  auf den Namen des Löwen in der
  Thierfabel); 1084 Vornehmheit.
noeces 910 Hochzeit, nfz. noces.
noef 10, 3951 neu.
noef 2416 neun.
noër 684, 1220 schwimmen.

---

*) In Adgar's Marienlegenden ed. Neuhaus. Heilbronn 1886, 18,72 findet
sich muiste.

nombre 2510 Zahl.
non 249 Name.
nonante 2416 neunzig.
noncreable 1625 nicht glaub=
   würdig.
none 3827 neunte Tagesstunde.
nonfei 500 Unglaube.
nonsavance 3452 Unwissenheit.
nonsavant 3618 unwissend.
nonsens 3450 Unsinn.
norrir 544, 940, 2425 ernähren,
   aufziehn, wachsen, gedeihen.
norreture 546, 844 Ernährung,
   Brut.
nos 582 wir.
nostre 581 unser, pl. noz.
notiner 416 Schiffer.
nou 1305 a nou durch Schwimmen,
   nfz. à la nage.
novel 658 neu, jung.
novele 2508 Neuigkeit, Nachricht.
nue 682 Wolke.
nuisement 2237 Schaden, Unheil.
nuls, nul 52, 1637 irgend einer,
   keiner.

O.

oaille, lies: oeille 114, 540 Schaf,
   lat. ovicula, biblisch und im
   eigentlichen Sinne gebraucht.
oan 523: siehe mesoan.
obedienz 2446 gehorsam.
obeïr 3624 gehorchen.
obli 934, 4146 Vergessenheit.
obliance 3450 Vergeßlichkeit.
oblier 2613 vergessen.
oblios 2592 vergeßlich.
obscur 4000 dunkel.
obscurte 653 Dunkelheit.
occire 183 tödten.
ocios 3677 müßig.
od 3346 mit, bei.
odor 2144, 2301 Geruch, fém.
odorer 2150 duften.
oef, pl. oes 2361 Ei.
oes 2016 Dienst, Nutzen, Bedürf=
   niß.
oevre 1210, 3701 Werk, Arbeit,
   Tagewerk.
oiance 648 Willfährigkeit, Ge=
   horsam.
oidif 3676 müßig.
oidivesce 3648 Lässigkeit, Faulheit.
oïe 2435 Gehör.
oignement 1678 Salbe.
oil 157, 1593, pl. elz Auge.
oïl 3553 ja.
oille 915, 3995 Oel (fem.).
oindre 1679 salben.
oïr 134, 3254 hören, erhören.
oisel, oisele 734, 1176 Vogel,
   Vogelweibchen.
oiselet 825 Vögelchen.
oisose 1837, 3913 Müßiggang,
   Unnützlichkeit.
oleir 2316, 2321 oelt, lat. olet
   duften. Bei Diez, Grammatik
   II 249 fehlt dieses Verb. St.
   Palaye, Dictionnaire führt zu
   Oloir zwei Beispiele an. (Das
   Particip olanz in Magdal. 587,
   oleient 590.)
olifant 1380 Elephant.
om 2050 man.
ombrage 3010 Schatten = ombre
   2997.
ombreiant 2966 beschattend, Schat=
   ten werfend. Vgl. Scheler,
   Bastars. Notes 1959.
omnipotent 3023 allmächtig.
onc, onques 3399 jemals.
onde 409 Welle.
ongle 1385 Huf, Kralle.
or 967 Gold.
or, ore 1375 jetzt.
orage 3575 Unwetter.
oraison 3980 Gebet.
orbe 1281 dunkel, ohne Licht,
   blind. Cahier falsch: = Ronde
   (orbis) ou borgne (orbus?)
ord, orz, fem. orde. 618, 1576,
   1583 schmutzig, unrein, stinkend.
   Das Fem. lautet orz und
   orde. Vgl. Seeger p. 22.
ordeneement 881 (Adv.) geordnet,
   in Ordnung.

ordure 823 Schmutz, Unreinheit.
ore 855 = hore Stunde.
oré 3852 Wind, prov. aurat.
oreille 1109 Ohr.
orendreit 3723 eben erst.
orer 3989 beten.
orge 889 Gerste, lat. hordeum.
orgoil 1948 Ueberhebung.
orgoiller refl. 3620 sich überheben.
orgoillos 4071 stolz.
orient 351 Osten.
orphanin 1807 Waise, nfz. orphelin.
os 3280 Knochen.
osche 203, 205 Kerbe, Einschnitt, catalan. osca, afz. ocher brechen. Nfz. coche.
osé 1378 keck, verwegen, kühn. Nach Tobler, Zeitschrift V p. 189 noch üblich.
oser 22, 3907 wagen.
ost 2772 Heer, Schaar.
ostel 1422 Wohnung.
oster 558, 3152 herausziehen, entfernen, fern halten.
ostrice 2589 Strauß.
ostru: siehe malostru.
otreier 4167 gewähren.
ou 2346 wo, in welchem.
ovoeques 2882 mit = avec.
ovraigne 3 Werk.
ovrer 2338, 3662 arbeiten, handeln.
ovrer 3759 Arbeiter.
ovrir 157 öffnen.

P.

paen 709 Heide.
paier 3705 bezahlen.
pain 3653 Brot.
paistre 1736, 1767 nähren, pflegen, unterhalten, bewirthen.
païs 462 Land.
païsant 1871 Landleute.
palefreiz 322 Zelter, Pferd, lat. paraveredus, nfz. palefroi.
pales 2195 Saal, Himmelssaal.
paltoner 4068 Vagabund, Elender.

pance 1002 Bauch, Leib, lat. pantex.
panthere 2029 Panther. Nach Guillaume wäre der romanische Name love cervere. (Das Buch von H. Todd, Panthère d'amours par Nicolas de Margival ist oben nicht benutzt.)
par 1119, 2368 durch, sehr.
paradixion 2973 Paradixion (indischer Baum), wohl entstanden aus παρὰ δέξιον des griech. Physiologus.
paraïs 47 Paradies.
pardevant 582 vor.
pardon 3452, 4050 Verzeihung.
pardurable, parmenable 1050, 3859 ewig.
pareil 2705 gleich.
pareir 993 erscheinen, schimmern.
parfit 555 vollkommen, parfait 3413.
parfondesce 2543 = parfondor 2278 Tiefe.
parfont 4104 tief.
parlement 2011 Wort, Unterhaltung.
parler 3718, 3849 sprechen. (Vgl. Romania 1884 p. 113—114.)
parmainant 1630 beharrend.
parmi 1697 unter, in.
parole 2773 Wort, Ausspruch.
parsome 1805 a la p. zuletzt, am Ende.
part 1778 Seite.
partie 1058 Theil.
partir 3517 theilen.
s'en partir 3637 dahinfahren.
parvenir 420 gelangen.
pas 30, 287 Stelle, Theil.
pasche 2897 Ostern.
passer 3830, 3904 gehen, überschreiten, vergehn. 3 Pers. Subj. 3904 past.
passion 2154 Passion.
pater noster 3277 Vaterunser.
pe 1385 Fuß = pie.
peals 1738 Fell, vom lat. pellis.

pece 1699 nfz. pièce: grant pece lange.
pecune 323 Geld, Baarschaft.
peior 1287, 4042 schlechter, lat. pejor.
peine 3401 Mühe; a p. 3974 mühsam = 3986.
peisson 536 Fisch.
pelerin 1771 Pilger.
pelerinage 3472 Pilgerfahrt.
pellican 521 Pelikan.
pels 2272 Pfahl. Vgl. Brachet, Doublets p. 32.
pendre 2698 hängen.
pene 838 Feder.
pener (se) 121, 1450 sich bemühen, martern.
penitance 2417 Reue.
penser 3871 denken.
pensis 1033 c. obl. pensif nachdenklich, bedacht.
per 742 gleich.
percer 557, 1387 zerreißen, stechen.
perdicion 3261 Verderben.
perdre 4118 verlieren.
perdriz 2347 Rebhuhn.
pere 165, 553 Vater; Alter (Löwe und Pelikan); 549, 826 pl. Eltern (Pelikan und Wiedehopf).
perir 419, 1374 umkommen, factitiv: verderben.
peresce 402 Faulheit.
perescos 871 faul.
periz 447 Gefahr.
perillos 2576 gefahrvoll.
periller 440 Schiffbruch leiden.
perre 1971 Stein (wie im Oxforder Psalter).
perseverer 2021 ausharren.
persone 3050 Person.
pertuis 3901 Höhlung, Oeffnung, vom lat. pertusus durchlöchert.
pes 594 Friede.
peser 3721, 3729 ärgern, mißfallen, beschwerlich sein.
pesme 3877 sehr schlecht.
pestre 991, 3292 weiden = paistre.
petit 2311 klein, schwach. Das neutrale petit ist 276, 442 zu belegen. Davon das Diminutiv: petitet 1118, 2480 klein, Junges (Ferkel); f. petitette.
pie 1359 Elster, lat. pica.
pigon 579, 693 Täubchen, Junges, it. piccioni, von pipire pipen.
pire schlimmste 4108 = peior.
pis 111 fromm, lat. pius.
pite 112 Mitleid.
piz 232 Brust.
place 2430 Platz, Aufenthalt.
plaideor 4069 Zänker.
plaie 1706 Wunde.
plaine 1854 Ebene.
plaire 2345 gefallen.
plait 3414 Vortrag, Rede, Streit.
pleins (lat. planus) 2541 eben, ruhig.
pleins (lat. plenus) 604 voll.
pleinement 918 (Adv.) offen. 1587 a plein?
plener 1740 steil, abschüssig.
plente 975, 1620 Fülle.
plesseiz 2784 Umzäunung, Saupark, vom lat. plectere. Vgl. Du Cange, Pleisseicium.
plevir 2246 versichern.
plonger 1091 tauchen.
plorer 1669, 1726 beweinen, weinen.
pluie 3852 Regen.
plume 477 Feder.
plus 3723 mehr; li p. die Mehrzahl.
plusors 28 mehrere.
podnee 3634 Anmaßung.
poeir 267, 1388, 3555 können; Vermögen, Kraft.
poëste 4088 Macht; 1454 Potestas (Engelsordnung = Joies N. D. 781.)
poi 2716 wenig.
poignant 2573 Natter.
poindre 2578 stechen.
point 210, 2351 Punkt, Eigenheit.
pome 1149 Apfel.
pomer 1155 Apfelbaum.
pondre 2599 (Eier) legen.
pont 2269 Schiffbrücke.

poor 148 Furcht.
pooros 2712 furchtsam.
porc 2783 Schwein, Sau.
porcelet 1117 Ferkel, lat. porcellus, nfz. pourceau.
porchacer 922, 1714 verfolgen, suchen.
porpeis 2253 Meerschwein.
porpens 2503 Gedanke, Ueberlegung.
porpenser 2496 überlegen.
porrir 956, 3535 verfaulen.
porseeir 2488 umgeben, aufbewahren.
port 3580 Hafen.
porters 3996 Pförtner.
porter 354, 3178, 3191 führen, enthalten, tragen, trächtig sein.
poser 809, 2045, 3048 legen; den Fall setzen; refl. sich legen.
possession 3593 Besitz.
povre 19 arm.
prael 3292 kleine Wiese, Rasen, lat. pratellum.
pramesse 1792 Versprechen.
pramettre 124 versprechen.
precios 998 kostbar.
precher, preecher 119 predigen.
predication 2927 Predigt.
preie 1319 Beute.
preinz 3191 schwanger, trächtig, von preindre 2458 = lat. premere pressen, drücken.
prendre 591, 977*) nehmen, ergreifen. Die Metathese des r ist wie im Brandan. Vgl Hammer, Die Sprache der agn. Brandanlegende: Zschr. IX p. 75—115.
prestre 784 Priester.
present 1303 gegenwärtig, jetzig = 424.
presumpcie 1948 Dünkel, Anmaßung.
pres 94 nahe, fast.
prest 2120 breit, nfz. prêt.
preu 1684, 3510 Nutzen.

prez 2499 Wiese, lat. pratum, nfz. pré.
prialis 2567 Prialis (Schlange, Aspisart).
prier 916 bitten (Conj. 3. Perf. prit: Magdal. 127).
prime 3669 erste Stunde.
primes 37, 137, 3747 zuerst, erstens.
prince 482 Fürst.
principals 141 hauptsächlich.
priser 1662 achten.
prison 104, 792 Gefangene, Gefangenschaft.
privez 1480 zahm.
prodhome 91 Ehrenmann, wackrer Mann.
proësce 874 Tapferkeit, Tüchtigkeit.
proeve 3404 Beweis.
profitable 1570 nützlich.
proisme 3097, 3897 Nachbar (in A: proeme, bei Adgar prome).
prophete 572 Prophet.
prophetizer 1722 prophezeien.
prover 3561 beweisen.
proz 818, 876, 888 tapfer, tüchtig, wacker, klug.
psalter 2010 Psalter.
psalme 3248 Psalm.
psalmistre 614 Psalmist.
puanz 618 stinkend.
pucele 1402 Mädchen, Jungfrau.
puisque 1963 sobald.
puis 4043 seit, dann.
puissant 3358 wirksam; 548, 3425 mächtig, stark.
pulcinet 543 Junges, von pulcin 561, 2358 Küchlein, Hühnchen, Junges, lat. pullicenus, in den Casseler Glossen pulcini. Nfz. poussin.
puldre 771 Staub = puldrere 2633, nfz. poussière.
pulein 977 Füllen, nfz poulain.
pullent 4002 ekelhaft, stinkend.
puor (fem.) 2485 Gestank, Höllenfeuer.

---

*) refl. anfangen 25.

pur 1231 rein.
purement 1773 lediglich, geradezu.
purger 722 reinigen.
put abscheulich: siehe deputaire.
puz 2839 Brunnen, Höllenfeuer, eig. puz sc. feu = prov. putnais fuec d'infern stinkendes Höllenfeuer.

Q.

quant 37, 447 als, da, wenn.
quantque 3888 soviel als.
quarante 94, 118, 3825 vierzig.
quart 982 vierte.
quatre 1657 vier.
quel 3092 welcher, wie beschaffen.
quei 1536 was? (Interrogat.)
quernelez 3185 ausgezackt, mit Schießscharten versehen, krenelirt, nfz. crenelé.
querre 3995 suchen.
qui 1 welcher (Relat.) *)
qui 3417 wer.
quider 2263 denken.
quil 4098 = quile.
quir 1660 Haut, Fell, lat. corium.
quire 2270 kochen (so im Brandan neben cuire.)
quis 2339 = qui les.
quite 3856 quitt, q. clamer losgeben.
quoer 502 Herz.

R.

racine 3301 Wurzel.
rador 2277 Satz, Sprung, Schnelligkeit. Im Renart, Branche, XIII 1573 findet sich redor. Das Adj. lautet rade (lat. rabidus), Adv. radement = schnell: Brun de la Montaigne ed. Meyer 3203.
raeindre = reiembre 1488 loskaufen, erlösen.

raençon 1230 Lösegeld, Sühne.
rai 204 Strahl, lat. radius.
raier 202 strahlen.
raisin 1136 Traube.
raison 473 Vernunft.
ramer 2223 scil. colom Ringeltaube. Nach Tobler bedeutet ramier im Renclus de Moliens wild.
ramet 1662 Zweiglein, Aestchen. Bei Negat. zur Angabe des Minimalwerthes dienend.
ramez 257, 1848 geästet, astreich, bois r. 2652 Laubwald.
rampanz 2223 kriechend.
randon 2297 Gewalt; de r. sogleich.
rapareiller 1727 wiederherstellen.
rasez 2541, glatt, spiegelglatt. Cahier übersetzt: Quant il couvrit ses bords; franç. rasade.
r'aveir 846, 2120 wieder haben.
ravir 3139 rauben, hinwegnehmen.
realier 1905 wiederzusammenkommen.
realme 2719 Königreich.
reaindre: siehe raeindre.
rebocher 3340 entziehen.
recet 880, 994, 1147, 1404 Bau, Loch, Höhle, Ameisenhaufen.
receivre, receveir 2421 erhalten.
rechaner 1867 blöken, schreien, jahnen. Nfz. ricaner.
rechater 609 loskaufen, erlösen.
recoillir 407 sammeln, auffangen.
recolper 4152 abschneiden, wegnehmen.
reconter 2239 erzählen.
recorder 285, 1575, 3626 erinnern, hersagen, memoriren, refl. sich erinnern.
recreant 4085 feige.
recreantise 4100 Eingeständniß des Besiegtseins; la r. rendre den Rückzug antreten, sich für besiegt erklären.

---

*) Vgl. A. Darmesteter, Le démonstratif ille et le relatif qui en roman in den Mélanges Renier. Bibl. de l'école des hautes études, 73me fascic. Paris 1887.

recreire 413, 443, 4085 ablaſſen, die Waffen ſtrecken, die Segel ſtreichen.
recreiſtre 3755 wieder vergrößern.
recuillir 407 wieder ſammeln.
redescendre 3831 wieder hinabſteigen.
redeviſer 3824 wieder bezeichnen.
redire 2087 wiederſagen.
ree 2008 Wabe (= Joies N. D. 953); ſo ſchon in der Paraphraſe des hohen Liedes.
refaire 106 wiederherſtellen.
reformer 2802 (se) ſich verjüngen.
refreſchir 2742 erfriſchen.
refui 2266 Aſyl, Zufluchtsort.
refuſer 629 verſchmähen.
regarder 2512 blicken.
regart 472 Blick.
regeïr 3838 eingeſtehn, bekennen.
region 529 Gegend.
regne 724 Königreich.
regné 2226 Königreich.
regner 1828, 4058 herrſchen.
rei 266 (fem.) Netz, Reuſe. Bei Marie: reit. Vgl. Diez, Et. W. ré.
reims 758 Zweig, Aſt, lat. ramus.
reïne 2571 Königin, Himmelskönigin.
reis 657 König.
relevee 3683 Morgenröthe.
relever 125, 3296 wieder auferſtehn, ſich erheben.
reloër 3827 wieder miethen.
remaneir 1508, 2373 zurückbleiben = remeindre.
remener 560 zurückführen.
remettre 2936 zurückbringen.
remordre 3836 (se) ſich kaſteien.
renart 1308 Reineke, Reinhard.
remuer 2872 fortbewegen, verſetzen, refl. 340.
ren 1056, 4112 nichts; Weſen.
renom 2812 Ruf, Berühmtheit.

rendre 189 verlaſſen, 278 laſſen, 1410 ſich hingeben.
renez 722, von renestre, wiedergeboren.
renier 585 verleugnen.
renoveler 679 erneuern, verjüngen.
repaire 3407 Aufenthaltsort, Wohnung, Behauſung, Himmelszelt.
repaſſer 467, 1005 heilen, ſich wieder erholen, geſunden, wieder hinübergehn.
repaz 2687 Gericht, Mahlzeit.
repentement 4133 Reue.
repentir 3842 bereuen.
repondre 995, 2550 verbergen, ſetzen.
repos 1666 Ruhe.
repoſer 2128 ruhen.
rescorre 872 wiedergewinnen, befreien.
reschigner 1331 fletſchen (vom Fuchs); prov. rechignar knurren, knuttern. Vgl. nfz. rechigner ſauertöpfiſch ausſehn.*) Bei Adgar 24, 153 findet ſich reschine de dens. Cahier erkl. = Montrer les dents, mais le sens précis de ce mot m'échappe.
resclarzir 837 klären, erhellen.
resnable 1835 vernünftig.
resordement 2155 Auferſtehung.
resordre 193, 796 wieder auferſtehn.
respirer 167 wieder beleben. In Magdal. 623 se respirir wieder aufleben.
resplendor 3338 Glanz, Abglanz.
respondre 918 antworten.
resuscitement 2149, 2157 Auferſtehung.
retenir 3169 behalten.
retorner 2611 zurückkehren.

---

*) Le Roux de Lincy, Wace's Brut 1147 druckt Dens treskigner, wo die andern Hſſ. richtiger rechignier und recinier haben. Die Ableitung von breton. rech und die Verbindung mit de fruits rêches iſt unſicher.

Reinſch, Le Bestiaire.

retraire 305, 1567, 2407 zurück=
 ziehn, refl. umkehren; erzählen.
retrosser 906 (se) sich wieder be=
 laden.
revenir 1004 zurückkommen.
revestir 1768 wieder bekleiden.
riche 1007 reich
richesce 2544 Reichthum.
rimer 33, 2707 reimen, dichten.
rivage 531 = rive 638 Ufer.
roant 683 kreisend. Burguy, Roe:
 „Du Cange s. v. rotulare,
 rapelle un verbe roer, aller
 autour, rôder, tournoyer, de
 rotare". Cahier II p. 167:
 Serait ce un analogue de
 l'italien rovente, par allusion
 à la sphère du feu?
roberie 1313 Diebstahl, Raub,
 engl. robbery.
roche 2539 Fels.
roë 235 Rad.
roistie 2735 Gewaltthat (vom lat.
 rusticus).
rohorte 3958 Weiden=Band; von
 Littré falsch, von Tobler rich=
 tig erklärt, it. ritorta, nfz.
 rouette.
romanz 7, 1785 romanisch; 35
 Roman.
ronçonei 256, 265 Dornenhecke,
 lat. rumex, nfz. ronceraie
 Brombeerhecke. In C. Hof=
 mann's Glossar ist lat. vepre=
 tum = ronsonnei. Vgl. it.
 ronca Hippe.
rus 2035, 3109 rothgelb, fuchsroth,
 lat. russus, nfz. roux.
rose 778 Rose.
rote 2404 Gesellschaft. Vgl. Bra=
 chet, Doublets p. 44.
rote 2474 Weg, nfz. route.
rover 3963 bitten, fordern.
roüller 2534 hinrollen, fortwälzen.
ruge 1321 roth, lat. rubeus.
ruser, rëuser 3909 zurückweisen,
 vom mlat. refutare, prov. rëusar,
 rehusar. Vgl. Ebert's Jahr=
 buch XII, 113.

S.

sablon 2259 Sand.
sablonere 2620 Sandhausen, Sand=
 grube.
sacher 267 zerren. Vgl. engl.
 shake.
sacre 15, 793 geweiht, heilig.
sage 924 weise, klug.
saillir 766, 1864 springen; be=
 springen, decken, beschälen.
saigner 2581 bluten.
sain 2, 822 rein.
saison 2608 Jahreszeit.
saint 2018 heilig = seint.
saisine 2236 Besitz, Bereich.
saisir 3070 packen.
salamandre 2823 Salamander,
 Molch, Feuermolch.
sale 411 salzig.
sals 1526 heil, gerettet.
salu 2952 Heil; in Joies N. D.
 241 Gruß.
salvacion 2818 Errettung.
salvage 1831 wild (Magd. 178
 ungestüm).
salvagesce 2907 Wildheit.
salvement 789, 2158 Heil, Er=
 lösung.
salvement 1250 Adv. salf wohl=
 behalten.
salveres, salveor 3390 Erlöser.
salvete 713, 3790 Schutz, Sicher=
 heit.
sanc 2582 Blut, Verblutung (wegen
 der Präposition sanz in dieser
 Form).
saner 680 heilen.
sanglent 1323 blutig.
sante 470 Gesundheit.
sanz 210 ohne.
saoler 1001, 2979 sättigen.
saols 2135 übersatt, nfz. soûl.
sapience 2762 Weisheit.
sarment 758 Reisig.
Sarrazin 2929 Sarazene.
saveir 3556 wissen, 1460 sout (=
 sapuit).

savor 2296 Geschmack, Annehmlichkeit.
savorer 2007, 3016 schmecken.
science 3568 Wissen.
secle 2077 Welt.
secont 4103 der zweite.
secorre 1164 helfen.
seeir 636, 1403 sitzen, sich setzen.
segle 889 Roggen, lat. secale, nfz. seigle.
sei 312 Reflexivpron.
sei 252, 1785 (im Versinnern seif wie im Brandan) Durst.
seigner 1248 das Zeichen des Kreuzes machen.
seignor 1021 c. obl. von sire Herr.
seignorie 42 Herrschaft.
sein 3271 Busen, Schoß.
seir 4022 Abend.
sele 980 Sattel, lat. sella, nfz. selle.
selonc 224 gemäß, nach.
semblance 199 Gleichniß, Bild.
semblable 527 ähnlich.
semblant 746 Aussehn.
sembler 748 scheinen.
semence 2435 Same.
semer 4027 säen.
semez 2912 Saatfeld.
sempres 3754 alsbald.
sens 3545 Sinn; Menschenverstand.
sen 1521 sein.
sente 1457 Steg, lat. semita, nfz. sentier.
sentence 1115, 2101, 3735 Gleichniß, Spruch.
sentir 195, 1121 fühlen, merken, fühlen machen.
sepulcre 123 Grab = sepulture 1585.
serein 2617 heiter.
sereine 1053 Sirene, Wasserjungfrau.
sergant 3188 Diener, Knappe.
sermon 1628, 2207, 2216 Predigt.

serpent 1643 Schlange.
serre 399 Serra (sagenhaftes Geschöpf. Nach Forcellini bedeutet serra auch einen Fisch. Serra marina = Sägefisch.*)
serrer 1123, 1660 fest machen; refl. sich zusammenkugeln (Igel). s. la porte = die Thür zuhalten, geschlossen halten.
serré 1660 fest, steif.
servage 1529 Gehorsam, Dienst, Knechtschaft.
servir 52, 2002, 2439 dienen (Acc.)
servise 4074, 4148 Dienst, hier mascul., doch oben 845 femin.
sëur 3071 sicher.
si 142, 236, 228 und; wenn; so.
sigler 1273 schiffen, segeln.
signe 1258 Zeichen.
signer 1255 bezeichnen, ausprägen, lat. signare.
signefiance 1708 Auslegung.
signefier 474 bedeuten.
sillabe 4151 Silbe.
simple 3090 einfältig.
simplesce 4052 Einfalt.
singe 1958 Affe.
sire 4139 Herr.
sis 156 sein (Pron.), c. obl. son, fem. sa.
sis 2340 = si les.
sivre 1633 folgen.
sobiter 1586 verschlingen.
socorre = secorre 829 helfen, nfz. secourir.
socors 3866 Hülfe.
soen 520, 1515 sein.
soer 2646 Schwester.
soffrir 131 dulden, leiden.
sofler 166 anhauchen, lat. sufflare.
sojor 3596 Aufenthalt.
sojorner 1969 sich aufhalten.
soiller 1694 (se) beschmutzen, sich im Kothe wälzen, nfz. souiller.
solacer 303 (se) sich ergötzen.

---

*) Boileau, Satires III 176 nennt u. a. einen Autor La Serre als einen, dessen Werke bei dem Käsekrämer enden.

soleil 662 c. obl. von soleiz Sonne (reimt wie im Brandan).
soleir 3285 pflegen, soelt = lat. solet.
som 2260: en s. oben, auf der Spitze.
some 2219 Last, Ladung; Inhalt.
somondre 976 einladen, mahnen.
son 1076, 2803 Ton, Klang, Schall.
soner 4149 tönen, bedeuten.
sordre 2761 quellen, entspringen.
sorsaner 3985 verharschen.
sorriz 2431 Maus, lat. sorex, nfz. souris.
sotil 2104 zart, fein, schlau.
sotiller 1459 sinnen, ausdenken, suchen.
sovenir 3605 (impers.) sich erinnern.
sovent 1932, 2429, 2930 oft.
soz 1595 unter.
sozmettre 110 unterwerfen.
sozterrin 4002 Hölle. Nfz. souterrain.
stephanin 3108 grünlich (?). Diese nicht belegbare Farbe der Tauben wird auf den heil. Stephan gedeutet; die Etymologie des Wortes kann nur στέφανος Kranz sein. Auch Pierre braucht dies Wort in seiner Uebersetzung des Physiologus. Lat. stephanites.
suavite 2121 Annehmlichkeit.
suavet 775 sanft, behutsam.
suer 3700 schwitzen.
suef 320, 2125 sanft, mild, Magdal. 368 Adverb. wie Best. 1761 = allmählich, langsam.
suffire 1638 genügen.
sul 2373 allein, einzig, nfz. suel.
suor 1683 Schweiß.
superne 3916 überirdisch, himmlisch.
sus 1999, 3993 (lever sus) oben, s. e jus auf und ab, hin und her.
suslever 2804 aufheben, spitzen.
sustenir 1642, 3724 aufrechterhalten, tragen, aushalten.

T.

ta 3851 fem. zu ton dein.
tabernacle 77 Wohnung, lat. tabernaculum.
tai 823, 1693 Koth, Schlamm, sicil. taja Lehm zum Bauen; niederländ. taai, nhd. zähe.
tant 3847 soviel, so sehr.
targer 1859 zögern, säumen.
tantost 3223 bald.
taisir 3732 schweigen.
tart 3598 spät. 1086: „mit der Zukunft hat es bei uns keine Eile."
tels, itel 3828 solch, so beschaffen.
tels i a 3433 manche.
temple 99 Tempel.
temporals 4127 zeitlich, irdisch.
temprer 3347 einweichen, lat. temperare, nfz. tremper.
tempter 395 versuchen.
tencer 3608 streiten.
tenebres 3389 = tenebror 3386 Finsterniß.
tenebros 635 finster.
tenir 864, 2987 halten.
tens 11, 2618 Zeit; Wetter; in den picard Hss. tans.
terme 640 Zeit, Zeitraum.
termine 2725 Zeitpunkt, lat. terminus.
terre 966 Land, Erde.
terrestre 2637 irdisch.
terrien 2625 irdisch, lat. terrenus.
terz 165 dritter.
testament 944 Testament.
teste 2824 Kopf.
testmonier 2865 bezeugen.
throne 1455, lat. thronus, Rangordnung der Engel.
tirer 267 ziehn.
toiller, toeiller 1322 (se) sich waschen, baden. Nfz. touiller.
tolir 969, 3230 wegnehmen.
torcenos 4064 ungerecht.
torment, tormente 127, 2267 Qual; Sturm.
tormenter 2134 quälen.

— 437 —

torneiement 2722 Tournier, Kampf, Gefecht.
torner 468, 2470 wenden, zukehren.
tors 3184 Thurm, lat. turris.
tort 1688 Unrecht.
tort 3957 von tordre, verkehrt.
tot, trestot 2223, 3278 ganz (auch adverbial).
trahir, traïr 1068 verrathen.
trahine 1690 Verrath.
traire 469 ziehn; 570 dulden, 718 aufführen, 967 auswühlen.
traître 4075 Verräther.
traïtresse 2355 Verrätherin.
traianz 1604 Zitze, Strich am Euter, von traire 455 ziehn, lat. trahere. Vgl. nfz. trayon und trayant.
translater 8 übersetzen.
transgloter 2302,*) 1698, 2325 verschlucken. Du Cange, Trans-gulare belegt nur Transgloutir.
travail 3401 Arbeit.
travailler 931 arbeiten.
traverse 1142 Quere, Breite.
trebucher 2790 stürzen, fahren.
treis 141 drei.
trembler 4173 zittern.
trenchant 241, 1384 schneidig, scharf.
trencher 246 abschneiden, schneiden.
trente 3822 dreißig.
tresor 2523 Schatz.
trespas 1926 Sünde, Vergehung.
trespasser 20, 2807, 1746 über-gehn; wandeln, passiren, vor-übergehn.
trestor 1356 Wendung, Geschick-lichkeit, Kniff, Schlich.
treu 1529 Tribut, Zins.
trevage 1546 Abgabe, Zins.
tricher 3566 betrügen, engl. to trick.

tricherie 23, 116, 1314 Trug, Falschheit.
tricheor 46 Betrüger, Verräther.
tripot 2374 falsches Spiel, Falsch-heit. Das Wort ist gesichert und älter, indem es sich schon im 12. Jhd. bei Etienne de Fougières 1117 als tripout findet. Vgl. Jos. Kehr, Ueber die Sprache des livre des manières. Köln 1884 p. 62.
triste 2199 traurig.
tronc 1656 Baumstamm, lat. trun-cus.
trop 318 allzu, zu sehr.
trosser 905, 1310 beladen. (Vgl. Romania IX 334.) Nfz. trousser.
tu 941 du.
trover 483 finden.
tuer 1713 tödten.
turbot 2253 Stein-Butte, (Rhombus maximus) bei Rabelais turbotz. Vgl. Diez, Et. W. Im Besant de Dieu ed. Martin 2255, 2427, 2429 be-gegnet la torbote = Wasser-wirbel. Nach dem Ménagier de Paris II p. 203 hieß der turbot in Béziers Ront.
turtre 2653 Turteltaube, lat. tur-tur; ein onomatopoetisches Wort von dem Rucksen der Stimme turr-turr. La Fontaine, Fables XXVIII spielt auf die Beständigkeit derselben an: Tourterelle à l'amour est rarement rebelle.
turturele 2677 Turteltäubchen.
tyrant 4071 tyrannisch.

U.

ultre 987 jenseits, hinüber.
ultreement 4119 vollständig, unbe-

---

*) Bei Ste. Palaye, Dict. reimt s. v. Transglotir dout (1. Pers.) mit transglout (3. Pers.) Burguy hat nur gloz von gluttire = engloutir. Wie bei Chardry plurt = lat. plorat vorkommt, so ist hier ein morphologischer Vorgang anzunehmen, in-dem e aus lat. a verloren ging. Die Form transgluter hat auch Adgar 22, 92.

bingt. Vgl. St. Palaye, Dict. sub Outréement.
unicorne 1375 Einhorn, lat. unicornis.*) Nach St. Palaye s. v. konnte man das Einhorn tödten, während es den nackten Busen eines jungen Mädchens betrachtete.
uncor, uncore 4012 noch.
unt 1425, 1560, 3904 wo, lat. unde, im Anglonormannischen und Normannischen meist mit par = wodurch, worauf. Vgl. Vollmöller, Münchener Brut, Anm. V. 1438.
user 1217 brauchen, verbrauchen.
usure 3587 Wucher.
usurer 4076 Wucherer.

V.

vain 4029 eitel, unfruchtbar, nichtig, schlaff; nach Tobler, verdorben, faulig.
vair 3109 verschiedenfarbig, schillernd, lat. varius.
val 1292 Thal = valee 1741.
valeir 269, 1238 gelten; helfen.
valor 3569 Werth, Tapferkeit.
vanitez 1111 Eitelkeit, Nichtigkeit.
vassal 142, 4082 tapfer, furchtlos.
veiage 2936 Fahrt, Reise, Weg. Nfz. voyage.
veeir 828 sehn.
veel 82 Kalb, nfz. veau.
veie 1457, 1561 Weg (Magdal. 468 voie: quoie).
veile (féminin) 1275 Segel, = Joies N. D. 964, nfz. voile (Magdal. veil; le veil: Joies N. D. 543 Vorhang).
veiller 3989 wachen.
veillesce 680 Alter.
veillir 651, 748 alt werden.
veine 2580 Ader.
veintre 92, 2863 besiegen.

veir 730 wahr.
veirdit 4055 Wahrspruch, Entscheidung, nfz. verdict.
veisin 2258 Nachbar.
veisinete 2054 Nachbarschaft.
veiture 3610 Wagen.
vel 2742 alt == nfz. vieux, vieil.
velu 1738 behaart. Littré hat erst ein Beisp. des 14. Jhd.
vendre 70 verkaufen.
veneor 147 Jäger.
venim 2333 Gift.
venir 2266 kommen.
vent 1561 Wind, Witterung, Geruch.
ventre 3134 Bauch.
verais 1298 wahrhaft, vom lat. veracus.
verdor 2662 Grün, nfz. verdure.
vergette 264 Gertchen, auch bei Brunetto Latini.
verite 480 Wahrheit.
verm 2242 Wurm, lat. vermis.
vermail 3110 roth, nfz. vermeil.
vermet 776 Würmchen.
vermine 538 Wurm, Insekt.
verne 1302 Mast, Segelstange, Rae.
vers 91 gegen.
vers 3114 Vers.
vert 2035 grün.
vertu 3423 Kraft, Macht, pl. 3421 sires de v. „König der Ehren".
vespre 3831 Abend.
vessel 911 Gefäß.
vestement 709, 1606 Kleidung, Kleid, Aeußeres.
vestir 213, 1768 bekleiden, anziehn.
vëue 681 Sehkraft, Gesicht.
veziez 1017, 2914 geschickt, schlau.
viande 1132 Nahrung.
vice 1091 Laster.
vie 1044 Leben.
vif 676 lebendig, frisch.
vigne 1135, 3794 Weinberg, Weinstock.

---

*) Voltaire Princ. de Babyl. beschreibt dies Thier als le plus bel animal, le plus fier, le plus terrible et le plus doux qui orne la terre.

— 439 —

vigor 2851 Kraft.
vilein 821 abscheulich, häßlich.
vint 1655 zwanzig = vinz 4096.
virginite 1472 Jungfräulichkeit, Jungferschaft.
virgne 1470 Jungfrau.
vivre 65, 1231 leben.
vis 549, 581 Gesicht, Antlitz.
voër 3509 geloben
voler 1278 fliegen.
voleir 370 wollen.
volt 1254 Angesicht, lat. vultus.
voltrer 1322 (se) sich wälzen. Diez, Et. W. verzeichnet vautrer (refl.) sich umherwälzen = veautrer, voutrer, voitrer aus den Wörterb. des 16. Jhd. und aus dem Renart II 124 voltrer = it. voltolare, von lat. volvere. W. Förster, De Venus la deesse d'amor. Bonn 1880. p. 58 giebt mit Bezug auf Gröber's Zeitschr. I 83 und Romania IX 167 devalter, frz. devoltrer, gew. voltrer, pic. vautrer = nfz. vautrer.
vos 1025 ihr.
vostre 901 euer, pl. voz.

vou 2674 Gelübbe (Magd. 198 la voee).
vui 911 leer, lat. viduus; f. vuide 1045.

Y.

ybex 1172 Lat. Name des Ibis. Du Cange, Ibex belegt diesen Vogel nicht, sondern nur den Steinbock. In Hugo's Bestiarius Ms. lat. 14297 fol. 148 ist der Vogel ibex genannt. In Forcellini's Lexikon heißt er ibis. Die Form ist wohl durch den κρέξ = Wachtelkönig (Herodot 2, 75) entstanden, der kleiner als der Ibis ist.
yvoire 3287 Elfenbein, nfz. ivoire.
ynde 2034 dunkelblau, blau. Vgl. Constant, Le légende d'Oedipe 5415. —

Lateinische Worte: dulcedo, dulcedine 4156, 4162. erit 4161. forma 2118. fultus 4158, 4160, 4161. pater noster 3277. ratio, ratione 4155, 4162. speciosus 2118. tunc 4161. undique 4161.

Städte-, Völker- und Eigennamen.

Abraham 66, 3760.
Adam 56, 3031, 3259, 3265, 3234.
Alfrique 1843, 3203, 3205 Afrika.
Amalech 1283 Amalek.
Ananias 2857.
Andreu 3793 Andreas.
Arthur 565 Artus.
Assida 2593 (Strauß). Die Bestiarien beziehn dies Wort auf den Strauß; doch wird das hebräische hasidáh gewöhnlich durch „Reiher" gedeutet.
Azarias 2858.
Baal 99.
Babiloigne 104 Babylon.
Bretaigne 2729 Britannien.
Camelon 2594 (Strauß).
Cesar 632 Cäsar.
Charle 565 Karl d. G.

---

*) Viele Erklärer bezeichnen mit diesem Ausdruck den Storch, der hasidáh = liebreich heiße wegen seiner Fürsorge für die Jungen. Luther übersetzte auch raham 3 Mos. 11, 18 und 5 Mos. 14, 17 mit Storch, der Hiob 39, 14 für Strauß steht.

Cleopatras 2571 Cleopatra.
Costeint 1309.
Crist 2114, 2117 Christus.
Davi = Daviz (Joies N. D. 233.) 91, 525, 1443, 1439, 2010, 2116, 3247, 3769 David.
Daniel 3771.
Ebreu 2593 Hebräisch.
Efrem 2095 Ephraim.
Egypte 74 Aegypten.
Elies 3140 Elias.
Engleterre 13, 2717 England.
Esaü 69 Esau.
Estefne 3161 Stephanus.
Ethiope 962, 2226 Äthiopien.
Eufrates 251 Euphrat.
Eve 388, 3234, 3239 Eva.
France 11 Frankreich.
Franceis 2974 Französisch.
Gedeon 85 Gibeon.
Gieus, Gyueus, Gyeu, Gyu, Gyus, Gyeus (so in A.) 80, 186, 495, 626, 653, 1904, 710, 951, 1287, 1427, 2132 Jude = Jueus.
Golie 92 Goliath.
Greu 2594 Griechisch = Gregeis 2973.
Guillame 7, 21, 4137.
Jeremias 1590, 2628, 3772.
Jerusalem 105, 462, 2197, 2896.
Jeroboam 96.
Jesus 492.
Jesu Crist 119, 211, 476, 592, 731, 1248, 1298, 1420, 1449, 1635, 1722, 1918, 2074, 2088 etc.

Israel 68, 73, 1282, 1608, 3369.
Job 1883 Hiob.
Johan 3143, 3150, 3793 Johannes.
Johel 3772 Joel.
Jonas 3127.
Joseph 70, 395.
Josue 84 Josua.
Judas 2093, 2130, 2168.
Judas 2093 = Juda.
Legion 2777.
Leopole 752 Leopolis.
Lucifer*) 48 (Engel, Teufel).
Madian 86 Midianiter.
Macabe 107 Maccabäer.
Marie 115, 1438, 3028, 3043.
Misael 2858.
Morice 3816 Moritz.
Moÿses 75, 83, 514, 1285, 2946, 3765 Moses.
Noë 65, 3752 Noah.
Nilus 530, 1653 Nil.
Ninivens 3130 Niniviten.
Noes 1309.
Normandie 34.
Normanz 36 Normanne.
Oger 565 Ogier.
Paris 3815.
Paradixion 2973.
Perre 1889, 3793 Petrus.
Persant 3182 Perser.
Pharaon 71 Pharao.
Phelipe 11 Philipp.
Pilate 1429 Pilatus.
Pol 130, 1207, 2113, 2879, 3793 Paulus.

---

*) In einem slovenischen Schulbuche „Zvon", Jahrg. 1881, von einem k. k. Prof. und Bezirks-Schulinspector findet sich nach einer Mittheilung des Dr. Weitlof im österreich. Abgeordnetenhause vom 10. Mai 1887 folgende Stelle: „Als Lucifer den Heiland drei Mal in der Wüste versuchte und nichts ausgerichtet hatte, wurde er der Hölle verwiesen und sollte, bevor er wieder dort zu Gnaden kam, die schlechtesten Streiche auf der Erde ausführen. Er schuf die Deutschen. Er bat nämlich um Gesellschaft aus der Hölle und erhielt von dort zugeworfen zwei Weiber: die Geliebte eines Soldaten und die eines Finanzers. Mit diesen verworfenen Weibern erzeugte der Höllenfürst die Vorfahren der Deutschen. Daher kommt es, daß die Deutschen so feindlich gegen Gott und die gottesfürchtigen Slovenen sind. Wie könnten auch die Nachkommen des Königs der Hölle sich um die Ehre Gottes kümmern und die Nachkommen von Militär und Finanzers die slovenische Nation lieben?"

Raül 4139, 4144, 4149, 4163.
Renart 1308, 1342, 1267 Rein=
 hard.
Roboam 95.
Salomon 93, 871, 1627, 2101
 Salomo.
Samson 395 Simson.
Sathan 611, 1814, 1915 Satan.
Saül 89 Saul.
Syon 2124 Zion.

Thomas 2170.
Ynde 740, 2965, 3203, 3206
 Indien.
Yndien 3182 Indier.
Ysaac 67, 68 Isaak.
Ysmael 67 Ismael.
Ysaias, Ysaies 572, 2122, 2866,
 2946, 3149 Jesaias.
Vigille 2607 Vigilia (Gestirn).
Zacharie 1437 Zacharias.

Pierer'sche Hofbuchdruckerei. Stephan Geibel & Co. in Altenburg.

www.ingramcontent.com/pod-product-compliance
Lightning Source LLC
Chambersburg PA
CBHW071108230426
43666CB00009B/1875